D1746283

CHINA
aus der Luft

WHITE STAR VERLAG

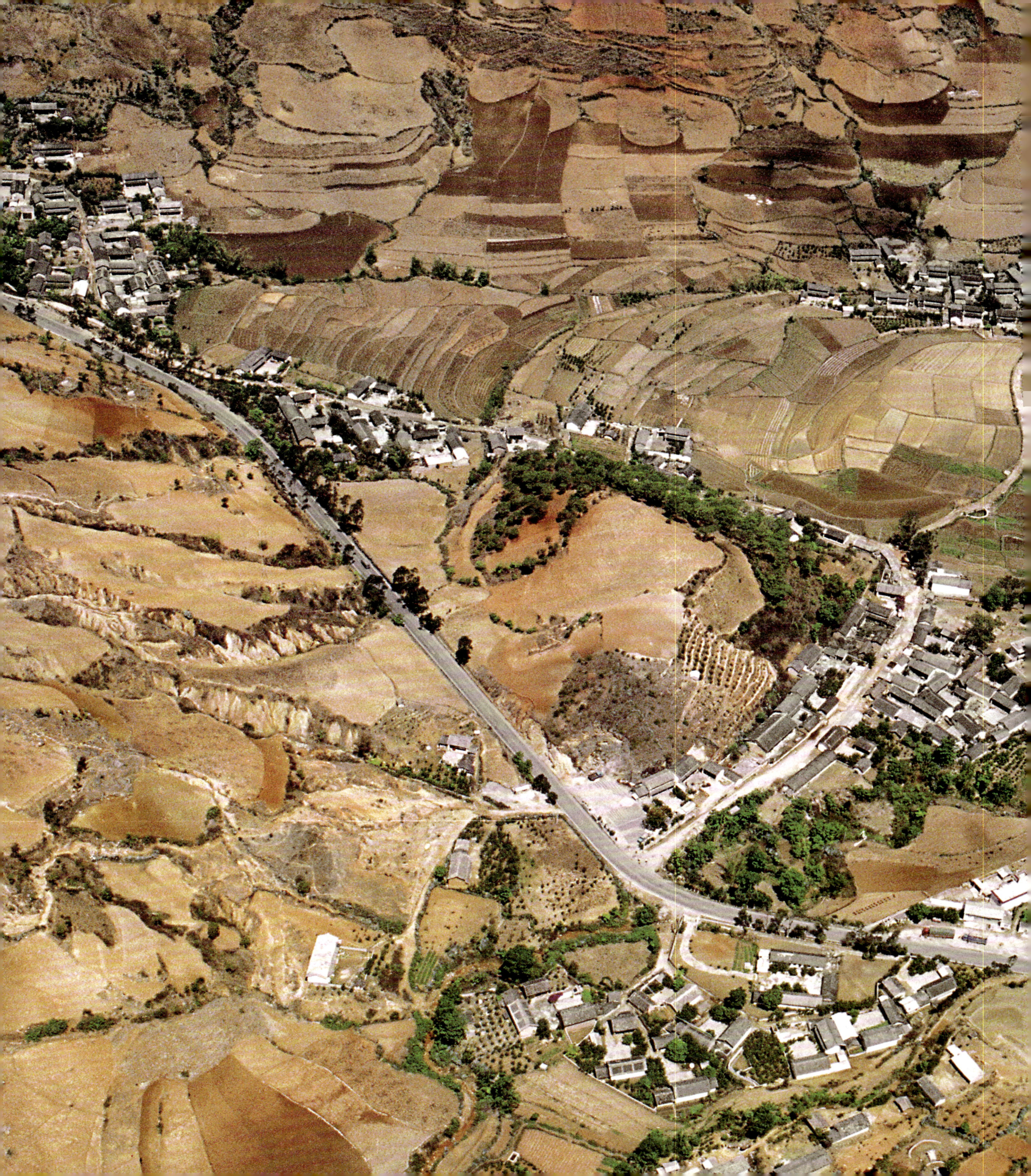

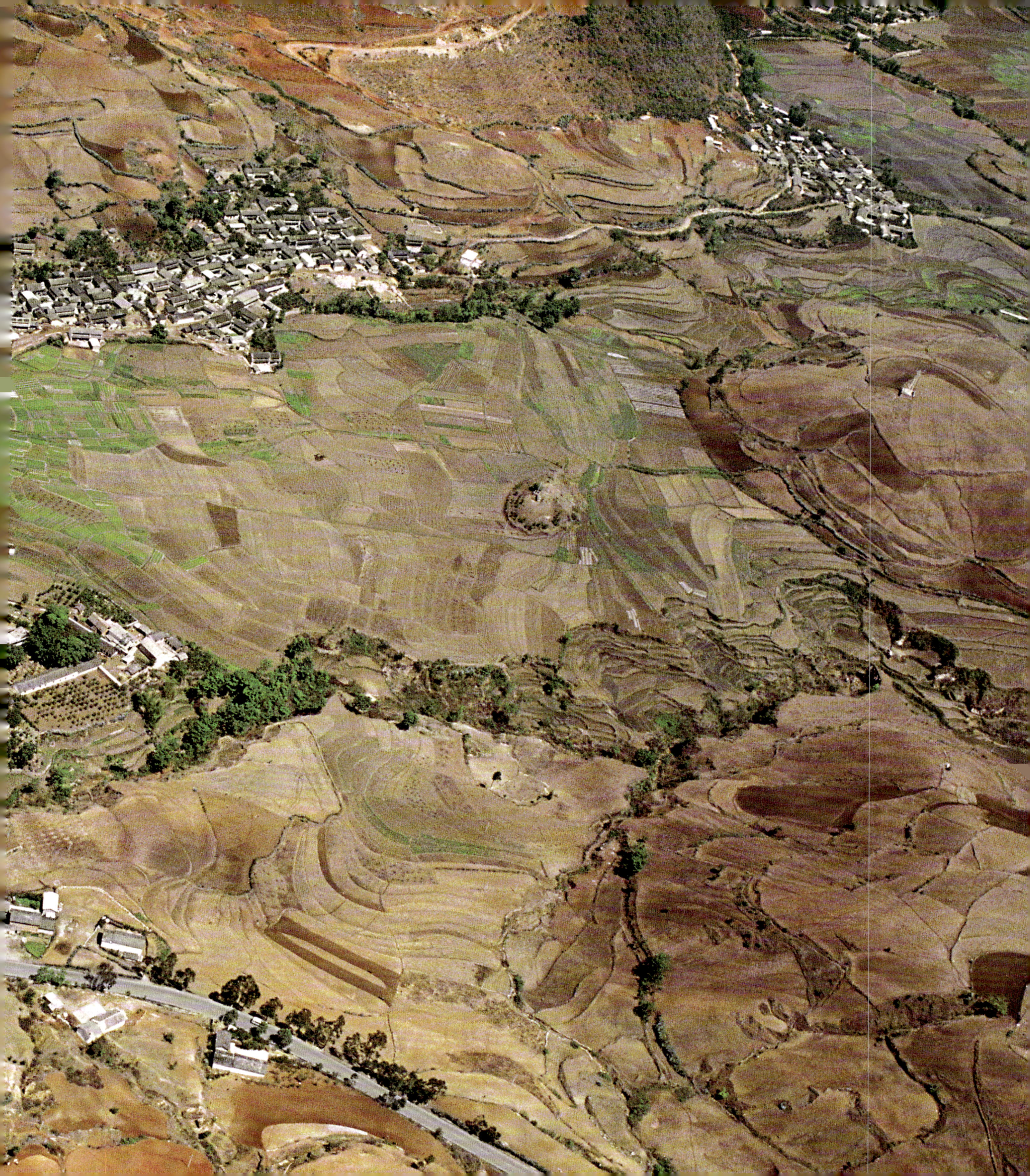

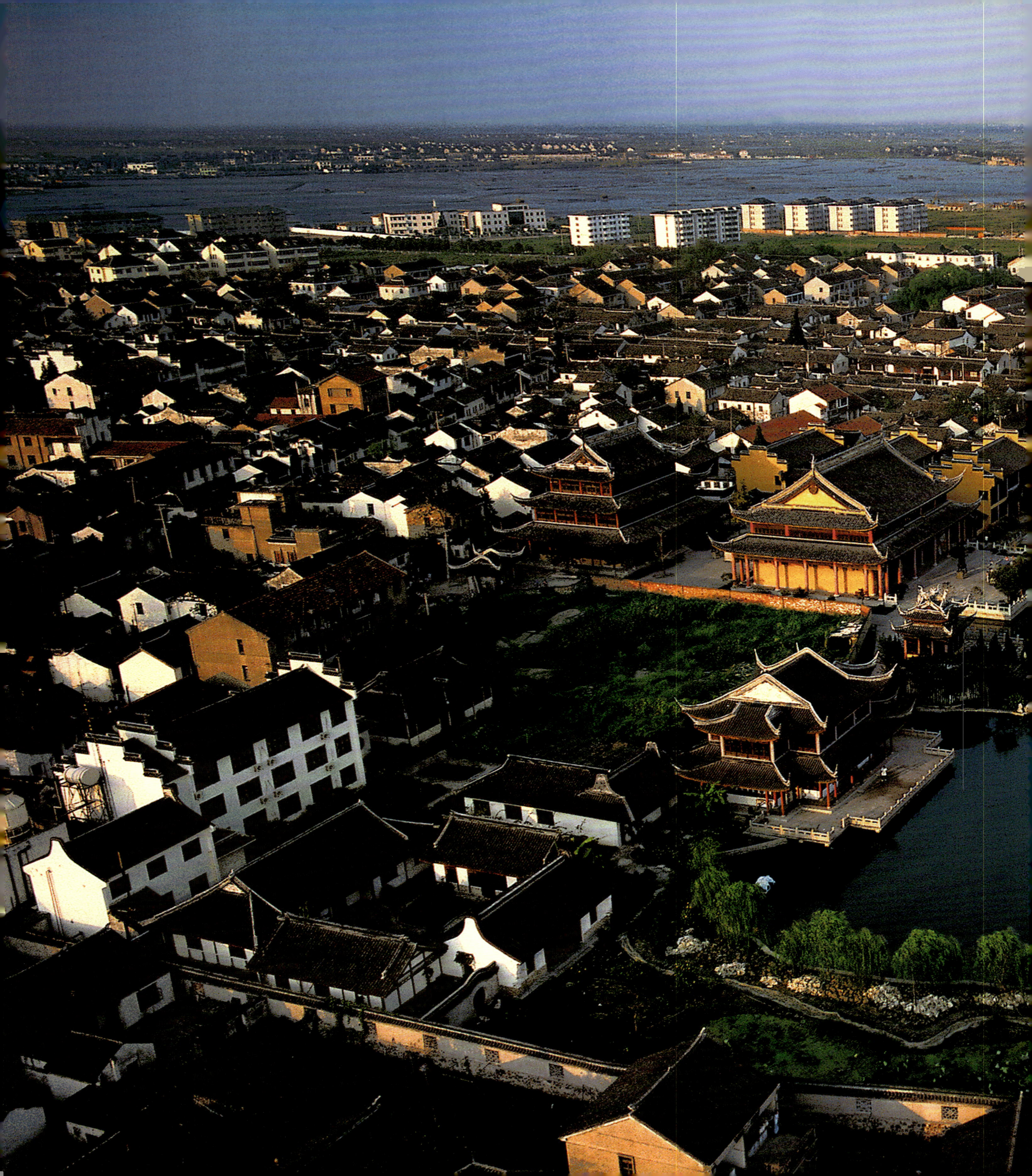

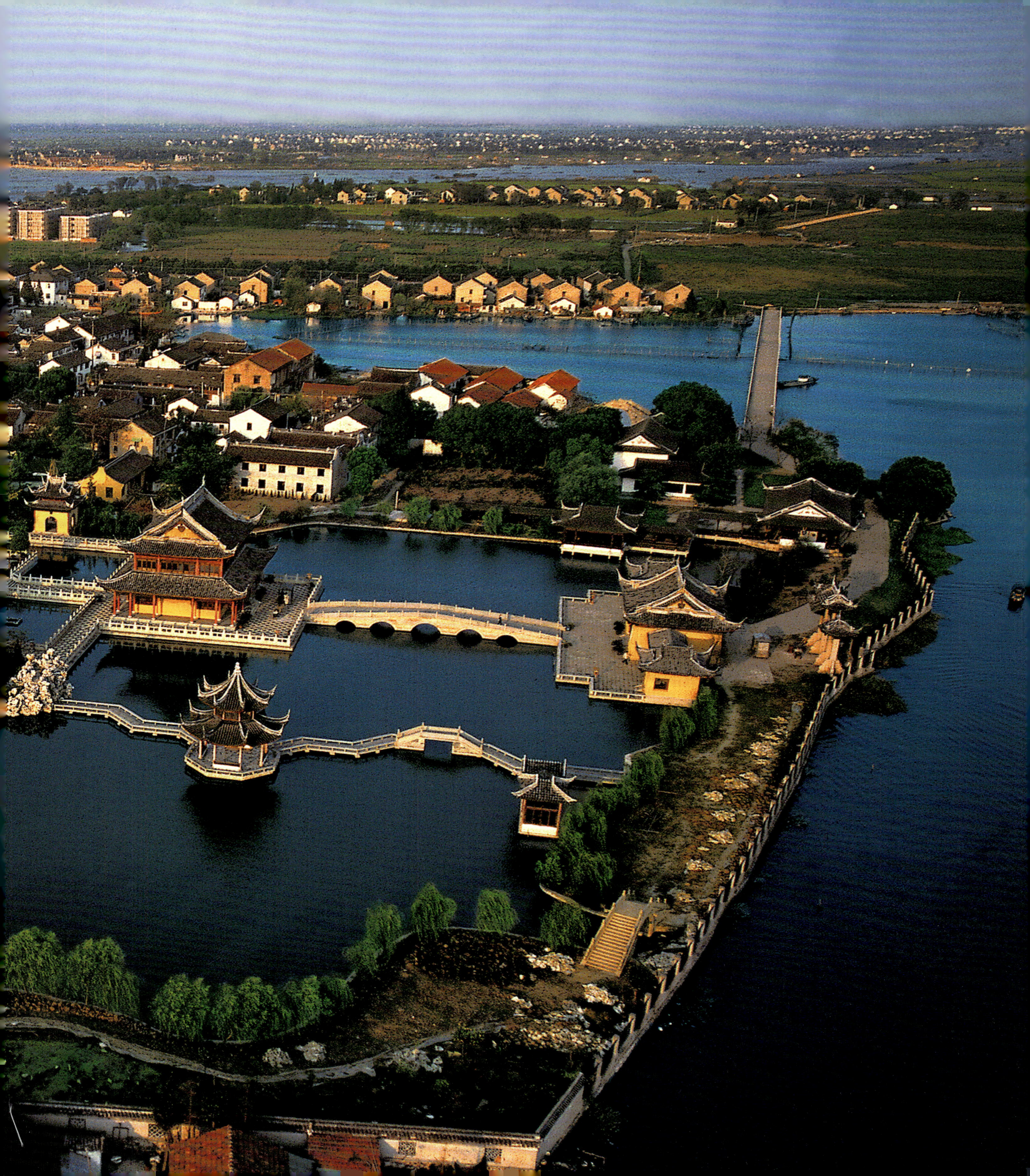

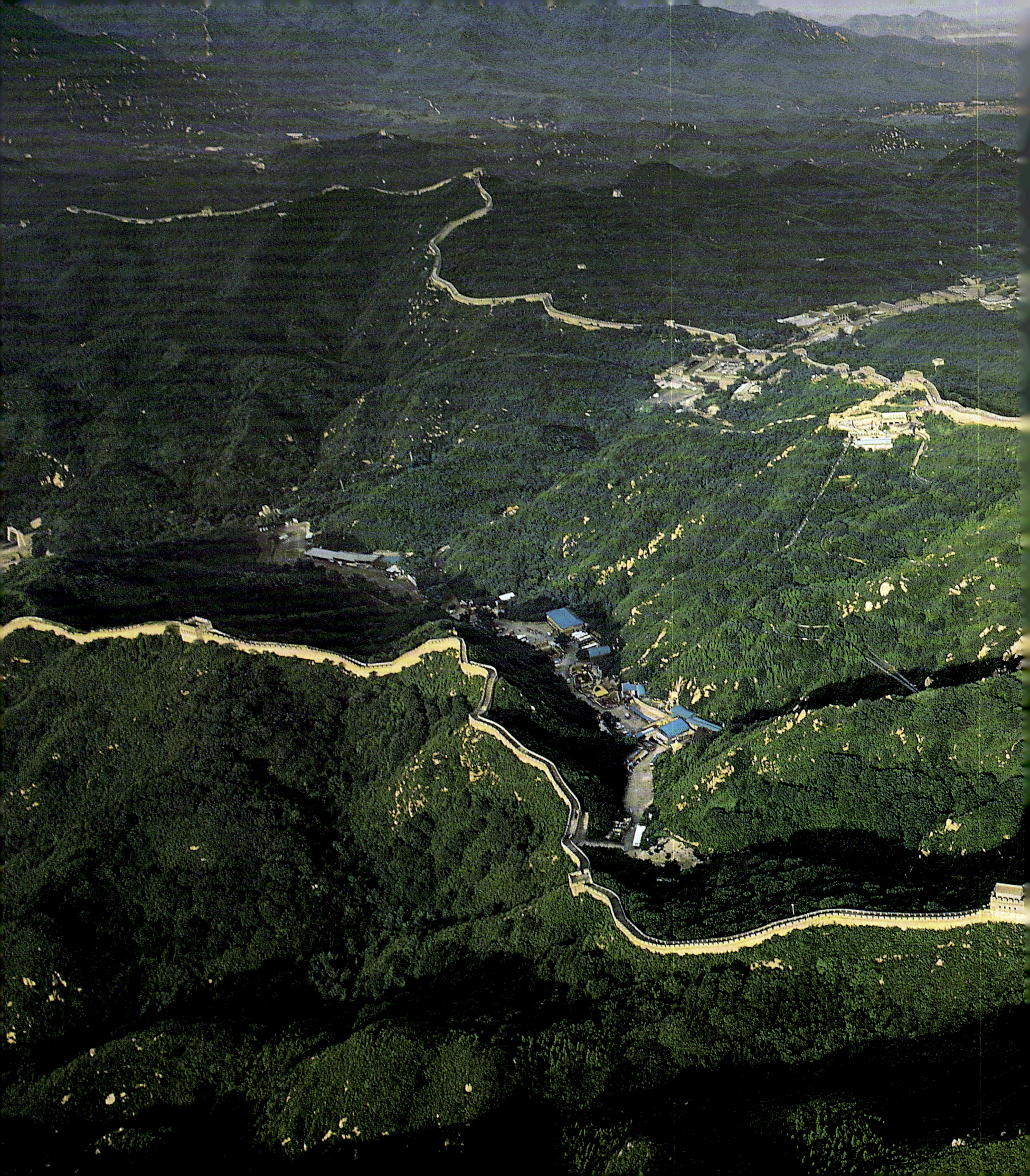

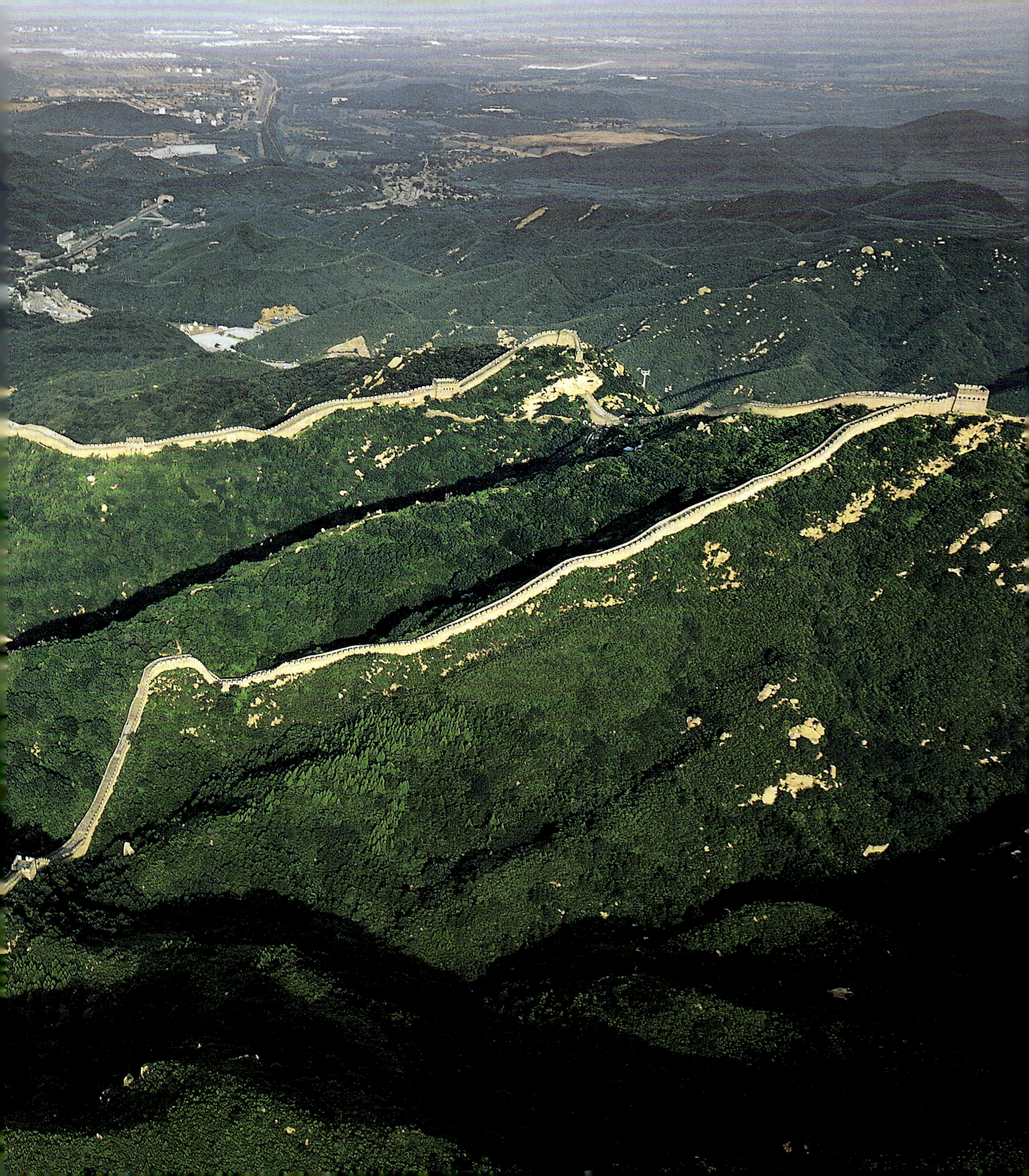

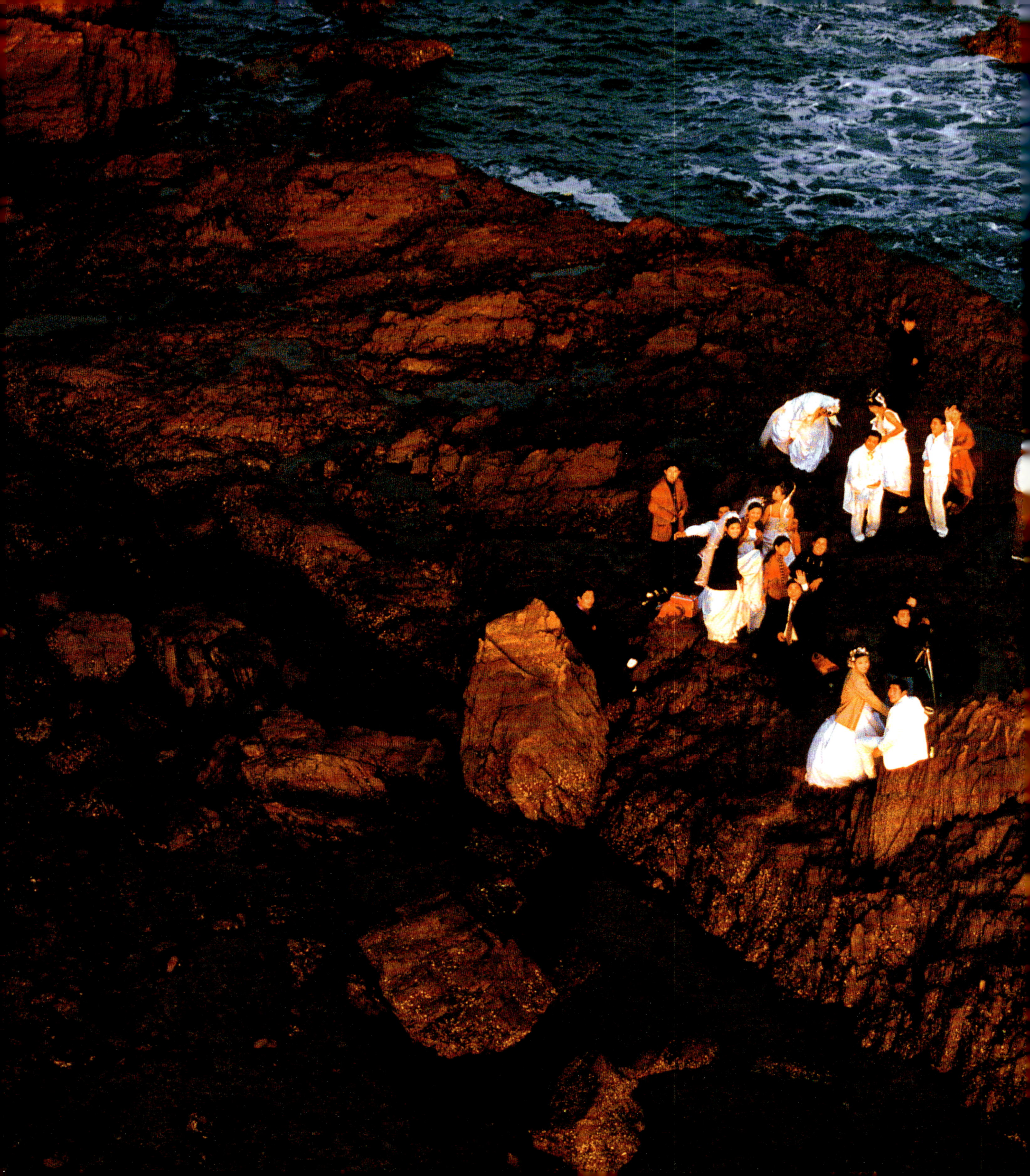

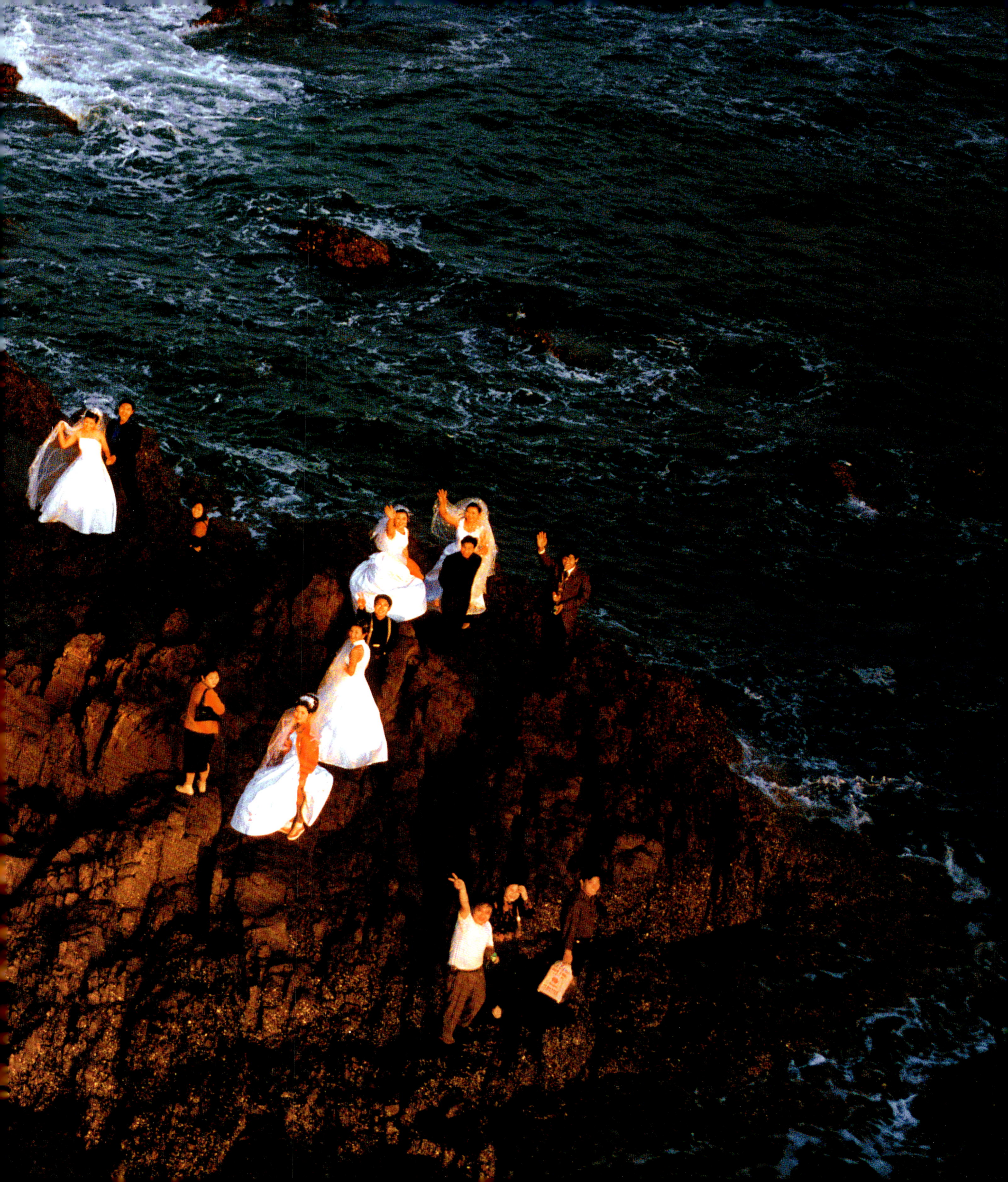

FOTOGRAFIEN

VORWORT

EINLEITUNG

TEXT

REDAKTIONELLE LEITUNG   REDAKTIONELLE KOORDINATION

REDAKTION   GRAFIKLEITUNG   LAYOUT

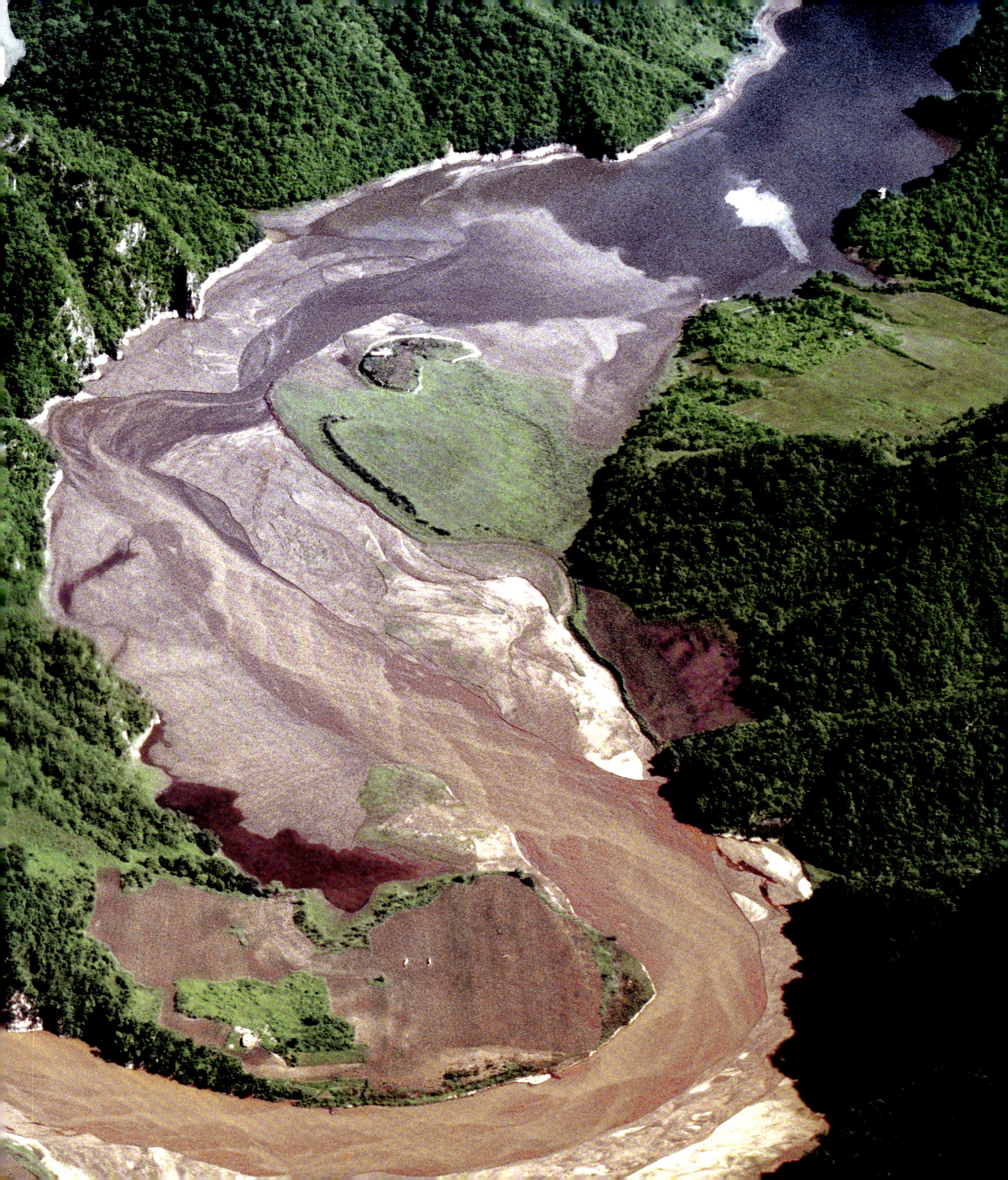

4-5	GUIZHOU	Dörfer zwischen Feldern und Wäldern im Südosten der Provinz.
6-7	JIANGSU	Zhouzhuang, die berühmte Stadt auf dem Wasser im Süden des Landes.
8-9	PEKING	Die Mäander der Großen Mauer bei Badaling in der Nähe von Peking.
10-11	SHANDONG	Brautpaare in der Taiping-Bucht bei der Stadt Qingdao.
13	HEILONGJIANG	Der Heilongjiang oder Fluss des Schwarzen Drachen im Nordosten.
15	XINJIANG	Hubschrauber über dem „Himmelsgebirge" (Tian Shan).
17	PEKING	Der Lamatempel oder Yonghegong, eine der Kostbarkeiten der Hauptstadt.
18-19	JILIN	Die grünen Felder der Provinz Jilin sehen von oben wie ein riesiges Blatt aus.
20-21	LIAONING	In Bingyugou, einem ruhigen Tal in der Nähe von Dalian, entwickelte sich ein blühendes Hotelgewerbe.
22-23	LIAONING	Tänze in Shenyang, der größten Stadt im Nordosten Chinas.

BIOGRAFIE

LIU JIAQI

Liu Jiaqi ist Professor am Institut für Geologie und Geophysik der Chinesischen Akademie der Wissenschaften (CAS). Er wurde 1941 in Dandong in der Provinz Liaoning geboren. Nach Abschluss seines Studiums spezialisierte er sich auf Quartärgeologie sowie Geochronologie und Vulkanologie. Er war Leiter des Instituts für Geologie an der Chinesischen Akademie der Wissenschaften. Heute bekleidet er zahlreiche Ämter bei den wichtigsten chinesischen Wissenschaftsorganisationen: Unter anderem ist er Präsident des Chinesischen Verbandes für Quartärforschung, Vizegeneralsekretär der Chinesischen Gesellschaft für Geologie, stimmberechtigtes Mitglied des Unterkomitees für Quartärstratigraphie, das dem Internationalen Komitee für Stratigraphie und Chronologie untersteht, sowie Chefherausgeber von *Acta Geologica* (in Englisch) und weiterer Zeitschriften. Er hat über 220 Fachartikel veröffentlicht und erhielt zahlreiche Preise für seine naturwissenschaftlichen Arbeiten und seinen Einsatz für den wissenschaftlichen und technologischen Fortschritt. 2001 wurde er mit dem Titel „Herausragender Wissenschaftler des Landes" ausgezeichnet.

SU RONGYU

Su Rongyu ist Professor und Leiter des Zentrums für wissenschaftliche Kulturgutstudien an der Chinesischen Akademie der Wissenschaften. Er widmet sich dem Studium, der Prüfung, Bewertung und dem Schutz von Kultur- und Naturgütern.

LI HOUMIN

Dr. Li Houmin ist Professor am Institut für Erzvorkommen der Chinesischen Akademie für Geologie. Er widmet seine Forschungen dem Studium der Erzvorkommen, der Regionalplanung und der Bewertung territorialer Ressourcen.

CHE FU

Che Fu, geboren 1946, Experte für Kunst und Malerei, begann seine Karriere als Berufsfotograf in den siebziger Jahren. Er spezialisierte sich auf Luftfotografie und machte Peking zu seinem Zuhause, wobei er für seine Fotostrecken in ganz China unterwegs war. Von ihm sind in China mehrere Bücher über Luftfotografie erschienen. In seiner Heimat gewann er viele Preise und genießt große Anerkennung. In den letzten dreißig Jahren flog er mit vierzehn verschiedenen Flugzeugtypen und absolvierte insgesamt 1600 Flugstunden. Er war der Erste in China, der das Tal und die Wasserfälle des Flusses Yarlong Zanbo sowie Tibet aus der Luft fotografierte.

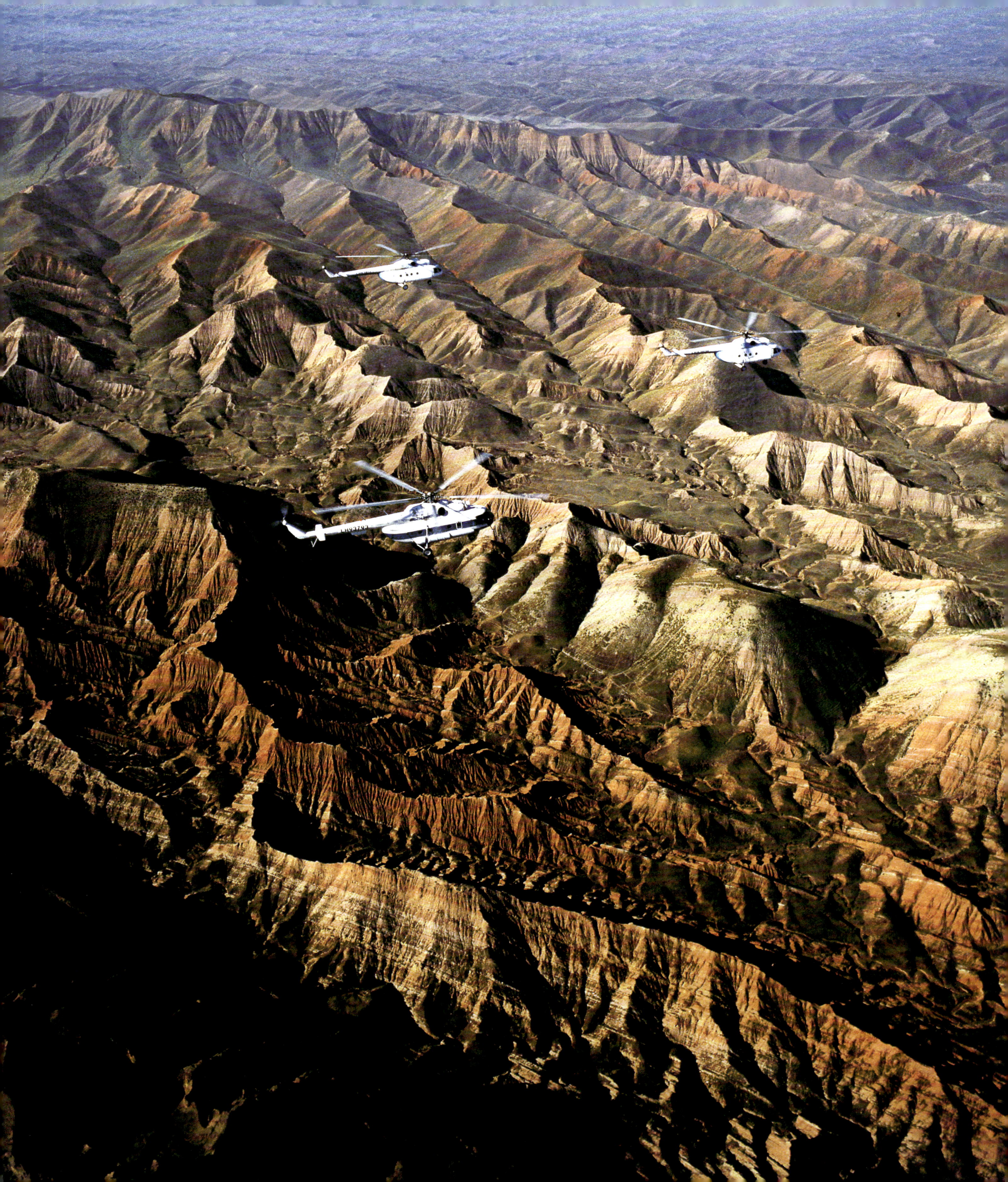

INHALT

24 Vorwort von Liu Jiaqi

32 Der Drache erwacht von Su Rongyu

DIE GESICHTER DER NATUR 44

FESTUNGEN AUS FELS 166

DAS REICH DES WASSERS 226

HARMONIE DES ALTEN UND MODERNEN 300

Register 396

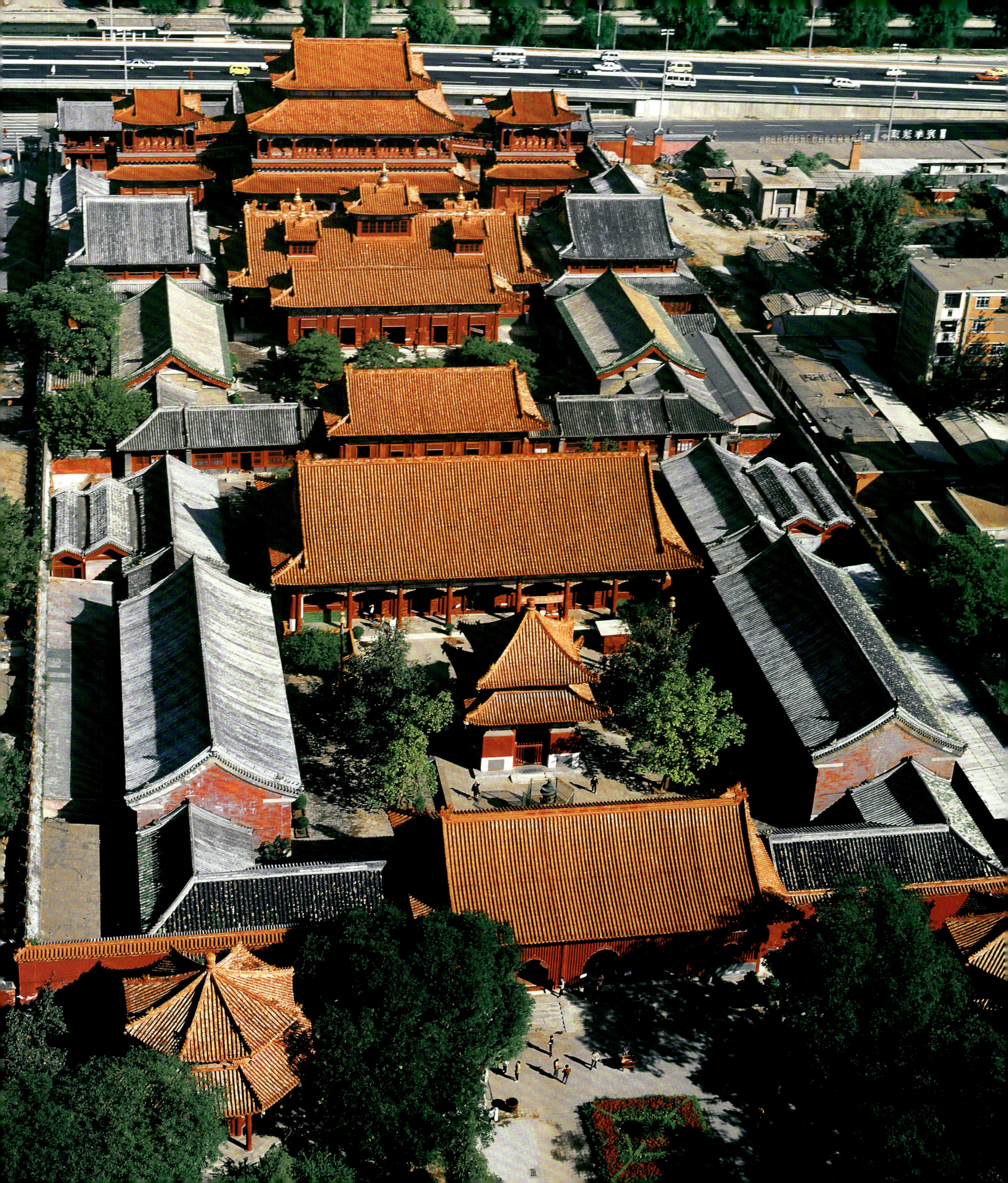

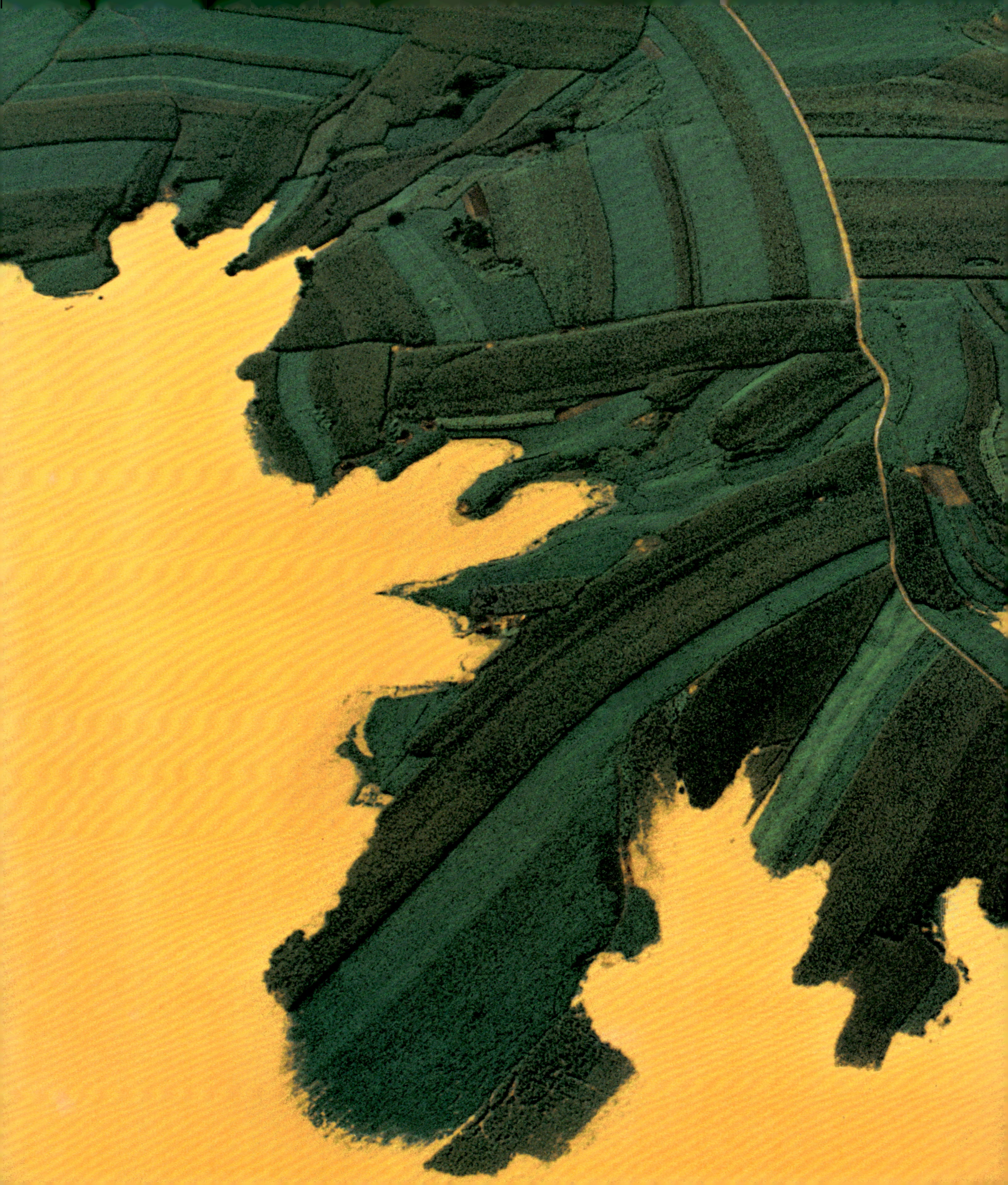

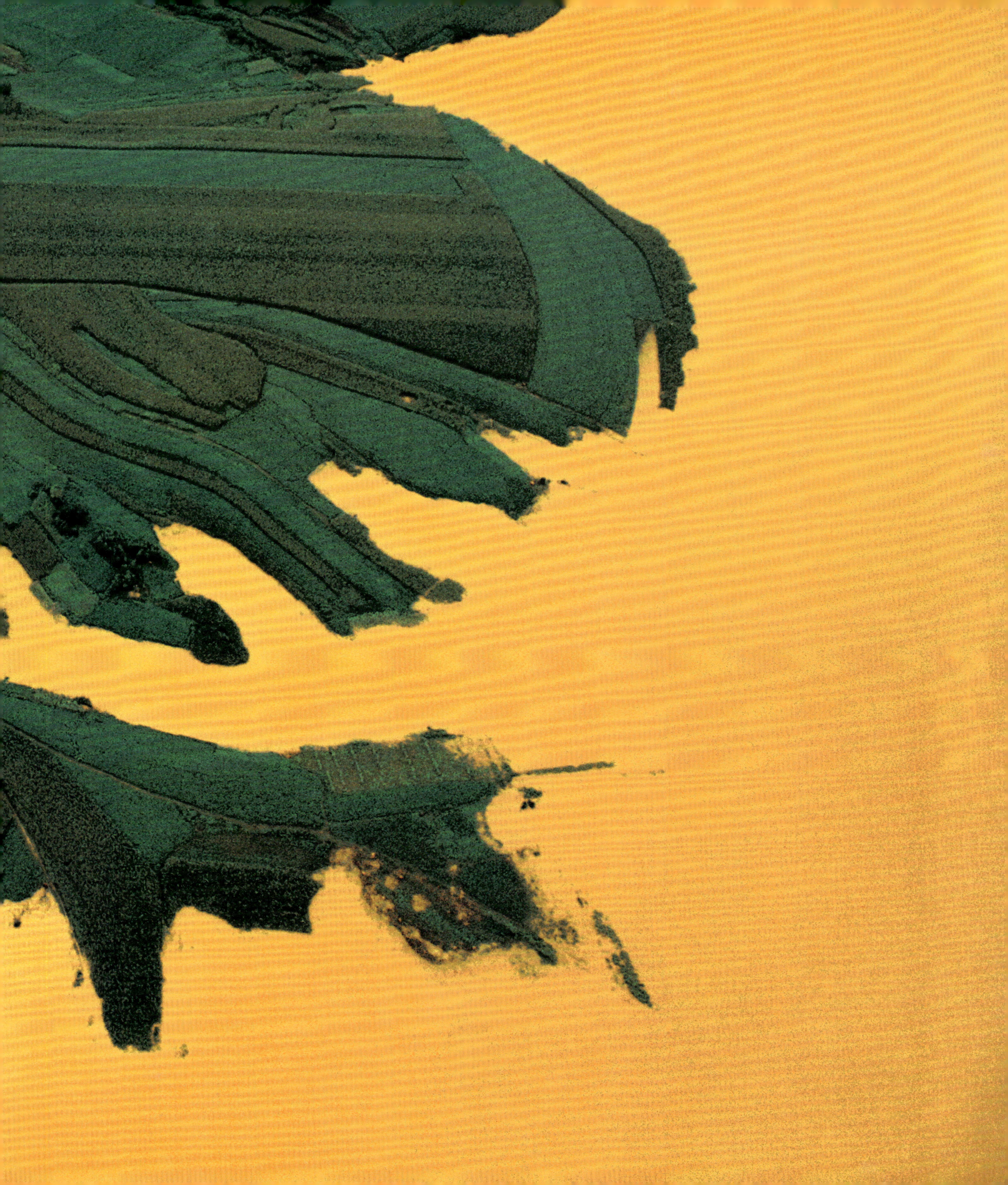

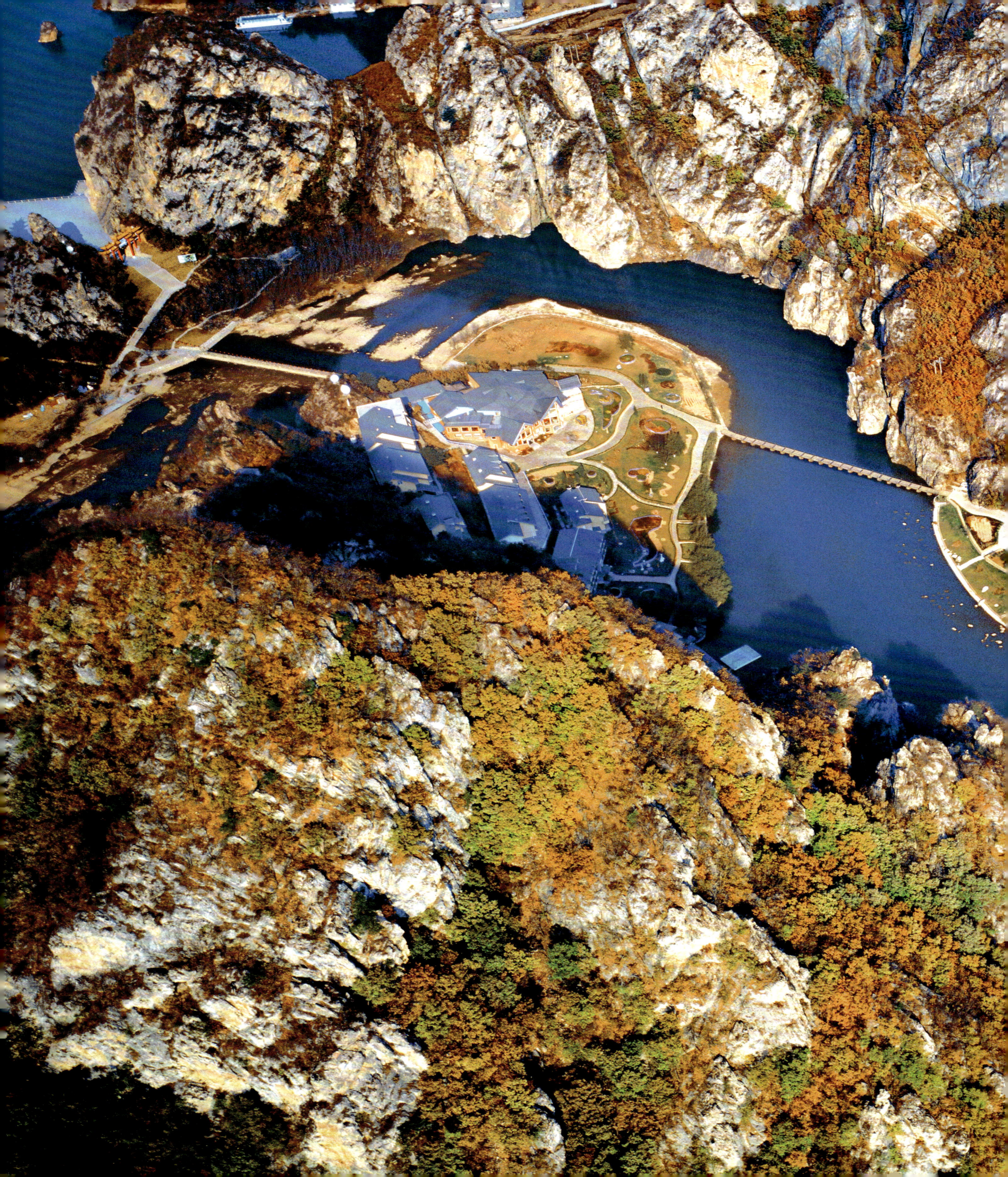

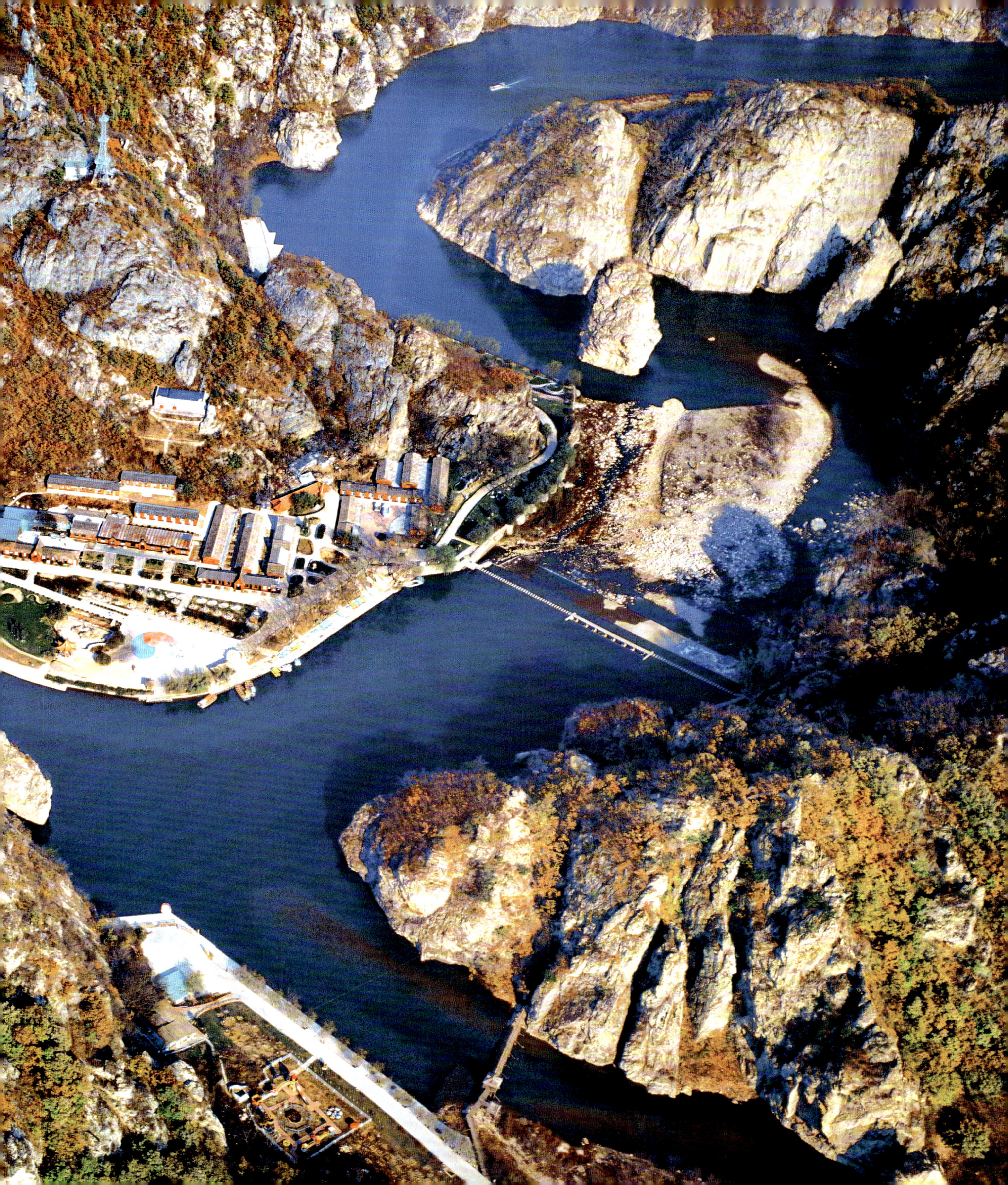

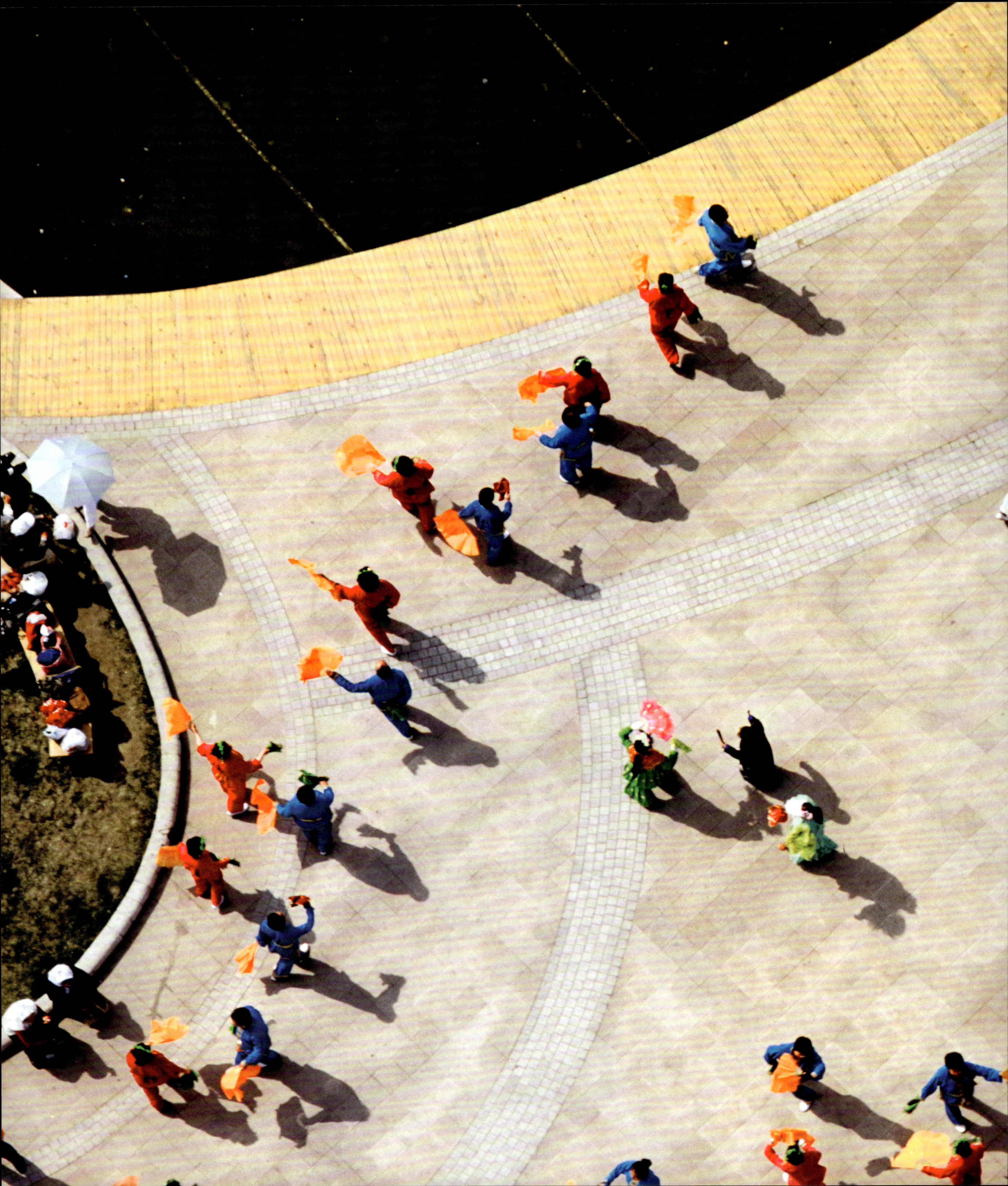

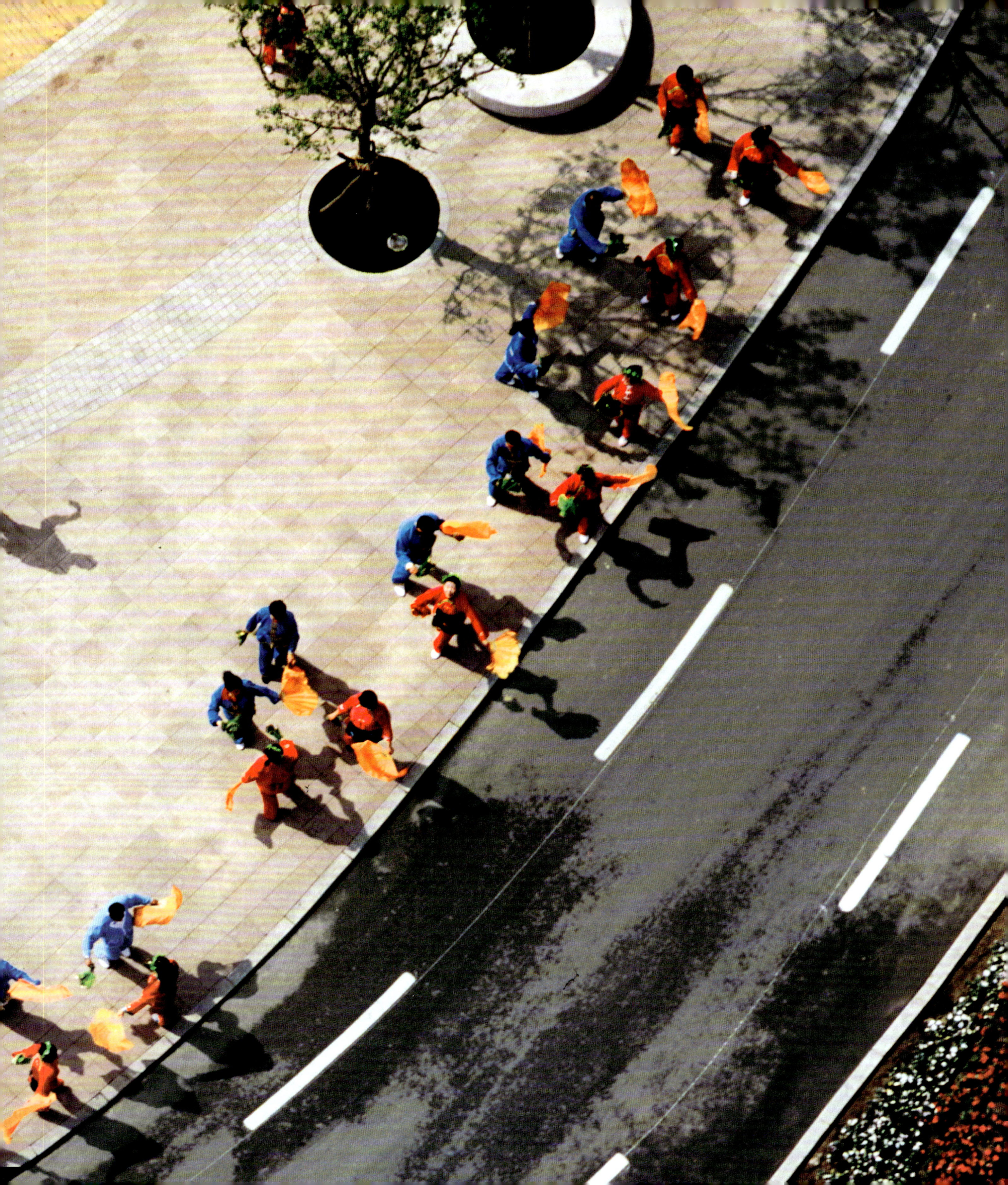

VORWORT
LIU JIAQI

Mit dem Band *China aus der Luft* will der White Star Verlag einen generellen Blick auf die chinesischen Naturlandschaften und ihre unendlichen Reichtümer bieten.

Das Buch gliedert sich in vier Kapitel, die in Text und Bild – von Stadt und Land, von den Gipfeln der Berge bis hin zu den Tälern der Flüsse – ein einprägsames Bild Chinas zeigen: das Land der weiten Räume und vielen, gegen alle Widrigkeiten gewonnenen Kämpfe.

In diesem alten Territorium enthüllt sich eine neue Lebensperspektive. Die in den Himmel ragenden Bergketten, die sich in endloser Folge dem Auge darbieten, sind das Rückgrat des chinesischen Landes, seine gewundenen Wasserläufe die Hauptschlagadern, die das ganze Land durchdringen und durchqueren. Die Dörfer in abgeschiedenen Bergregionen und abgelegenen Tälern verkörpern die Einfachheit und Würde der Nachkommen des Gelben Kaisers, während der Wald aus Palästen und in den Himmel ragenden Wolkenkratzern den rapiden Aufstieg des Drachens des Ostens offenbart.

Die über 350 außergewöhnlichen, bisher unveröffentlichten Abbildungen des Buches sind das Werk Dutzender Fotografen, exzellenter Künstler, die auch die Fähigkeit besitzen, mit ihren Fotos tiefere Bedeutungen zu vermitteln. Sie haben China nach den Regeln der Kunst beschrieben und damit der ganzen Welt ein China aus dem Blick-

26-27 **LIAONING**	In fast geometrischer Perfektion gliedern die regelmäßigen Formen der Felder das Land um Dandong an den Ufern des Flusses Jalu.
28-29 **PEKING**	Der grandiose architektonische Komplex der „Purpurnen Verbotenen Stadt" (Zi Jin Cheng) im Zentrum der Hauptstadt wurde zwischen 1407 und 1420 erbaut.
30-31 **SICHUAN**	Chengdu, die Hauptstadt der Provinz Sichuan, gehört zu den bedeutendsten Zentren des Landes. Die alte Stadt wandelt sich rapide und nimmt, genau wie die anderen chinesischen Metropolen, ein immer moderneres Stadtbild an.

winkel des Künstlers gezeigt: welch eine Tiefe der Seele und der Gedanken! Betrachtet man China aus der Luft, befindet man sich natürlich in einer höheren Position, man beobachtet von weitem und hat eine klarere und somit auch authentischere Sicht.

Die westlichen Länder haben eine lange Geschichte und brillante Kultur. Der White Star Verlag hat in außerordentlicher Weise dazu beigetragen, ihre Kultur und Kunst zu verbreiten, sodass die Aufmerksamkeit der ganzen Welt auf sie gezogen wurde. Heute wendet er den Blick nach Osten, nach China, das eine ebenso lange Geschichte und genauso brillante Kultur vorzuweisen hat. Der vorliegende Band zeigt das Reich der Mitte in all seiner Faszination und Schönheit und stellt damit auch eine Manifestation der Freundschaft zwischen Okzident und Orient dar.

Mit dem Wunsch, dass die Freundschaft zwischen China und dem Westen von Generation zu Generation übergehen und das Werk *China aus der Luft* schon bald Bewunderung finde möge, überlasse ich das Buch nun den Lesern – damit sie glänzende Augen bekommen.

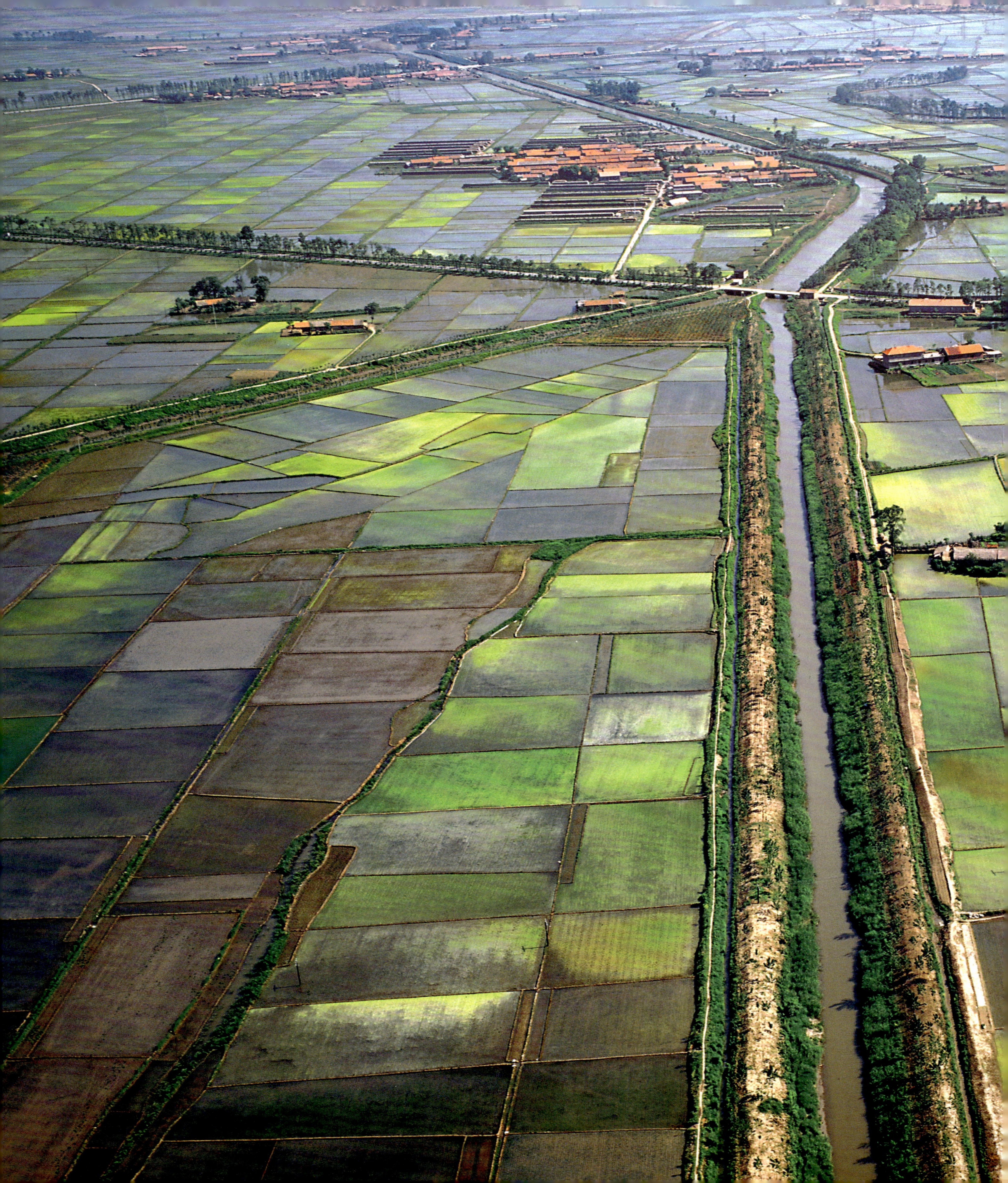

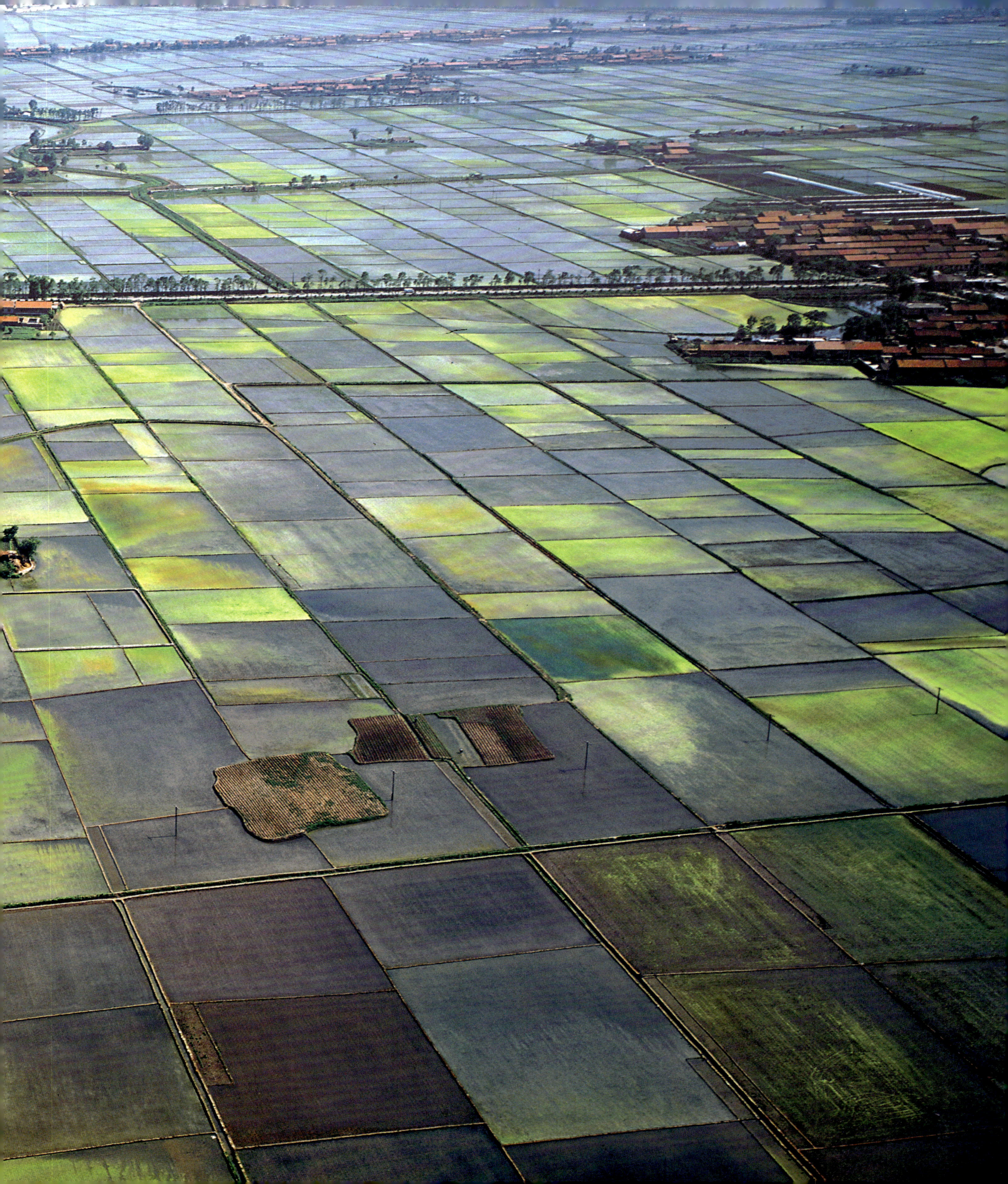

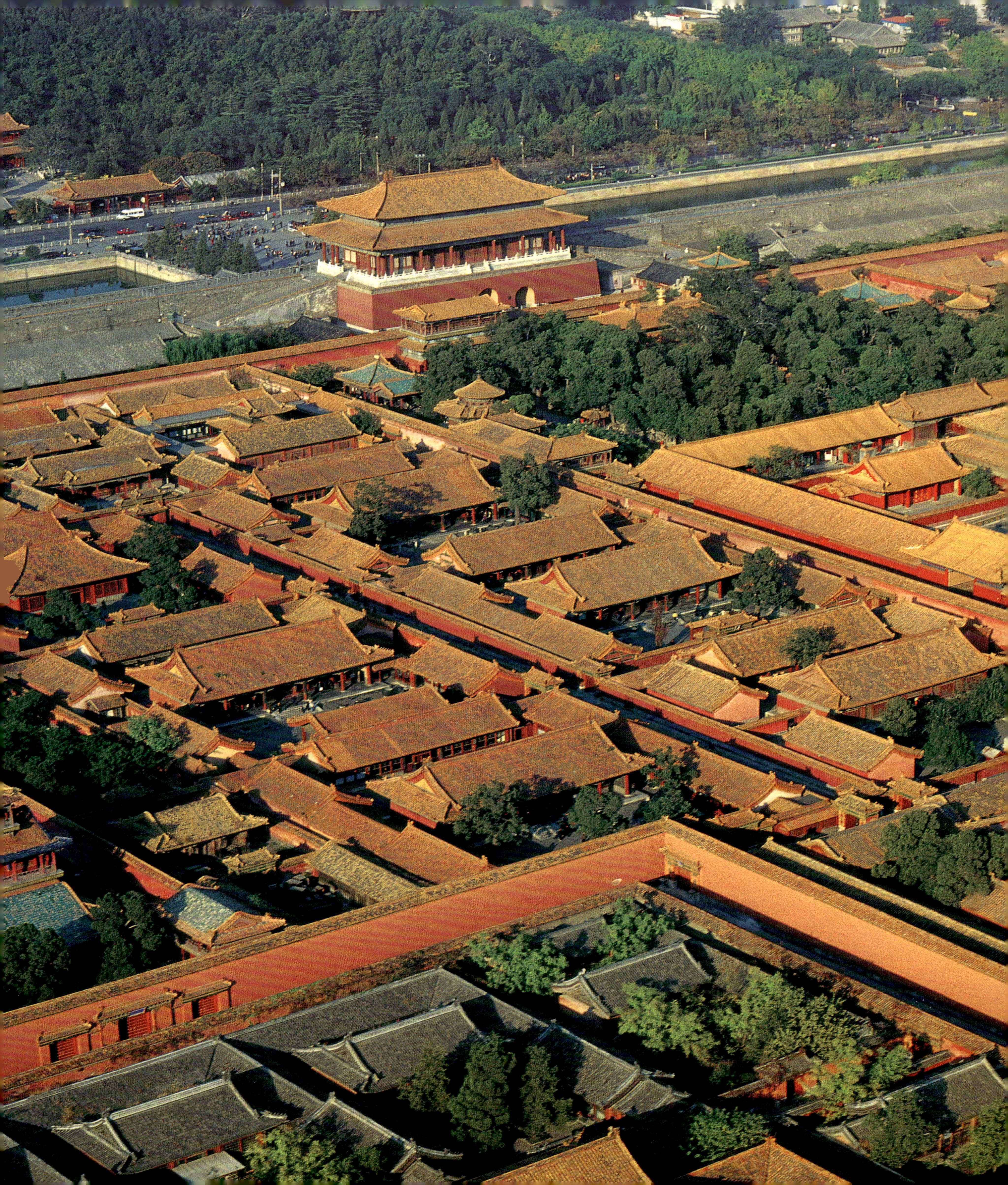

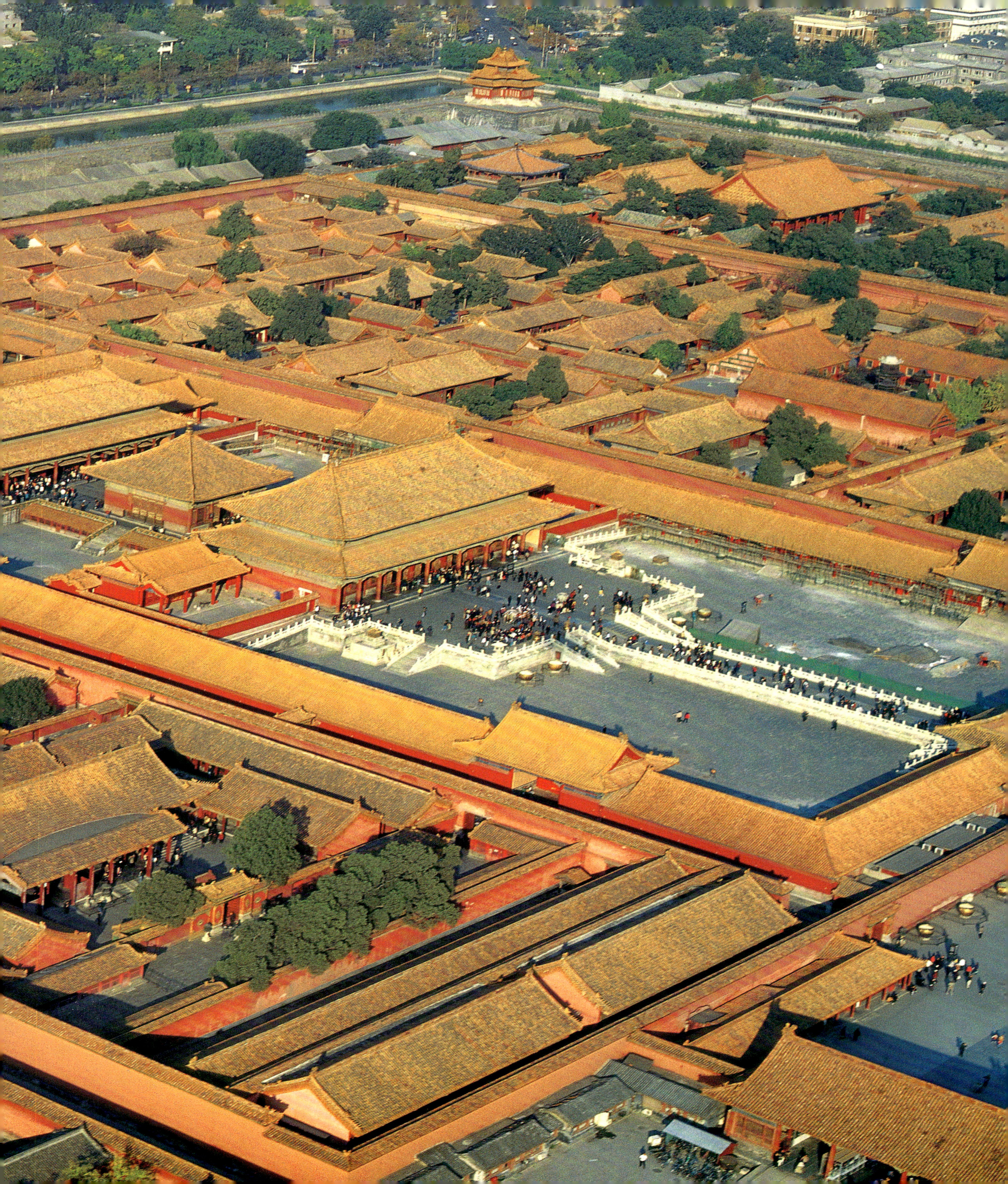

热烈祝贺成都荣获"中国最佳旅

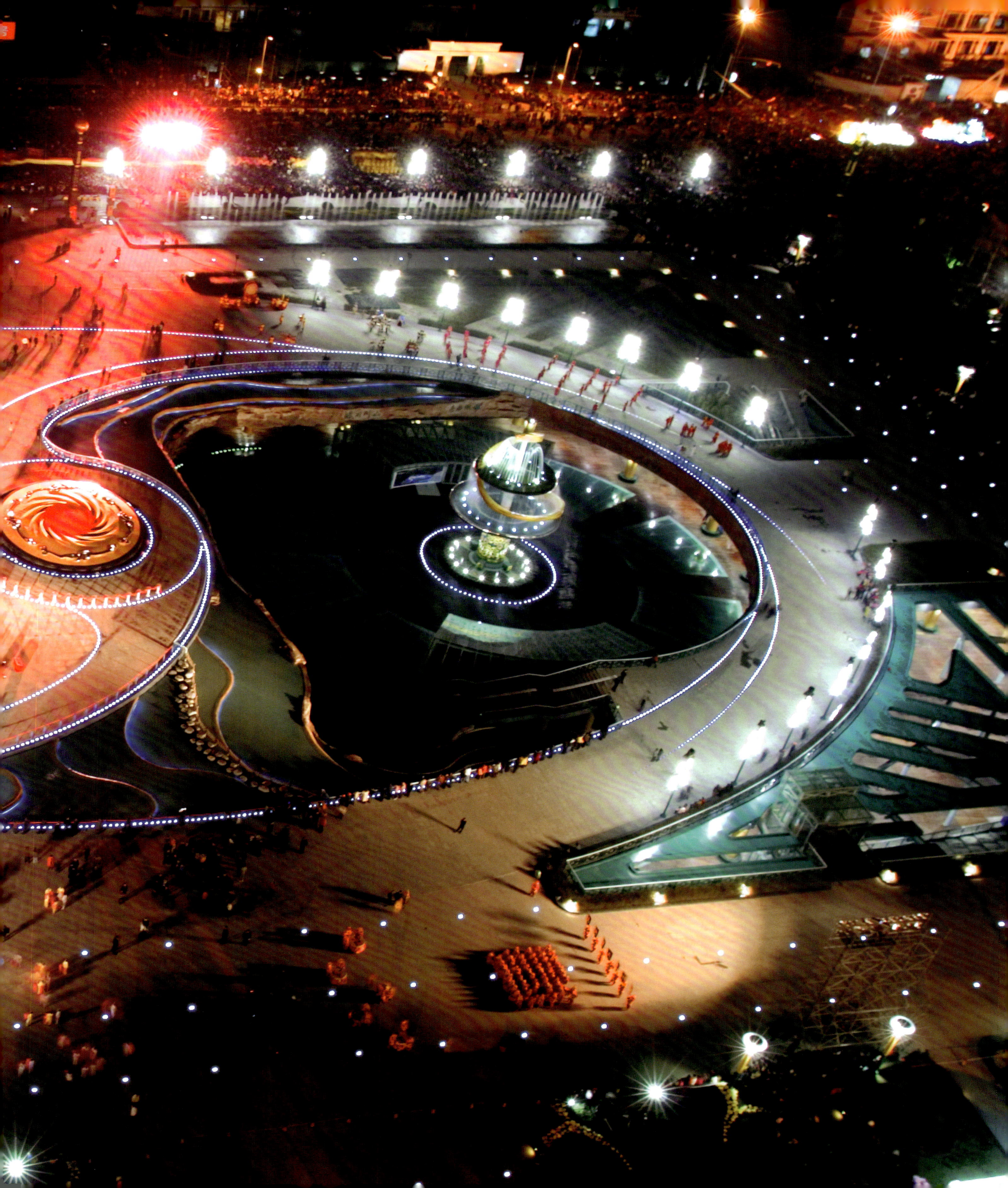

DER DRACHE ERWACHT

DAS REICH DER MITTE

China liegt im Ostteil des asiatischen Kontinents an der Westküste des Pazifischen Ozeans. Seine Umrisse ähneln einem Goldfasan, dessen Kopf nach Osten und dessen Schwanz nach Westen zeigt. Sein Staatsgebiet erstreckt sich über 9 600 000 Quadratkilometer von der Pamir-Hochebene in Zentralasien nach Osten bis zum Pazifischen Ozean. Die größte Entfernung von Osten nach Westen beträgt etwa 5200 Kilometer, von Norden nach Süden circa 5500 Kilometer. Das chinesische Territorium ist äußerst komplexer und vielgestaltiger Natur: Im Westen ist das Relief am höchsten und fällt zum Osten hin ab, sodass sich drei deutliche Höhenstufen ergeben.

Das Qinghai-Tibet-Plateau, das sogenannte „Dach der Welt", stellt die höchste Stufe dar mit einer durchschnittlichen Höhe von über 4000 Metern über dem Meeresspiegel und einer Fläche von 2 300 000 Quadratkilometern; trotzdem lebt hier nur ein Prozent der chinesischen Gesamtbevölkerung. Die Bergketten des Himalaya, Kunlun, Qilian und Hengduan rahmen dieses „Dach" ein. Die zweite Stufe befindet sich zwischen dem Qinghai-Tibet-Plateau und dem Da Xing'an- (Da-Hinggan-), Taihang-, Wu- und Lei-Feng-Gebirge und umfasst das Plateau der Inneren Mongolei, das Lössplateau, das Plateau zwischen den Provinzen Yunnan und Guizhou und die Becken der Flüsse Tarim, Junggar, Sichuan etc., mit einer durchschnittlichen Höhe zwischen 1000 und 2000 Meter über dem Meeresspiegel.

Die dritte und niedrigste Stufe reicht im Osten an den Pazifischen Ozean und erstreckt sich über die Ebenen im Nordosten und Norden Chinas, die Ebenen am Mittel- und Unterlauf des Jangtsekiang, das Hügel- und Bergland Südchinas sowie weitere Kontinentalstufen, die in den Pazifik hineinragen. Die Höhe über dem Meeresspiegel liegt weit unter 1000 Meter.

36-37
SICHUAN | Diese kuriose, bunte Aufnahme zeigt eine vielköpfige Gruppe von Kindern bei einer Schreibübung in Chengdu.

38-39
XINJIANG | Diese Sicht auf die Berge in der Umgebung von Wucai hebt die Farbvielfalt des erzreichen Bodens hervor.

Auf der ersten Höhenstufe, dem Qinghai-Tibet-Plateau, ist die Luft sehr dünn, es weht sehr starker Wind, es fallen nur wenige Niederschläge, während Gletscher und Dauerfrostboden sehr weit verbreitet sind. Das im Ostteil milde, feuchte Klima wird im Nordwesten eisig und trocken. An der Grenze zwischen dem östlichen und südöstlichen Teil sind die Schluchten tief und das Bergrelief steil und schroff, mit zahllosen schneebedeckten Gipfeln und komplexer Vegetation. Die monumentalen Gipfel des Qinghai-Tibet-Plateaus sind von niedrigeren Bergen, Hügelland, weiten Tälern und Flussbecken unterbrochen.

Die Frostbodenschicht ist hart und starr und ein Großteil der Gewässer fließt darunter und bildet viele Mäander. Die Berge mit einer Höhe über 6000 Meter über dem Meer sind mit Gletschern bedeckt und an ihrem Fuß schimmern die Seen der Hochebene zwischen sanften Hügeln und Grasbänken. Das weiter nördlich gelegene Quidam-Becken und das Kunlun-Gebirge haben ein extrem trockenes Klima mit wüstenähnlicher Landschaft.

Auf der zweiten Höhenstufe fällt die jährliche Niederschlagsmenge von circa 400 Millimeter im Osten auf unter 100 Millimeter nach Westen zu den nördlichen und nordwestlichen Zonen hin, bei denen es sich um trockene Halbwüsten handelt. In dieser Region wurden mehrere Schichten des Sandbodens vom Wind abgetragen und bildeten die Wüste Gobi. Das flache Plateau der Inneren Mongolei ist reich an Wasser und üppigem Gras und somit meistenteils hervorragendes Weideland, wo man Ochsen, Schafherden und kleine Jurten-Siedlungen sehen kann.

Die Grenze zwischen dem Junggar-Becken und dem Tarim-Becken umspannt einige hohe Bergketten, deren Gletscher und schneebedeckte Gipfel die Hauptwasserquellen des Gebiets darstellen. Diese Landschaft weist wüstenartige Hänge, Bergwiesen, Wälder und Sumpfwiesen auf; entlang der Flussbecken in der Wüste Gobi gibt es nicht selten Oasen und Seen.

Von den Hängen der Wüste Gobi entspringen häufig Bäche, die träge an der Oberfläche fließen, die Felder am Fuße der Berge bewässern und den Oasen Leben spenden. Außerhalb der „Oasen" erstreckt sich die über 300 000 Quadratkilometer große Weite der Taklamakan-Wüste, deren Sand-

40-41
SHANDONG | Schon während der Song-Dynastie (960 – 1279) ein kleiner Handelshafen, ist die Stadt Qingdao heute einer der wichtigsten Häfen Chinas und das größte Wirtschaftszentrum der Provinz Shandong.

ebenen den Horizont bedecken. Das Junggar-Becken ist reich an hervorragenden Weiden, fruchtbaren Böden, Wasserquellen und üppiger Vegetation.

Die dritte Höhenstufe entspricht der östlichen Monsunregion, die sich im Hinterland an das Kontinentalplateau anlehnt und zum Ozean blickt. Das Lössplateau, das Sichuan-Becken, das Yunnan-Guizhou-Plateau und die Bergregion Hengduan, die alle Teil der zweiten Höhenstufe sind, gehören jedoch dieser Monsunzone an. Die Fläche dieses Gebietes macht etwa 45 Prozent des gesamten chinesischen Staatsgebiets aus und hier leben 95 Prozent der Gesamtbevölkerung. Da sich die Ablagerungen der Flüsse ansammelten und viele Ebenen bildeten, sind auch die Meere mit kleinen Inselgruppen übersät. In dieser Region erwärmt sich das Klima langsam von Norden nach Süden und der Großteil des Grunds ist der Landwirtschaft vorbehalten.

Die Landschaft um Peking ändert sich mit dem Wechsel der Jahreszeiten: Im Winter, „tausend Li unter dem Eis, zehntausend Li unter wirbelndem Schnee", ist es eine silber-weiße Welt. Im Frühling nach dem Pflügen erstreckt sich das Land über endlose schwarze Felder. Das Schlüsselwort der nördlichen Gebiete ist dagegen die Farbe Gelb, da im Westteil das weite Lössplateau liegt. Die Sommer sind glühend heiß, mit reichlichen Niederschlägen, das Getreide wächst üppig und die Erde ist smaragdgrün. Im Herbst kleiden sich die Berge in rote Blätter, das Getreide wird reif und die Baumwollkapseln sind von einem silbernen Weiß.

Im Süden sind die Niederschläge hoch, die Hügel und auch Felder sind von einem strahlenden Grün. Die Ebenen am Mittel- und Unterlauf des Jangtsekiang fallen kontinuierlich ab, es gibt zahlreiche Seen und das Netz der Flüsse verflicht sich zur „Region der Flüsse und Seen". Das Sichuan-Becken und die Hügel im Süden sind in Terrassen angelegt, in den roten Sandsteinfelsen auf den Hügeln südlich des Jangtsekiang gibt es einige Anhöhen, die der Erosionsprozess in purpurrote Zinnen verwandelt hat. In dem Kalksteingebiet im Südwesten schließlich gibt es sehr viele Wälder aus Kalksteinspitzen und Karsthöhlen.

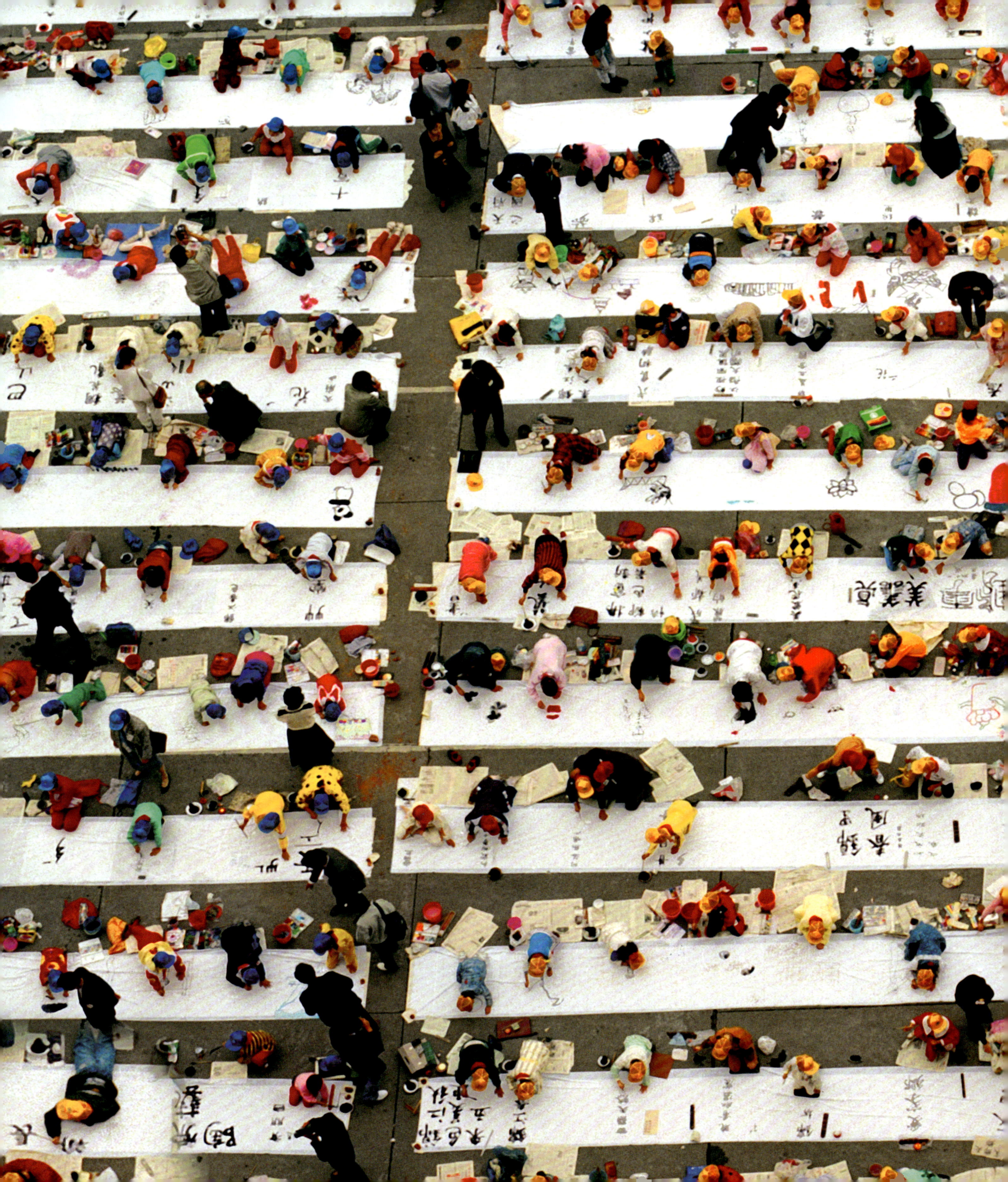

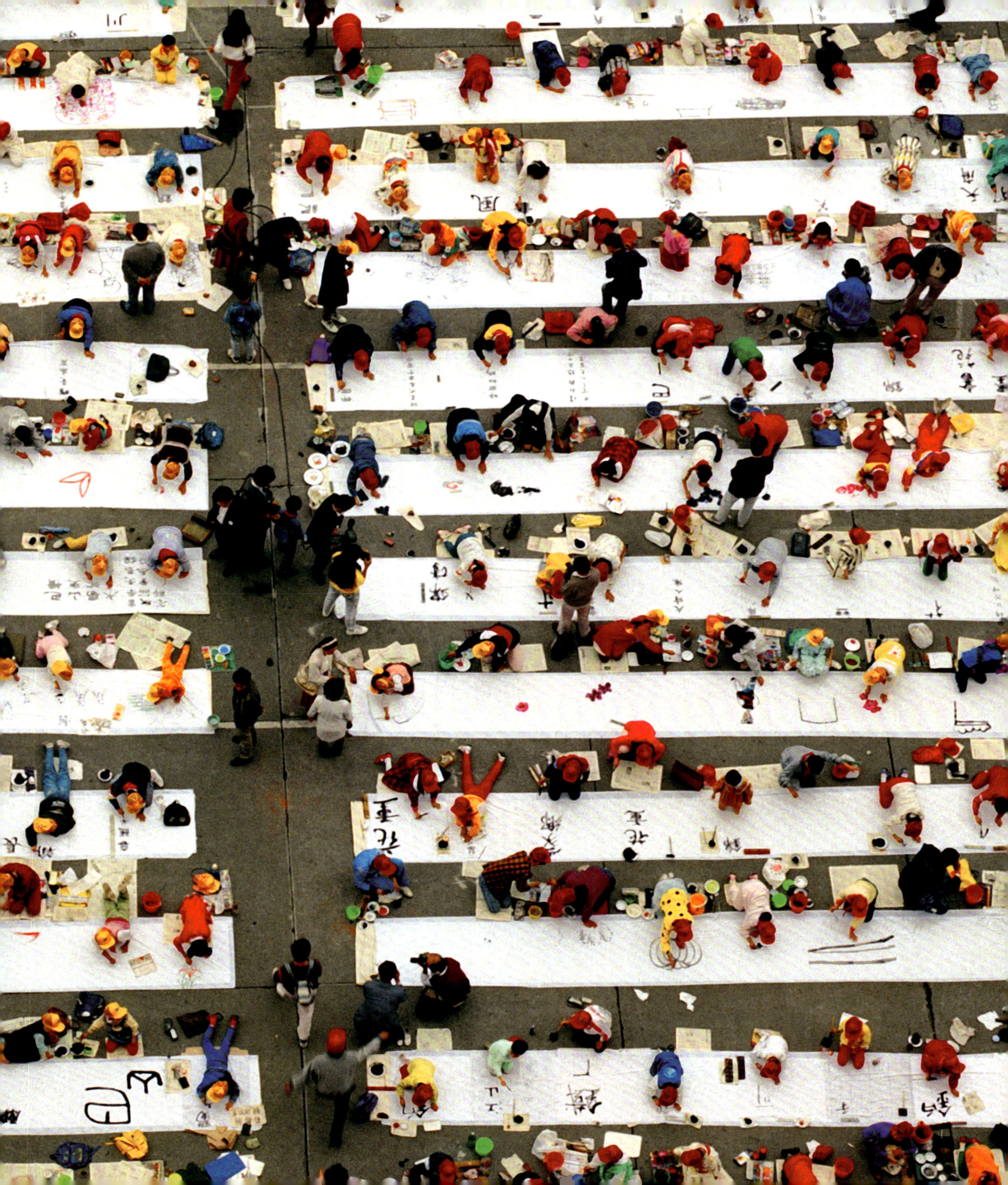

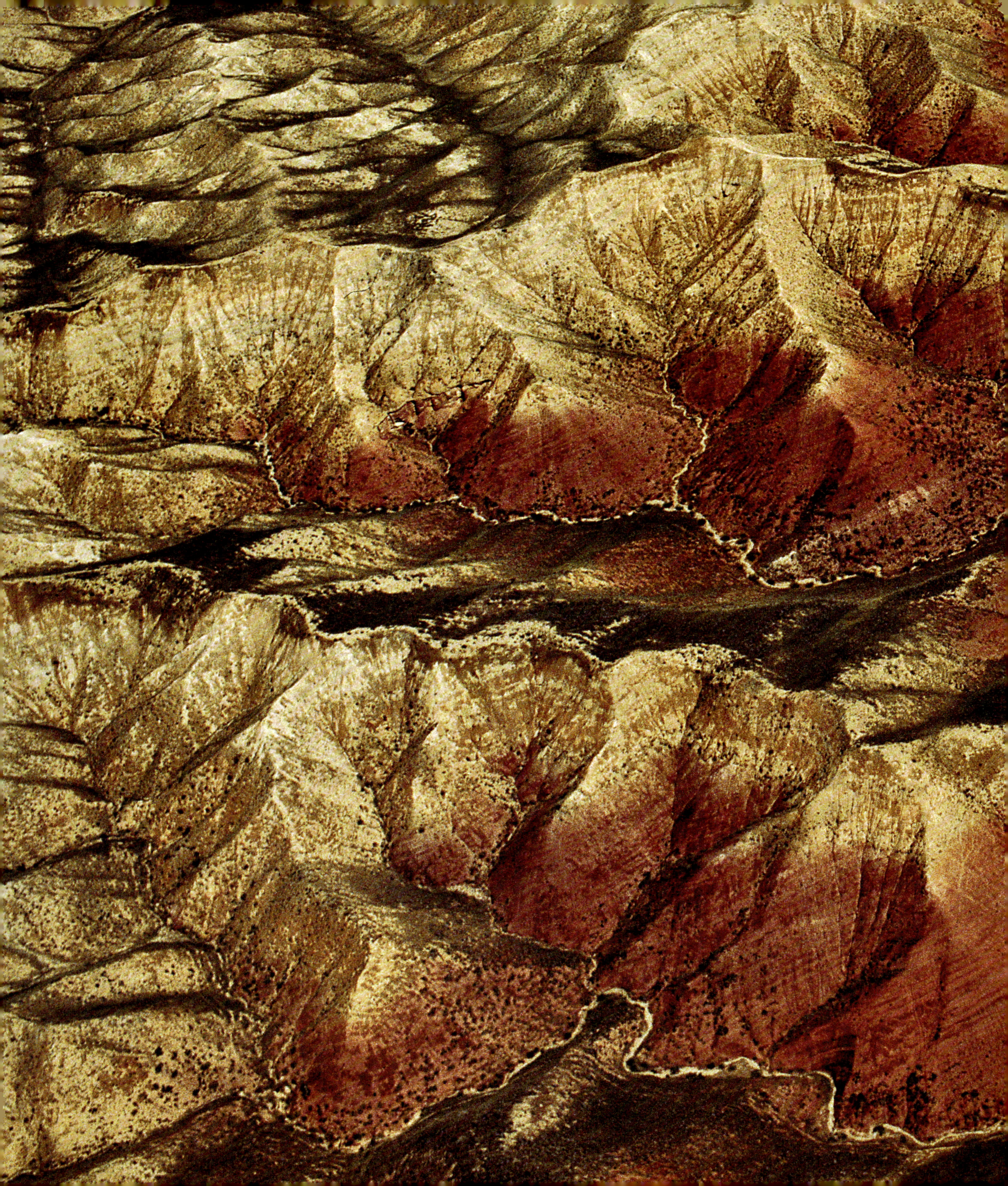

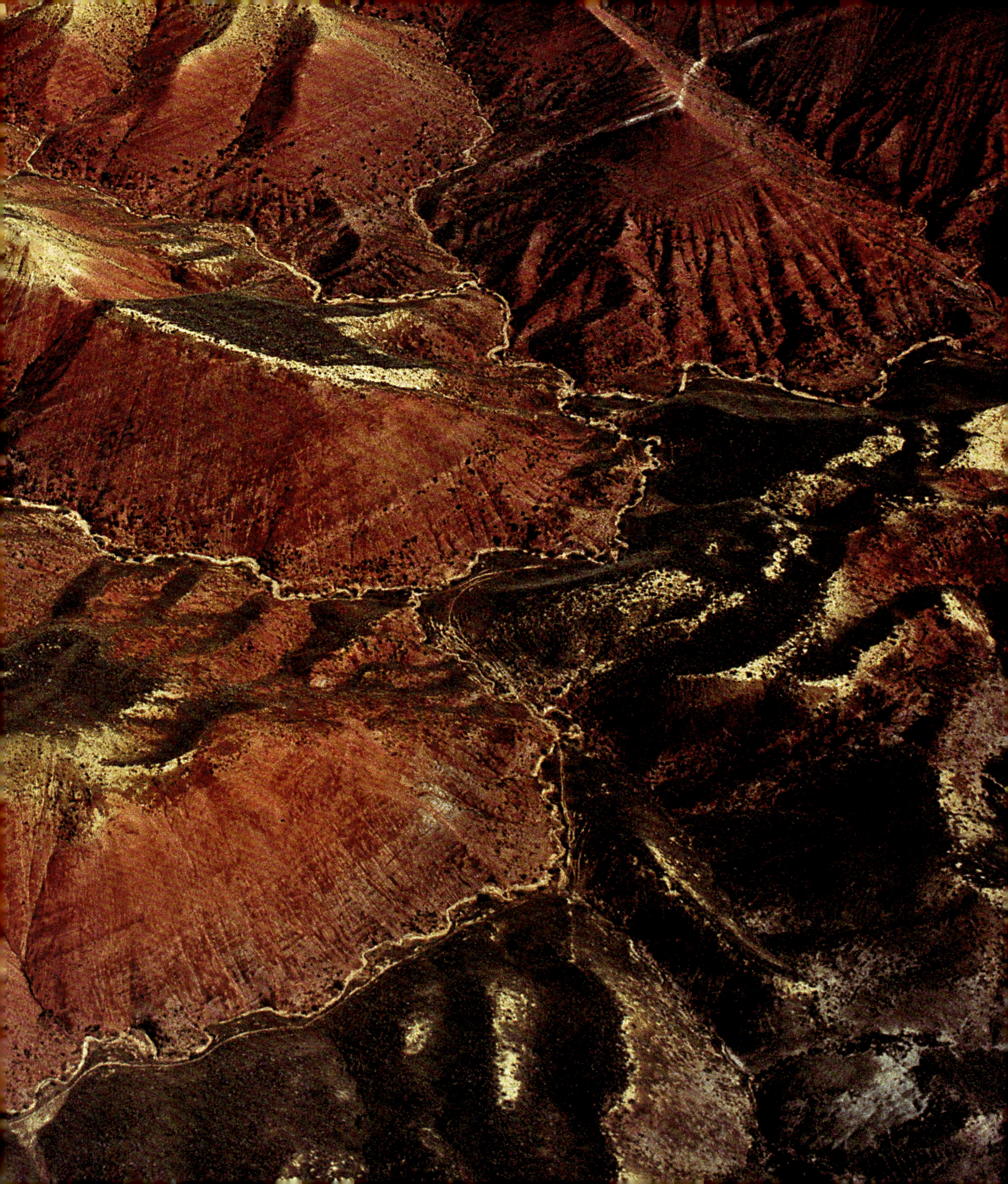

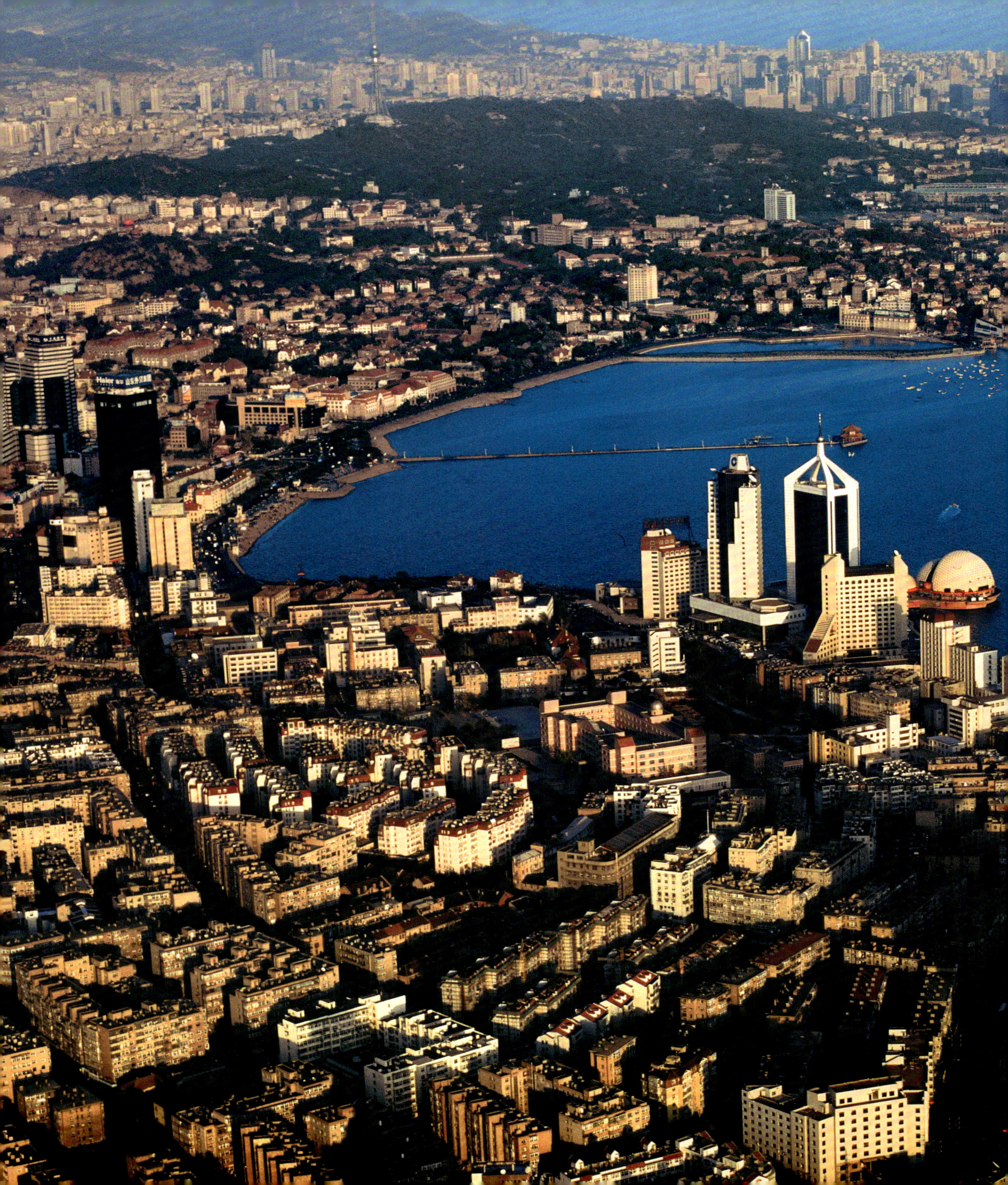
Haier

双星名人

KASACHSTAN
MONGOLEI
URUMCHI
KIRGISTAN
TIAN SHAN
KASHI
XINJIANG
K2
PAKISTAN
XINING
LANZHO
QINGHAI
KUNLUN SHAN
GAN
XIZANG
(TIBET)
LHASA
HIMALAYA
SICHUAN
CHENGDU
MOUNT EVEREST
NEPAL
BHUTAN
BANGLADESCH
KUNMING
YUNNAN
INDIEN
MYANMAR
VIETN
LAOS

HEILONGJIANG
HARBIN
CHANGCHUN
JILIN
SHENYANG
INNERE MONGOLEI
LIAONING
HOHHOT
PEKING
DANDONG
TIANJIN
INCHUAN
DALIAN
KOREA
TAIYUAN
SHIJIAZHUANG
HEBEI
NGXIA
SHANXI
JINAN
QINGDAO
SHANDONG
JAPAN
XI'AN
ZHENGZHOU
HENAN
SHAANXI
JIANGSU
GELBES MEER
ANHUI
NANJING
HEFEI
HUBEI
SHANGHAI
WUHAN
HONGQING
HANGZHOU
ZHEJIANG
NANCHANG
CHANGSHA
OSTCHINESISCHES
MEER
IZHOU
JIANGXI
HUNAN
GUIYANG
FUZHOU
FUJIAN
GUILIN
GUANGDONG
TAIWAN
GUANGXI
GUANGZHOU (KANTON)
NANNING
MACAU
HONGKONG
SÜDCHINESISCHES
MEER
HAIKOU
HAINAN
PHILIPPINEN

DIE GESICHTER DER NATUR

Ein Subkontinent, fast viermal so groß wie Europa, in dem die Natur alle möglichen Varianten ausprobiert zu haben scheint: China ist wie eine Sammlung der Erde, in der man Wüsten und Wälder, sehr hohe Berge und tropische Meere, weite Wildnisse und ebenso weite kultivierte Flächen finden kann.

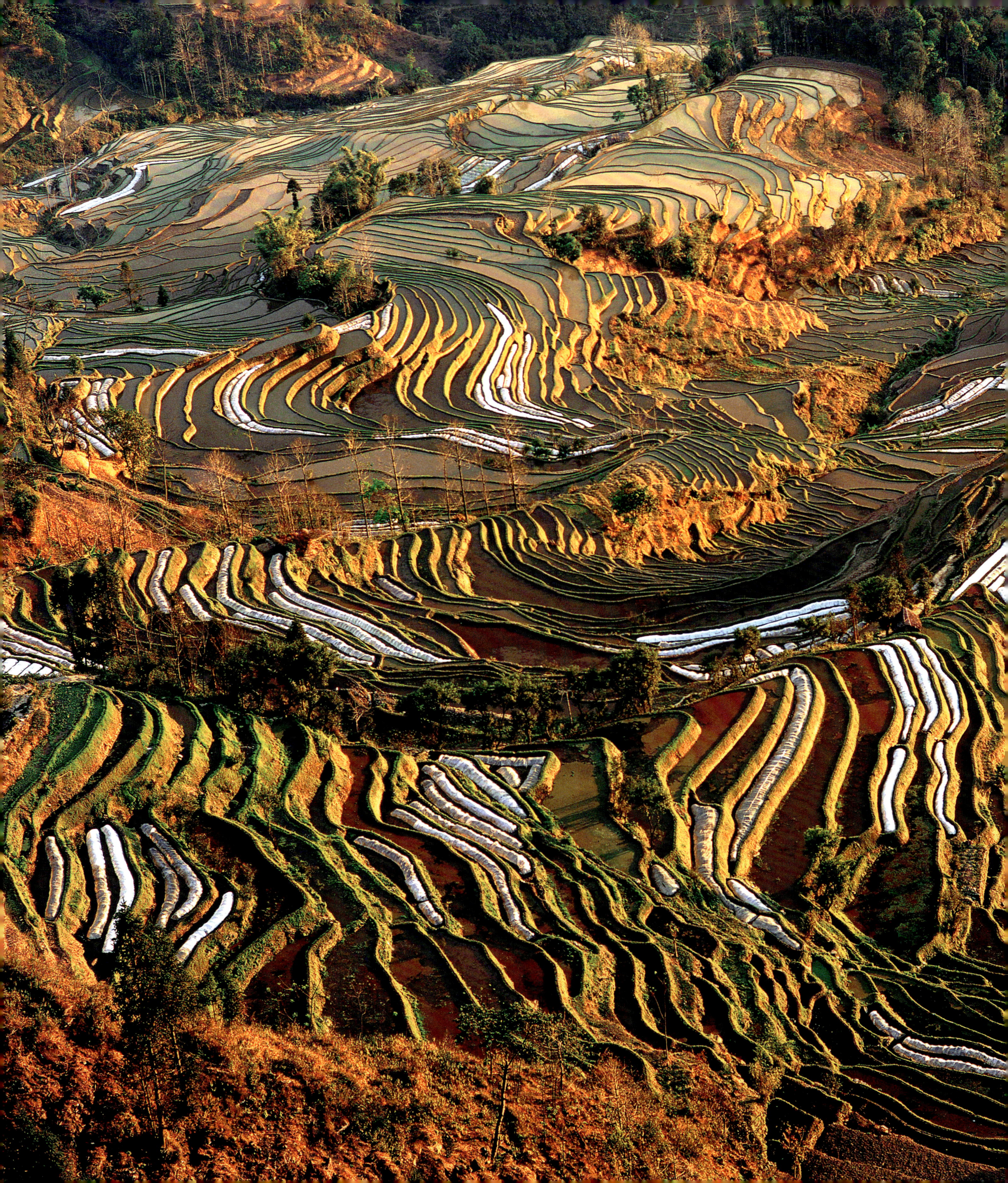

DIE GESICHTER DER NATUR
VIELFALT AN FARBEN

45 | In Yunyang in der Provinz
YUNNAN | Yunnan gestalten spektakuläre Reisterrassen das Gelände zu einer fantastischen Landschaft. Reis ist eines der Haupterzeugnisse dieser Provinz im Südwesten Chinas.

Das riesige chinesische Territorium weist komplexe physische Merkmale mit Höhenunterschieden von Tausenden von Metern auf und quert acht verschiedene Klimazonen. Demzufolge zeigen sich natürlich auch in der Landschaft große Unterschiede.

Die Nordwestregionen sind der Kornspeicher und das Holzreservoir Chinas; die Kiefern- und Birkenwälder und die Wälder im Da-Hinggan- und Changbai-Gebirge reichen fast bis zu den Gipfeln; im Winter hüllen sie sich in eine Schneedecke, im Sommer in eine wahre Farbenpracht.

Durch die Vulkantätigkeit der Changbai-Berge bildeten sich pittoreske Maare, umgeben von dichten Wäldern. An den Ausläufern erstreckt sich eine weite Ebene fruchtbarer schwarzer Erde, auf der Sojabohnen und Mais angebaut werden, durchquert von den Flüssen Heilongjiang, Jalu und Liao. In diesem Gebiet Chinas hat die Landwirtschaft den höchsten Maschinisierungsgrad erreicht. Nach der Herbsternte quellen die Bauernhöfe und Speicher von Sojabohnen und Mais über, die man dank des kollektiven Einsatzes der Mähmaschinen eingefahren hat, doch auf den hölzernen Küchenschränken häufen sich gelbe Maiskolben, die noch von Hand geerntet wurden.

Die westlichen Ebenen der Nordostprovinzen bieten die spektakulärsten Hochplateaus und Sümpfe ganz Chinas. Wasserreiche Flüsse nähren diese Zonen dichter Vegetation, in denen im Frühjahr weiße Schafherden weiden – wie ein paar Flecken nicht geschmolzenen Schnees auf einer grünen Decke. Im Herbst verdorren diese grünen Streifen und werden gelb und dann erscheinen die Schafherden wie weiße Wolken, die über einen Grasteppich hinwegziehen.

Bewegt man sich von den Nordostregionen nach Süden, gelangt man in die nördlichen Ebenen, nachdem man den Shanhai-Pass überquert hat. Auf diesem Pass beginnt die Chinesische Mauer, die von hier aus der Kette des Yan-Gebirges folgt und über das Lössplateau zum Hexi-Korridor führt. Die nördlichen Ebenen sind von einem einzigartigen Gelb, das sie dem Lössplateau im Westen ähneln lässt. Durch Wassererosion bildeten sich Schluchten und Ebenen auf dem Lössplateau, von denen wiederum Wasserläufe ausgehen, die in den Gelben Fluss münden. Die wenigen Bäume wachsen an den Talhängen und die Bevölkerung lebt in den breiten, von den Flüssen gegrabenen Schluchten in Höhlenwohnungen, während sich die bewirtschafteten Felder oben auf dem Hochplateau befinden.

Ein paar flache, sanft ansteigende Berge wurden ganz in Felder umgewandelt, indem man vom Tal bis zur Kuppe Terrassen anlegte.

In den nördlichen Ebenen, wo Weizen und Baumwolle vorherrschen, wiegen sich im Sommer goldgelbe Felder im Wind und verschmelzen harmonisch mit der gelben Erde; im Herbst bilden die zarten Flocken gleich weißen Wolken einen einzigen riesigen Teppich. Während die Fischer der Halbinsel Shandong jeden Zentimeter des Meeres nutzen, genießen die Bewohner der Ebene von Chengdu die Vorteile eines fruchtbaren Bodens und eines in über 2000 Jahren gebauten, komfortablen Bewässerungssystems, die diesen Landstrich zu dem am dichtest besiedelten von ganz China machten. Dörfer und Städte liegen eng beieinander und auf den Feldern wachsen im Überfluss Korn, Reis und Raps, dessen goldgelbe Blüten sich im Frühling leuchtend von den Kornfeldern und grauen Dächern der Häuser abheben.

Viele der Bergketten, die das Sichuan-Becken säumen, sind nicht nur von großer Schönheit, sondern bewahren auch ein reiches Kulturerbe: Das Qingcheng-Gebirge im Westen ist ein berühmter Ort des Taoismus, im Süden steht der heilige Berg Emei wegen seiner Bedeutung für den Buddhismus unter dem Schutz des Weltkulturerbes; im Nordosten sind die Naturschutzgebiete von Jiuzhaigou und Wolong auch der natürliche Lebensraum des Riesenpanda.

Reißend verlässt der Jangtsekiang die Drei Schluchten und formt die Ebene am Mittel- und Unterlauf. Ein dichtes Netz von Flüssen durchzieht dieses Gebiet mit seinen unzähligen Seen. Felder und Wasserflächen sind glatt wie ein Spiegel; hier gedeiht üppig der Reis oder es werden alle Arten von Fischen und Krebsen gezüchtet Die Hauptzuflüsse, wie Xiang, Han und Gan, vergrößern die Ausdehnung der Ebene noch. Große Frachtschiffe befahren die Wasserläufe des Flussnetzes, das grüne Landschaften mit großen Häusern mit roten Dächern und weißen Mauern, Tempeln mit verschiedenfarbig glasierten Ziegeln und lichtgrauen buddhistischen Pagoden durchzieht. Im dichten Schatten hoch emporragender Bäume oder zwischen grünem Bambus lassen sich Wohnhäuser im traditionellen Sishuiguitang-Stil mit weißen Mauern und türkisfarbigen Ziegeln erkennen. Flächenmäßig ist der Anteil der chinesischen Ebenen relativ gering (etwa ein Zehntel des Staatsgebiets), also liegen die Anbaugebiete hauptsächlich im Bergland. Die Ebene von Chengdu ist von Bergen umgeben und aufgrund des Bevölkerungswachstums waren die Bauern gezwungen, jeden verfügbaren Zentimeter Erde zu bewirtschaften: Terrassenfelder klettern bis zu den Gipfeln der Berge hinauf. Bäume wachsen nur an den unzugänglichsten Stellen, am Rand der Felder oder in den Dörfern. Ein Bild, das in Guizhou, Yunnan, Fujian, Guangxi und anderen Südprovinzen allenthalben zu sehen ist. In Guizhou und Yunnan leben viele ethnische Minderheiten, die Terrassenfelder bewirtschaften und in Dörfern mit verschiedenartigen Häusern wohnen: den Pfahlbauten der Volksgruppen Zhuang, Dai und Jingpo; den Türmen der Tung und Tujia, den Tulou-Rundbauten der Hakka, den *ayiwang* der Zang und Bai.

Yunnan ist der große Garten Chinas. Die Vielfalt des Territoriums und das milde Klima machen es ideal für den Gemüseanbau. Auf den Bergen ist jede Pflanzenart verbreitet und im Herbst färbt sich die Landschaft in tausend Farben. Der äußerste Süden Yunnans gehört zur Klimazone des tropischen Regenwalds, ebenso wie die Insel Hainan; hier ist die Vegetation das ganze Jahr über üppig grün und ergibt reiche Ernten.

Fährt man vom Sichuan-Becken weiter nach Westen, betritt man tibetisches Territorium, dessen Bewohner von der Viehzucht leben. Auf dem Qinghai-Tibet-Plateau widmen sich einige Tibeter auch der Landwirtschaft, bauen Gerste und Mais an. Das geerntete Getreide wird auf den Flachdächern ihrer Häuser, der *ayiwang*, aufgehäuft.

Das Junggar-Becken weist nicht nur eine wunderbare Vielfalt der Natur auf, sondern ist auch das Hauptanbaugebiet für Getreide und Baumwolle. Die *karez* – das sind untereinander durch unterirdische, in alle Richtungen verlaufende Kanäle verbundene Brunnen – bewässern den fruchtbaren Boden dieses Landstrichs.

Rongyu Su

50 | Im nördlichen Teil der autonomen westchinesischen Provinz Xinjiang liegt das wüstenartige Junggar-Becken mit seiner
XINJIANG | charakteristischen dreieckigen Form. Das Bild zeigt nur eine der unglaublichen Landschaften, die diese Zone bietet.

51 | Das Junggar-Becken in der Provinz
XINJIANG | Xinjiang ist von Bergen umgeben. Hier herrschen recht kalte Temperaturen (bis minus 20° C). Im Wesentlichen handelt es sich um eine Halbwüste, aber in einigen Zonen werden verschiedene Feldfrüchte angebaut.

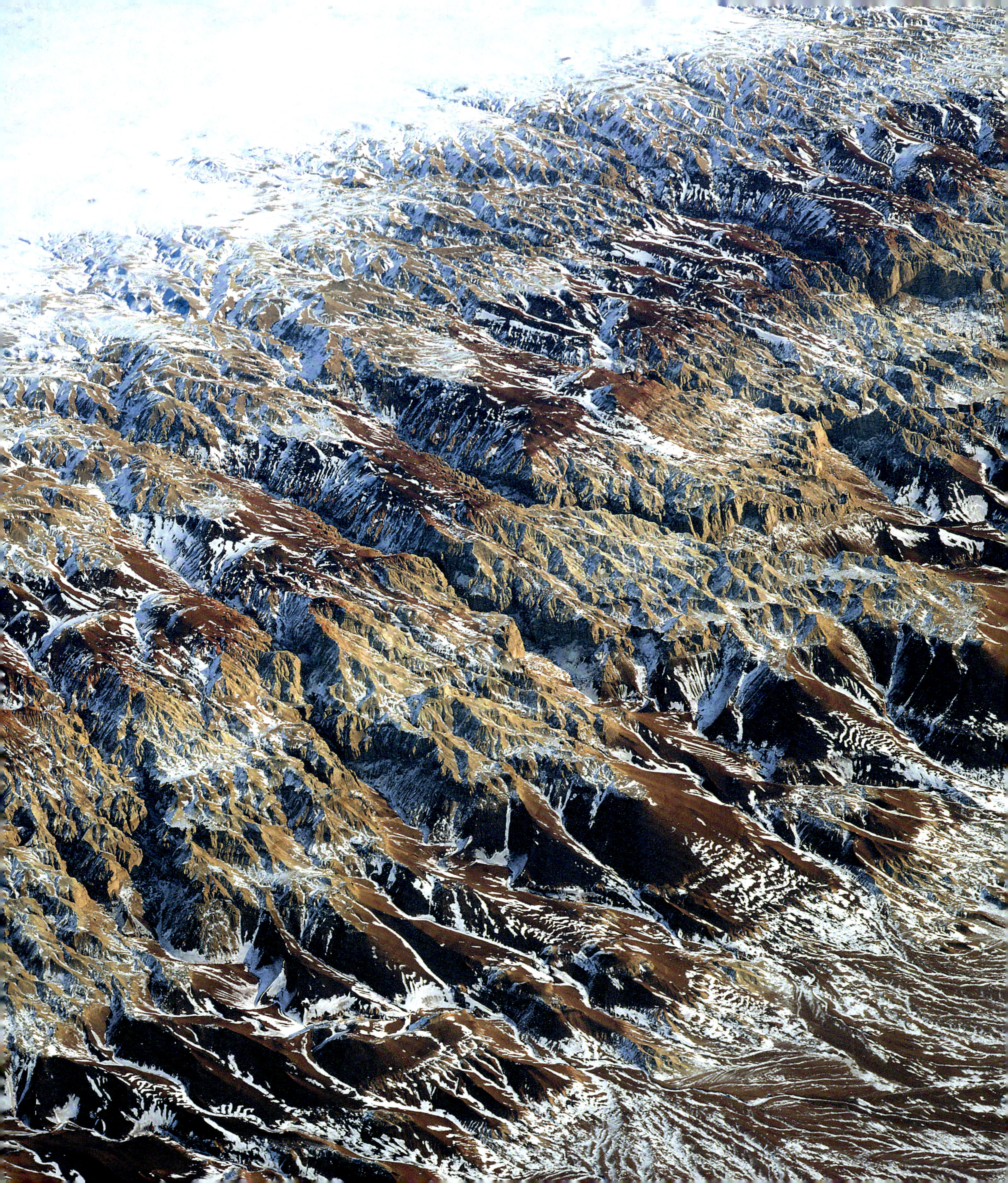

52 | Das verschneite Flusstal des Yili im Norden der Provinz Xinjiang,. Auf drei Seiten von hohen Bregen gesäumt,
XINJIANG | besitzt das Tal Wasserressourcen und fruchtbare Böden im Überfluss und ist reich an Obstbäumen.

53 | Im Januar, wenn die durchschnittliche
XINJIANG | Temperatur bei minus 15° C liegt, ist das
Junggar-Becken mit Schnee bedeckt.
Durch diese Region mit ihrer spektakulären Landschaft und der einzigartigen
Atmosphäre eines sprachlichen und
kulturellen Schmelztiegels verläuft der
alte Nordzweig der Seidenstraße.

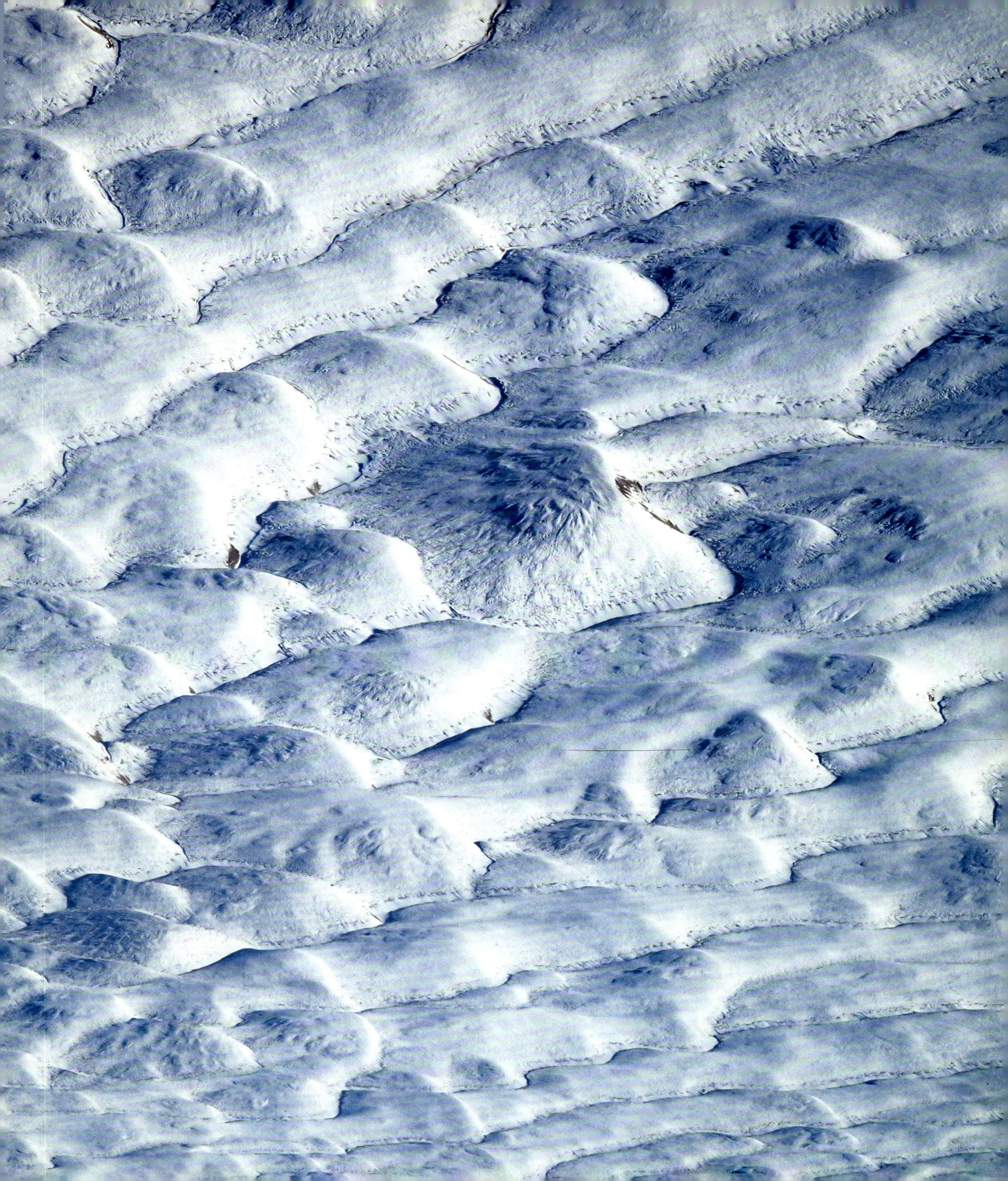

| 54 | Unvermittelt unterbricht die schroffe Bastion des Tian
| XINJIANG | Shan-Gebirges mit ihren hohen Zinnen die Wüste:
Bewegt man sich von Westen nach Osten, teilt die Kette
des Tian Shan mit ihren Siebentausendern die Provinz
Xinjiang in zwei Hälften und trennt das Junggar-Becken
und das Tarim-Becken.

| 55 | Auf der Nordseite des Tian Shan-Gebirges am rechten Ufer des gleichnamigen Flusses, umgeben von Bergen, Steppen und
| XINJIANG | Wüsten, erstreckt sich die Ebene von Urumchi. Im Sommer wird diese wasserreiche Zone zu einer üppigen Prärie, mit fruchtbarem
Land für Ackerbau und Weidewirtschaft.

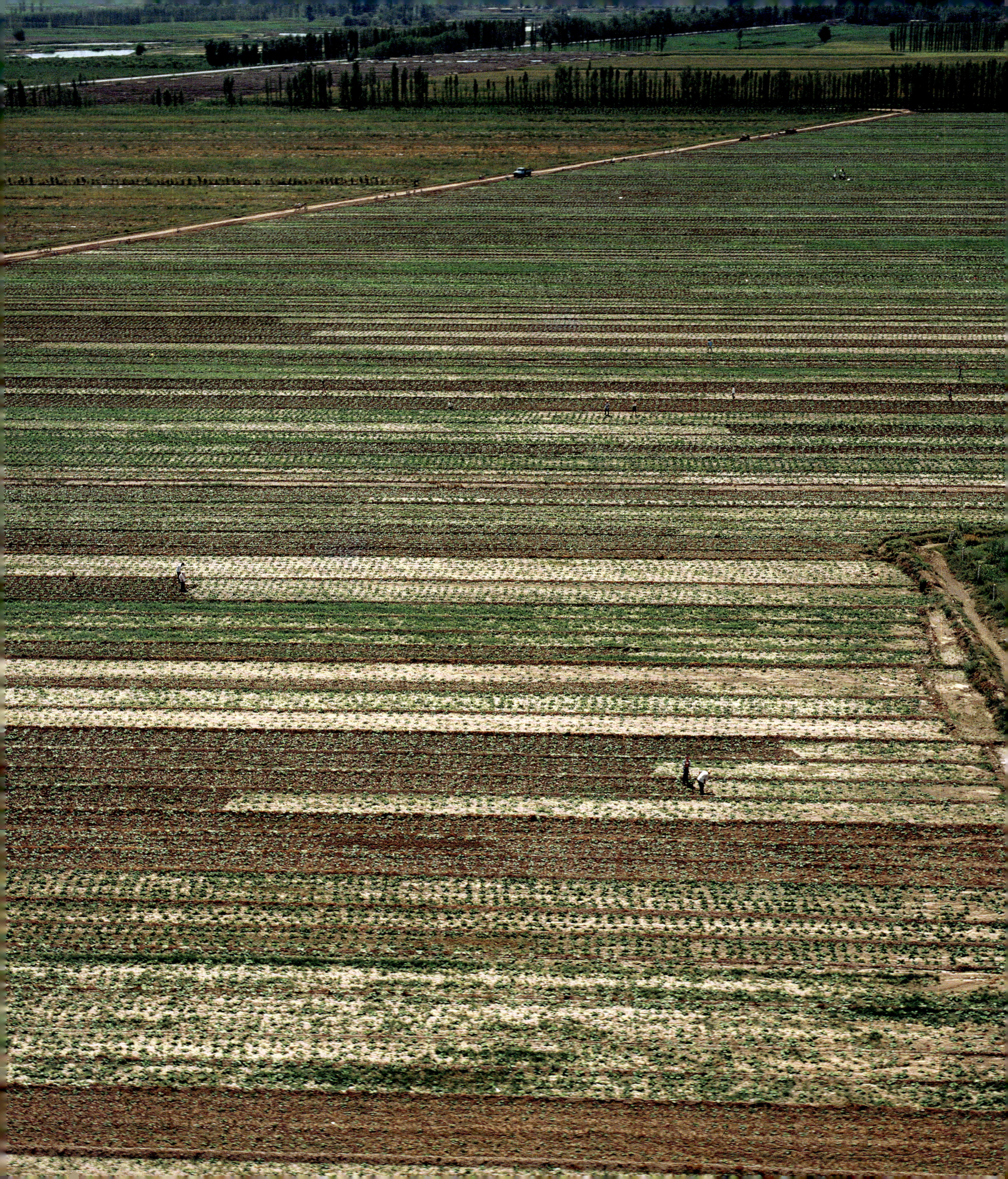

56 und 57 | Weit weg von den Touristenwegen ist die Provinz Sichuan eine faszinierende Region, die es zu entdecken lohnt. Zwischen
SICHUAN | buddhistischen Tempeln und hochinteressanten historischen Zeugnissen erstrecken sich riesige Plantagen und atemberaubende Landschaften.

58-59 | Die Provinz Sichuan, das grüne Herz
SICHUAN | Chinas, ist ein ununterbrochenes Crescendo zauberhafter Panoramen, das in den beeindruckenden Terrassenfeldern, einem echten Meisterwerk der Ackerbaukunst, gipfelt.

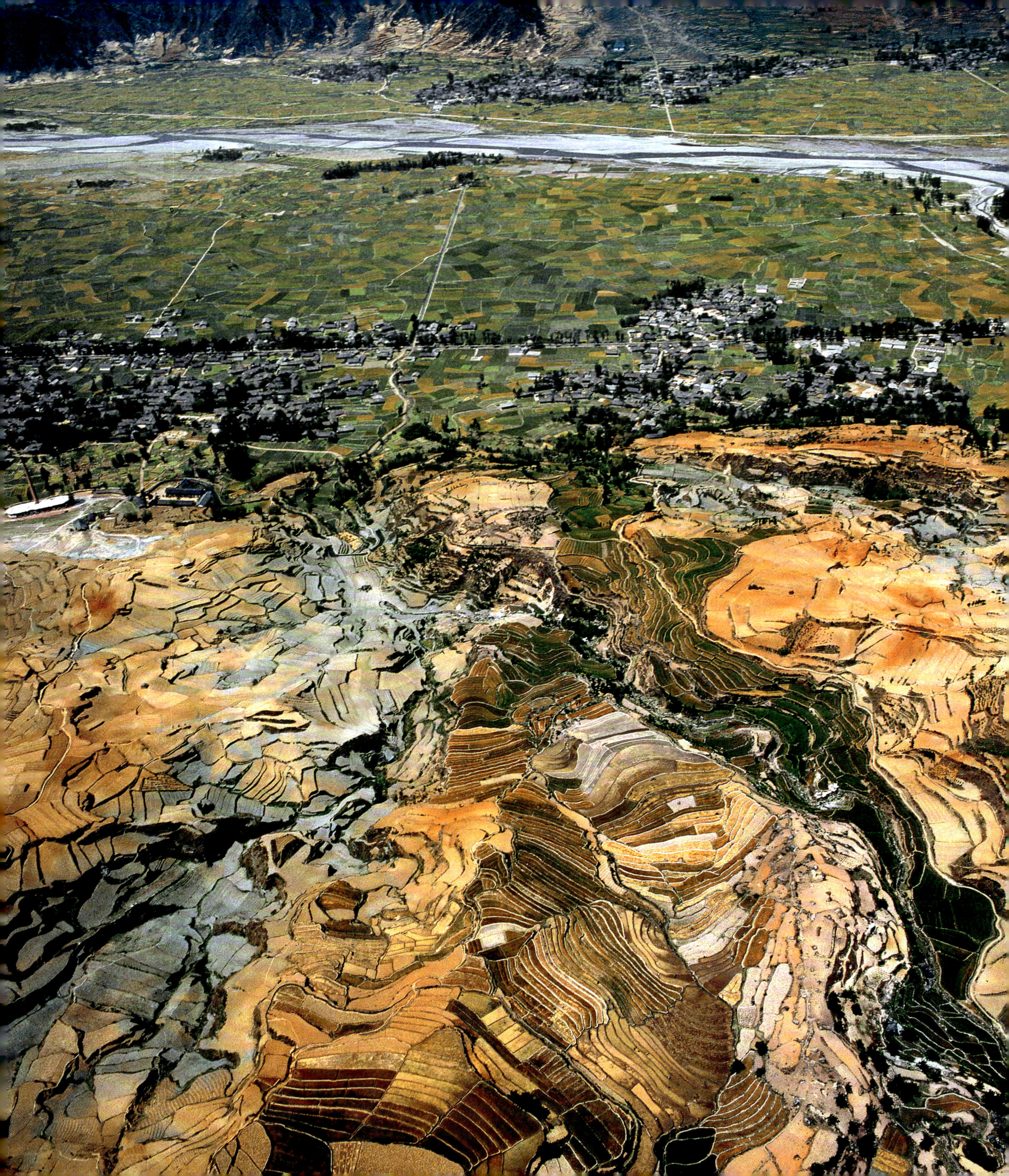

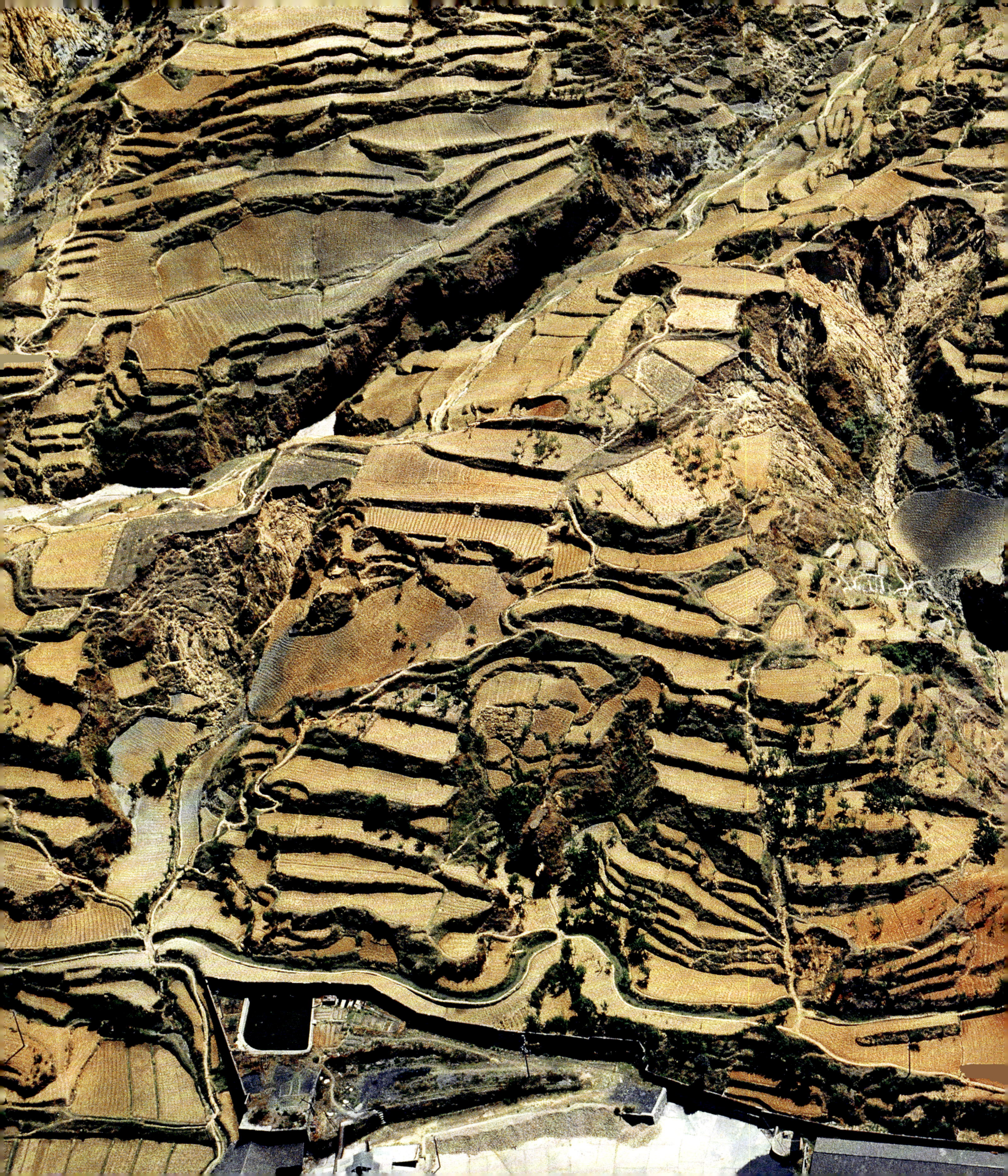

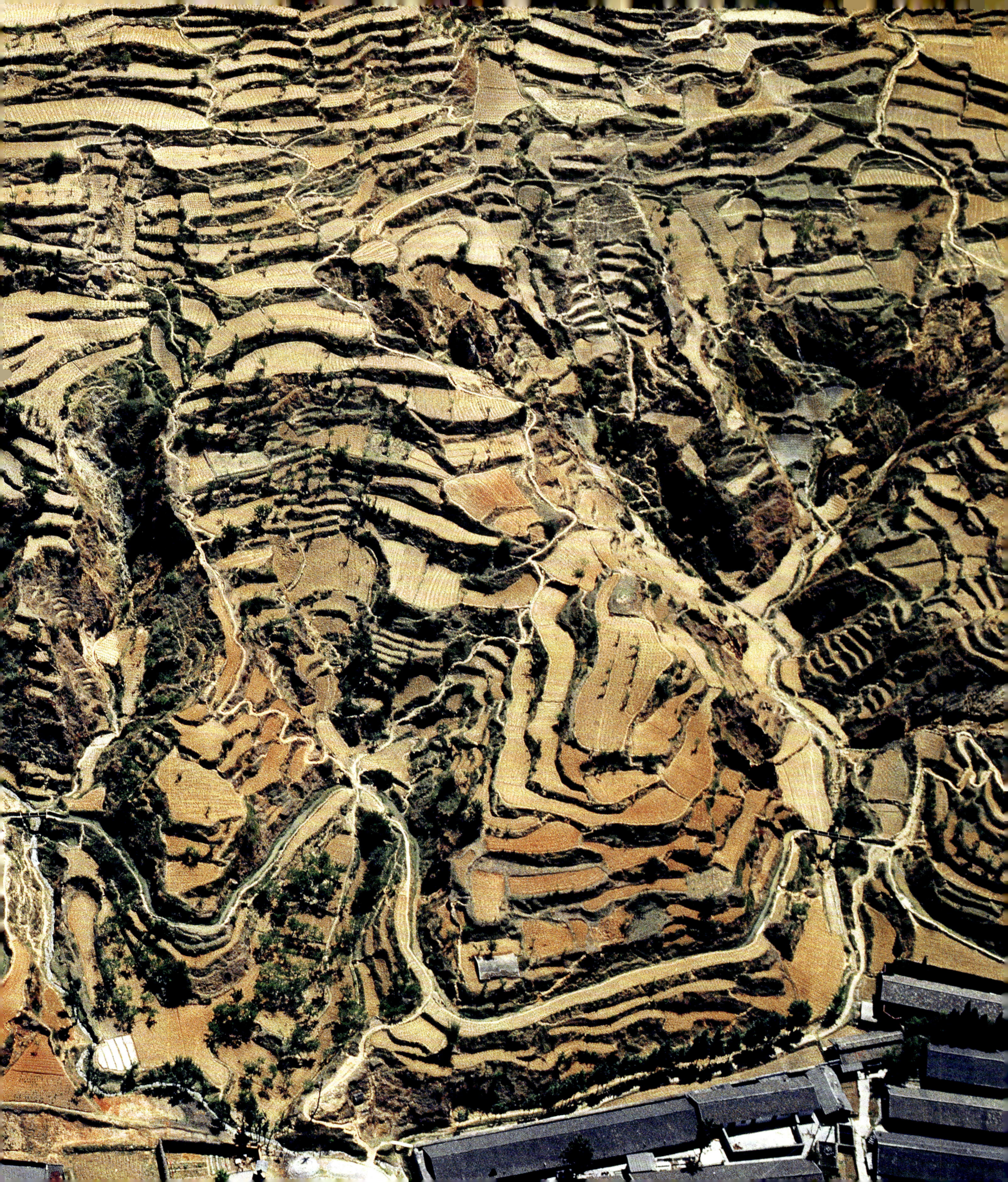

60 und 61 | Soweit das Auge reicht, sind die kleinen Häusergruppen in Xicang in der Provinz Sichuan von
SICHUAN | bestellten Feldern umgeben.

62-63 | Noch einmal die reiche Provinz Sichuan, diesmal die Präfektur Songpan: Die bestellten Felder bieten
SICHUAN | dem Auge des Besuchers die bäuerlichen Geometrien eines noch landwirtschaftlich geprägten Chinas.

64-65 | Grün und Gelb dominieren in der frucht-
SICHUAN | baren Ebene Chengdu, über der sich die
gleichnamige Stadt erhebt, die derzeitige
Hauptstadt der Provinz Sichuan.

66-67 | Die Dächer von Wenhuan mit dem zum
SICHUAN | Trocknen ausgelegten Mais und Saatgut
gleichen Paletten, die der Maler jeden
Augenblick ergreifen will.

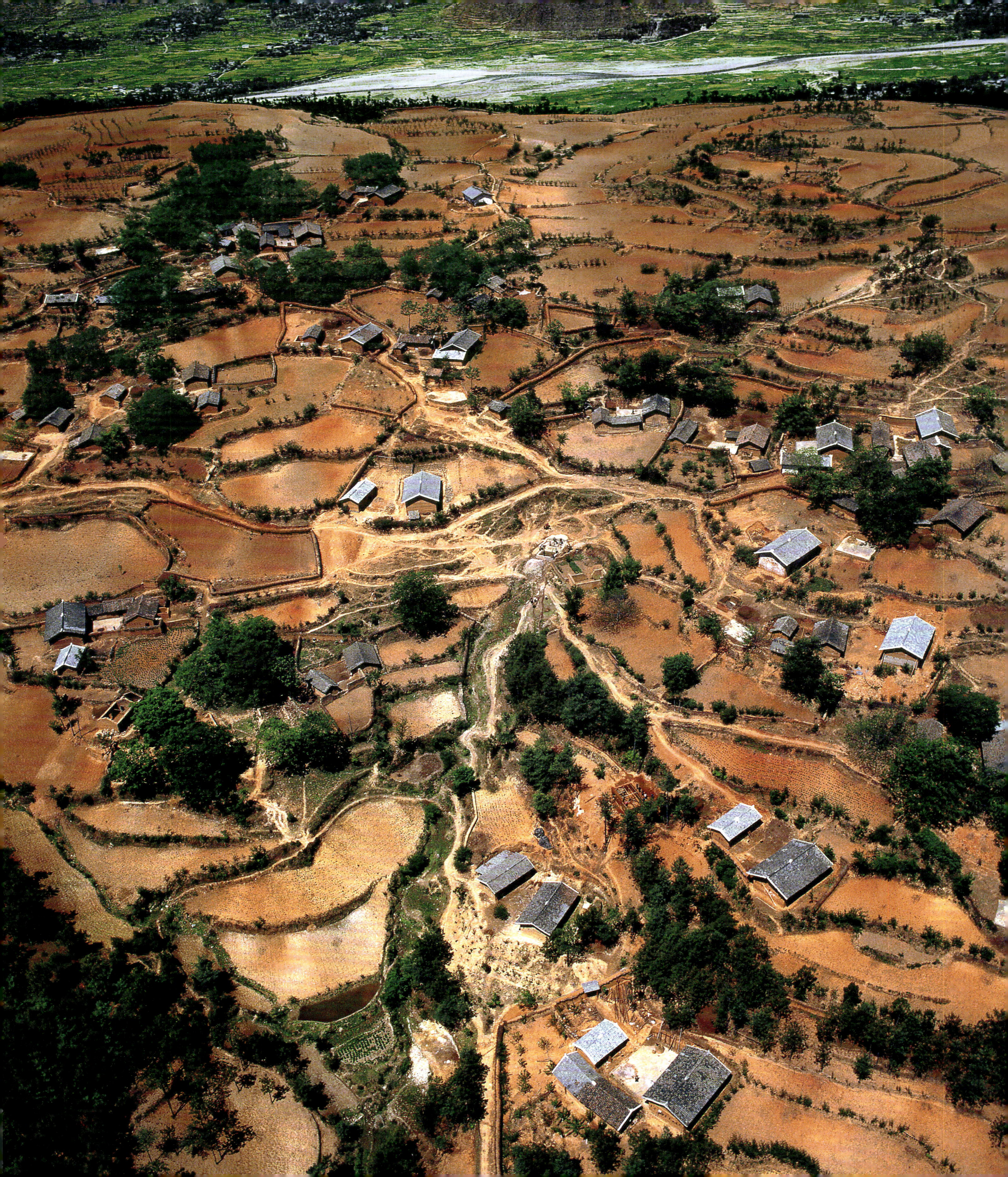

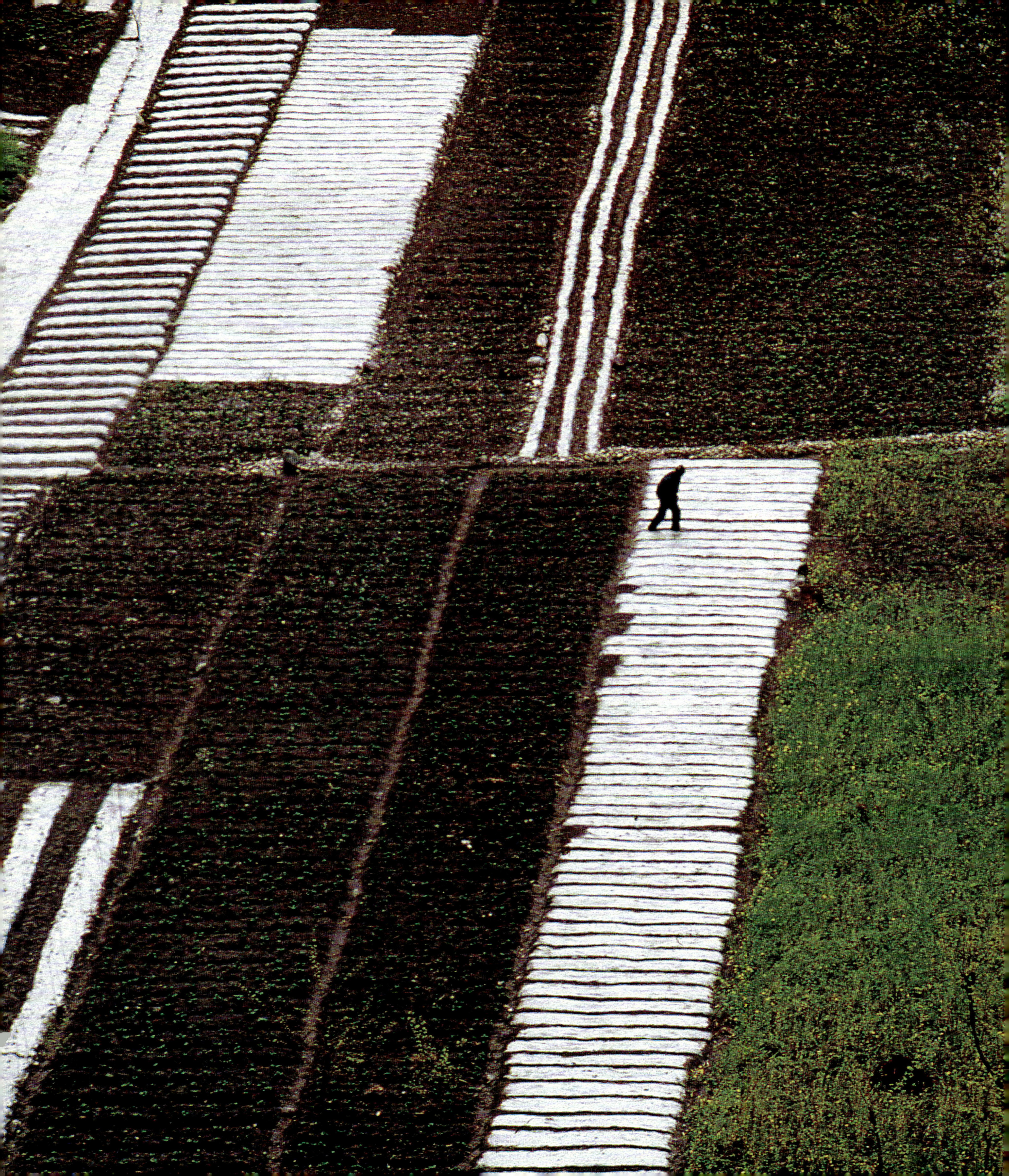

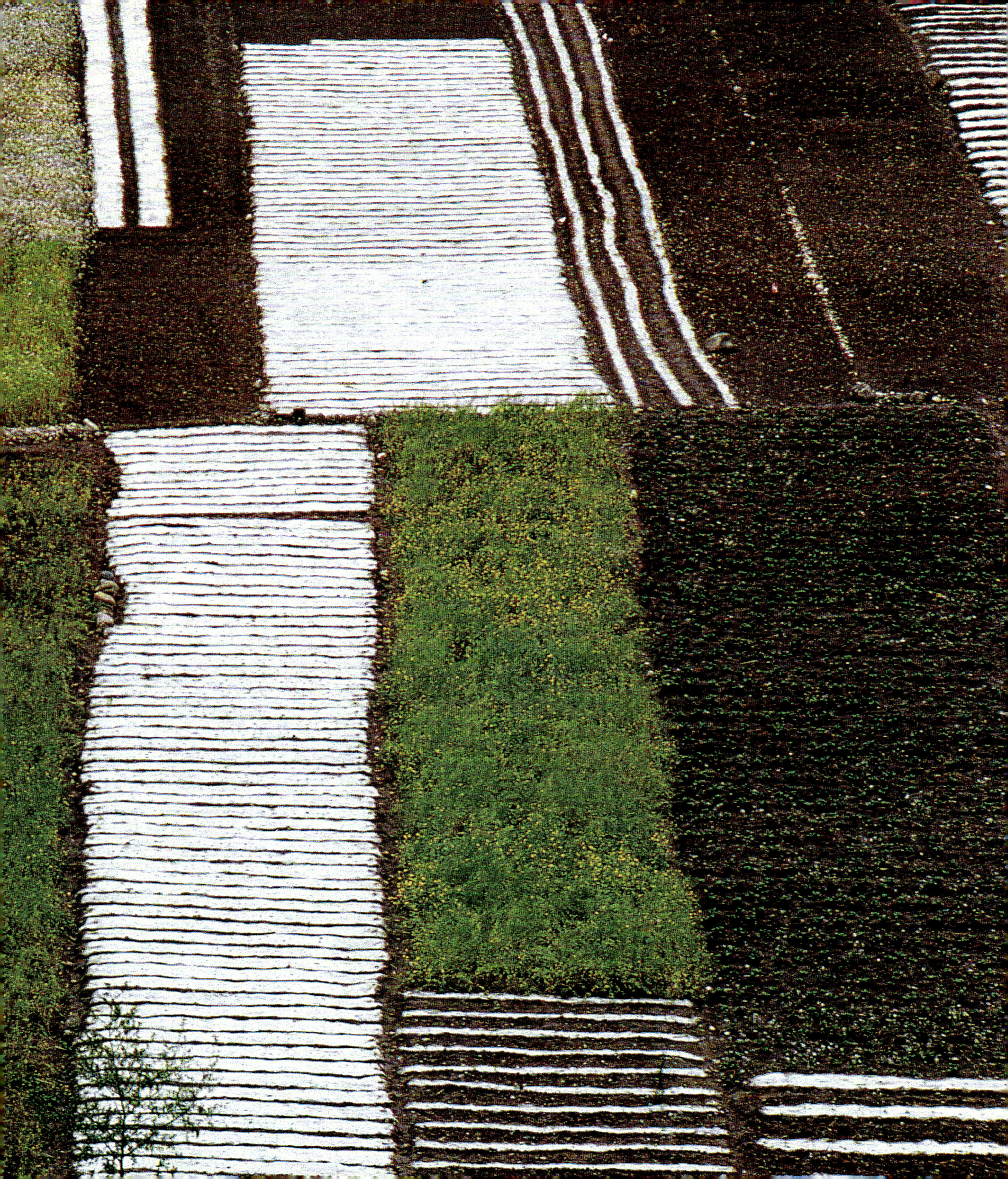

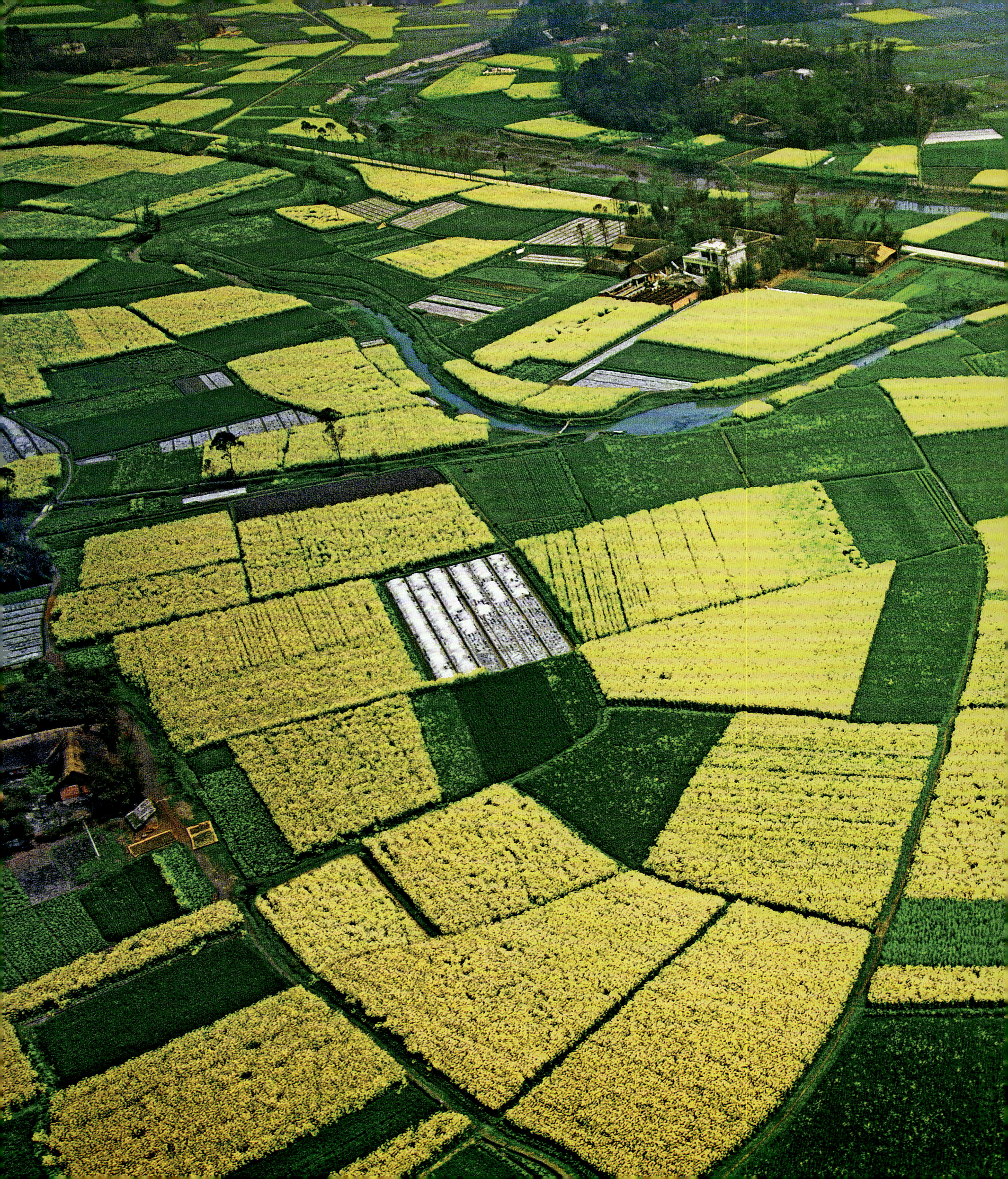

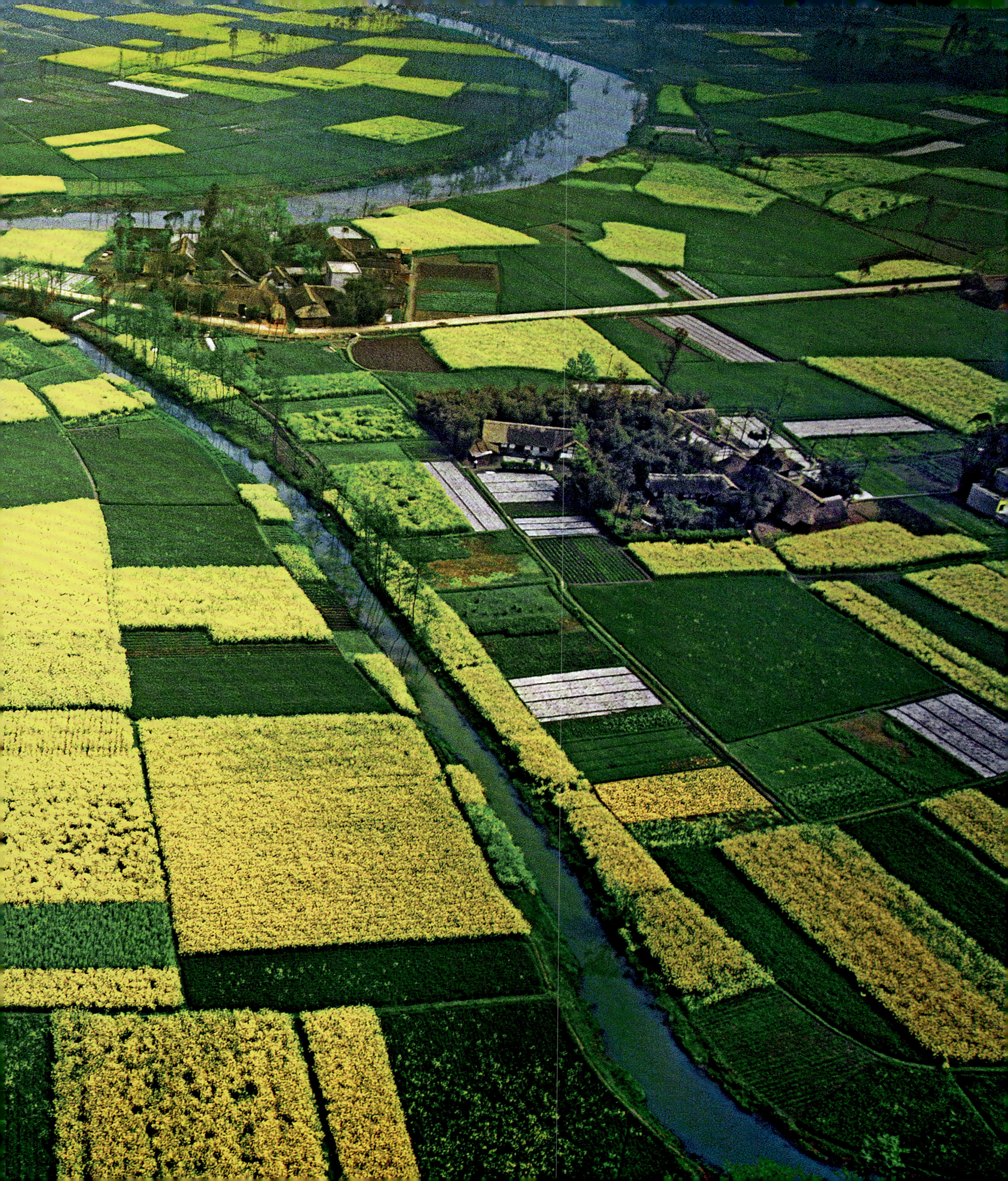

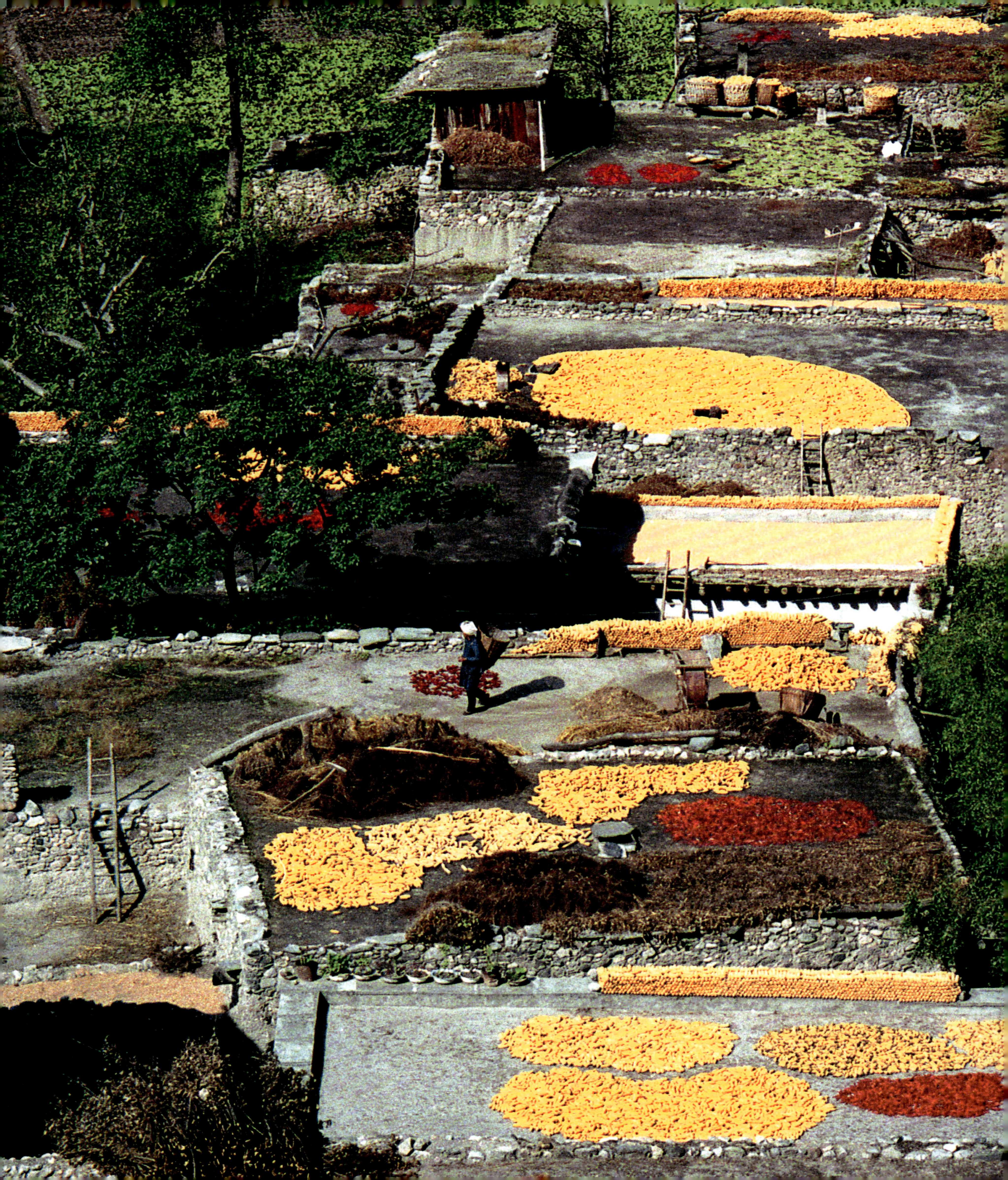

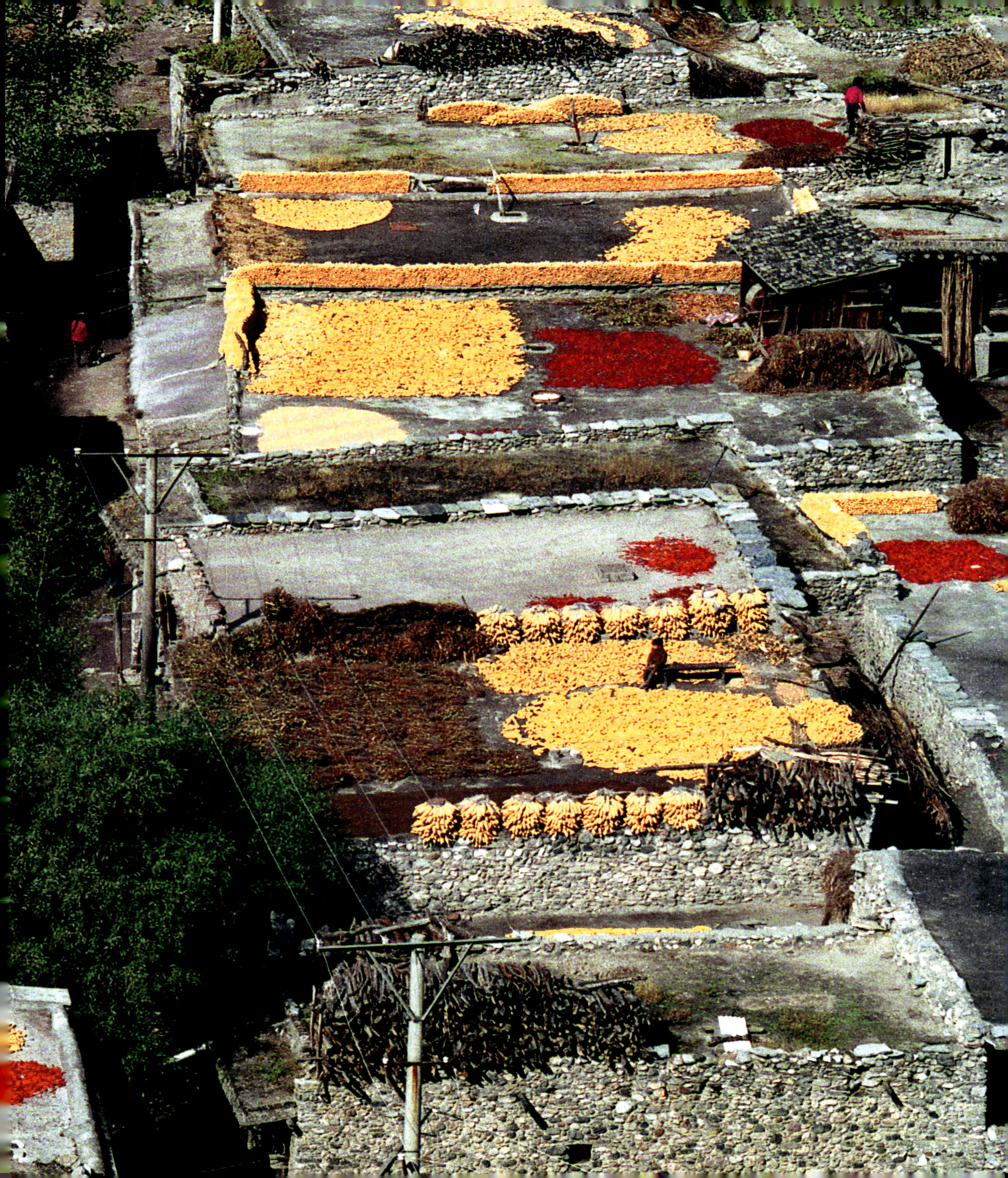

68 | Nördlich der Stadt Xi'an in der Nähe von Yan'an auf dem Lössplateau im Norden der Provinz Shaanxi bietet die Gegend um Sanshilipu
SHAANXI | ein außergewöhnliches Schauspiel, sowohl was die Landschaft betrifft als auch aus geschichtlicher Sicht, da hier die Kommunistische Partei Chinas am Ende des Langen Marsches ihr Hauptquartier einrichtete.

69 | Die von Menschenhand geschaffenen
SHAANXI | Terrassen ziehen sich sanft über die Hänge des Lössplateaus in der Präfektur Pianguan (Provinz Shaanxi) und zeugen von der Mühsal der Bauern, auch die weniger zugänglichen Winkel dieser Region fruchtbar zu machen.

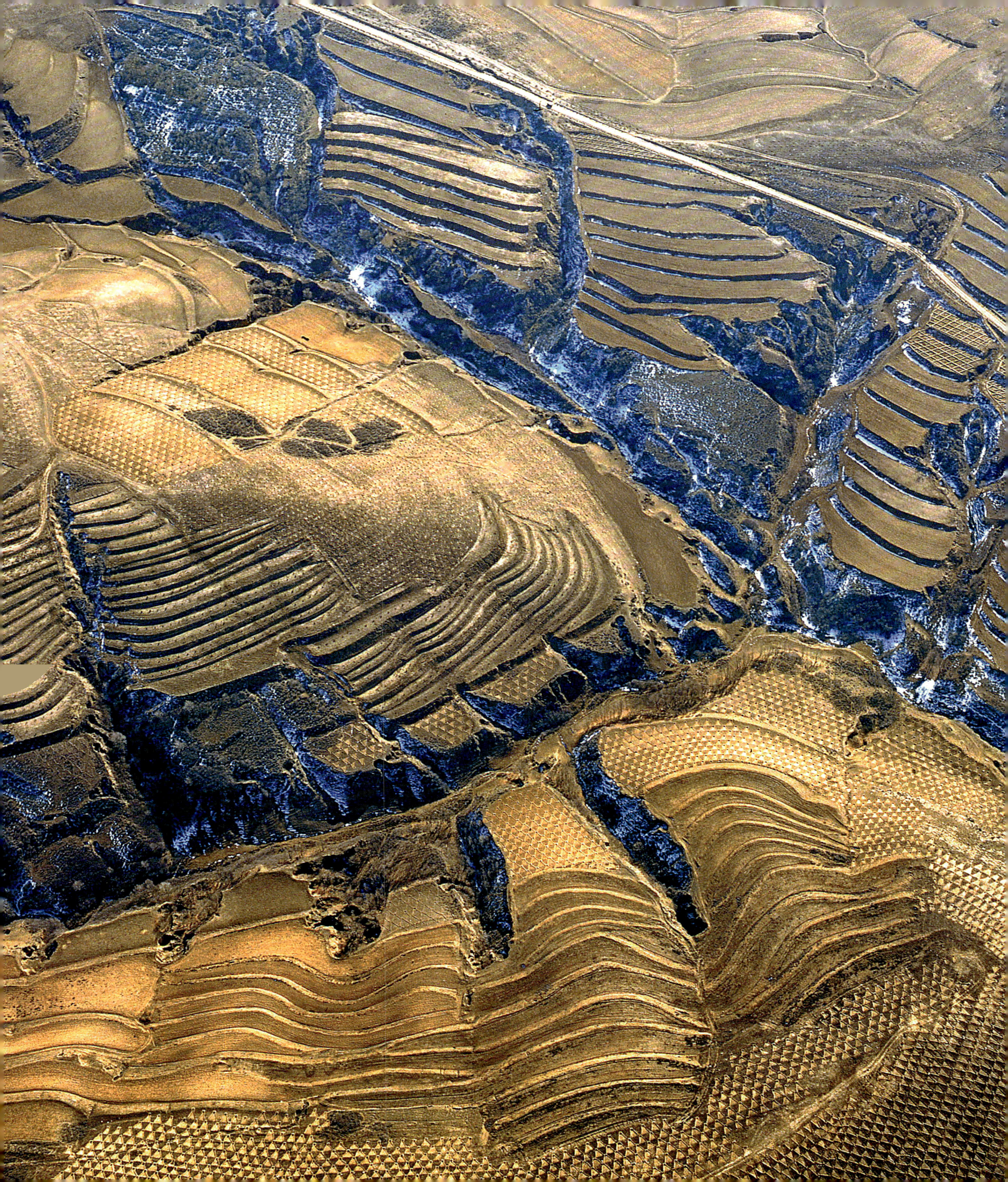

| 70 oben und 70-71 | Klima und Wasserreichtum der Gegend um Chongqing, einem
| CHONGQING | eigenständigen Verwaltungsbezirk am Zusammenfluss von Jialing und Jangtsekiang, ermöglichen eine äußerst vielfältige Landwirtschaft. In der Tat werden mehr als fünfhundert verschiedene Agrarerzeugnisse angebaut, von denen der größte Teil auf die vier Kategorien Reis, Mais, Getreide und Süßkartoffeln entfällt. Die strategische Lage von Chongqing am Zusammenfluss der beiden Flüsse ist auch günstig für die Fischzucht.

| 70 unten | Von oben gesehen erscheint das Gebiet der Drei Schluchten
| CHONGQING | – unweit von Chongqing – fast wie eine Mondlandschaft. Der Bau des imposanten Staudamms in diesem Gebiet soll eine größere Sicherheit und die Schiffbarkeit des Jangtse gewährleisten, der Hauptschlagader der Binnenschifffahrt für den Transport von Industrie- und Agrarprodukten.

| 72-73 | Die Terrassenfelder verändern das Profil der Berghänge von
| GUIZHOU | Guizhou. Diese Provinz, die erst während der Ming-Dynastie Teil Chinas wurde und deren Bevölkerung noch heute zu 35 Prozent aus ethnischen Minderheiten besteht, ist ein Land von unendlicher Schönheit und großem folkloristischem Reichtum.

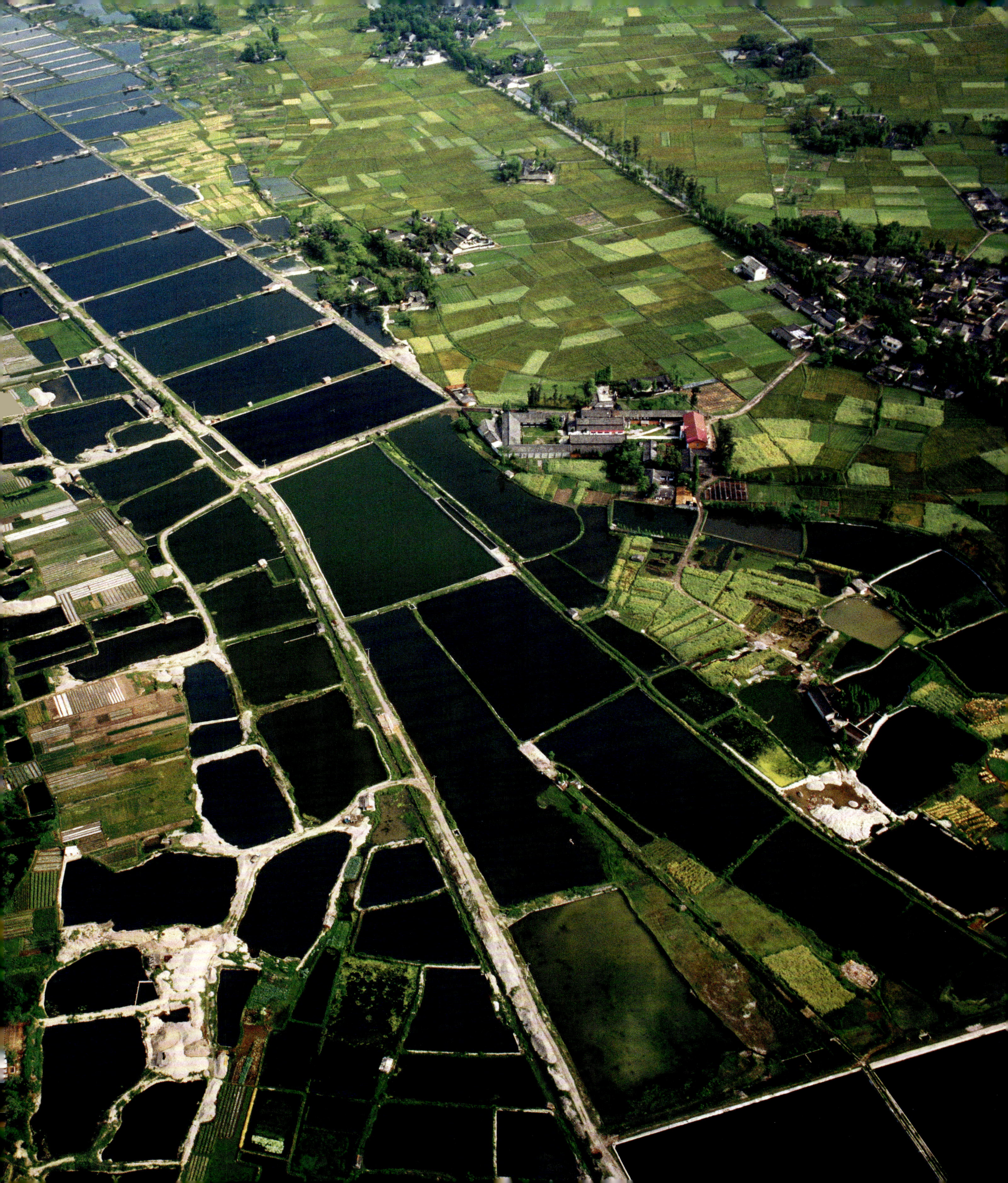

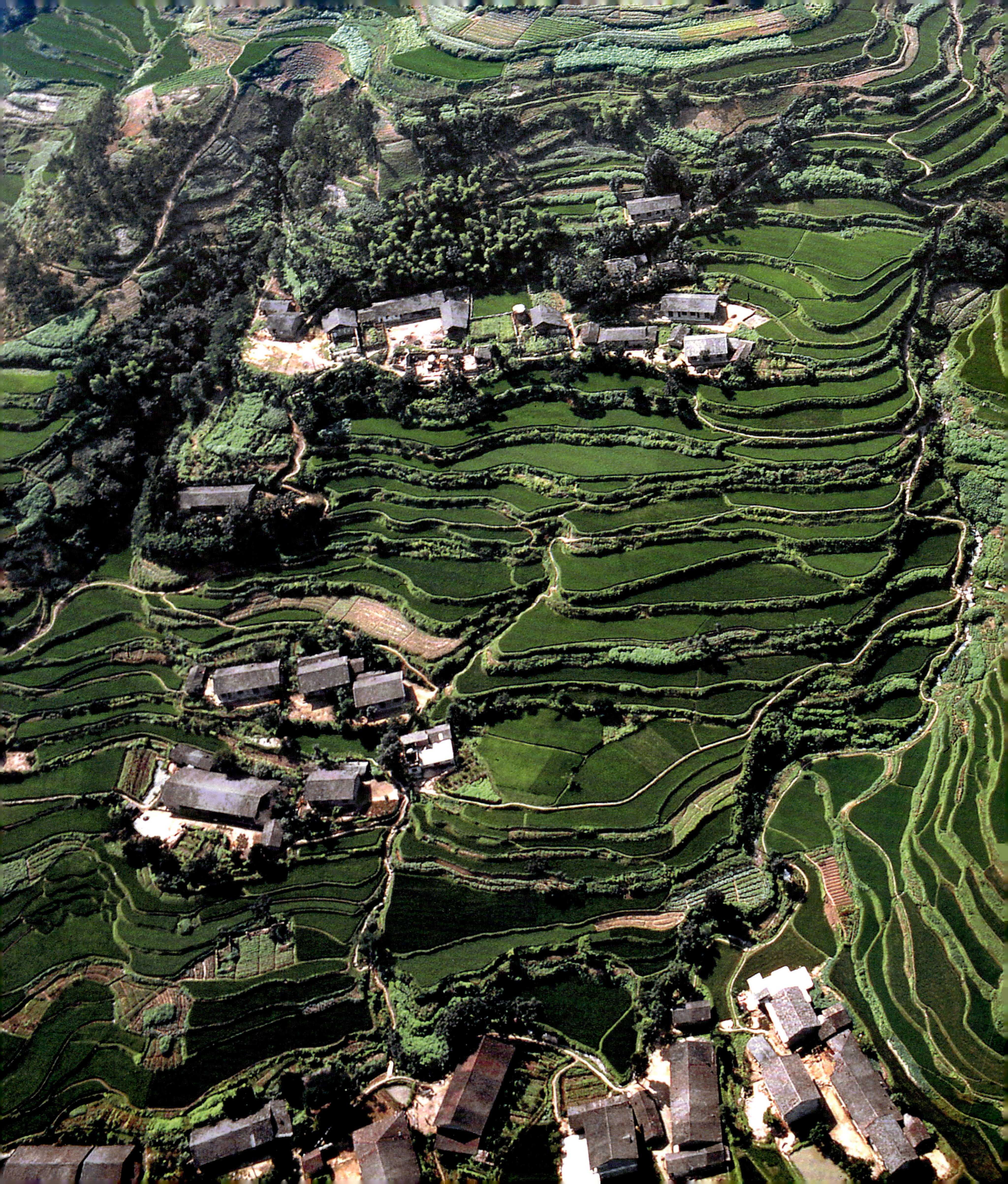

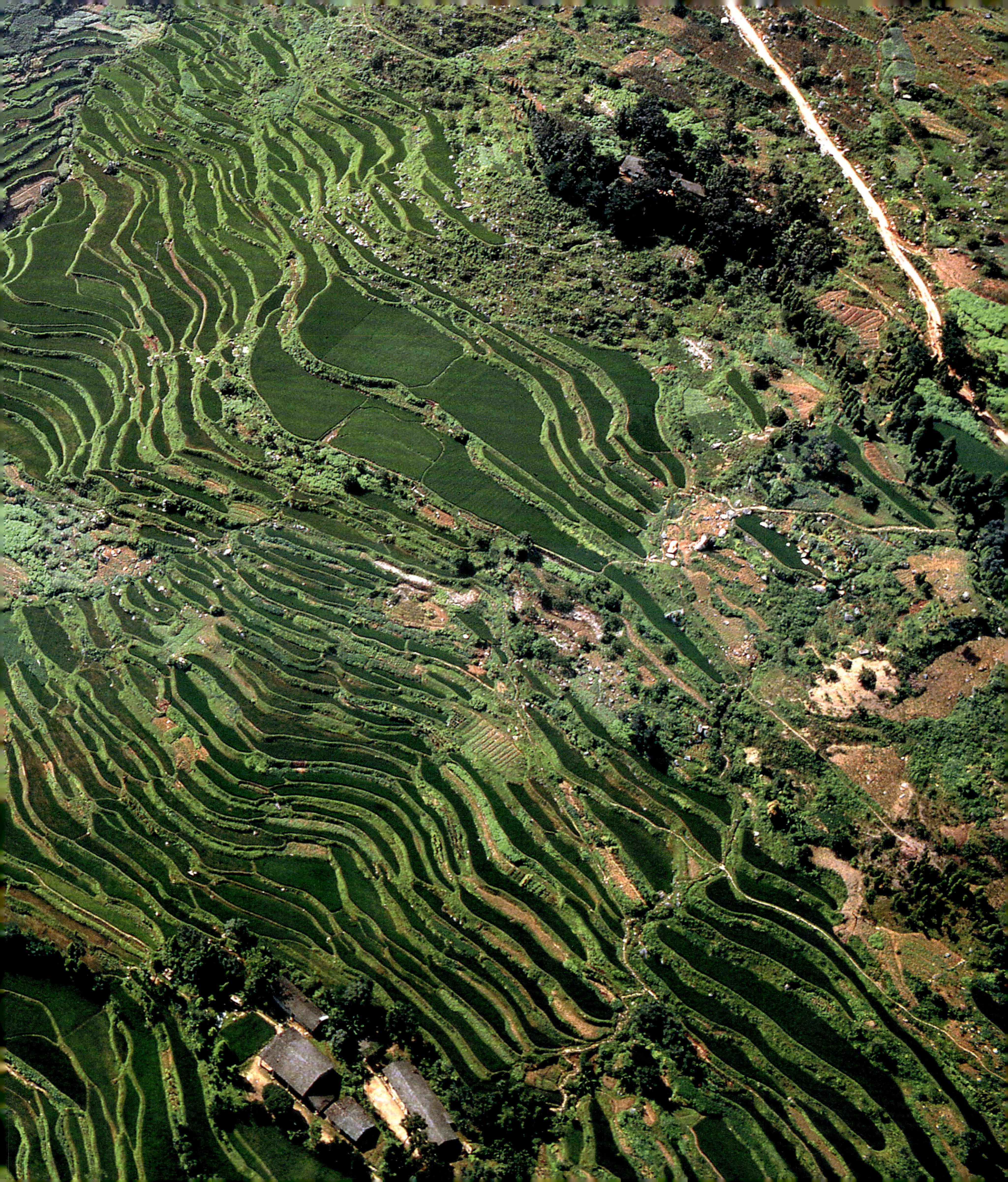

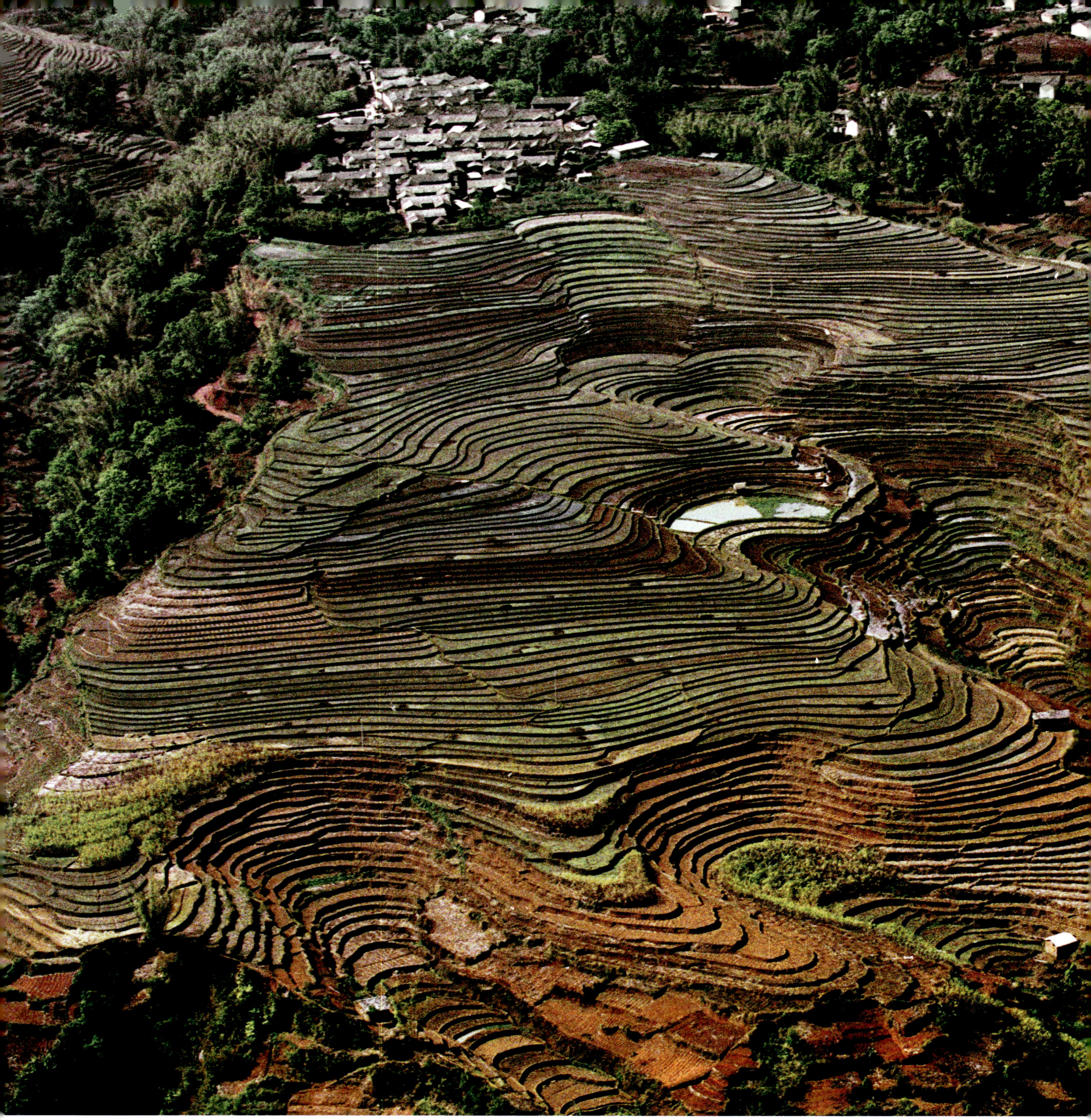

74-75 und 75
YUNNAN

Wie ein verworrenes Labyrinth überziehen diese spektakulären Terrassen die ganze Region von Baoshan in der Provinz Yunnan. Yunnan, wörtlich „südlich der Wolken", hat die artenreichste Tier- und Pflanzenwelt ganz Chinas.

76 und 78-79
YUNNAN
Die Häuser des Verwaltungsbezirks Jianchuan tauchen zwischen den Terrassenfeldern von Yunnan auf. Das wundervolle Land, die verzauberte Atmosphäre, die reizenden Dörfer und das milde Klima machen diese Orte zum idealen Platz, um dem Gewühl der riesigen chinesischen Großstädte zu entkommen.

77
YUNNAN
Diese flachen, weißen Häuser mit dem zum Trocknen auf den Dächern ausgelegten Saatgut sind Teil von Dali, einer Kleinstadt in der Provinz Yunnan, die den Zauber der Tradition noch unversehrt bewahrt hat.

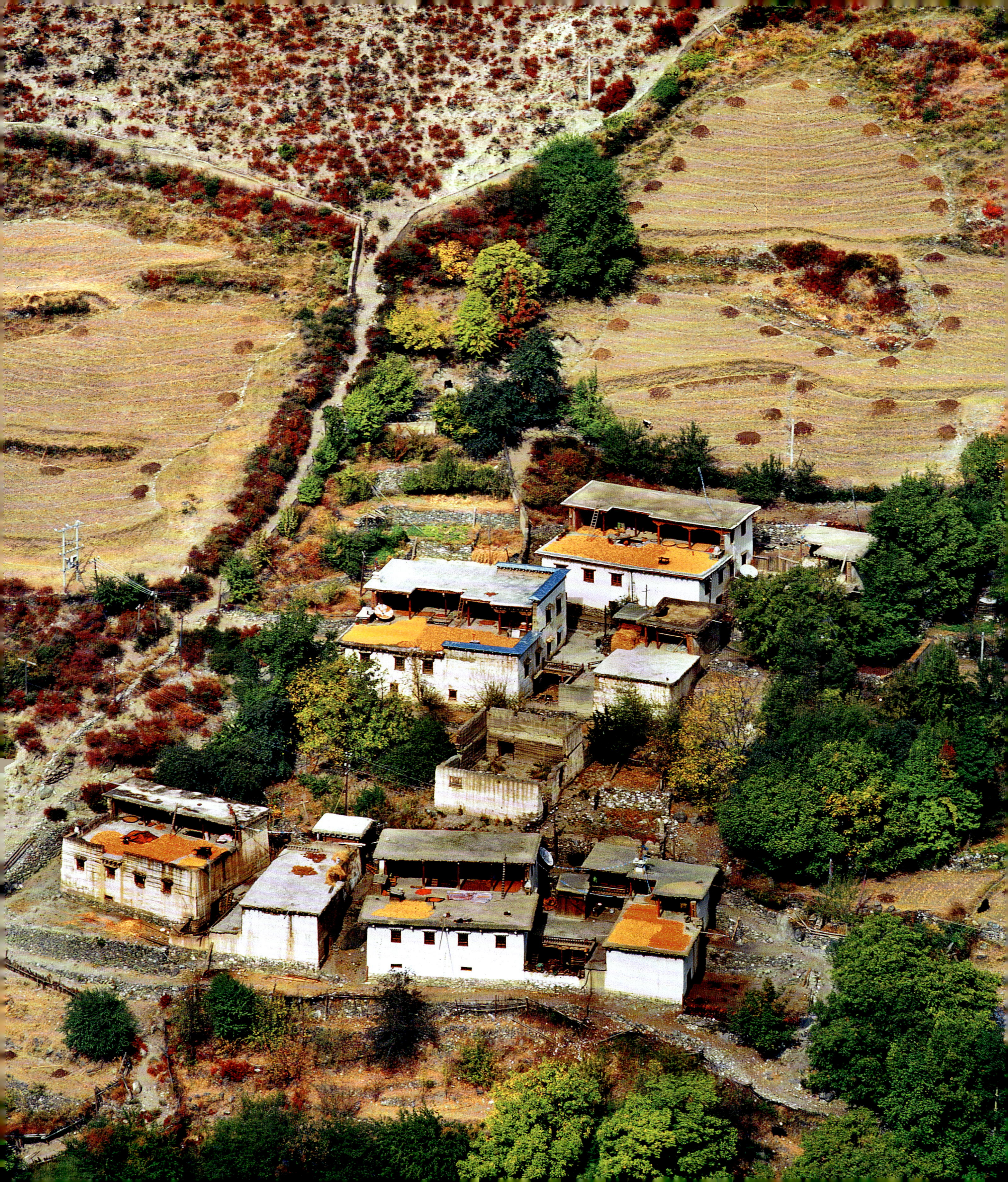

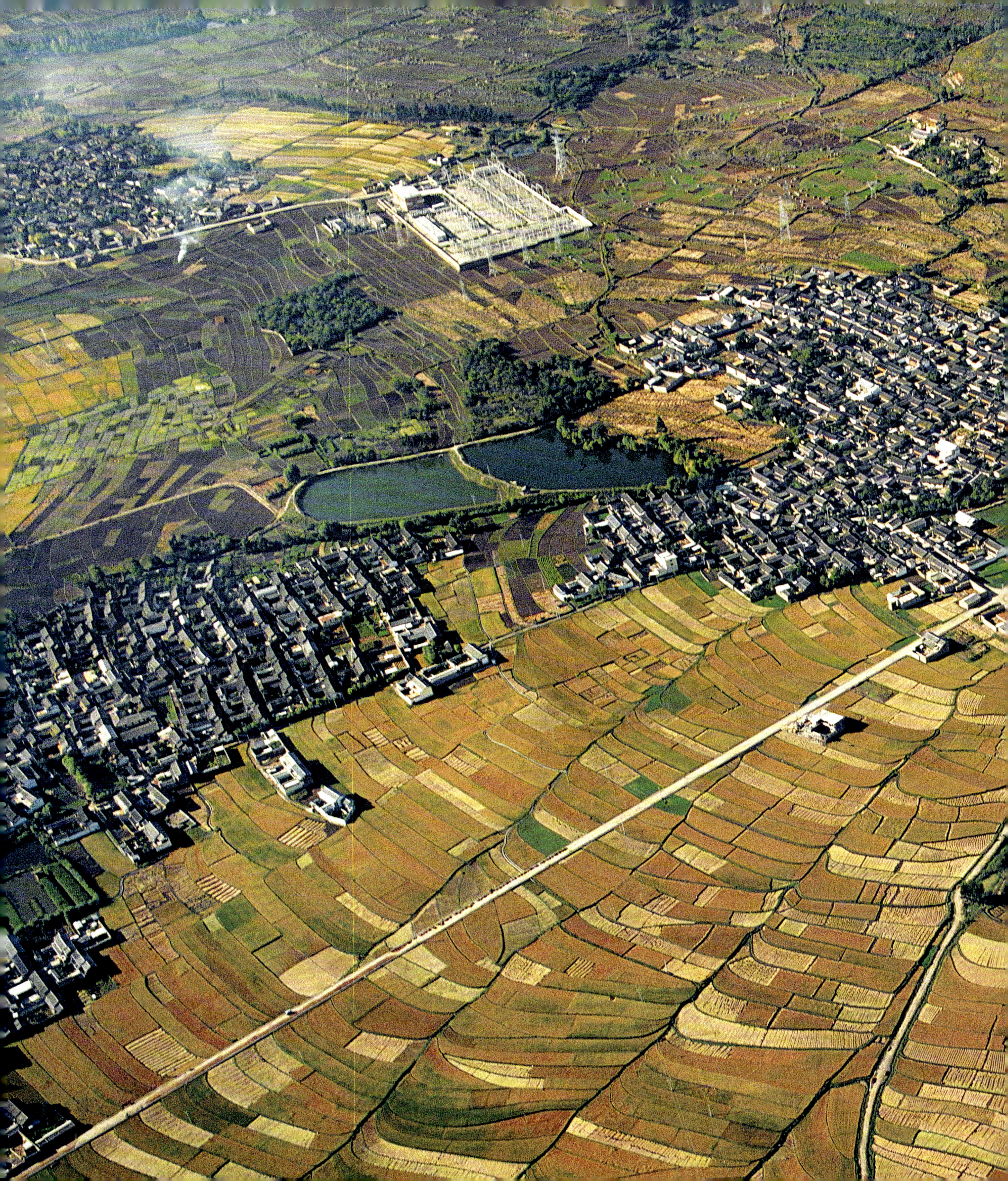

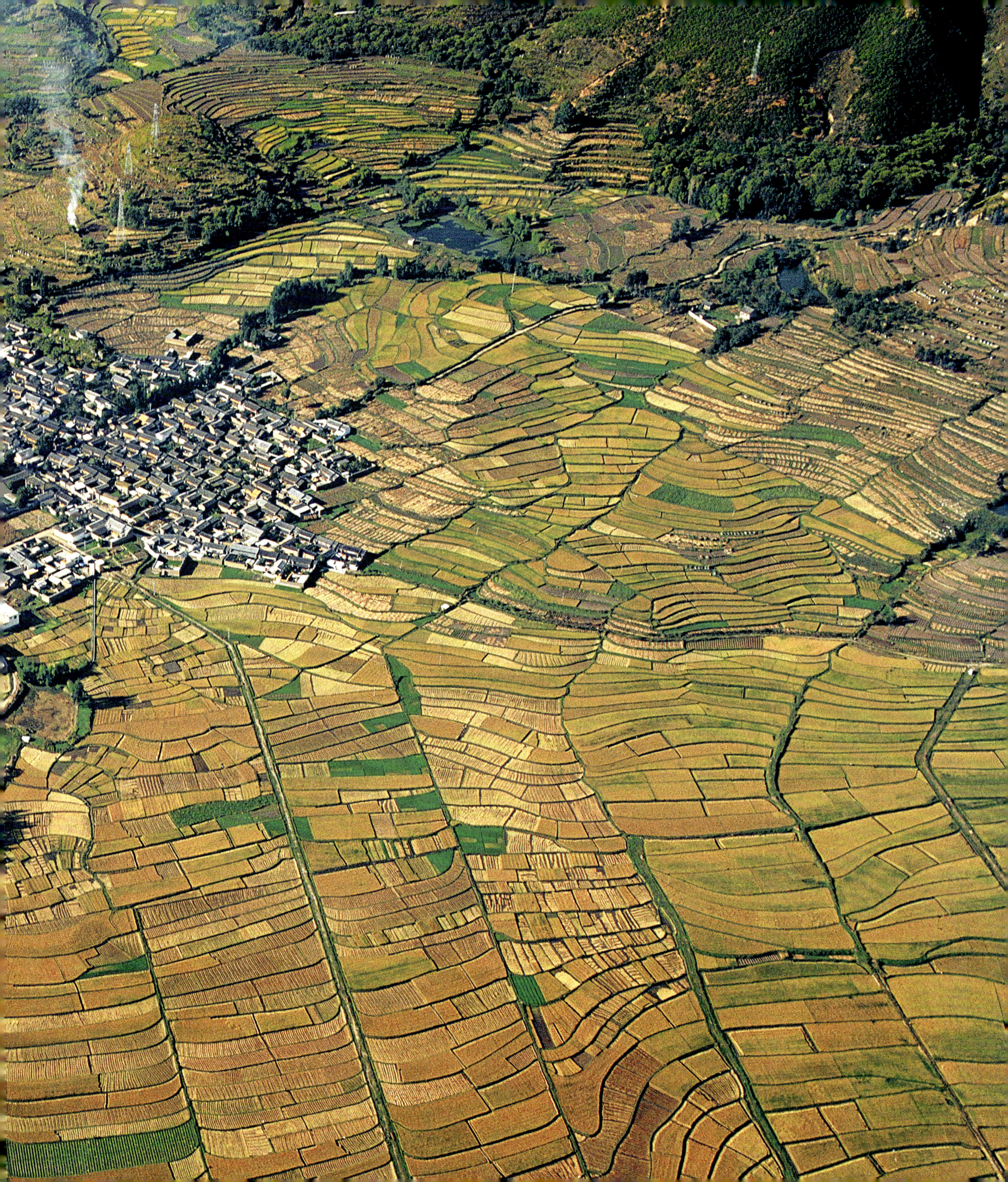

80 und 81 | Bunt gefärbte Bäume und Hügel, die zwischen den Wolken hervorlugen, sind nur einige Aspekte von Changbaishan in Yunnan.
YUNNAN | Die Region gehört zum internationalen Netz der Biosphärenschutzgebiete.

82-83 | Ein Fluss windet sich durch eine bewaldete Bergregion in Yunnan. Bäume und Erde scheinen in den Ockertönen einer außerordentlichen Palette von Herbsttönen miteinander zu verschmelzen.
YUNNAN

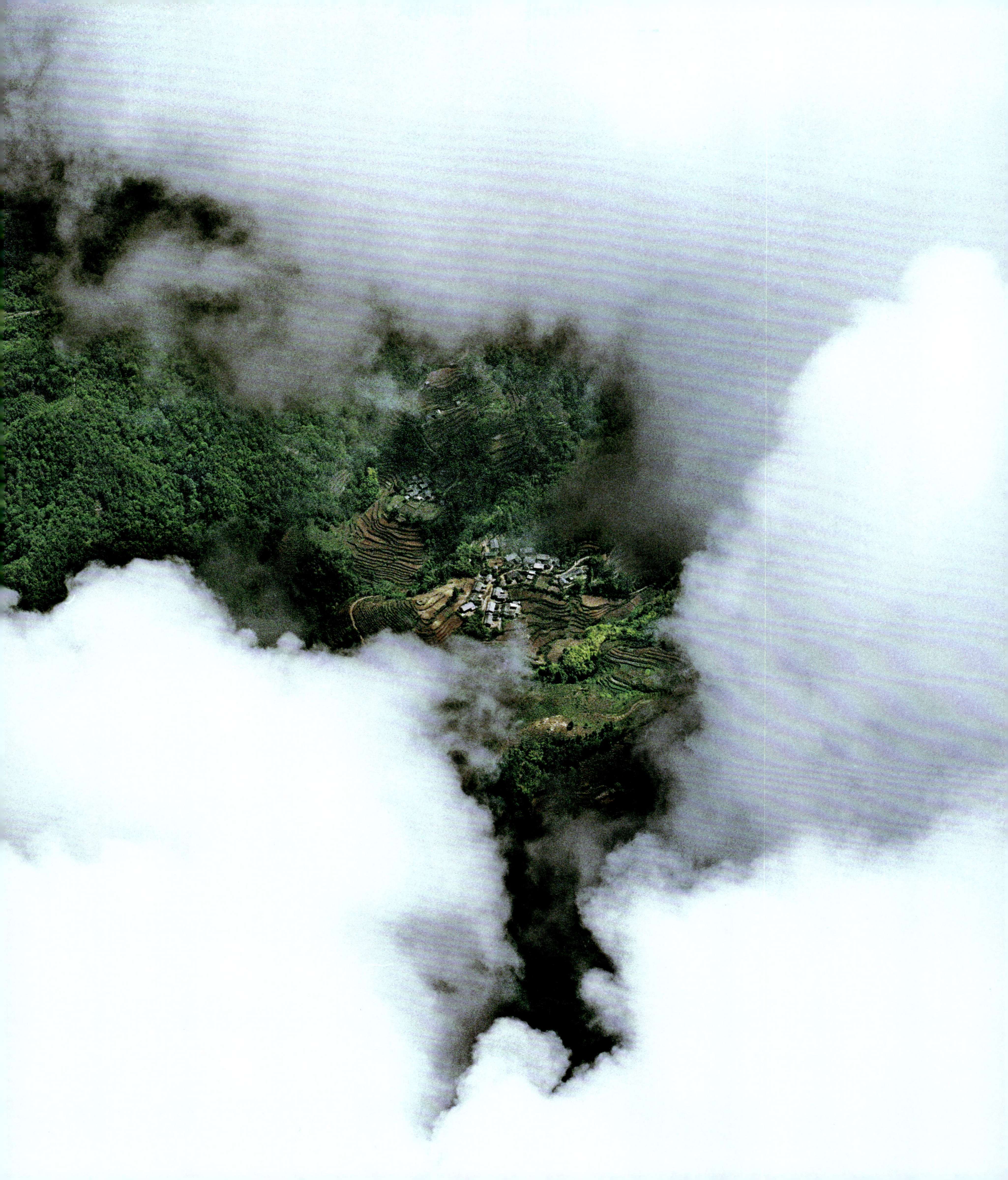

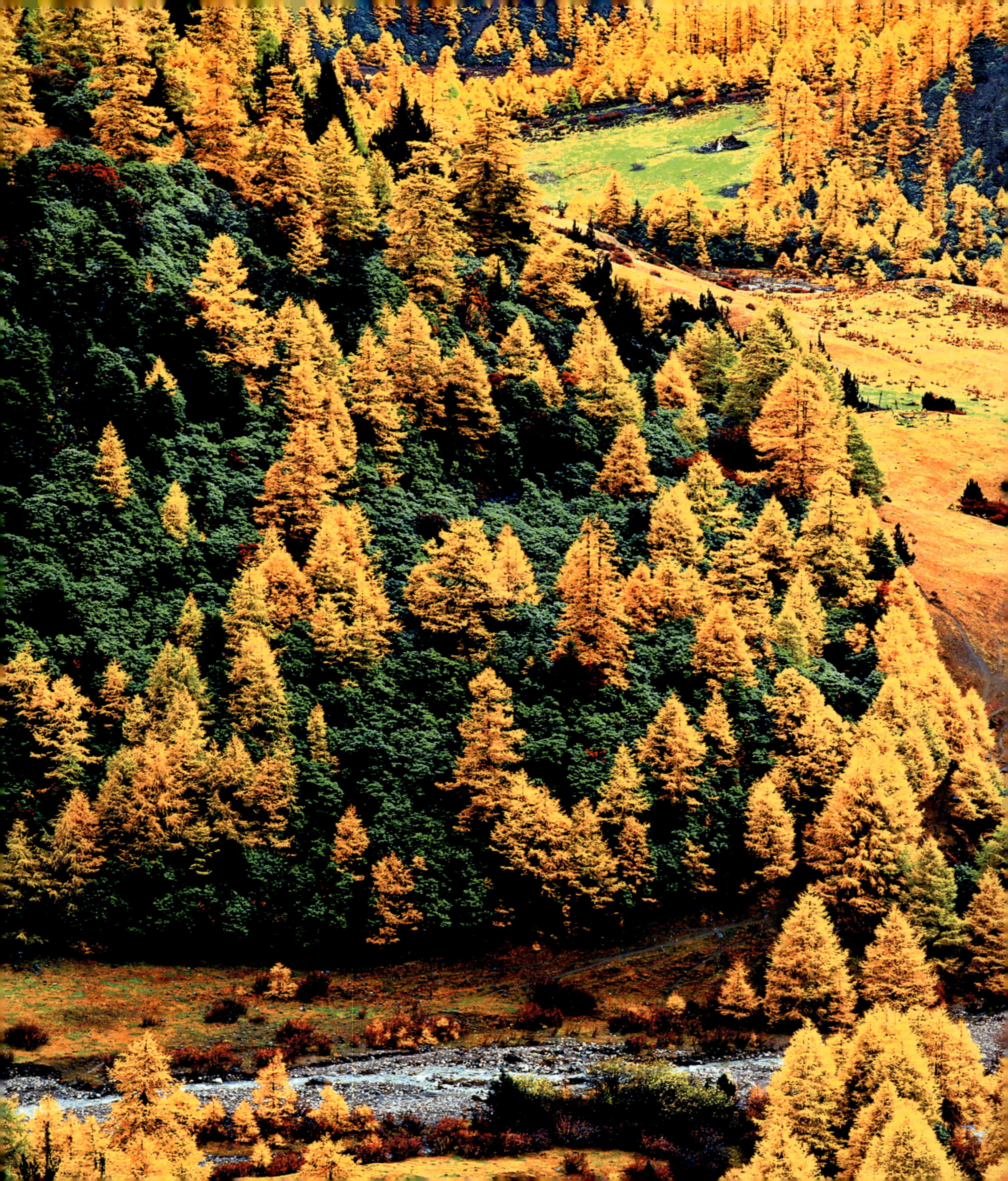

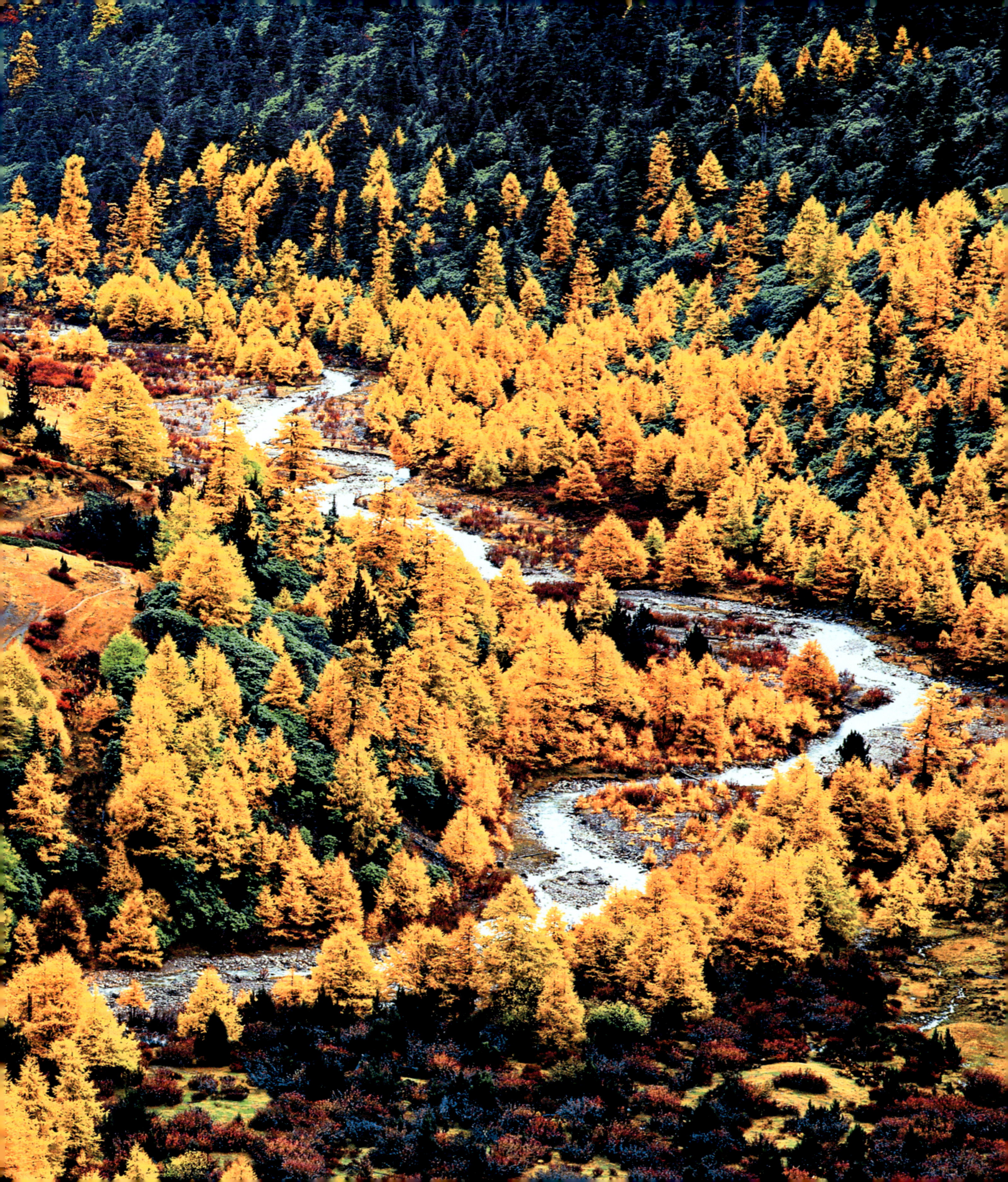

84 | Ausgedehnte Wäder umschließen die kleine Stadt Aershan in der Inneren Mongolei. Diese riesige Autonome Region, die im Westen
INNERE MONGOLEI | vom Altai-Massiv und im Osten vom Großen Khingan-Gebirge begrenzt wird, bildete einst ein einziges Territorium mit der Mongolei, von der sie erst im siebzehnten Jahrhundert abgetrennt wurde.

85 | Ein Fluss schlängelt sich durch den Wald
INNERE MONGOLEI | von Aershan, der in seiner september-
lichen Tönung magische Stimmungen
zaubert.

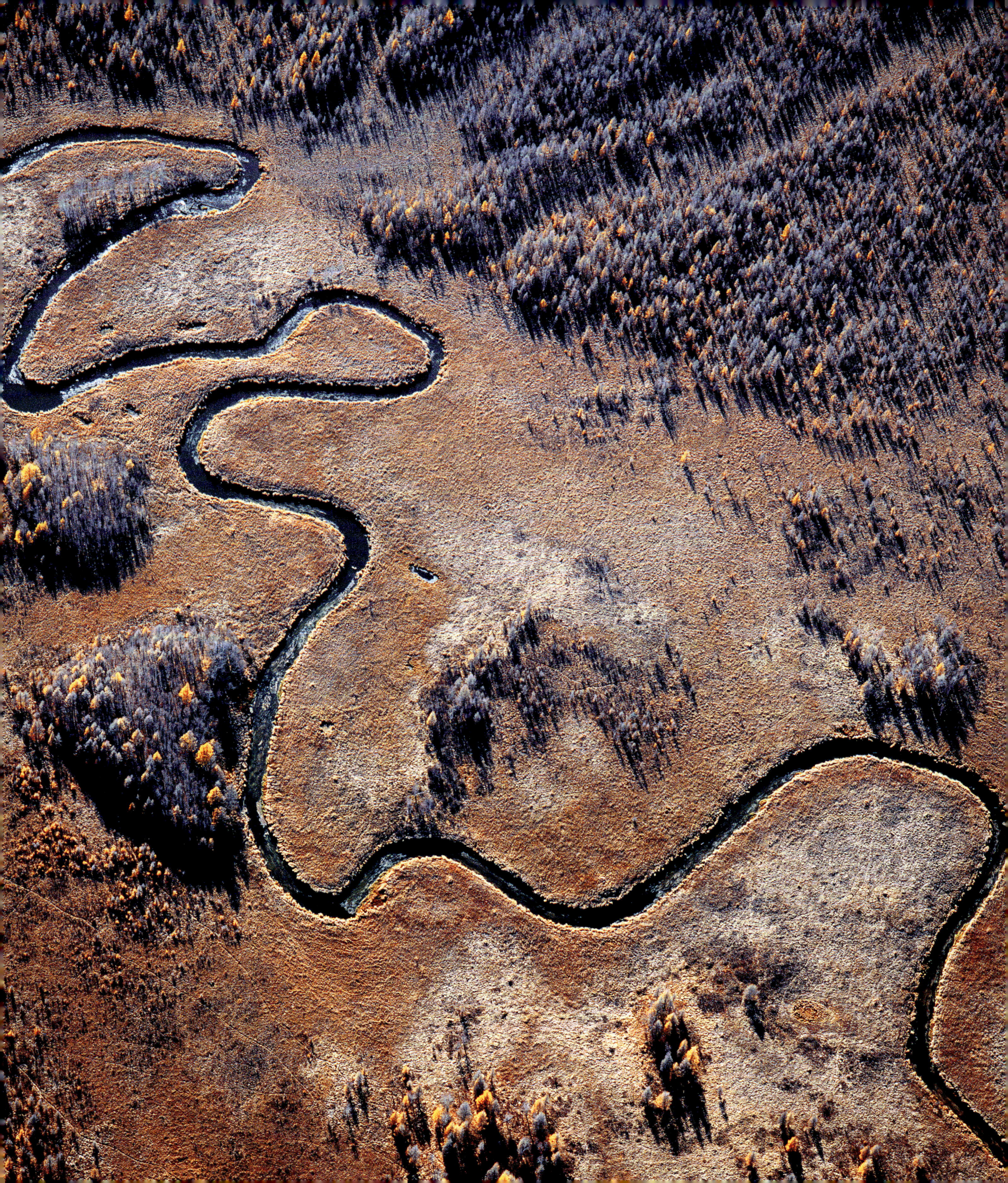

86 und 86-87
INNERE MONGOLEI

Die Bäume dieses Waldes in der Inneren Mongolei stehen in Reih und Glied wie die Krieger des Heeres, das unter der Führung von Dschingis Khan im dreizehnten Jahrhundert ein Territorium eroberte, das von Vietnam bis Ungarn reichte und eines der größten Reiche der Geschichte darstellte.

87

88 | Ein Baum unterbricht die geometrische Vollkommenheit eines Feldes bei Aershan. Die Innere Mongolei verfolgt derzeit eine Politik
INNERE MONGOLEI | zur Förderung der Landwirtschaft, Überwachung und Erhaltung der Weiden und des Umweltschutzes. Außerdem unternimmt man beträchtliche Anstrengungen für eine möglichst vernünftige Grundwassernutzung und die Kontrolle der Umweltverschmutzung durch die Industrie.

89 | Im Frühling färbt sich das Laub in der
INNERE MONGOLEI | Inneren Mongolei smaragdgrün und rubinrot. Nur der äußerste Norden der Region ist bewaldet, während das übrige Territorium zum Großteil aus Weideland und Wüstenzonen besteht.

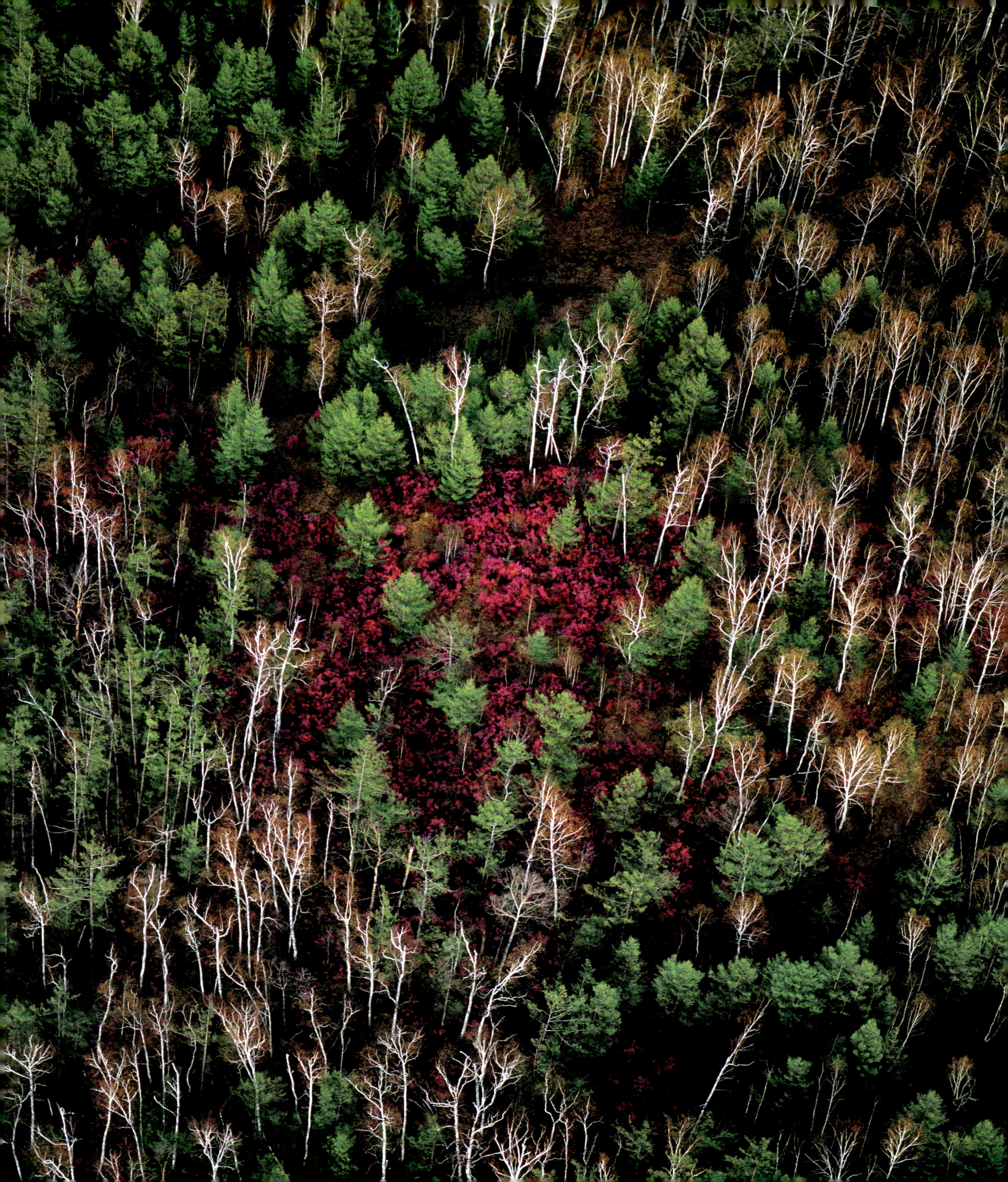

| 90 | Die exzessive Weidewirtschaft in der Inneren Mongolei führte zu einer Umweltzerstörung, der man seit kurzem durch eine verstärkte
INNERE MONGOLEI | Kontrolle und Diversifizierung der Viehzucht sowie durch landwirtschaftliche Förderprogramme entgegenzuwirken versucht. In der Region werden großflächig Weizen und andere Getreidesorten angebaut.

| 91 | Die Felder in der Inneren Mongolei,
INNERE MONGOLEI | wo sich noch der traditionelle Lebensstil und das natürliche Gebot der Gastfreundschaft bewahrt haben, sind von einer einsamen, wilden Schönheit.

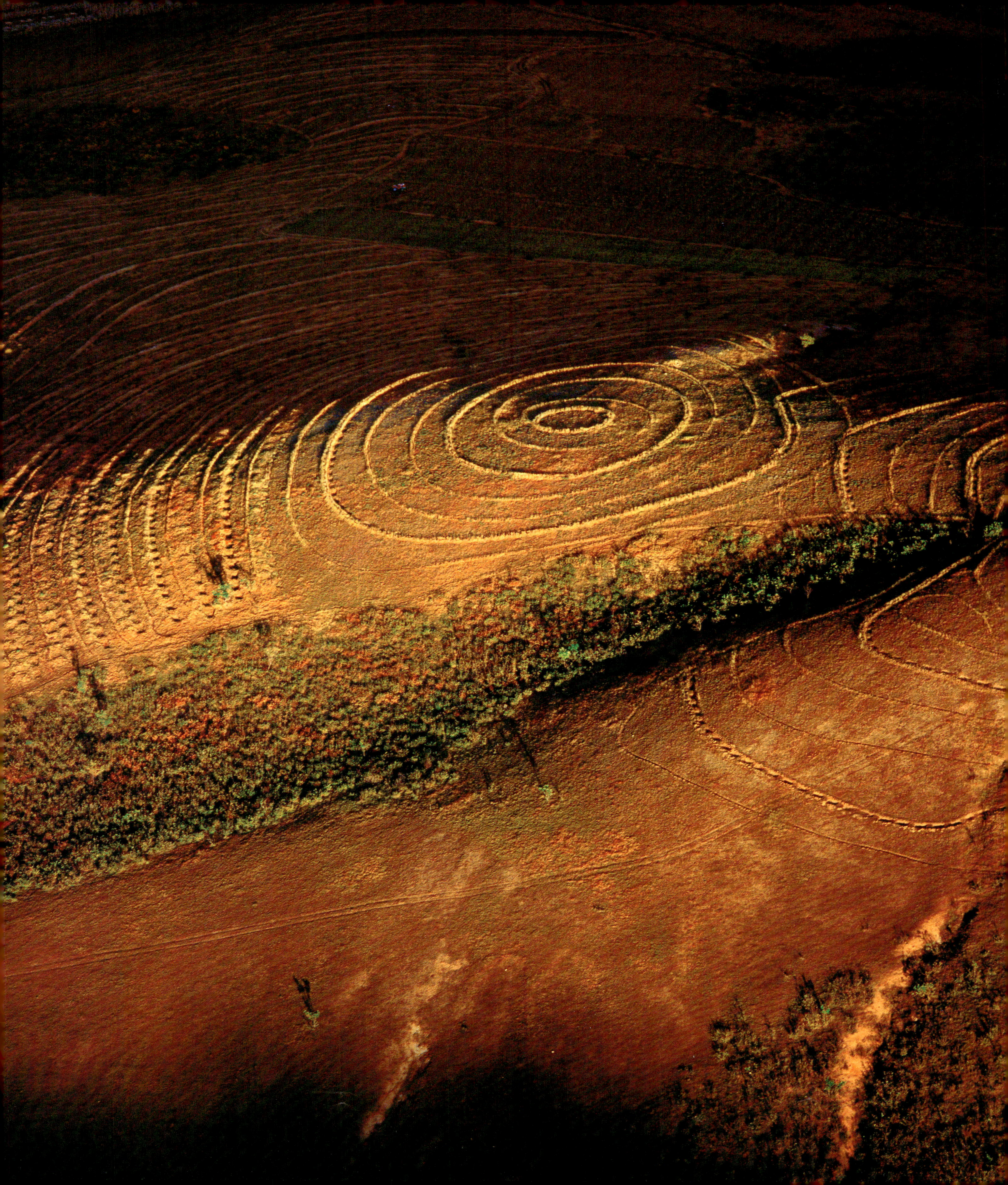

92 | **INNERE MONGOLEI** | Eine echte Bedrohung für das Ökosystem der Inneren Mongolei stellt die fortschreitende Wüstenbildung dar, deren Hauptursachen in der intensiven Nutzung des Weidelandes und der Umwandlung der Steppen in Ackerland zu suchen sind. Auch das exzessive Sammeln von Facai (ein Moos, das als Gemüse gegessen wird), das für den Zusammenhalt des ansonsten wenig kompakten Bodens wesentlich ist, wird als Gefährdung eingestuft.

93 | **INNERE MONGOLEI** | Selbst während der Erntezeit sieht man nur vereinzelt Menschen auf den Feldern in den Flusstälern und endlosen Steppen der Inneren Mongolei.

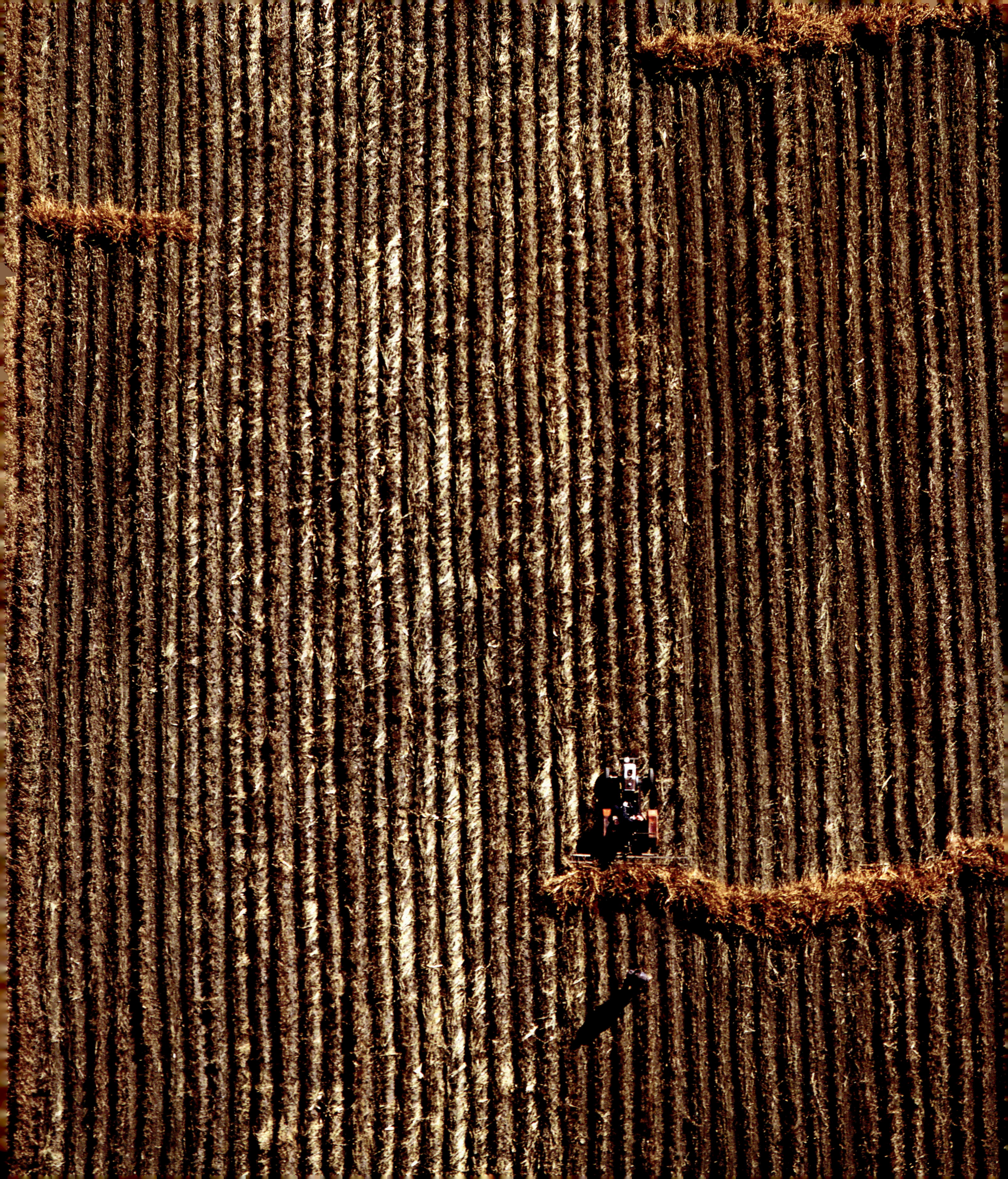

94 und 95	Noch heute ist die Viehzucht ein wichtiger Lebensunterhalt für die Nachkommen der Nomaden, die jahrhundertelang jenseits der
INNERE MONGOLEI	Großen Mauer ein schweres Leben geführt haben, indem sie in der warmen Jahreszeit auf der Suche nach neuen Weiden über die mongolischen Steppen zogen.

96-97	In der Inneren Mongolei gibt es nicht nur Wälder, Felder und Steppen, sondern auch Wüsten. Hier die
INNERE MONGOLEI	Badain-Jaran-Wüste: ein Dünenmeer, in dem Kamelkarawanen über seit jeher bestehende Pisten ziehen.

98-99	Auf der Insel Hainan, der größten Chinas,
HAINAN	erstrecken sich die Felder bis ans Meer. Mit seinem tropischen Klima, langen weißen Sandstränden und grünen Hochebenen ist Hainan das ganze Jahr über eines der gefragtesten Urlaubsziele.

100-101	Die gefluteten Reisfelder verwandeln die
FUJIAN	Ländereien in der Provinz Fujian an der Südostküste Chinas in ein verworrenes Gitternetz.

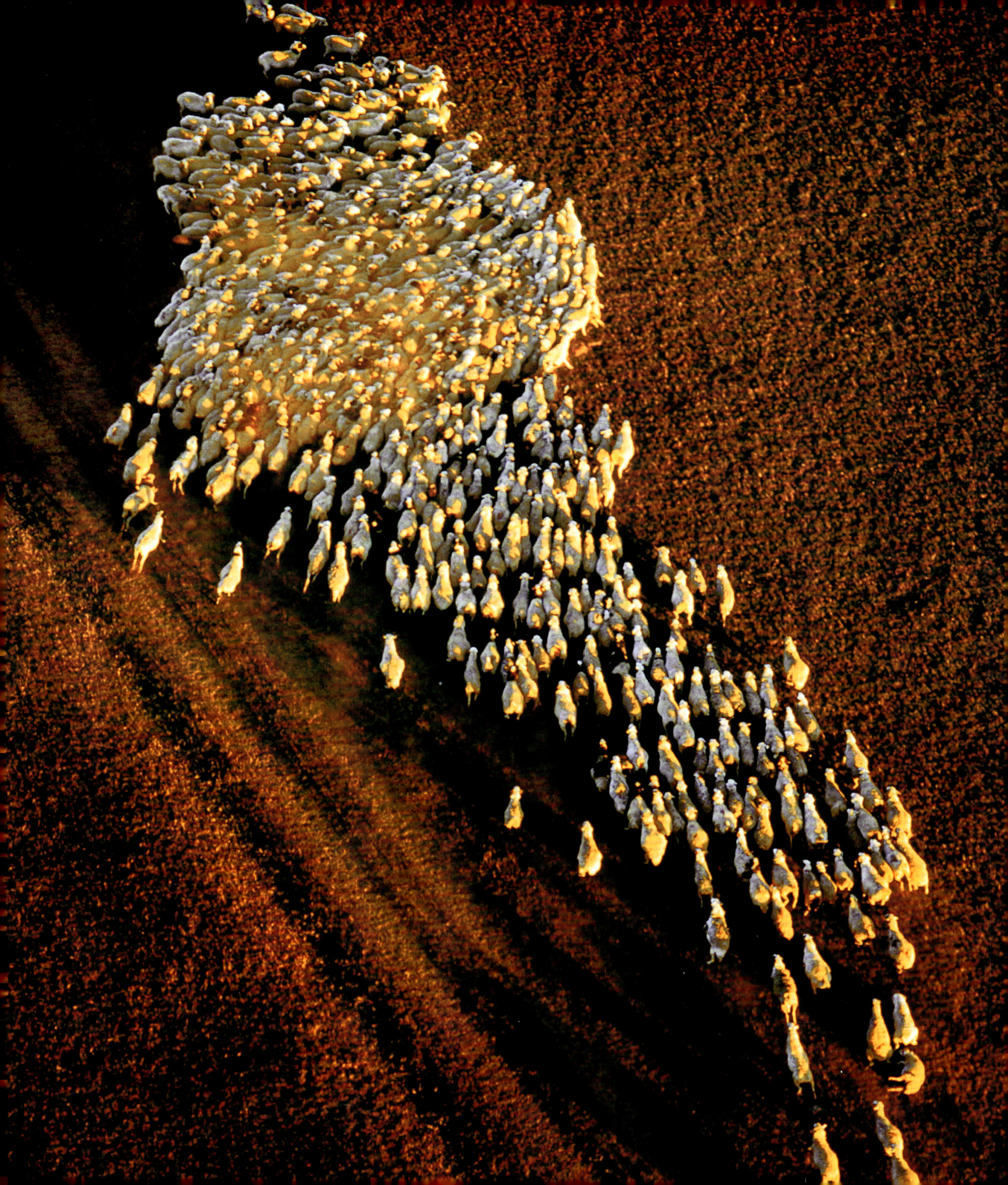

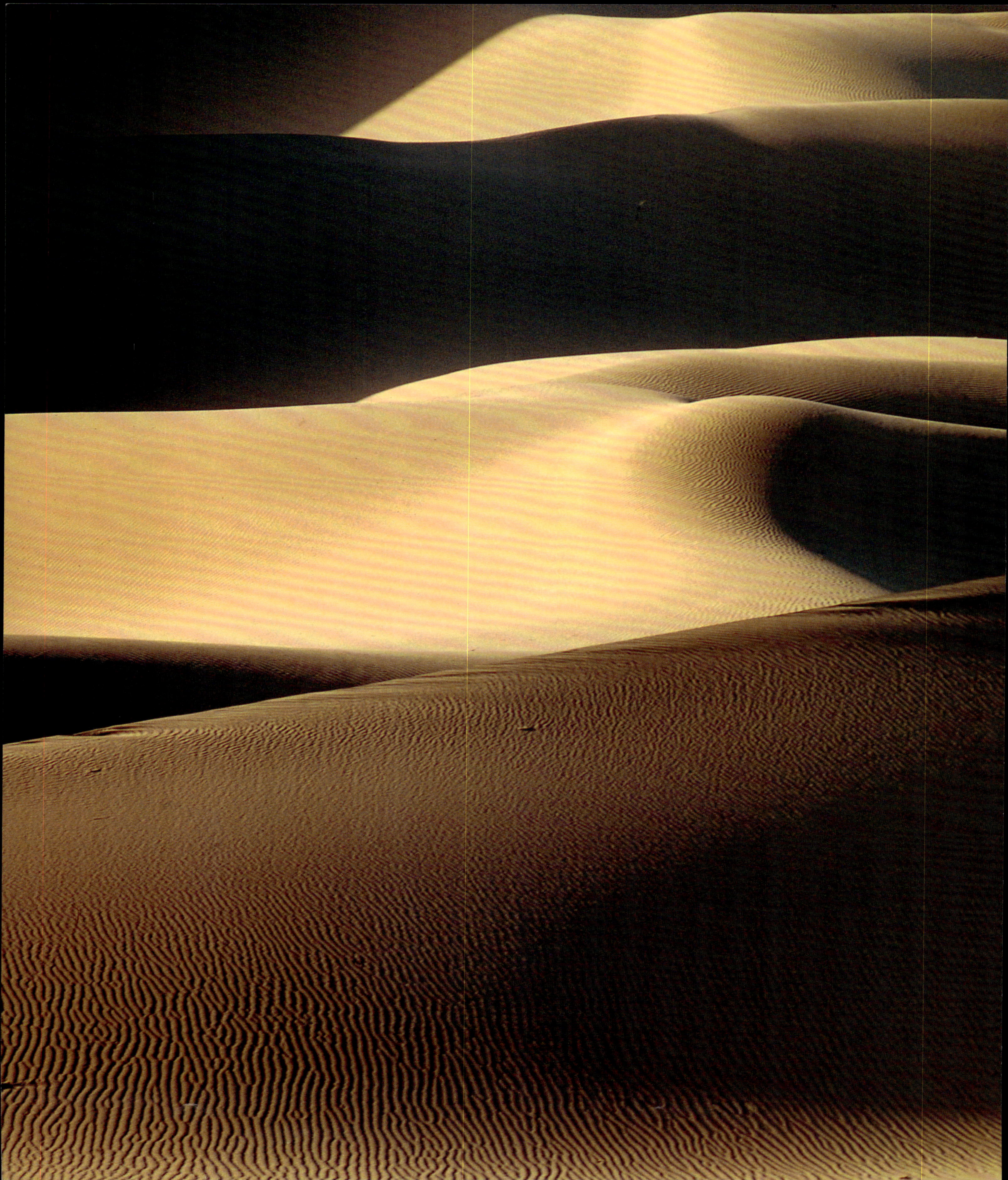

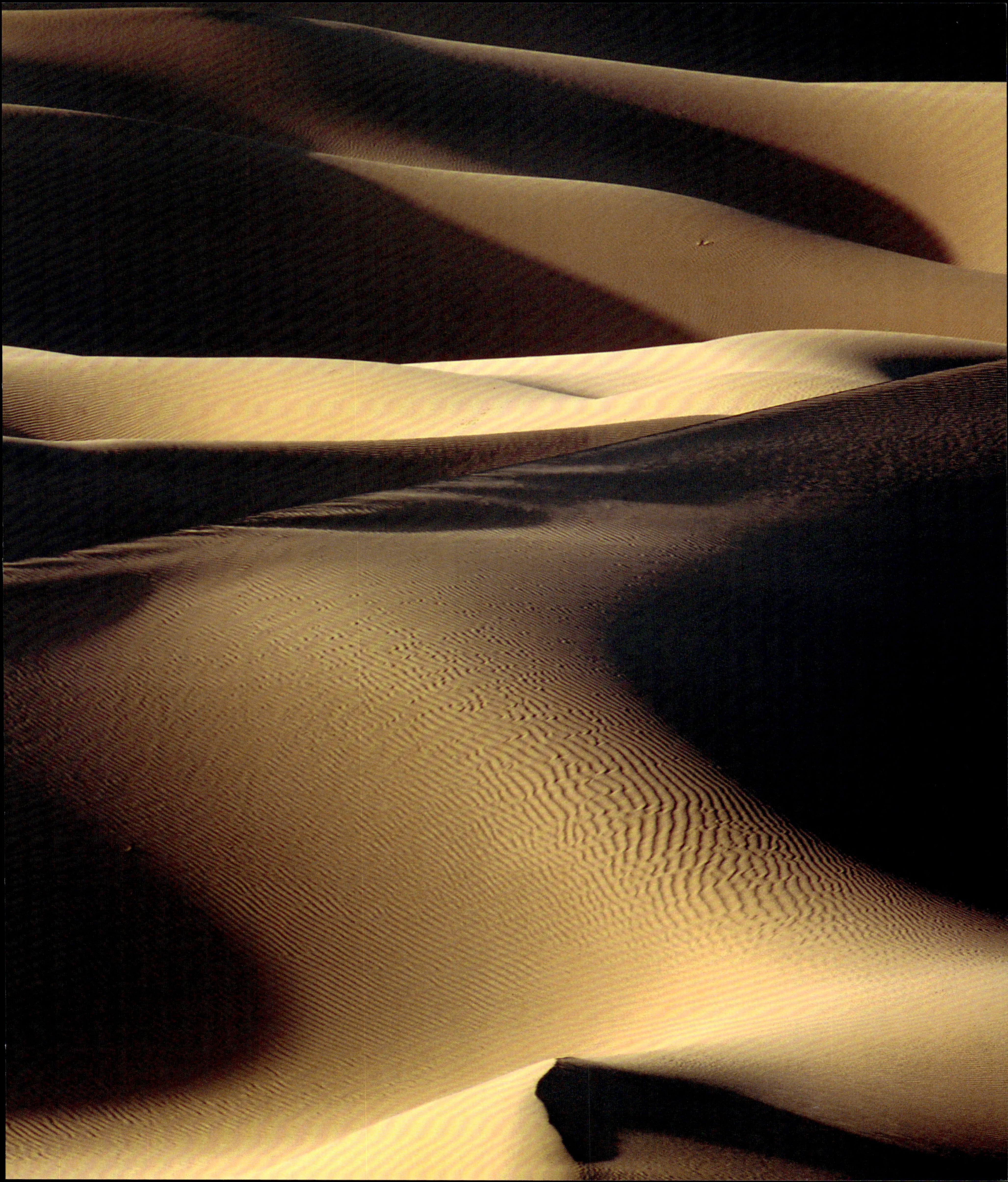

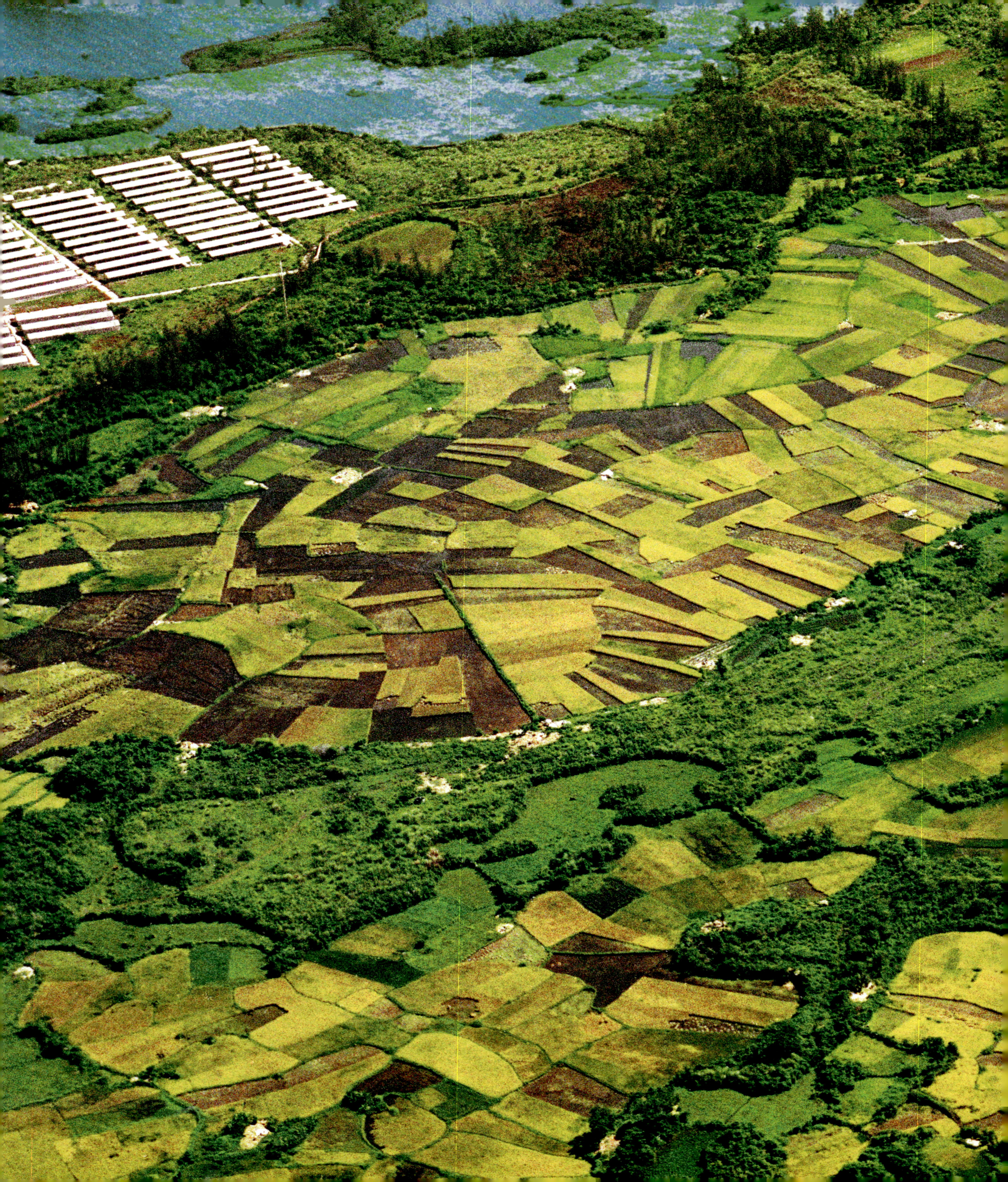

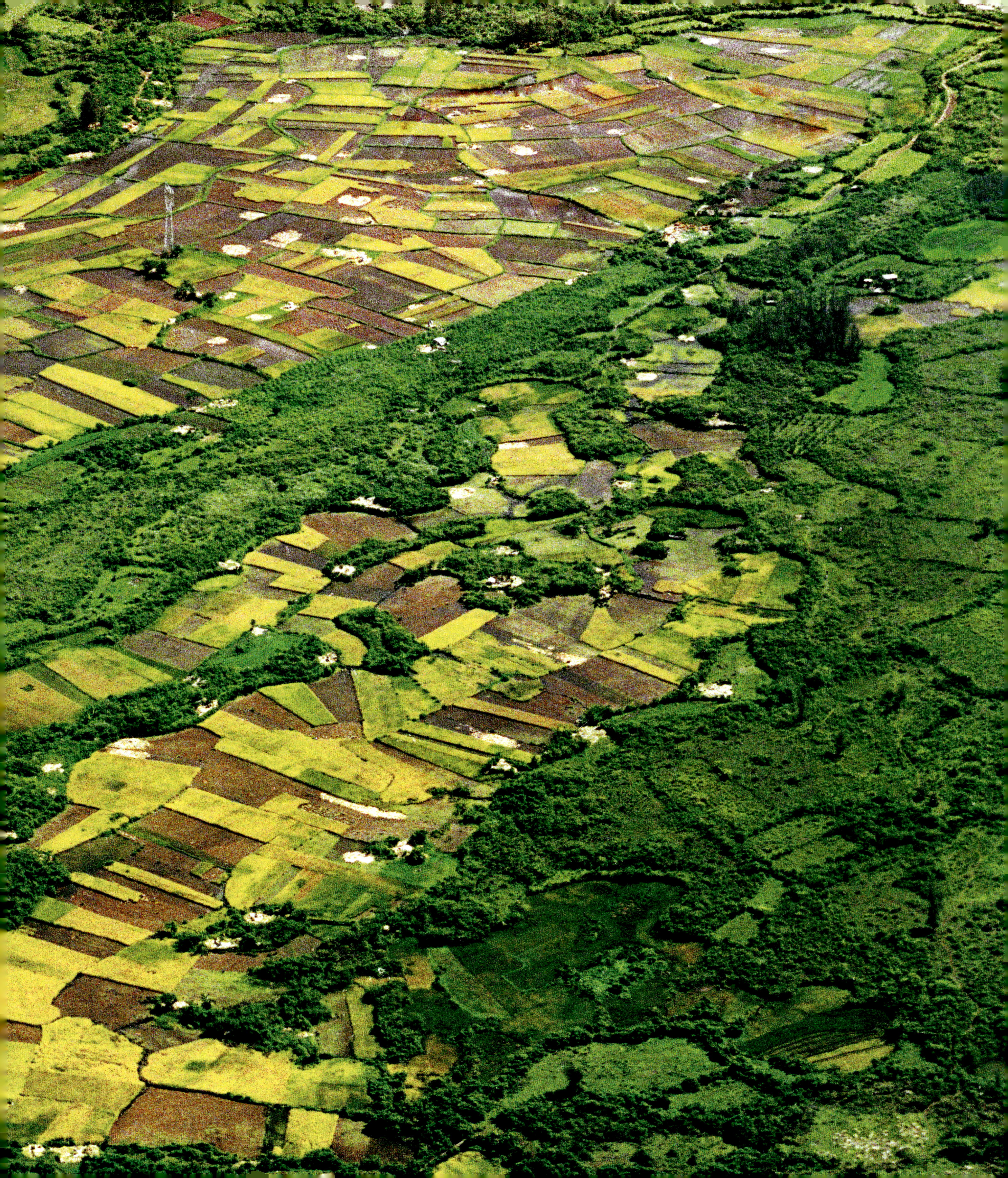

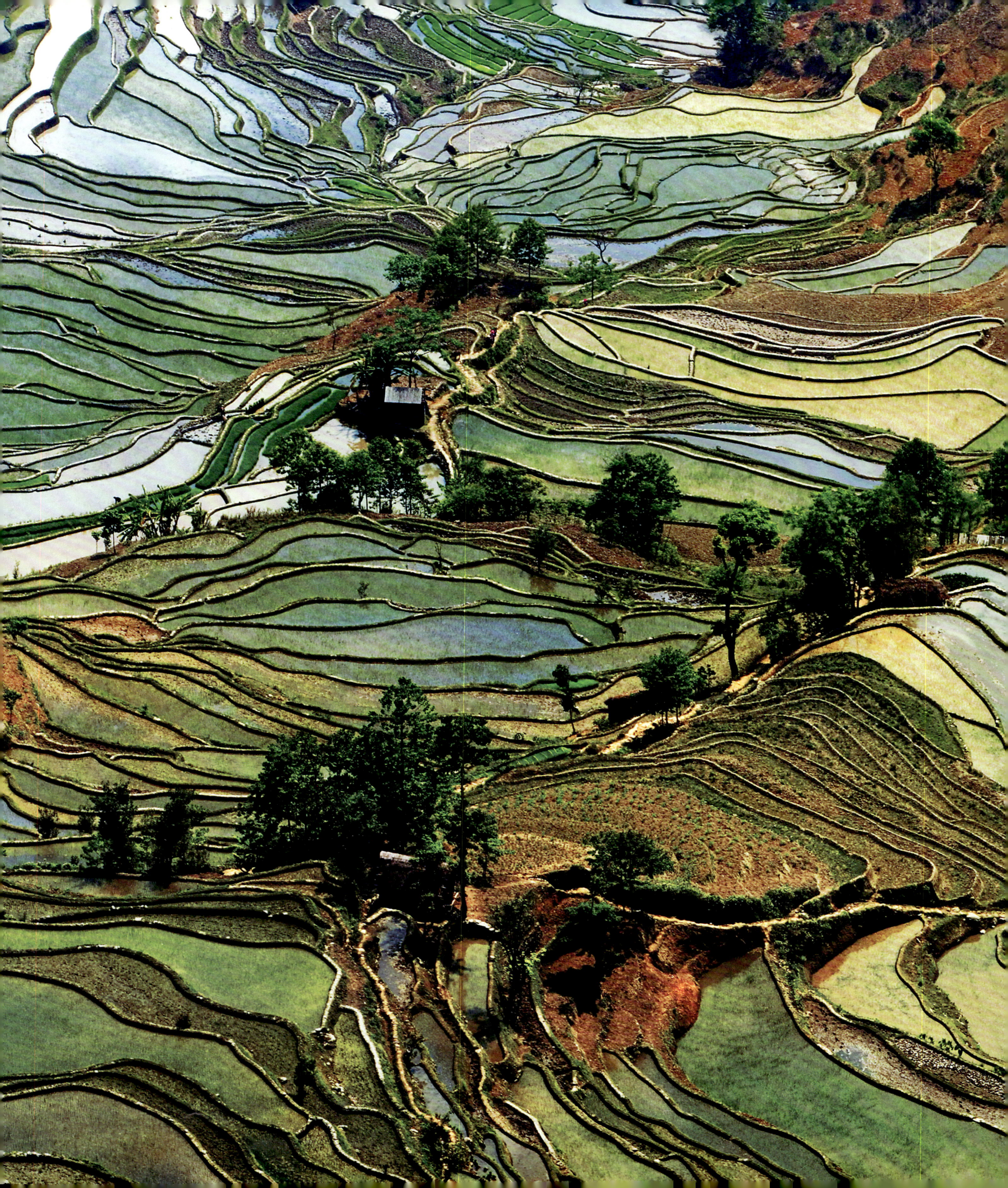

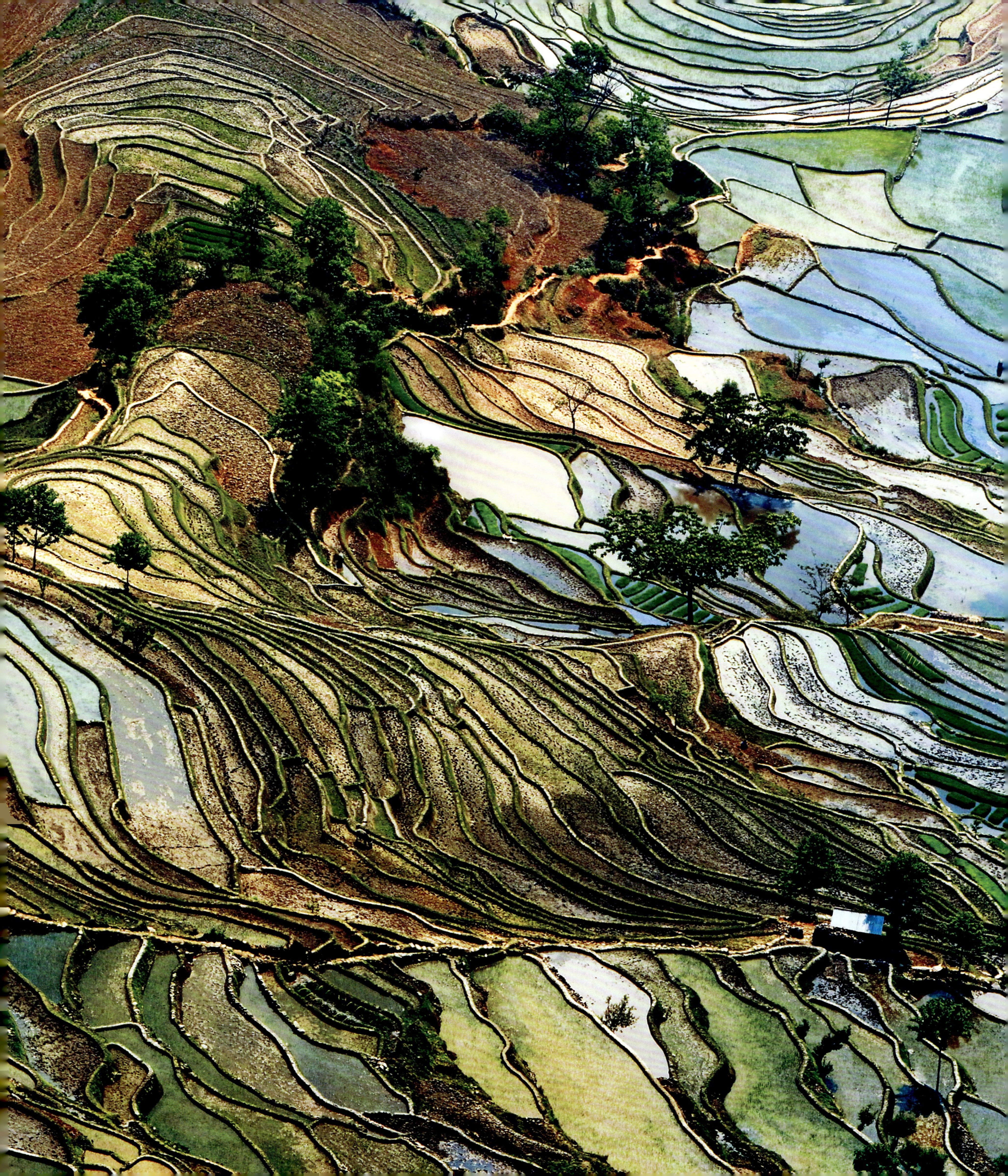

102 oben und Mitte
JIANGSU

Ein besonders fruchtbarer Boden umgibt die Stadt Kunshan im Südosten der Provinz Jiangsu, seit jeher bekannt als das „Land des Fischs und Reises" und für seine reichen landwirtschaftlichen Erzeugnisse.

102 unten
JIANGSU

Kunshan, dessen Umgebung durch die ausgedehnten Reisfelder gekennzeichnet ist, hat in den letzten Jahren von der Nähe zu Shanghai und anderen stark industrialisierten Zentren profitiert und wurde innerhalb kurzer Zeit zu einem der Bezirke mit dem größten wirtschaftlichen Wachstum in ganz China.

102-103 | Die grünen Felder im Gebiet von Changshu am Jangtse-Delta werden der Bedeutung seines Namens
JIANGSU | „Ewige Ernte" voll und ganz gerecht. Das milde Klima und die fruchtbaren Böden machten hier die
Landwirtschaft schon seit der Antike möglich.

104-105 | Mit ihrem feuchten Klima und den zahlreichen Flüssen und Seen ist die an der Ostküste gelegene Provinz Jiangsu
JIANGSU | ideal für den Reisanbau.

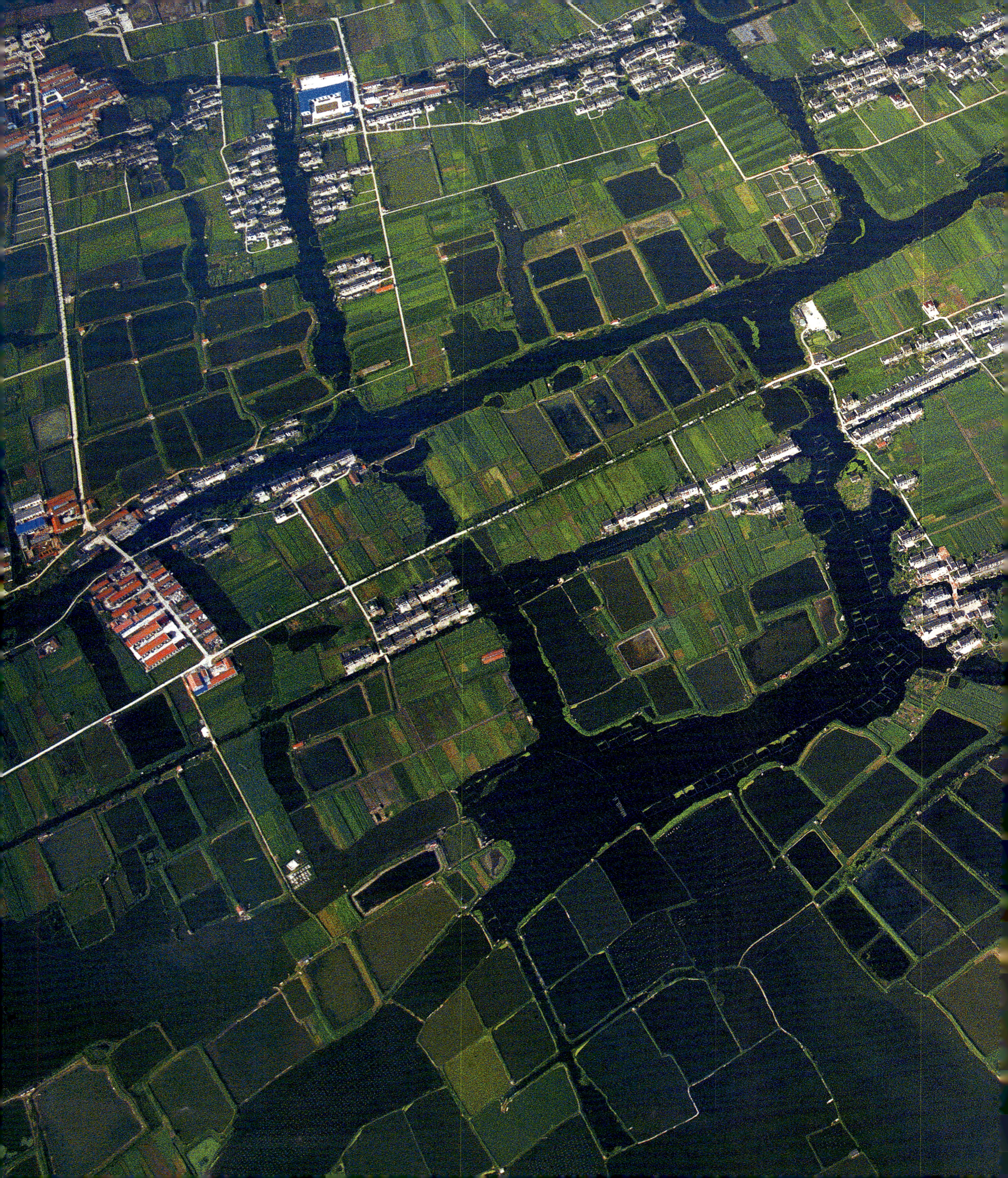

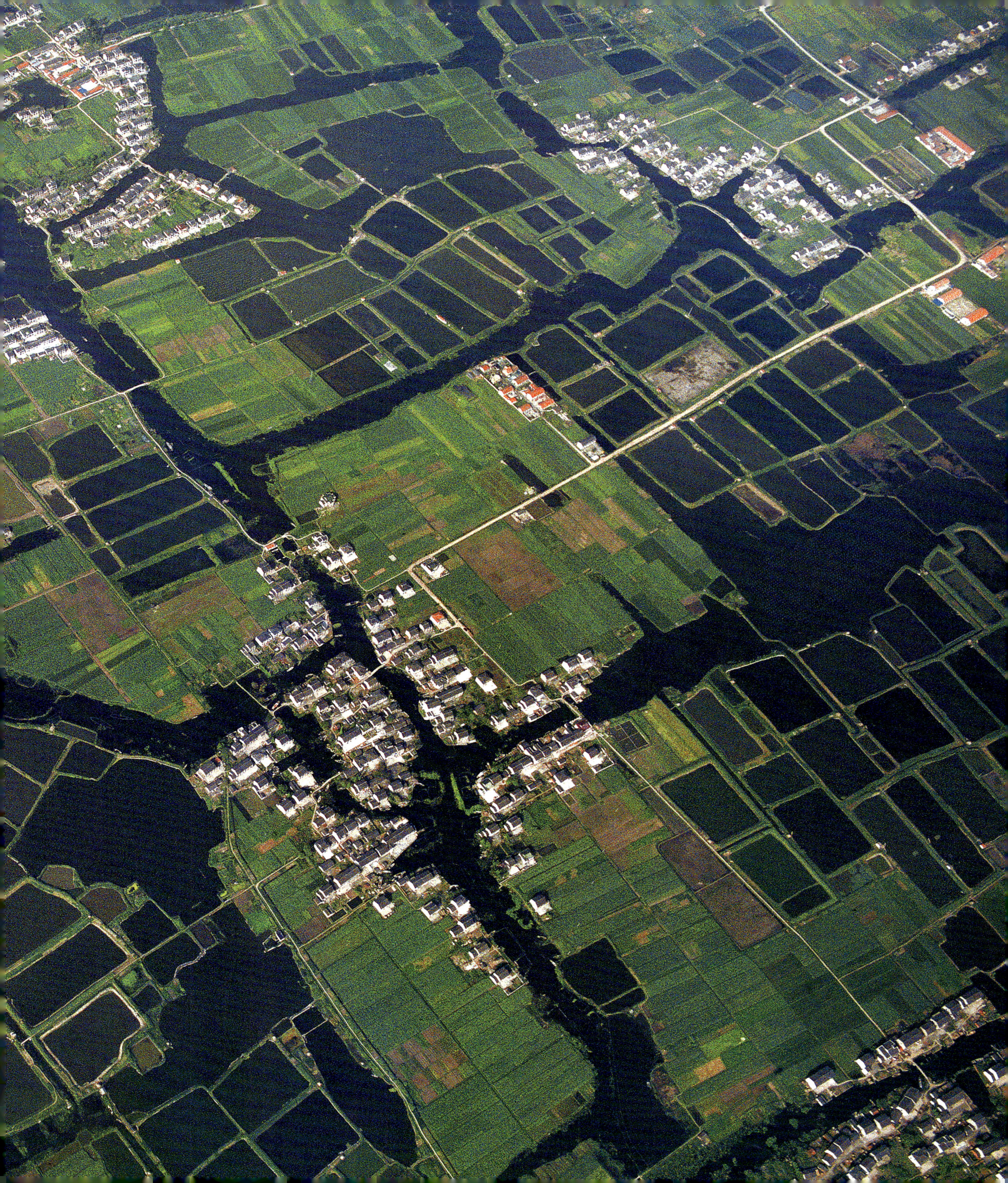

106 und 107	Der Kontrast zwischen dem Blau des Wassers und dem Grün der Reisfelder ist charakteristisch für die Region Jiangsu,
JIANGSU	wo seit über 5000 Jahren Reis angebaut wird.

108-109	Die Perspektive aus der Luft schafft eigenartige geometrische Muster auf diesem Bild, das Arbeiter in einem
SHANDONG	Salzfeld in Shandong zeigt, einer der reichsten chinesischen Küstenprovinzen. Sie gehört zu den größten Produzenten von Baumwolle, Korn und Edelmetallen, darunter Gold und auch Diamanten, außerdem gibt es hier ausgedehnte Erdölvorkommen, vornehmlich bei Dongying an der Deltamündung des Gelben Flusses.

110-111	Die flachen Bauernhäuser sind über die
JIANGSU	Reisfelder der kleinen Stadt Kunshan verstreut, die sich durch eine ertragreiche Landwirtschaft und eine blühende Industrie auszeichnet.

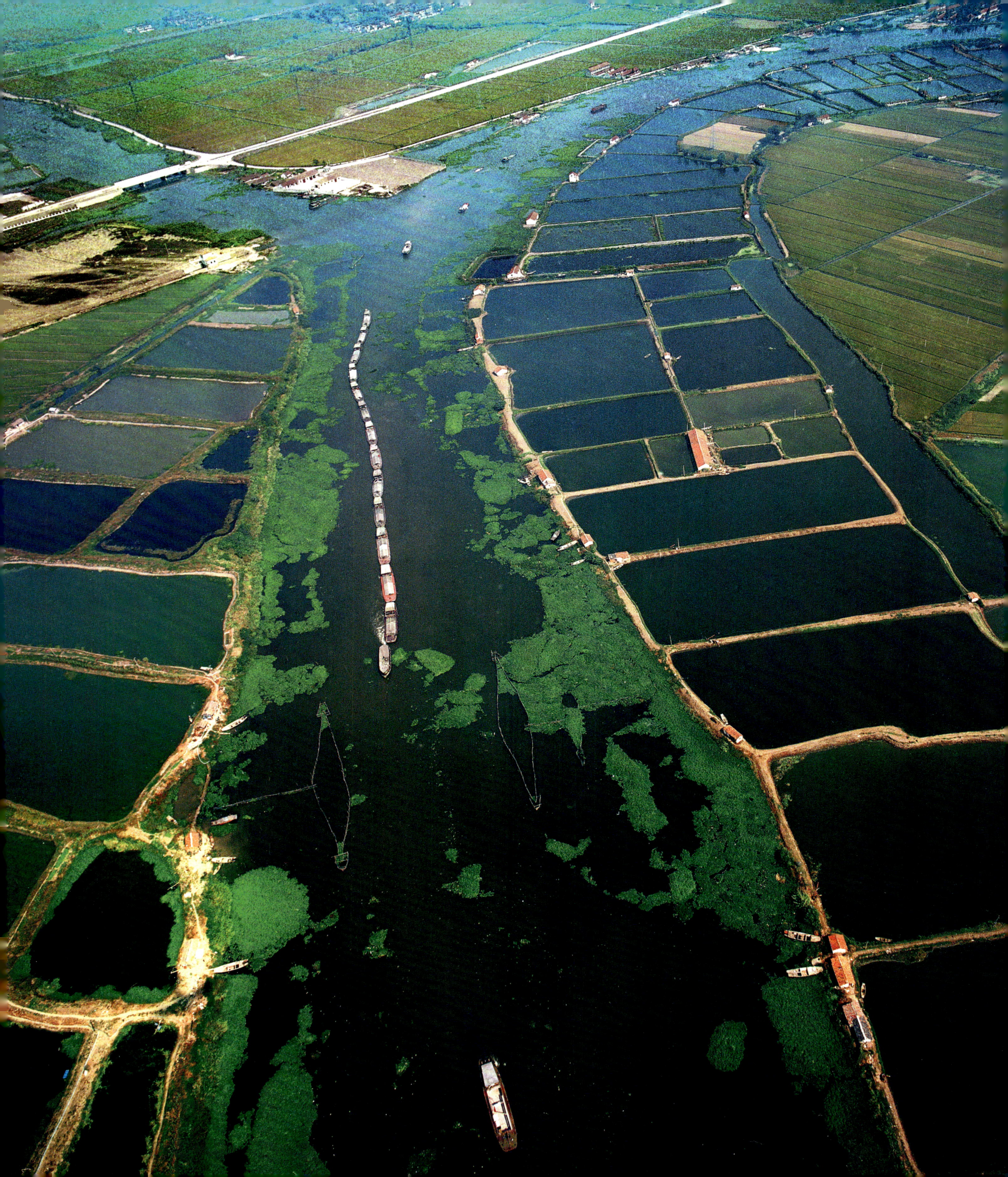

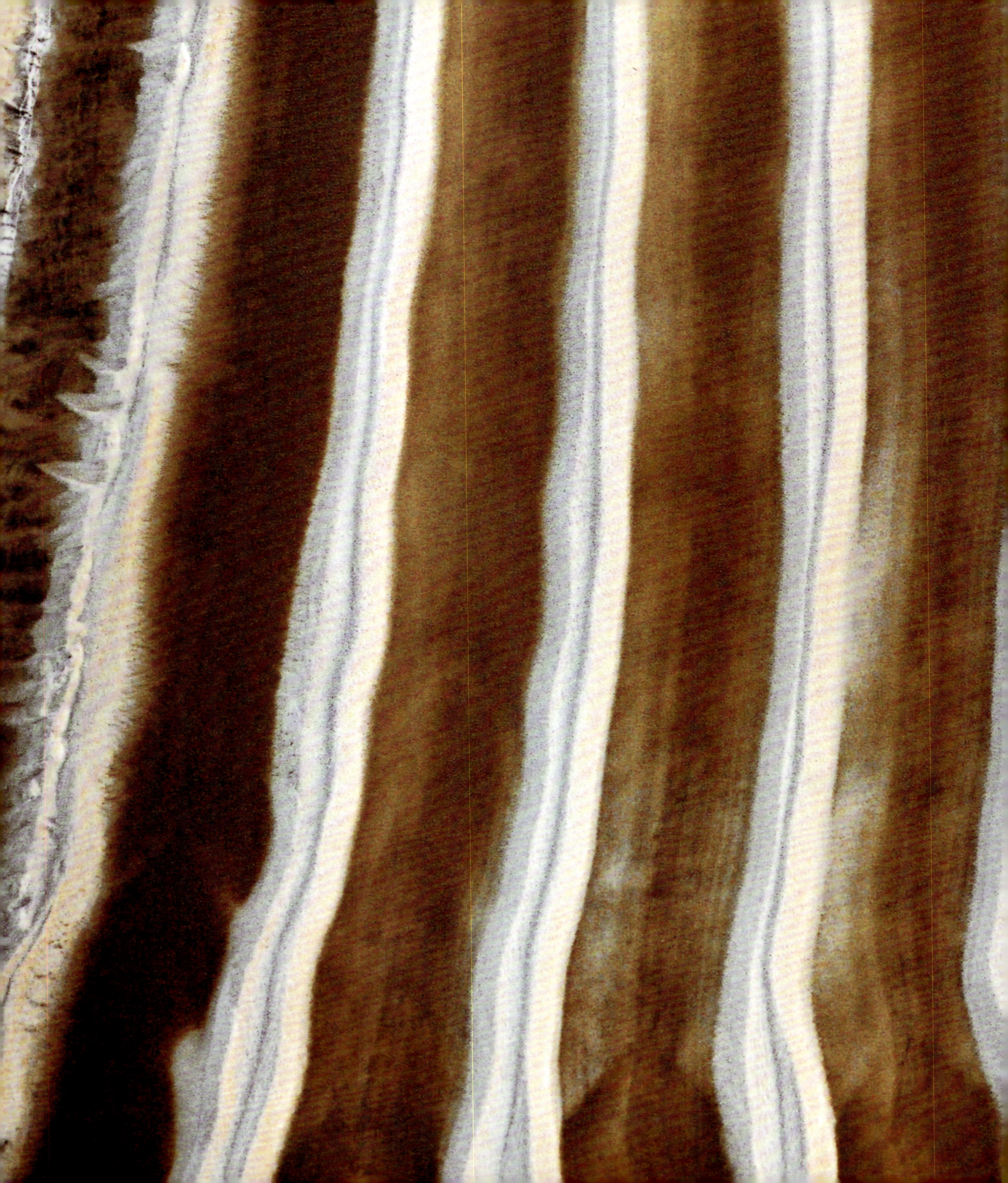

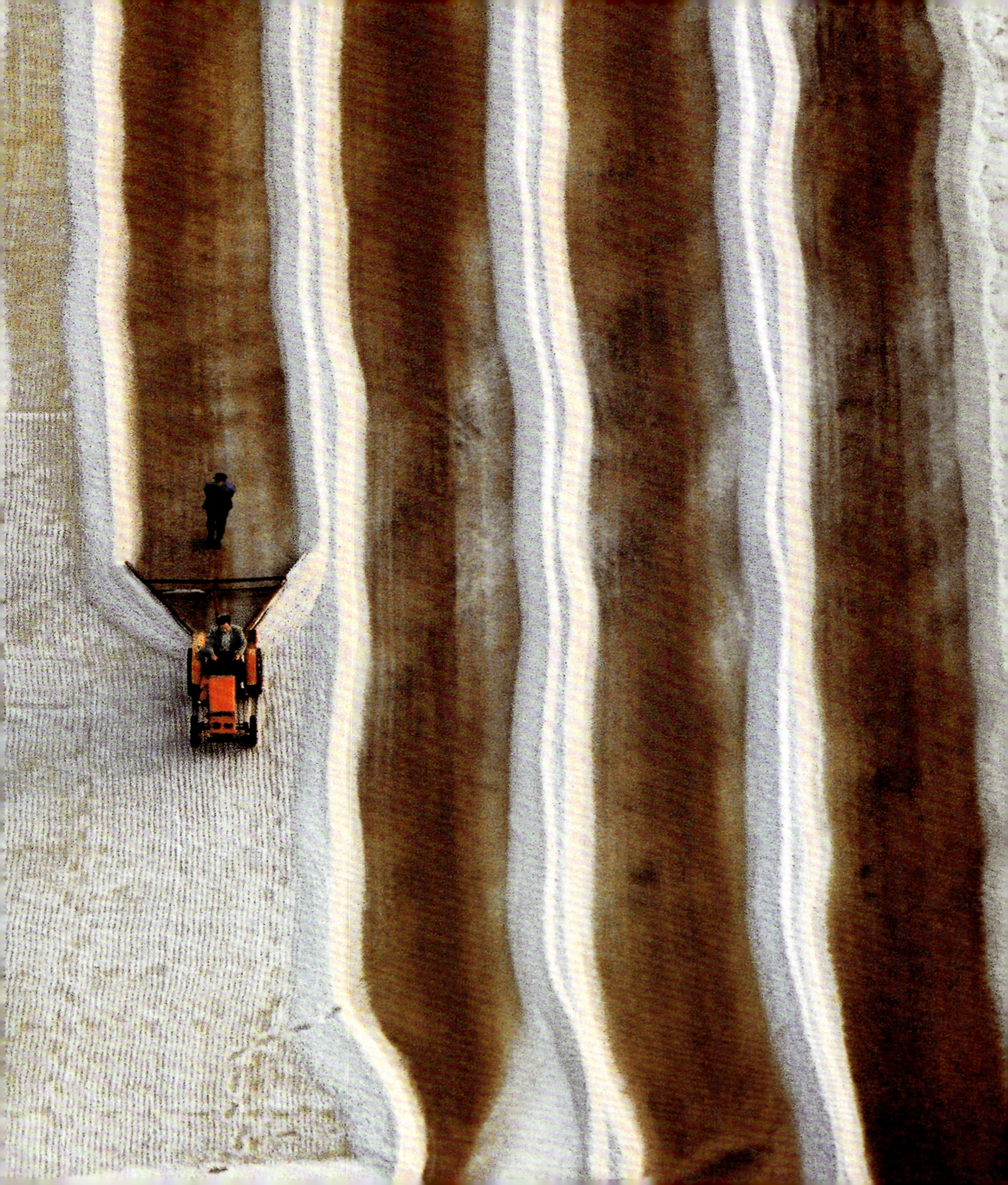

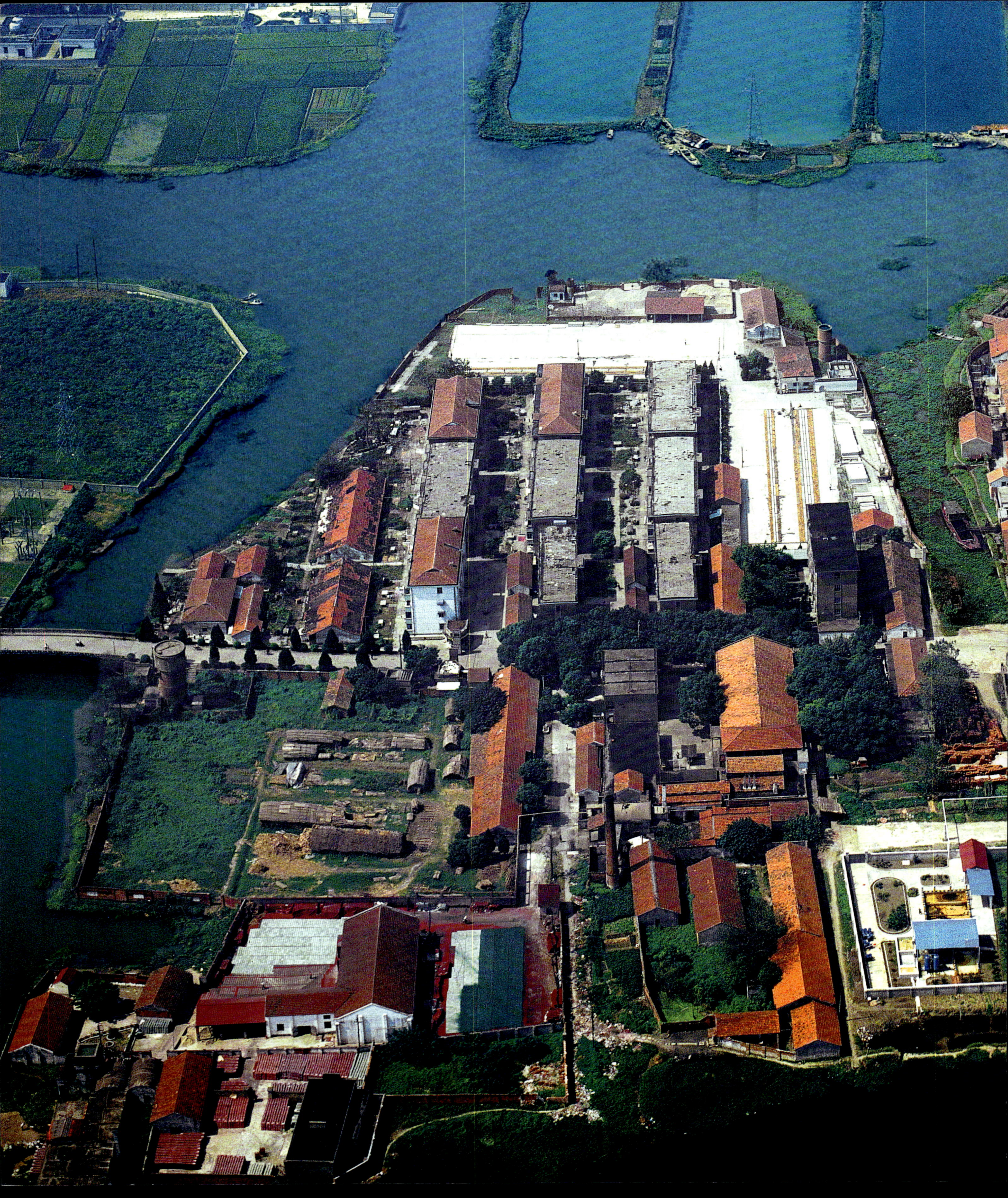

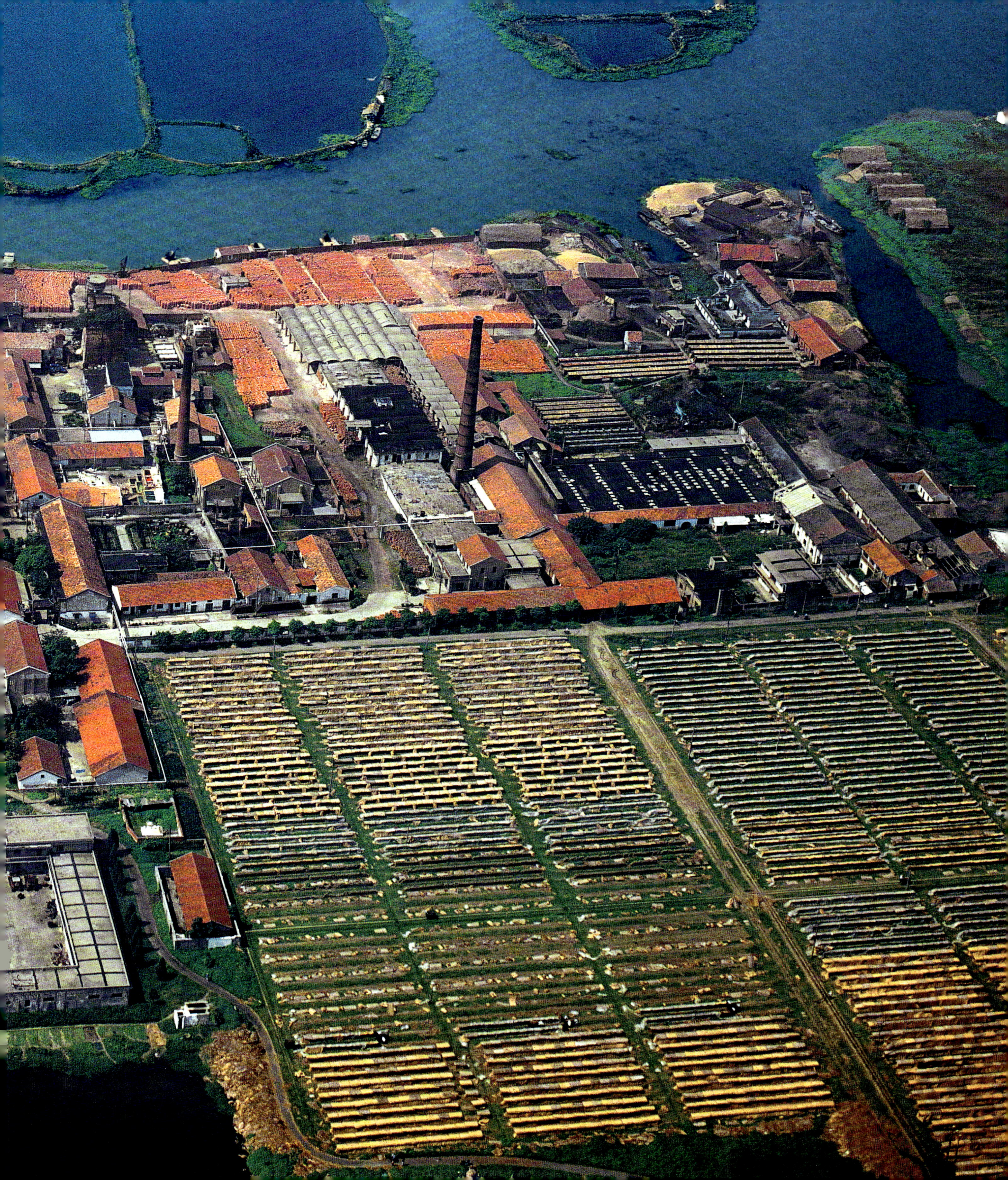

112 | Nur dreißig Zugminuten von Shanghai entfernt bietet Kunshan mit seinen Reisterrassen ein ganz anderes Bild. Hier gibt es beträchtliche
JIANGSU Wasserressourcen und die Wasserläufe der Gegend sind die bevorzugten Wanderwege der Krabben, die zur Freude der Fischer in dem klaren Yangcheng-See westlich der Stadt im Herbst ihren idealen Lebensraum finden.

113 | Die Wirtschaft von Changshu gründet sich
JIANGSU auf die Landwirtschaft. Dieser Gegend verdanken wir eines der bekanntesten Gerichte der chinesischen Küche: das Bettlerhuhn. Nach der Legende gelang es einem armen Mann aus Changshu, ein Huhn zu fangen, aber da er keinen Ofen besaß, packte er es in Lehm und briet es direkt im Feuer. Nachdem er die Hülle aufgebrochen hatte, lockte der köstliche Duft eine neugierige Menge herbei und so wurde das Gericht zu einem der berühmtesten der Region.

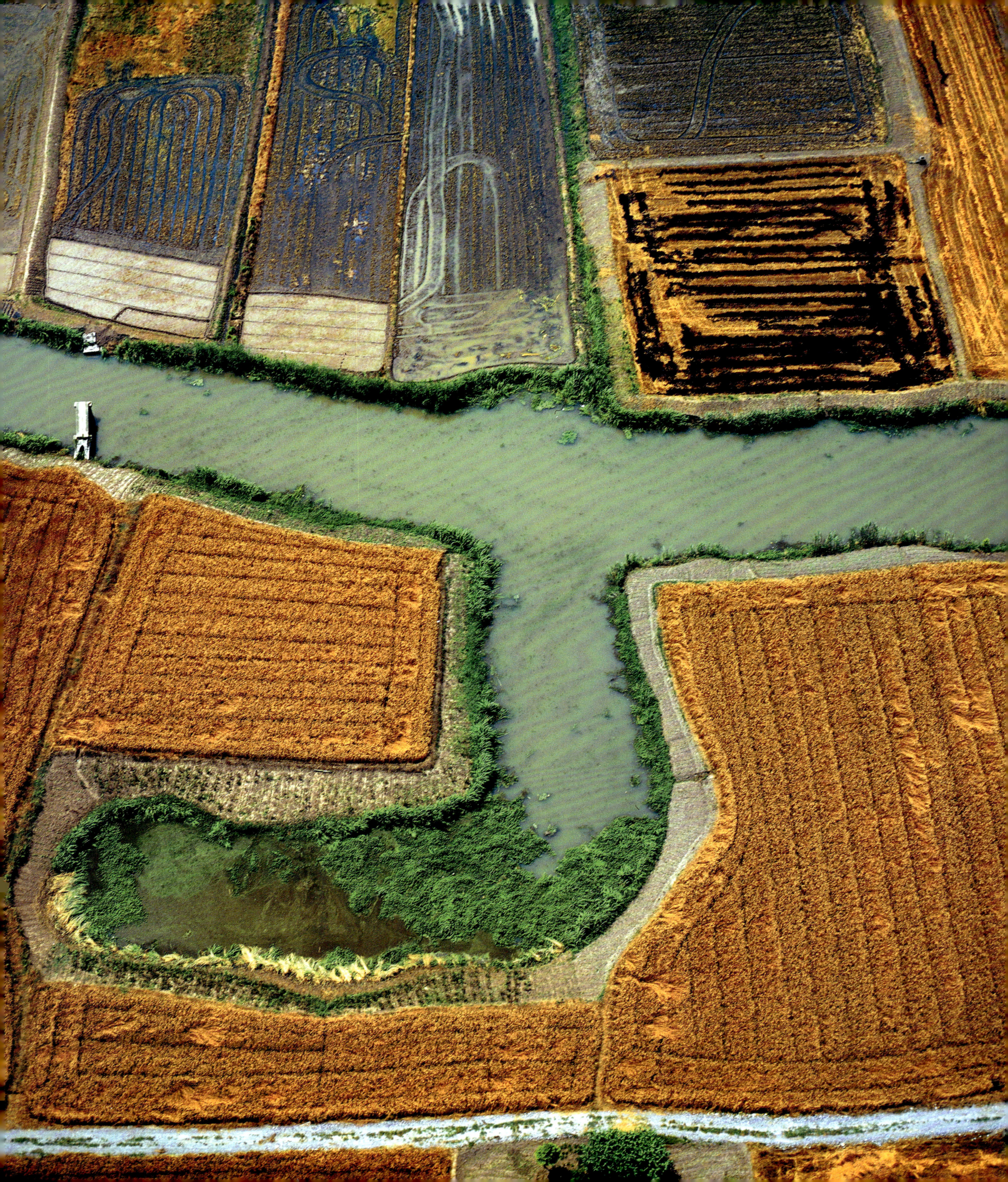

114
SHANDONG
In den Höfen ihrer kleinen Bauernhäuser an der Peripherie von Qingdao, weit von den Stränden entfernt, die das Ziel von Touristen sind, legen die Bauern die Früchte ihrer Arbeit in der Sonne zum Trocknen aus. Der Unterschied zwischen Stadt und Land wird leicht begreiflich, wenn man den bäuerlichen Lebensstil mit dem der Großstädte vergleicht: Obwohl – wie in diesem Fall – nicht weit voneinander entfernt, scheinen sie zu einer anderen Welt zu gehören.

115
LIAONING
In Panjin, wie überall in der Provinz Liaoning, ist die Landwirtschaft stark im Wachsen begriffen. Sie soll die Bergbauindustrie ersetzen, die das Land ausgepowert hat, und so zu einer Wiederbelebung der ältesten Traditionen der mandschurischen Bevölkerung beitragen. Insbesondere konzentriert man sich auf den Anbau von Hirse, Mais, Sojabohnen, Baumwolle und Tabak.

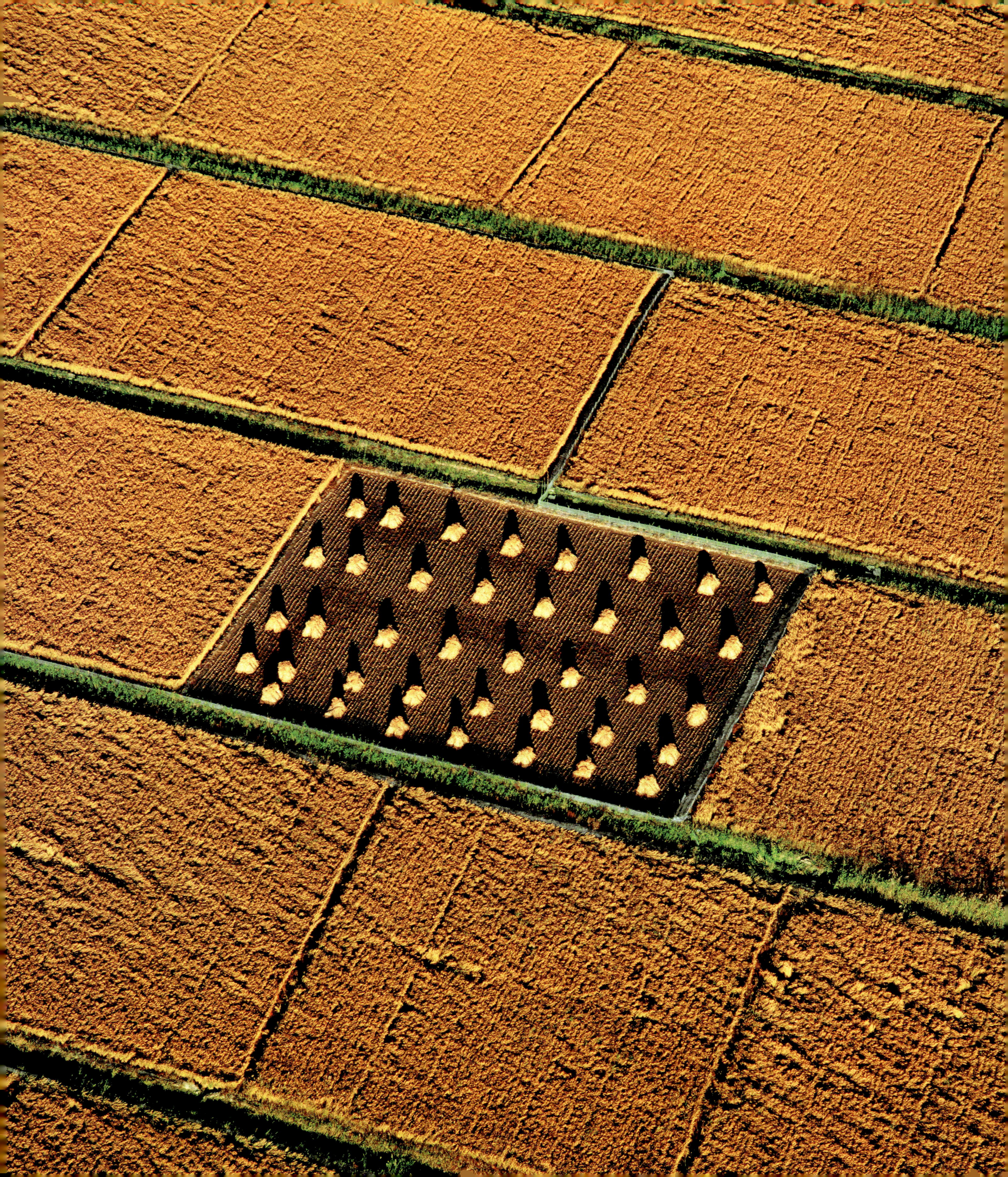

116 LIAONING | Feld reiht sich an Feld in Liaoning, der südlichsten Provinz in der früheren Mandschurei. Die örtliche Landwirtschaft auf der Grundlage von Mais, chinesischer Hirse, Weizen, Soja, Baumwolle und Obst wird durch eine gezielte Politik gefördert.

116-117 | **LIAONING** | Strahlend gelb leuchten die Felder am Rande von Panshan im Südosten der Provinz Liaoning am Unterlauf des Liao. Dank ihres fruchtbaren Bodens, ihrer dreizehn Flüsse und zahlreichen Seen und Teiche, die das Wasser für die Bewässerung von Äckern und Reisfeldern liefern, weist diese Region äußerst günstige Umweltbedingungen für die Landwirtschaft auf.

118
LIAONING | Das milde Klima und die allgegenwärtigen Wasserläufe Panjins ermöglichen den Anbau einer von Kennern der chinesischen Küche besonders geschätzten Rundkornreisart. Das nahe Naturschutzgebiet Shuanghekou ist ein wahres Paradies für Vogelbeobachter.

118-119 LIAONING | Um Panjin sind die Bohrpumpen ständig in Betrieb, denn hier befindet sich das drittgrößte Erdölzentrum Chinas. Mit der Erschließung und Ausbeutung der Erdölvorkommen in der gesamten Region wurde Liaoning zu einem der wichtigsten Erdölfördergebiete des Landes; in der Tat decken die Raffinerien der Provinz fast ein Drittels des nationalen Bedarfs.

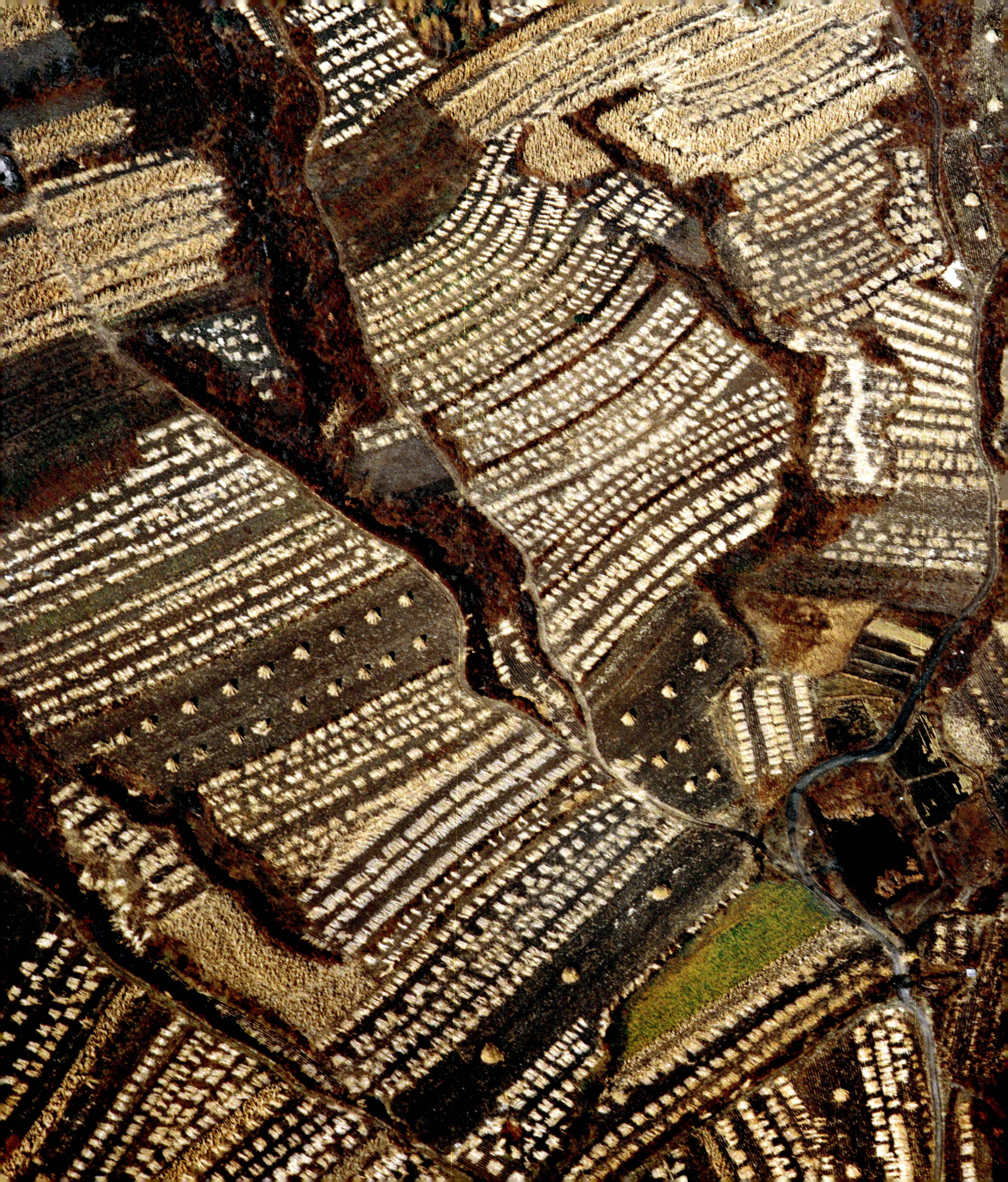

120-121 und 121
LIAONING

Bunt gefärbte Bäume und Terrassenfelder kennzeichnen die Hügel um die Stadt Benxi im Südosten der Provinz Liaoning. Die Gegend ist bekannt für ihre Wasserhöhlen, eine der Hauptattraktionen von Liaoning, und die reichen Vorkommen von Rohstoffen für die Stahlindustrie.

122-123
LIAONING

Die Bauernhäuser an der Peripherie sind das genaue Gegenteil der hohen Wolkenkratzer im Zentrum von Shenyang, der Hauptstadt der Provinz Liaoning. Sie führen einem deutlich das Gefälle zwischen Stadt und Land vor Augen, welches das moderne China kennzeichnet.

123 | In den letzten Jahren verfolgte die
LIAONING | Provinz Liaoning eine Umweltschutz-
politik, um die unkontrollierte Ausbreitung der Stadtkerne zu beschränken
und die landwirtschaftlich nutzbaren
Flächenpotenziale zu erhöhen.

124-125 | Bunte Blumen verleihen diesem Stück Land
LIAONING | am Rand von Shenyang ein suggestives
Streifenmuster. Die botanischen Gärten der
Stadt, die 2006 die Internationale Blumen-
und Gartenausstellung beherbergten,
gehören zu den bekanntesten in China.

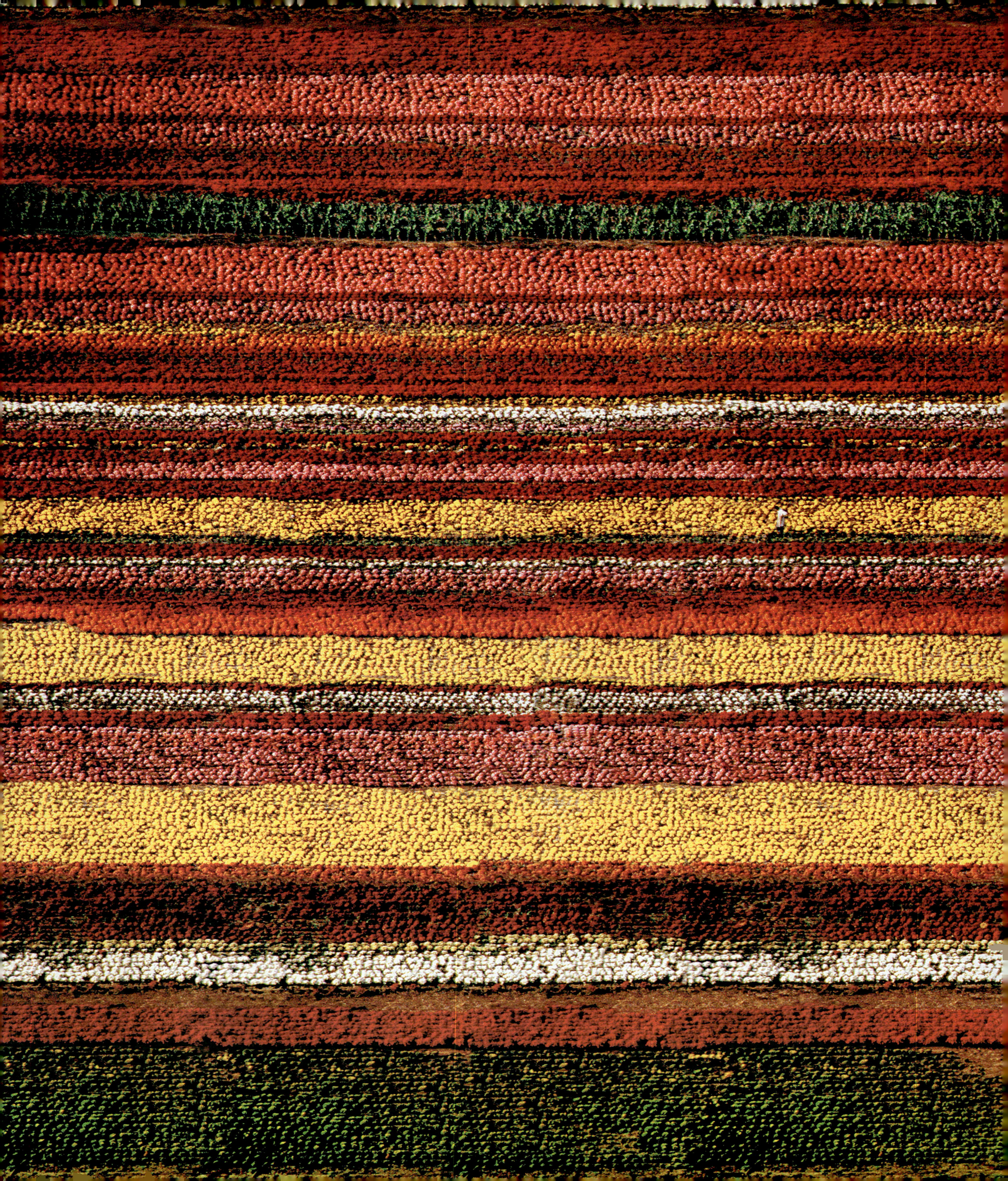

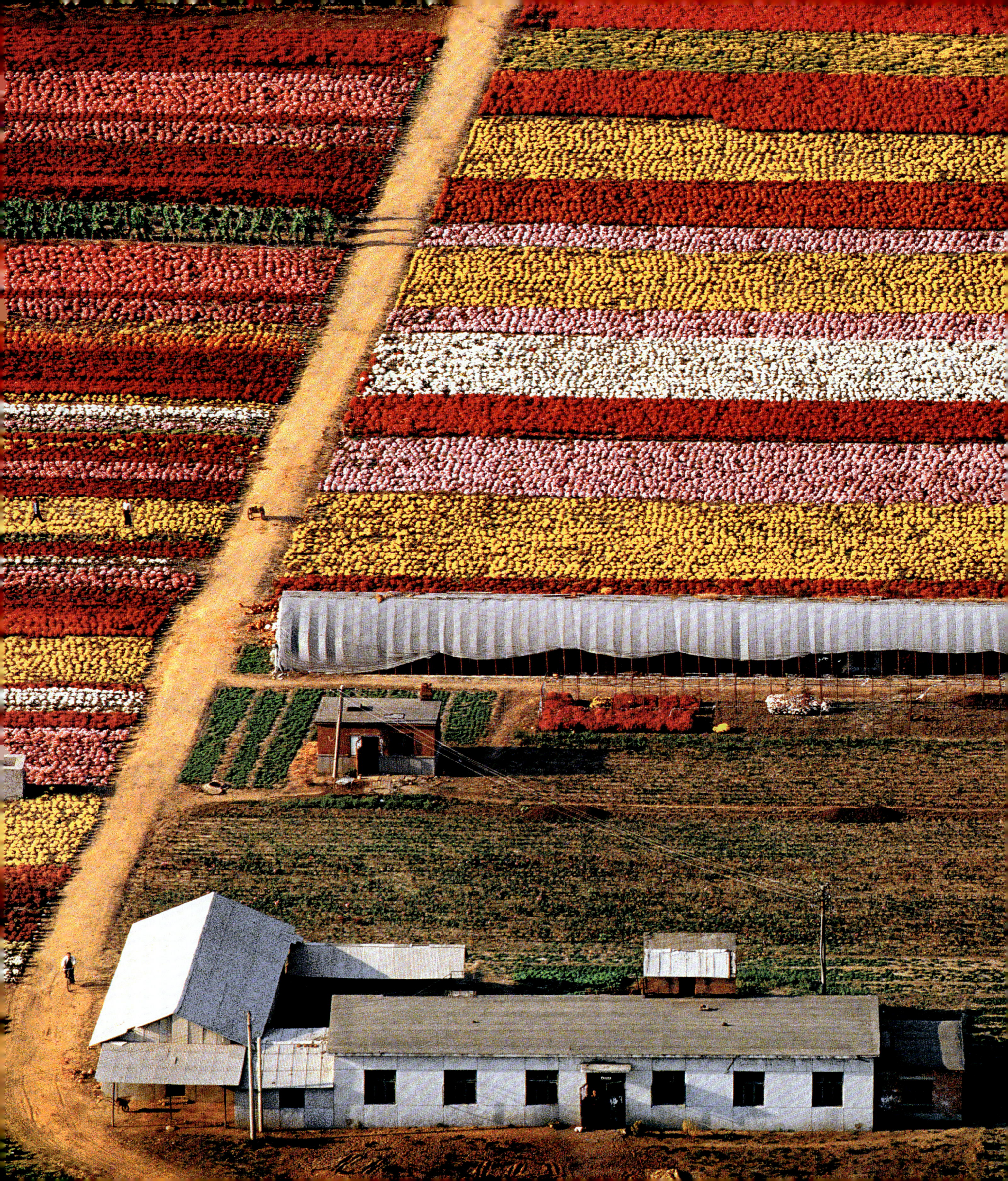

126 und 126-127
LIAONING

Es ist Erntezeit und die Korngarben liegen bereit, um auf kleine Traktoren und Lastwagen geladen zu werden. Noch heute bildet die Landwirtschaft die Grundlage des Reichs der Mitte und die Verbesserung der Lebensqualität der Bauern ist ein wichtiges Ziel der Provinzregierung von Liaoning.

128-129
LIAONING

Nicht selten begegnet man auf chinesischen Feldern Fahrzeugen wie diesem, die nach einem Erntetag bis obenhin beladen nach Hause zurückkehren.

| 130-131 | Durch die Investitionen der letzten Jahre konnten die Anbauflächen der Provinz Liaoning um mehr als dreizehn-
| LIAONING | tausend Hektar vergrößert werden und Gelände, auf dem zuvor Kohle abgebaut wurde, wieder der landwirtschaft-
| | lichen Nutzung zugeführt werden.

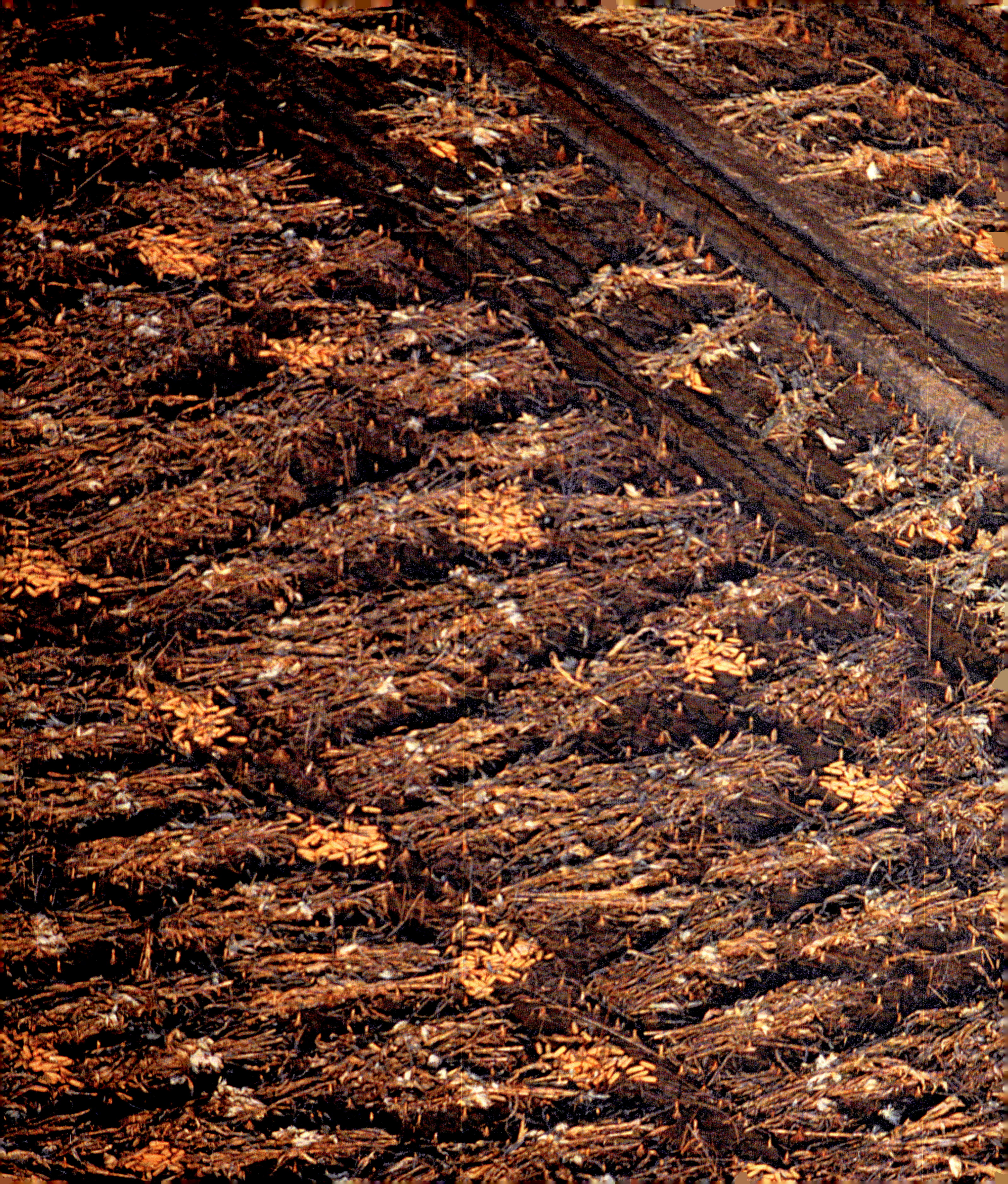

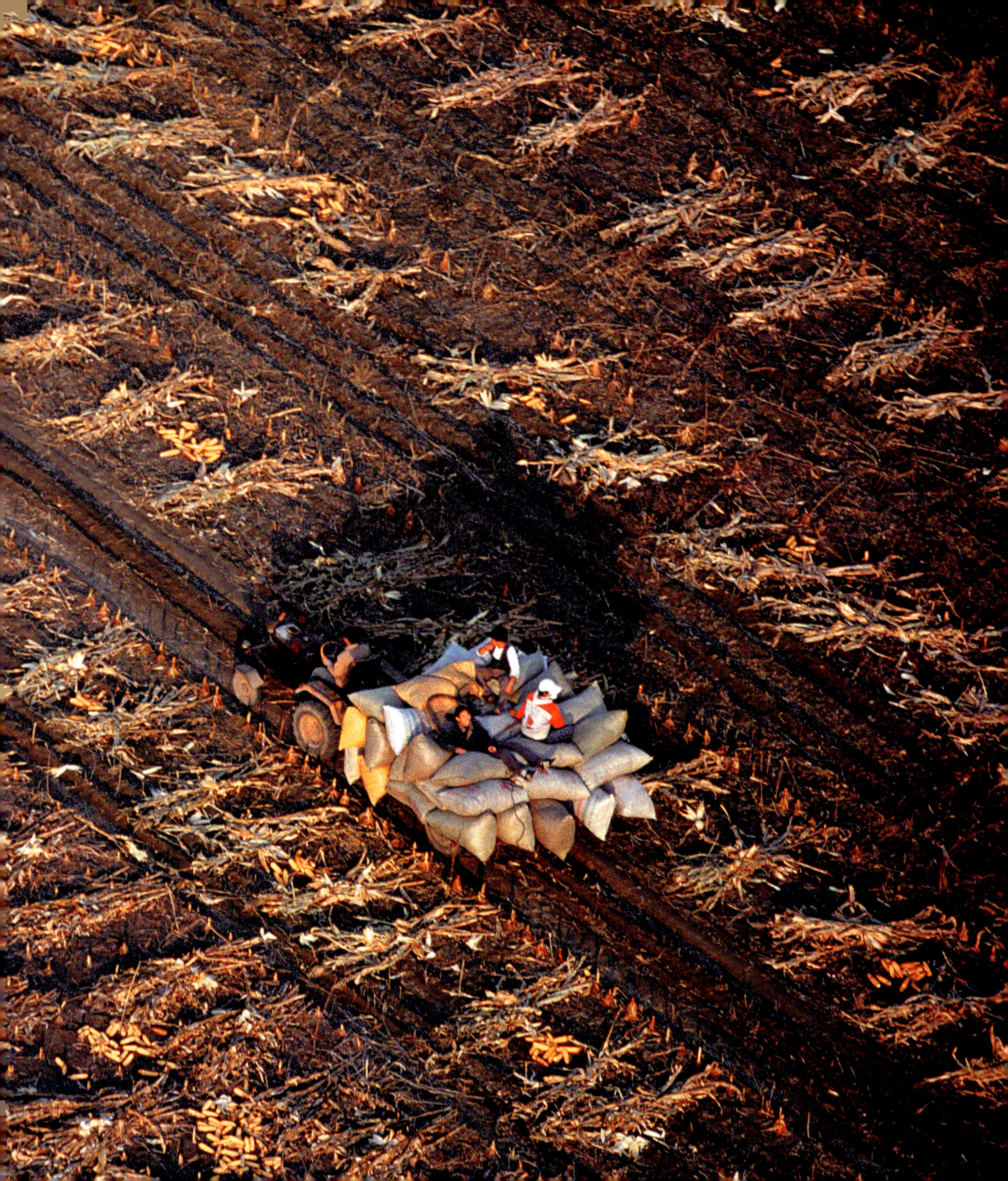

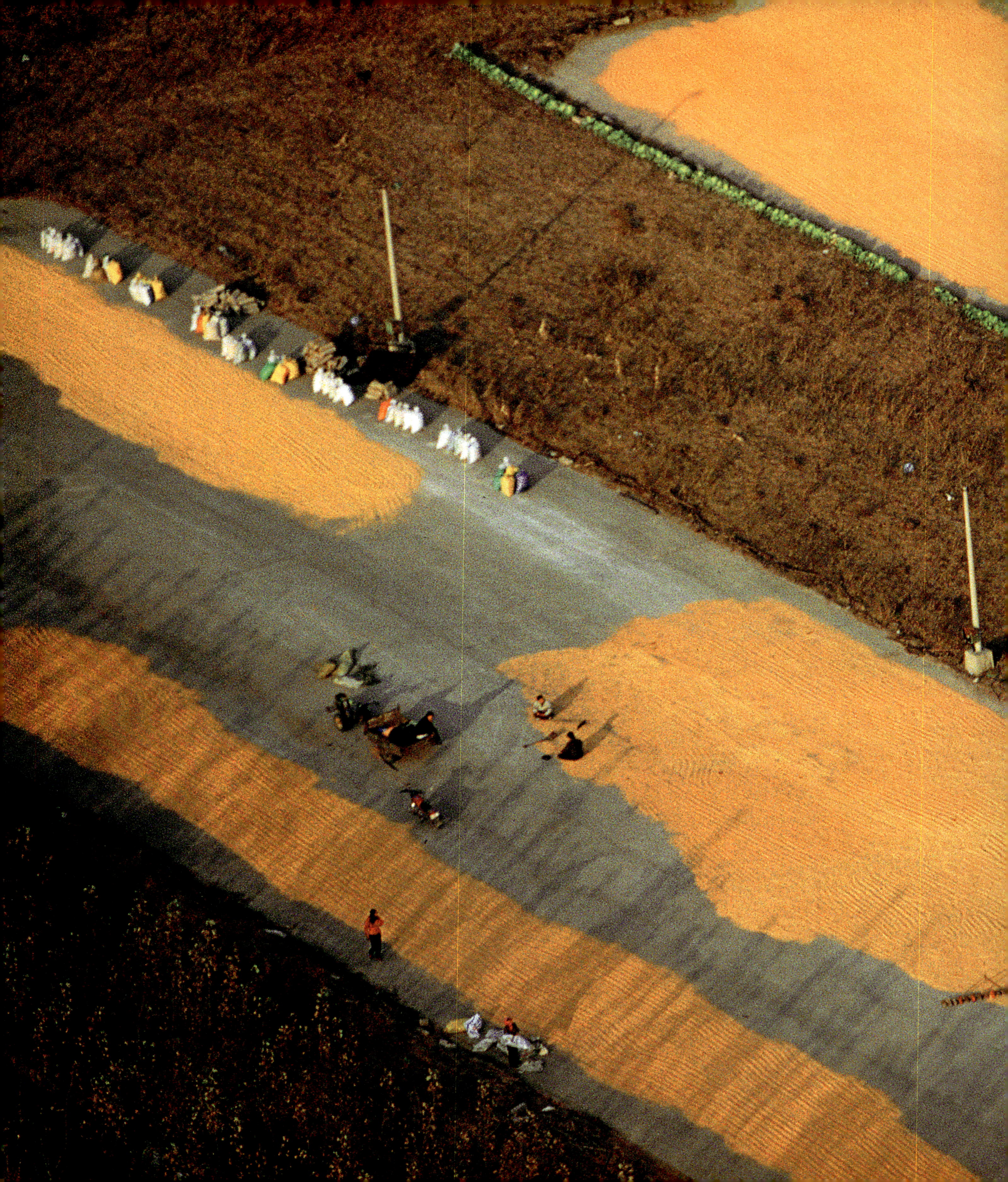

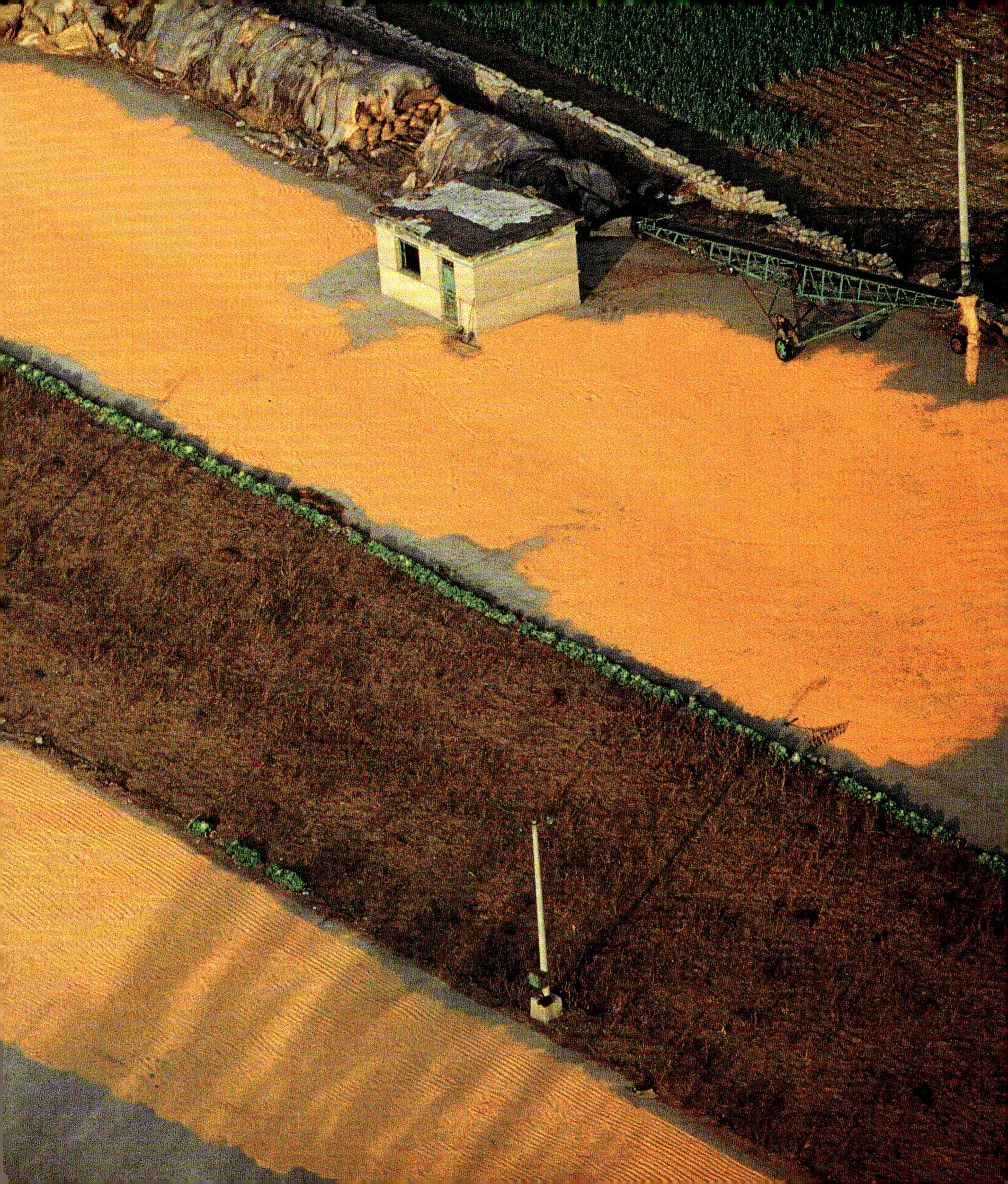

132 LIAONING | Die grünen Landschaften in der Umgebung von Anshan bieten Erholung für das Auge und eine Oase des Friedens, weit entfernt vom Lärm der Stadt. Nicht weit von den Terrassenfeldern erheben sich die welligen Hügel von Qianshan, in denen man Tempel der Tang-Dynastie (618–907) bewundern kann.

133 LIAONING | Die Windungen eines Bewässerungskanals am Stadtrand von Liaoyang in der Mitte der Provinz Liaoning unterbrechen das perfekte Grün der umliegenden Felder.

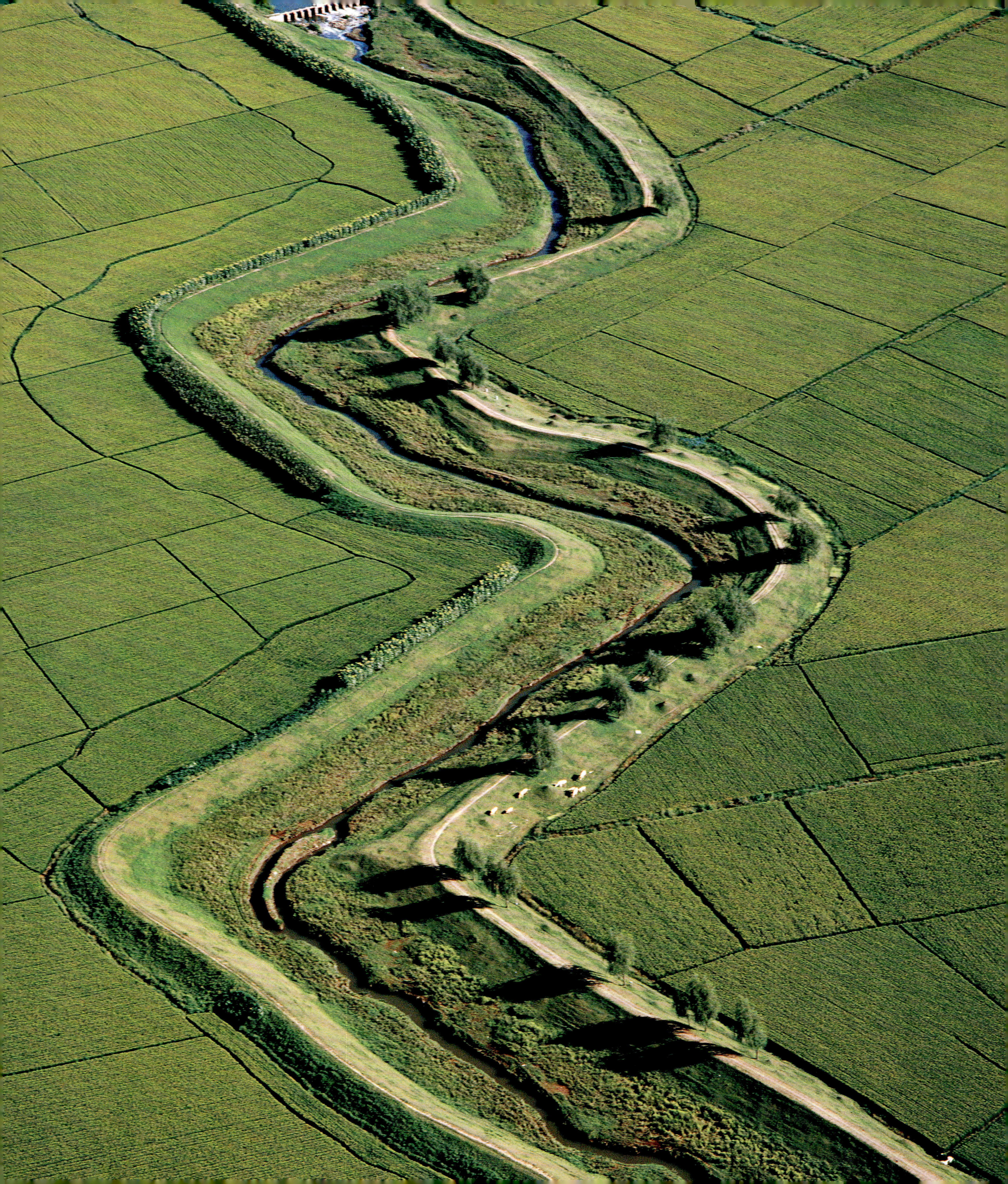

134 | Künstlich angelegte Terrassen auf den sanft abfallenden Hügeln von Dandong. An der Grenze zwischen China und Nordkorea
LIAONING | gelegen, ist diese Stadt durch die Vereinigung von chinesischer und koreanischer Kultur geprägt.

135 | Der Pflugspuren haben die Erde in ein
LIAONING | Kunstwerk verwandelt, dessen Linien in
verschiedene Richtungen verlaufen.

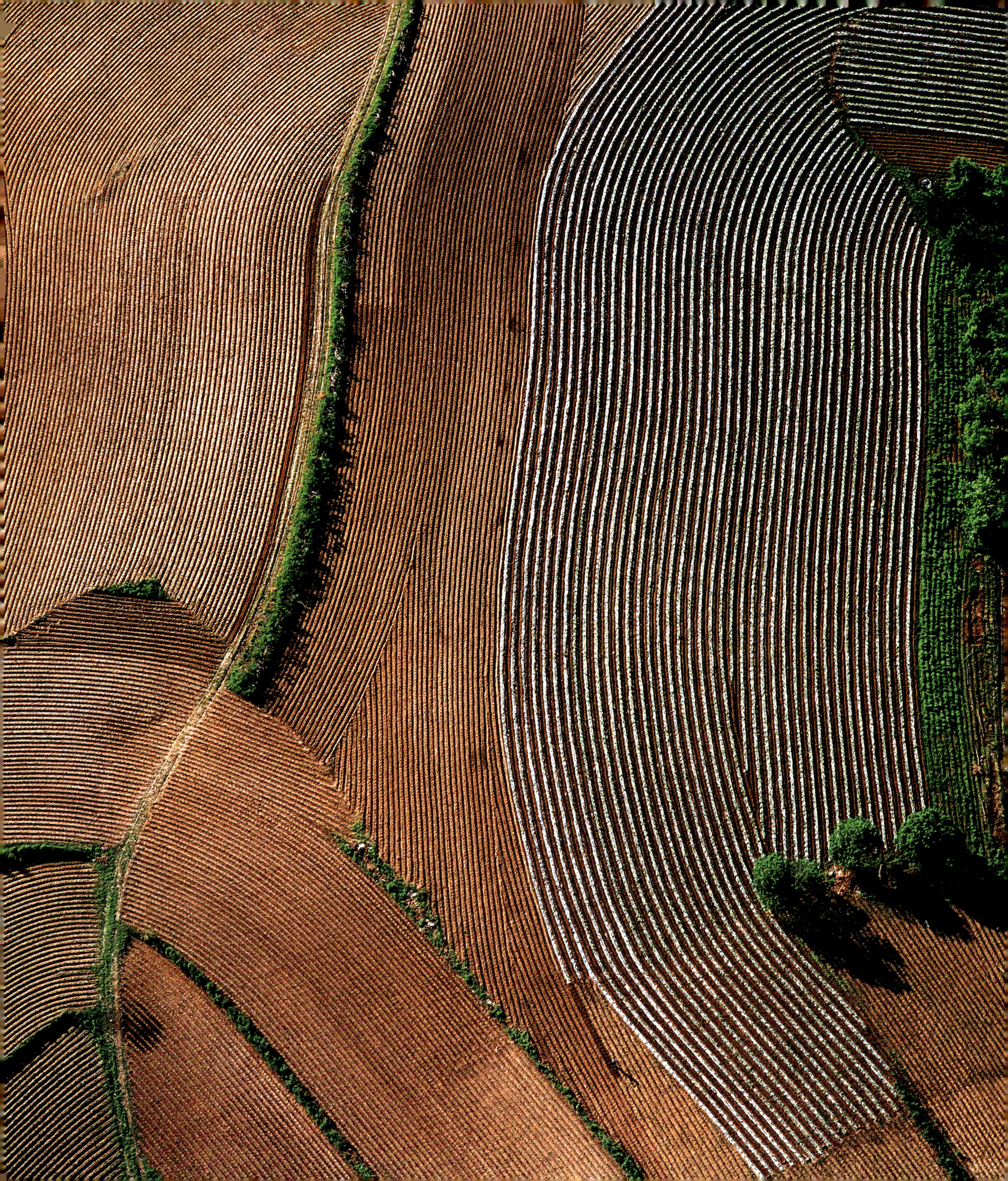

136 | Unweit des östlichsten Abschnitts der
LIAONING | Großen Mauer profitiert die Landwirtschaft
von Dandong von dem Fluss Jalu, dessen
Lauf die Grenze zwischen China und
Korea bildet.

136-137	Die Felder in der Umgebung von Dandong beweisen, dass der Fluss Jalu nicht nur die Grenzlinie zu Nordkorea darstellt, sondern eine unersetzliche Wasserressource für die Landwirtschaft ist.
LIAONING	

138-139	Lichtspiele, Farbkontraste und geometrische Formen lassen die Sicht auf die Felder geradezu irreal erscheinen, fast wie ein abstraktes Bild, auf dem sich der unverwechselbare Schatten des Flugzeugs mit dem Fotografen abzeichnet.
LIAONING	

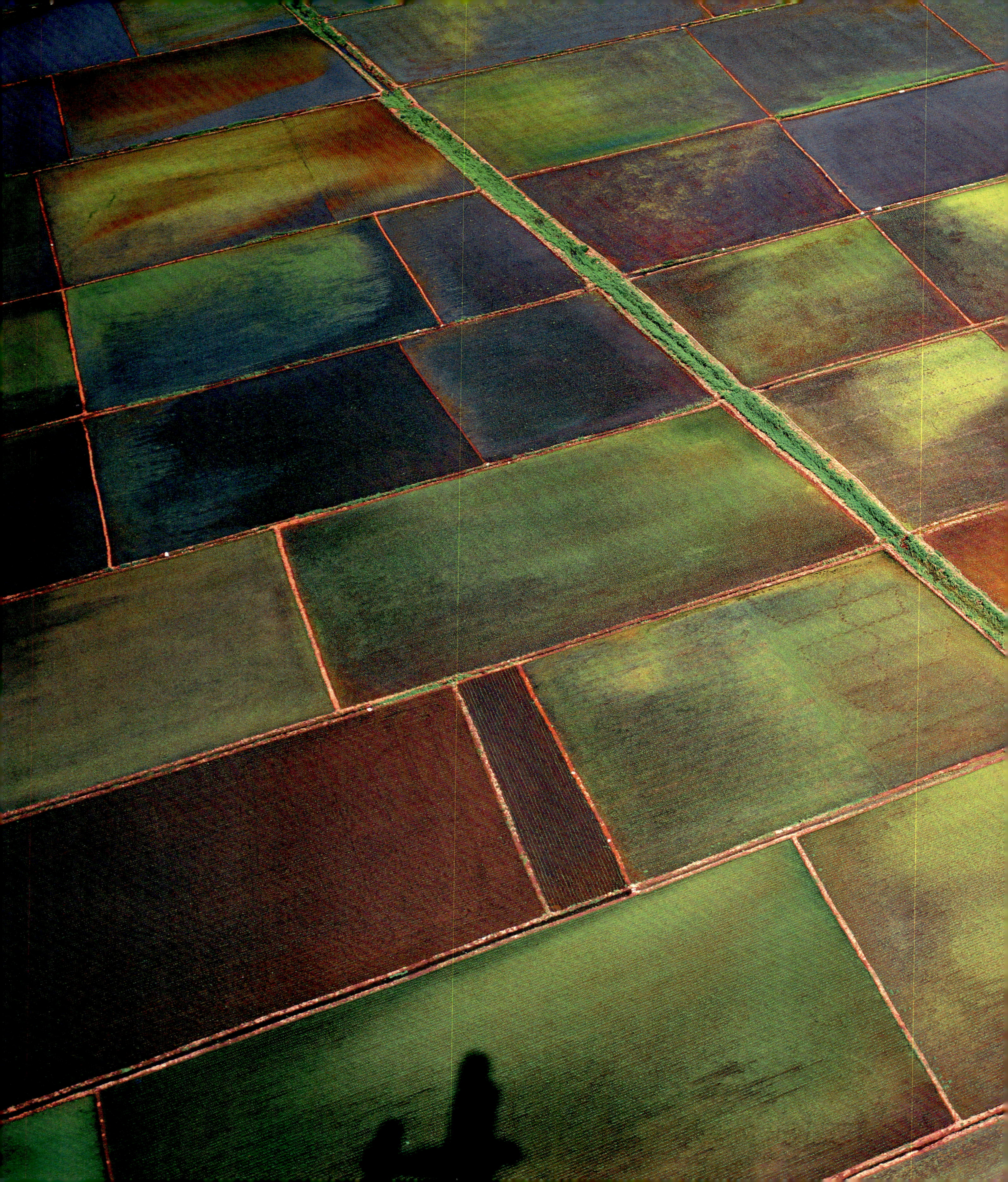

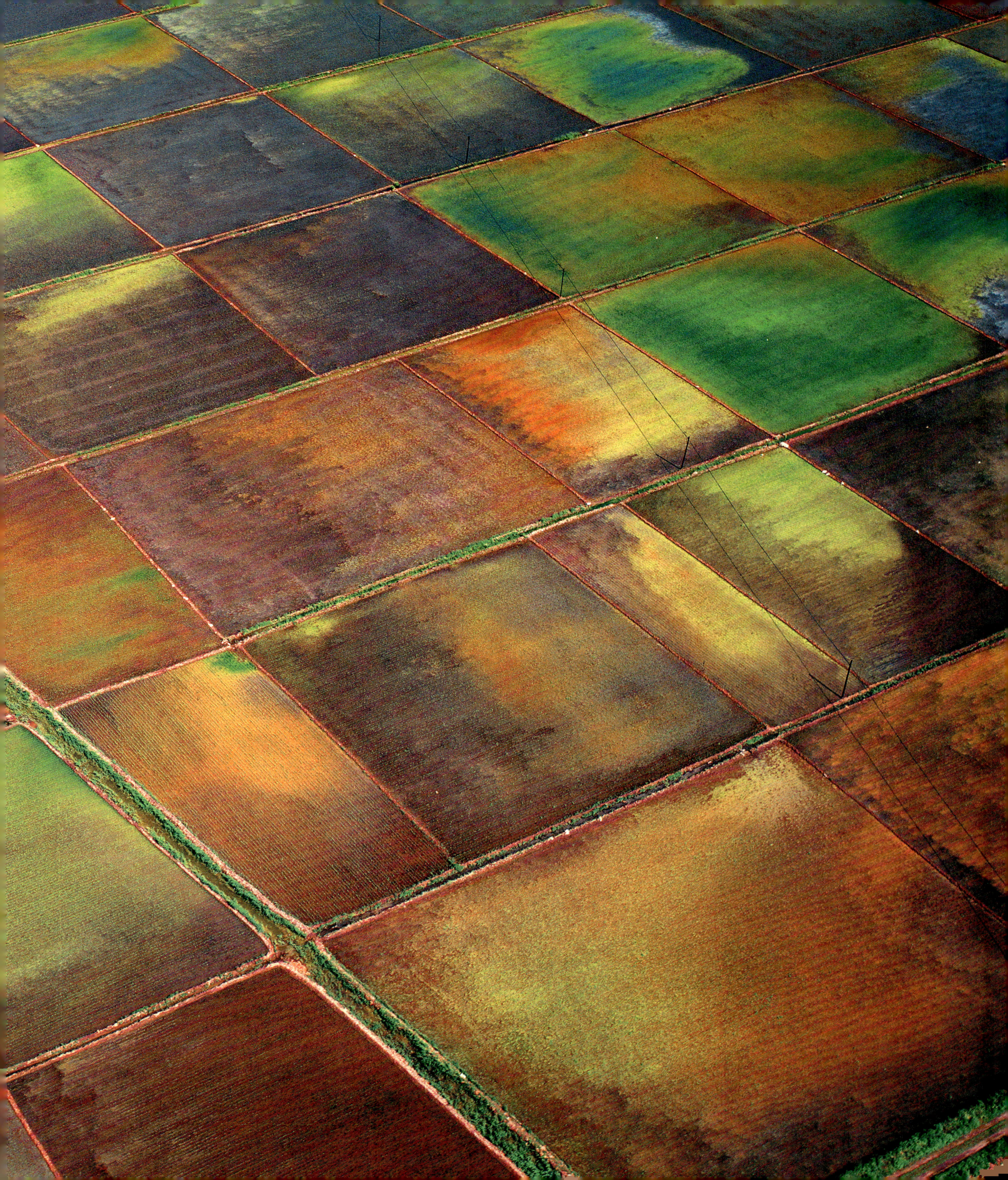

140 und 141 | Die Felder von Bingyugou bei der Stadt Dalian (Liaoning) reichen bis ans Meer. Das gesamte Gebiet um Bingyugou mit seinen
LIAONING | wunderschönen Hügeln und Wasserläufen ist durch spezielle Umweltgesetze geschützt.

142-143 | In den Spiralen und Vierecken der durch
LIAONING | die Anlage der Felder bei Bingyugou
bedingten Formen wechseln sich Gelb,
Schwarz und Grün ab. Die Hauptagrar-
produkte der Provinz sind Mais, Hirse,
Soja und Obst, insbesondere Äpfel.

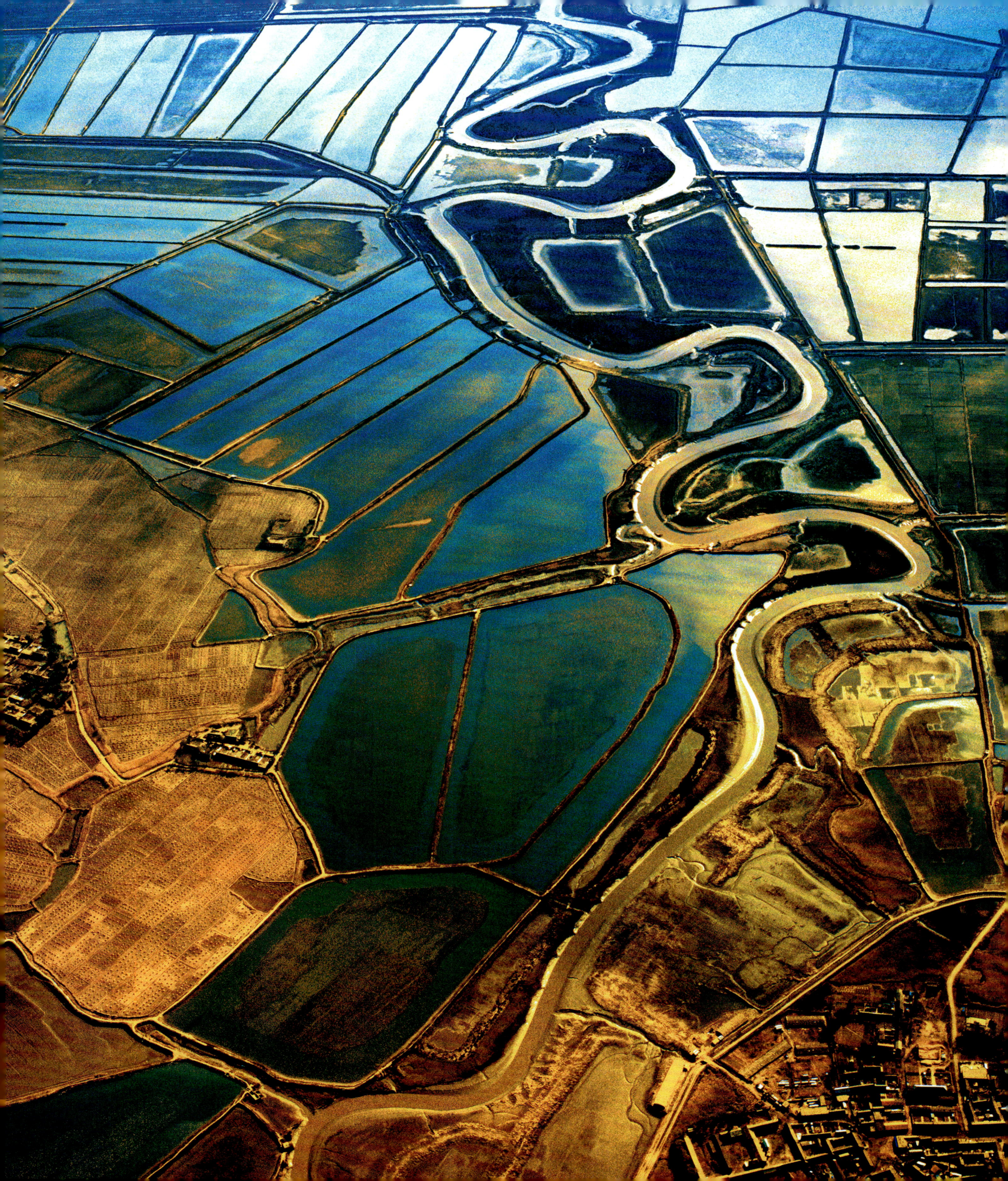

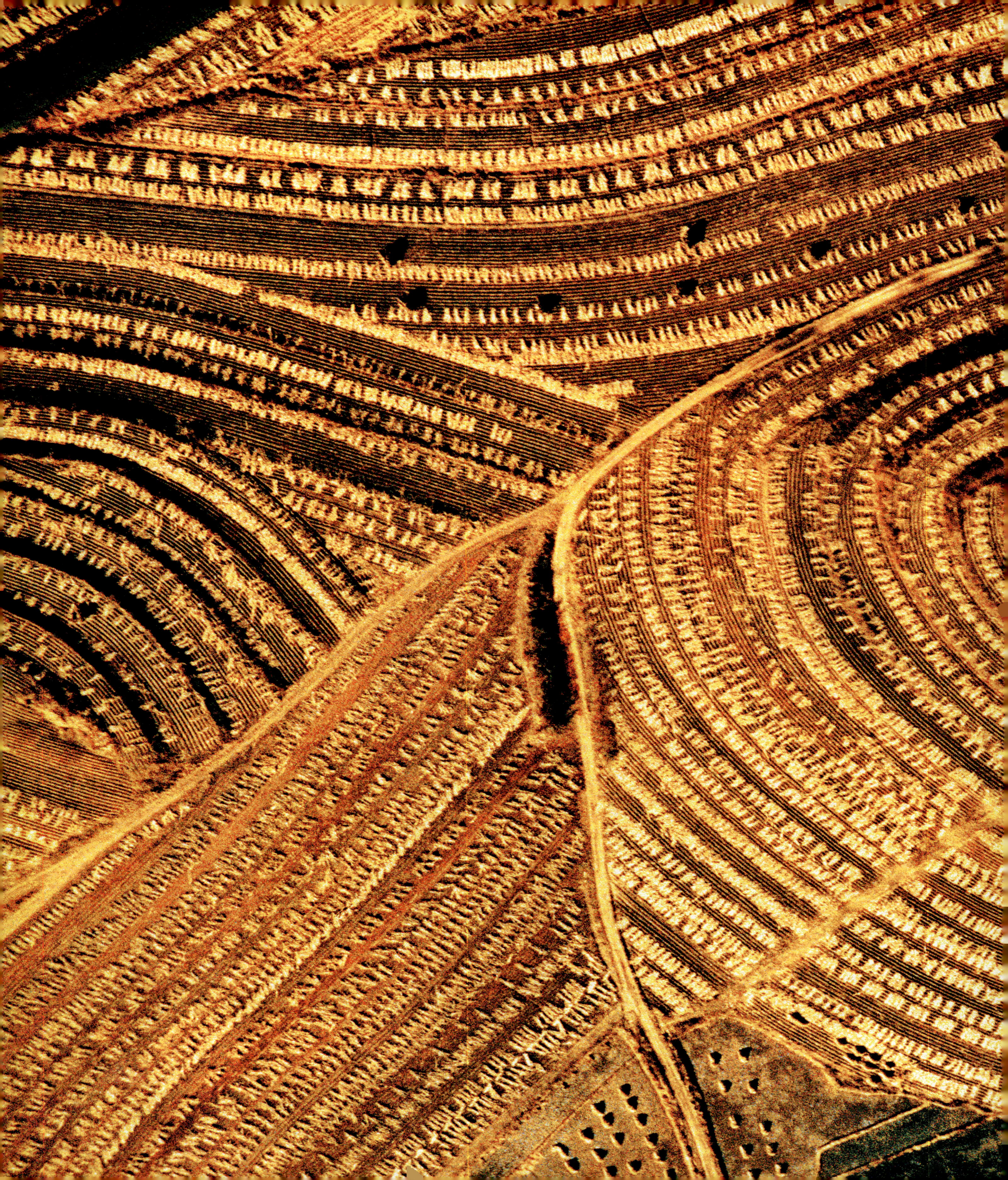

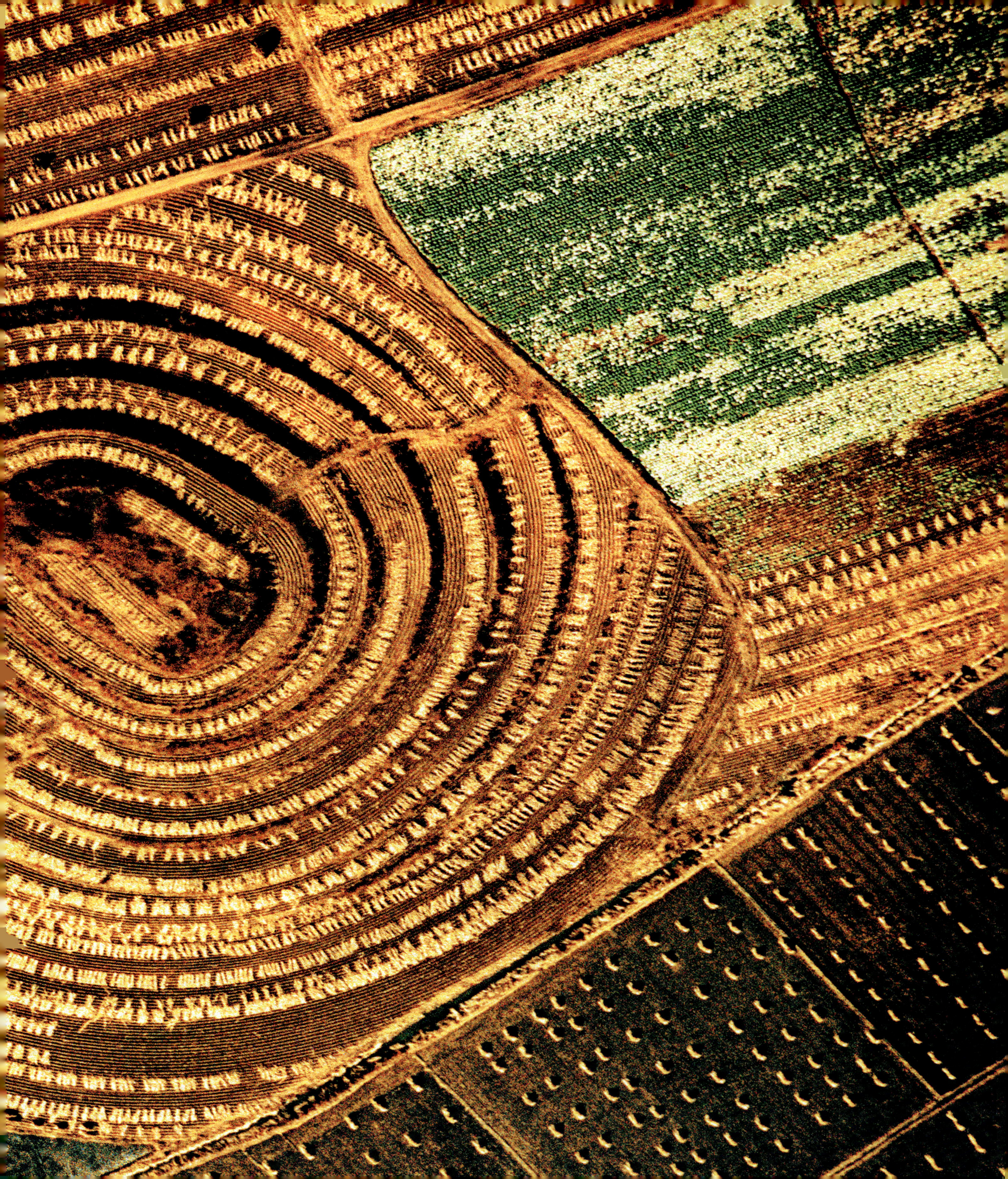

144 | Von den bis ans Meer reichenden Feldern von Bingyugou – hier eine Aufnahme, bei der das Blau des
LIAONING | Wassers einen tollen Form- und Farbkontrast zu dem umgebenden Gelb bildet – über den Tourismus
in den immergrünen Bergen und den Stränden mit den charakteristischen Schildkrötenfelsen bis hin
zum internationalen Hafen dreht sich alles in Dalian um die See.

145 | Seit einigen Jahren verfolgt die Provinz Liaoning eine Politik der Erweiterung und Qualitätsverbesserung der
LIAONING | landwirtschaftlichen Flächen und fördert neben dem Ackerbau auch Geflügelzucht, Aquakulturen und Forst-
wirtschaft.

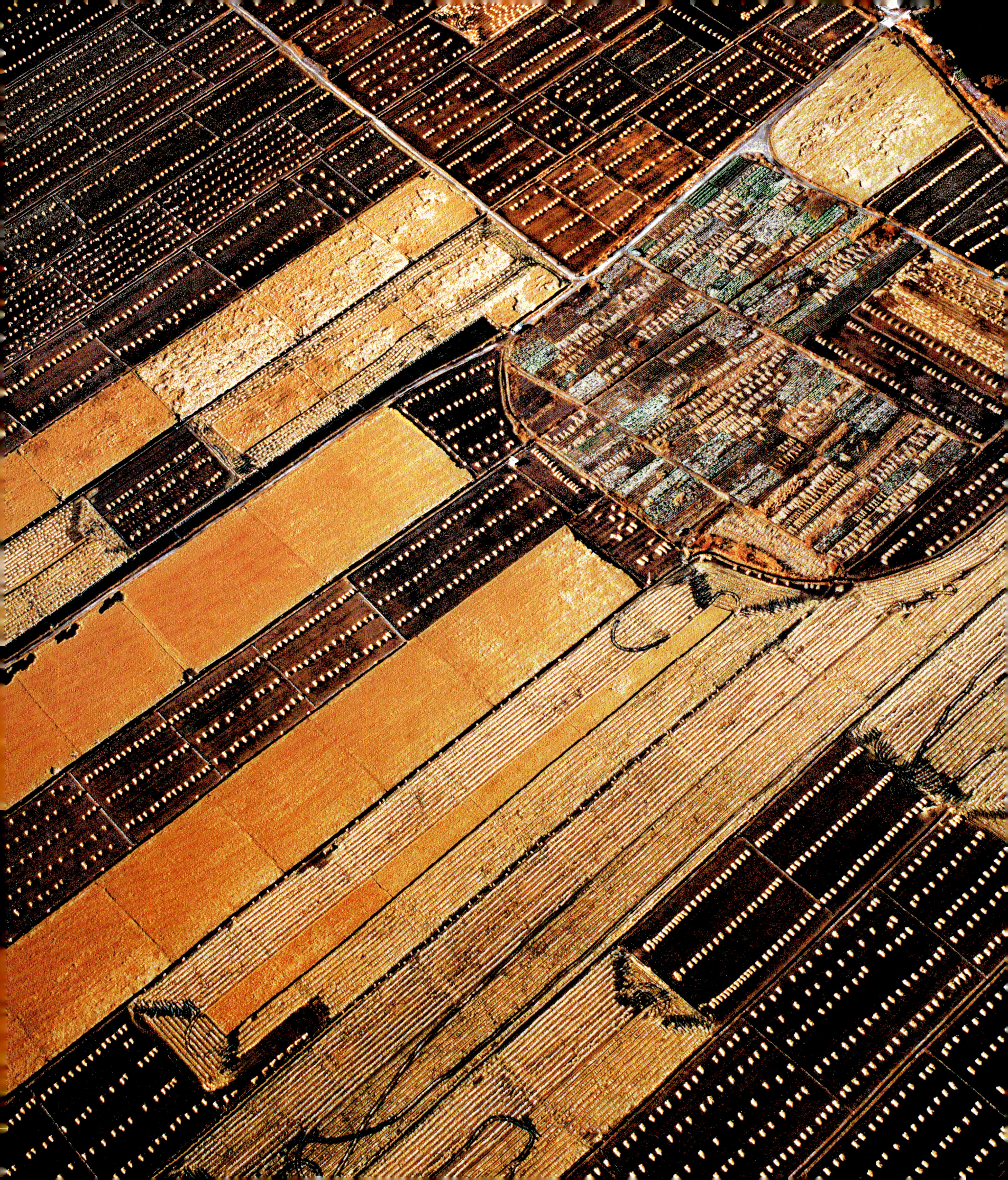

146-147	Tiefe Senken kennzeichnen die Landschaft um Fuxin, ein bekanntes Bergbauzentrum in der Provinz Liaoning. In China ist Fuxin als die „Stadt der Kohle" bekannt.
LIAONING	

146	Die Umgebung von Fushun, etwa 45 km östlich von Shenyang, ist stark industrialisiert und auch in dem riesigen alten Kohletagebau, für den sie bekannt ist, werden heute Maschinen eingesetzt.
LIAONING	

147

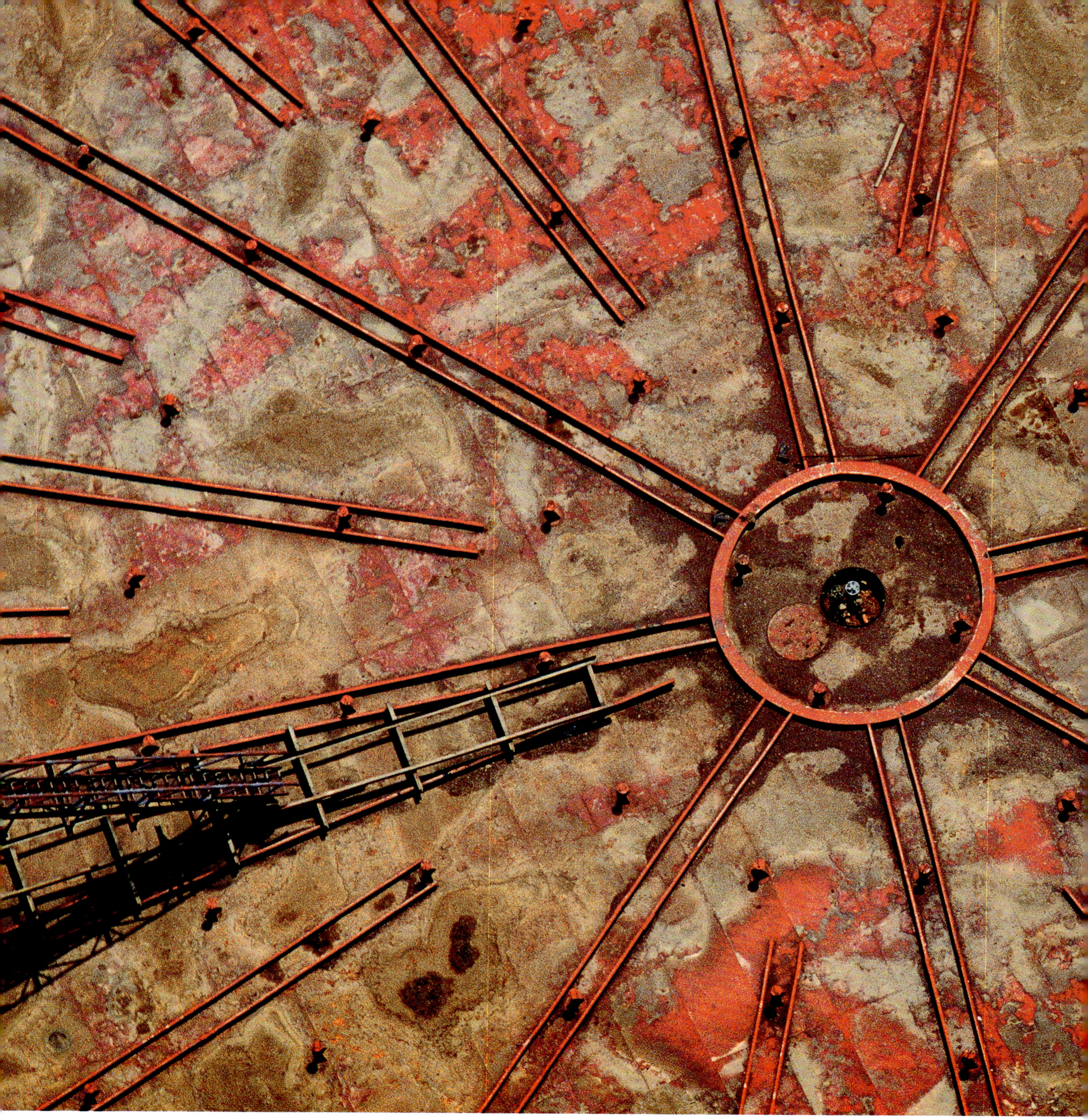

| 149 | Die Stadt Fushun im östlichen
| LIAONING | Liaoning ist reich an Bodenschätzen, unter anderem Kohle, Eisen, Zink, Kupfer und Gold. Derzeit werden in diesem Gebiet über 400 Minen ausgebeutet. Die Industrie ist der wirtschaftliche Motor der Stadt.

| 148-149 | Förderanlagen zeichnen geometrische Formen in die Landschaft um Fushun. In Liaoning befinden sich die bedeutendsten Kohle- und Erz-
| LIAONING | vorkommen Chinas. Insbesondere hat die Provinz reiche Eisenerzvorkommen, wobei die Bergwerke auf das Gebiet südlich der Hauptstadt Shenyang und den Nordosten der Provinz verteilt sind.

150 und 151 | In der Provinz Jilin wechseln sich Reisfelder mit Maisäckern ab. In dieser Region im äußersten Osten Chinas befindet sich auch
JILIN | die Autonome Koreanische Präfektur, ein faszinierender Ort der Begegnung beider Kulturen.

152-153 | Die Ebenen in Zentral-Jilin sind eine der
JILIN | größten Kornkammern Chinas. Das übrige Territorium der Provinz, die über 187 000 Quadratkilometer umfasst, ist im Osten von Bergen und im Westen von Wiesen und Weiden bedeckt.

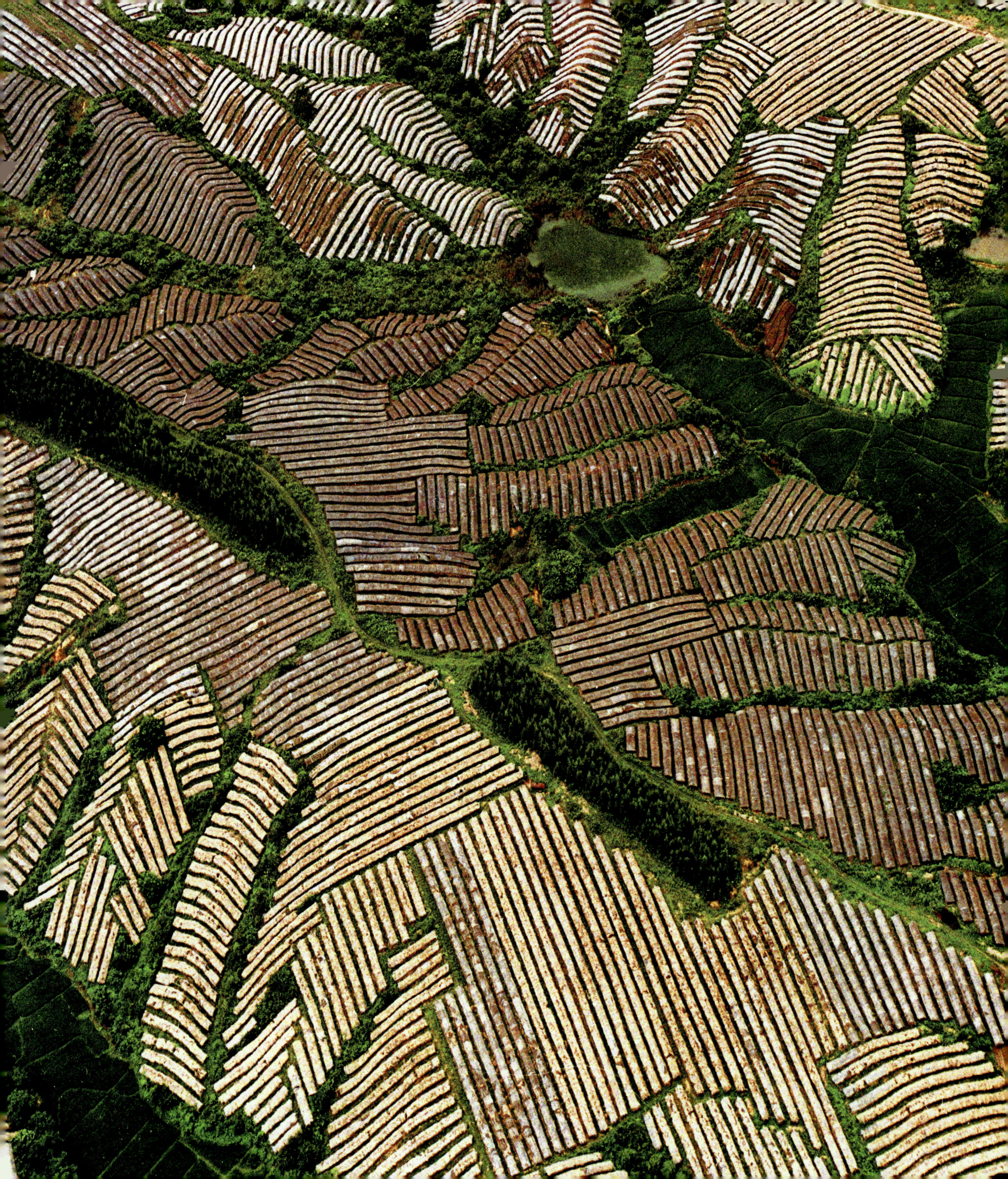

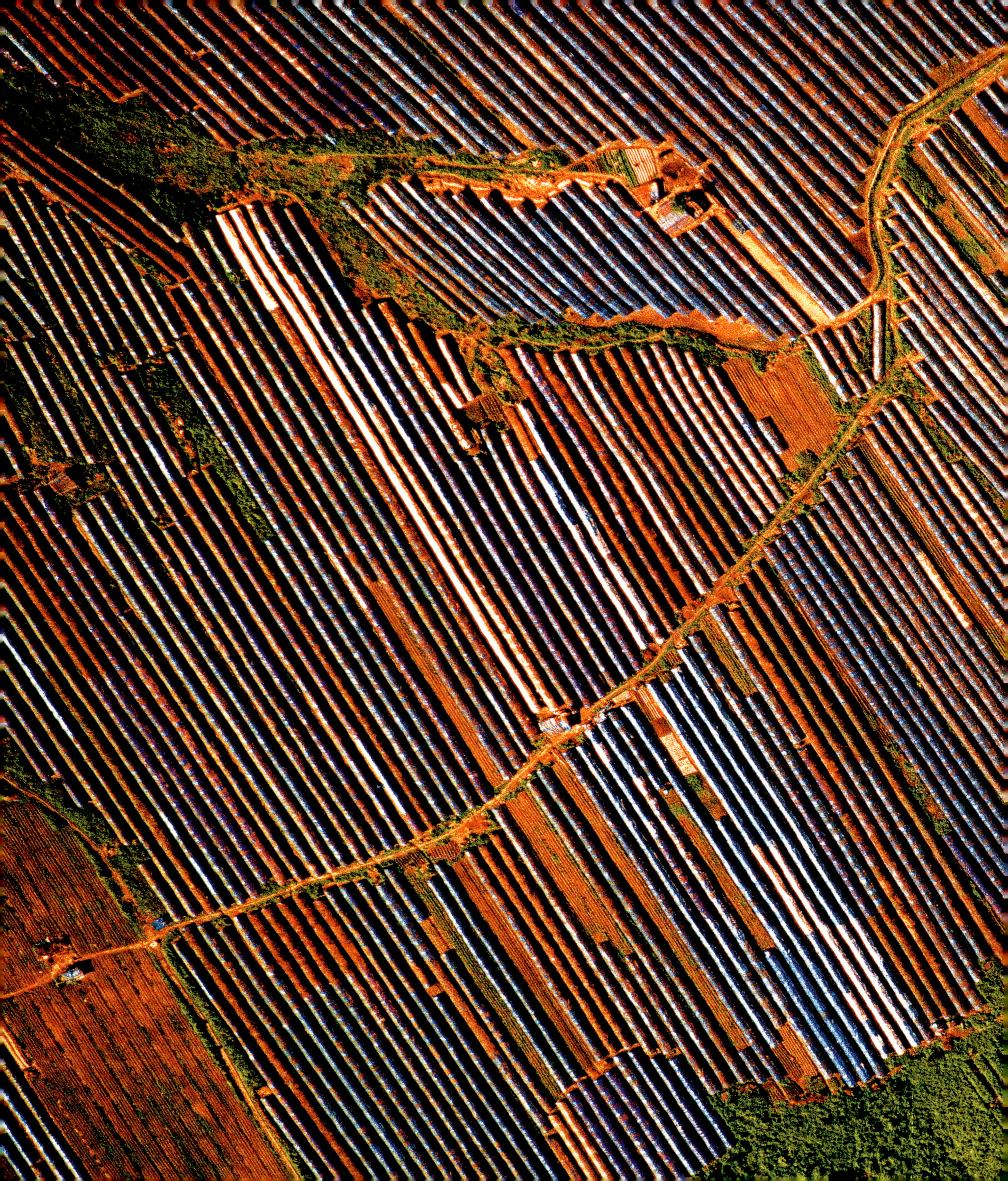

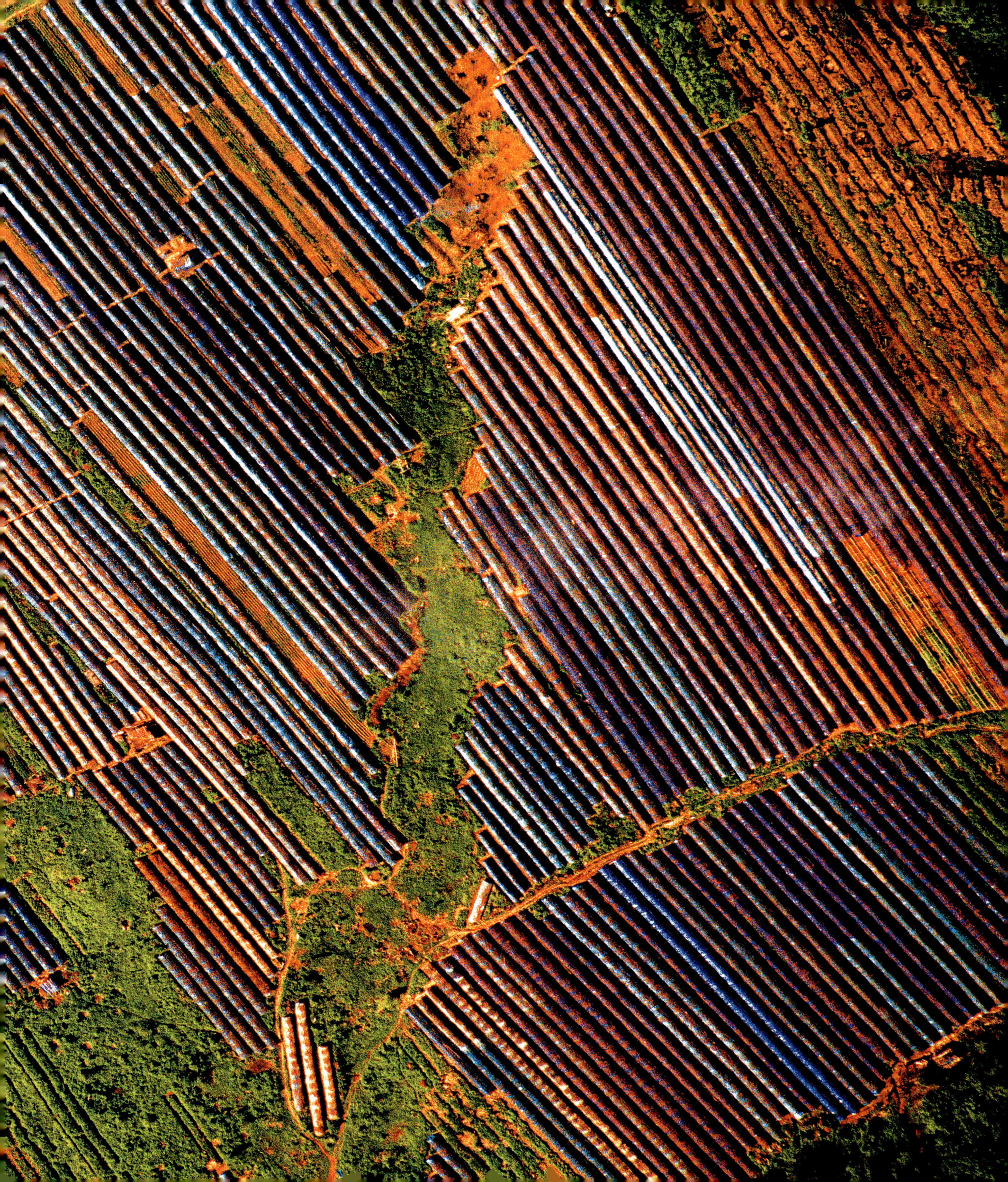

| **154 und 155** | Der lange und kalte Winter in Jilin, wo die Temperatur auch unter minus 20° C sinken kann, hat auch auf den Feldern am Fuß
| JILIN | des Changbaishan seine Spuren hinterlassen und eisige Muster auf der weichen Schneedecke gezeichnet.

| **156-157** | Eine seltene Kiefernart, bekannt als *meiren song*, wächst im Changbaishan-Gebirge. Nur hier kann man in China
| JILIN | diese Bäume mit dem hohen, eleganten Stamm bewundern.

| **158-159** | Eine kleine Gruppe von Bauernhäusern
| HEILONGJIANG | zeichnet sich auf den Maisfeldern in
| | den Ebenen im Mittelwesten der Provinz
| | Heilongjiang ab.

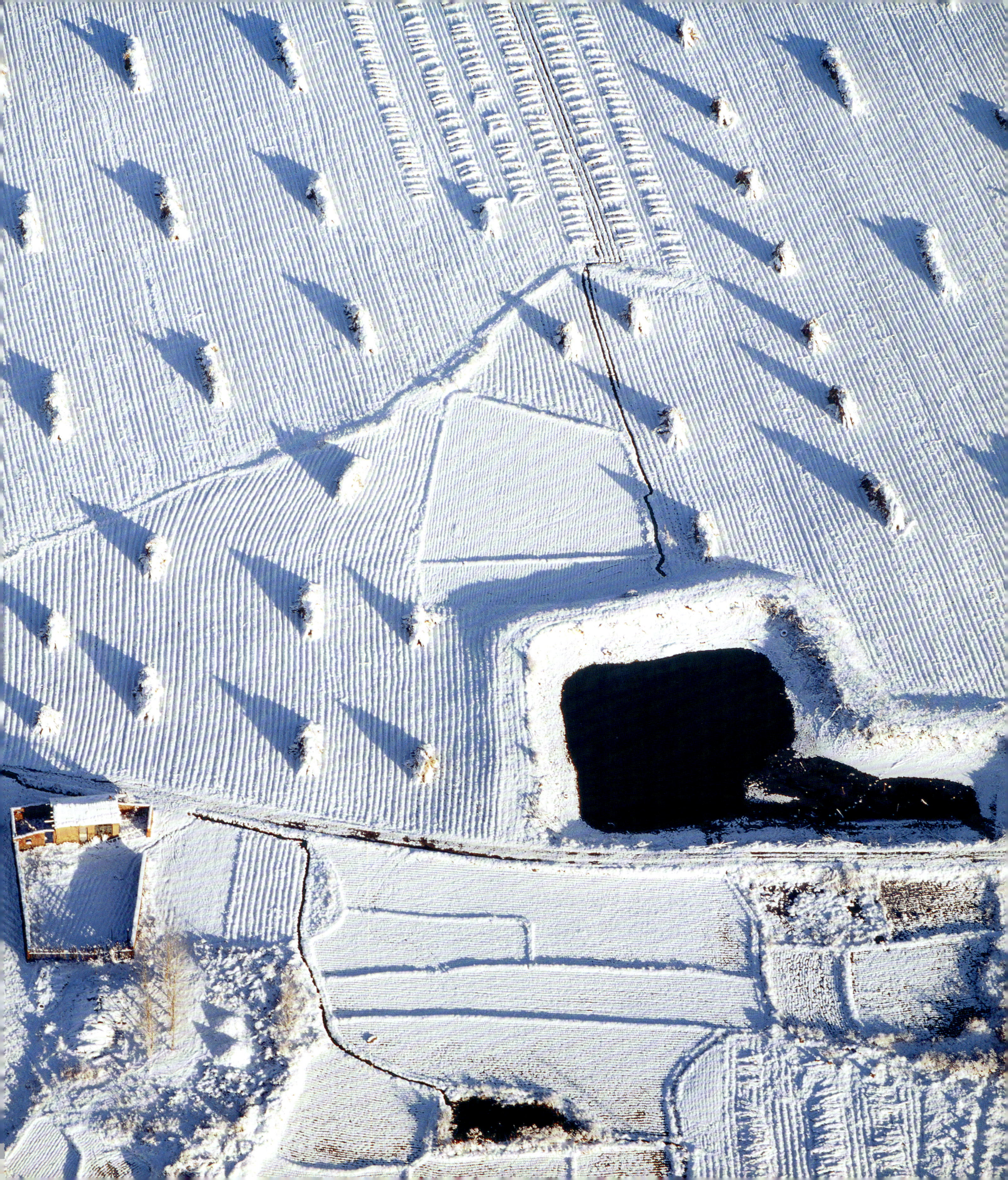

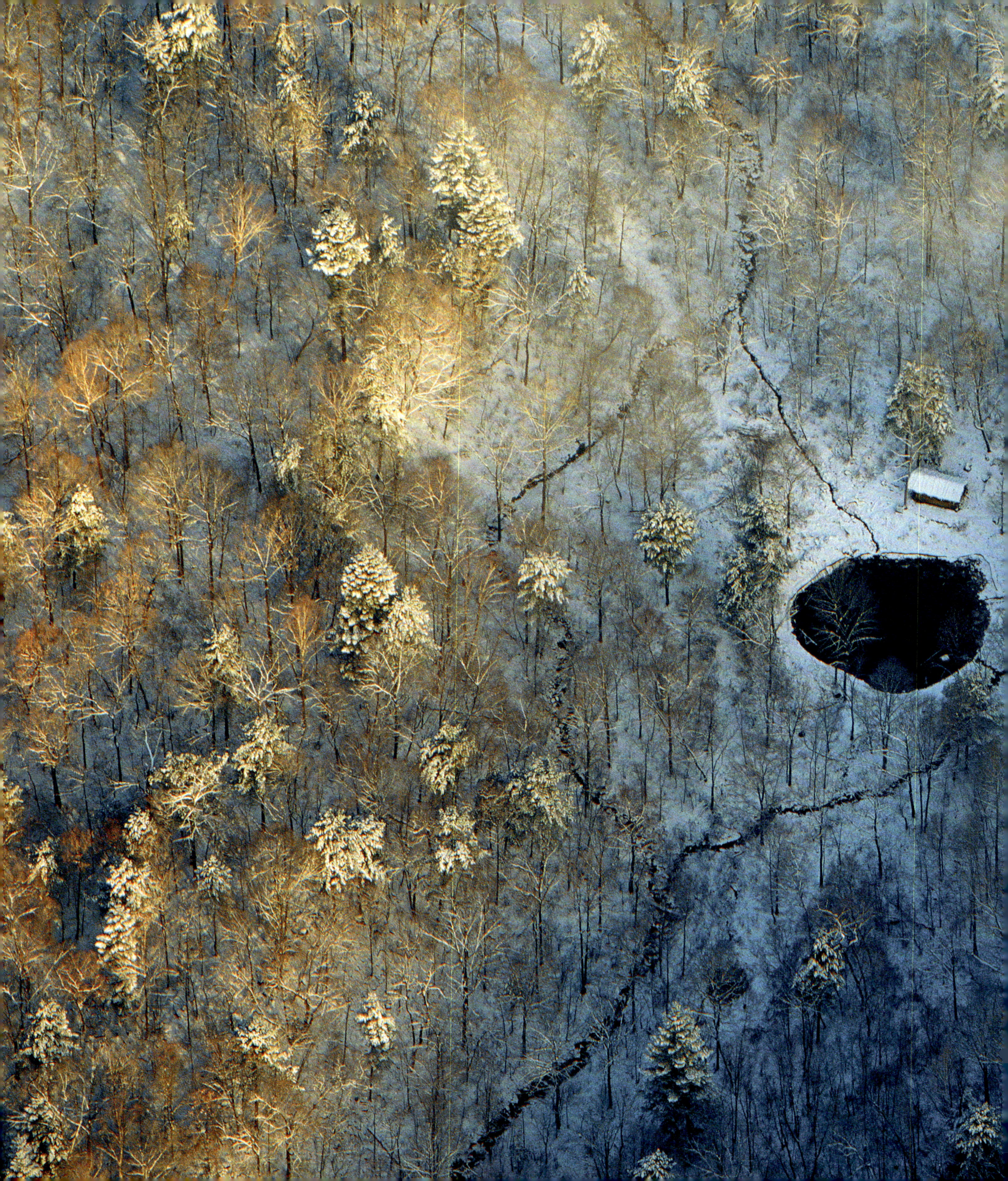

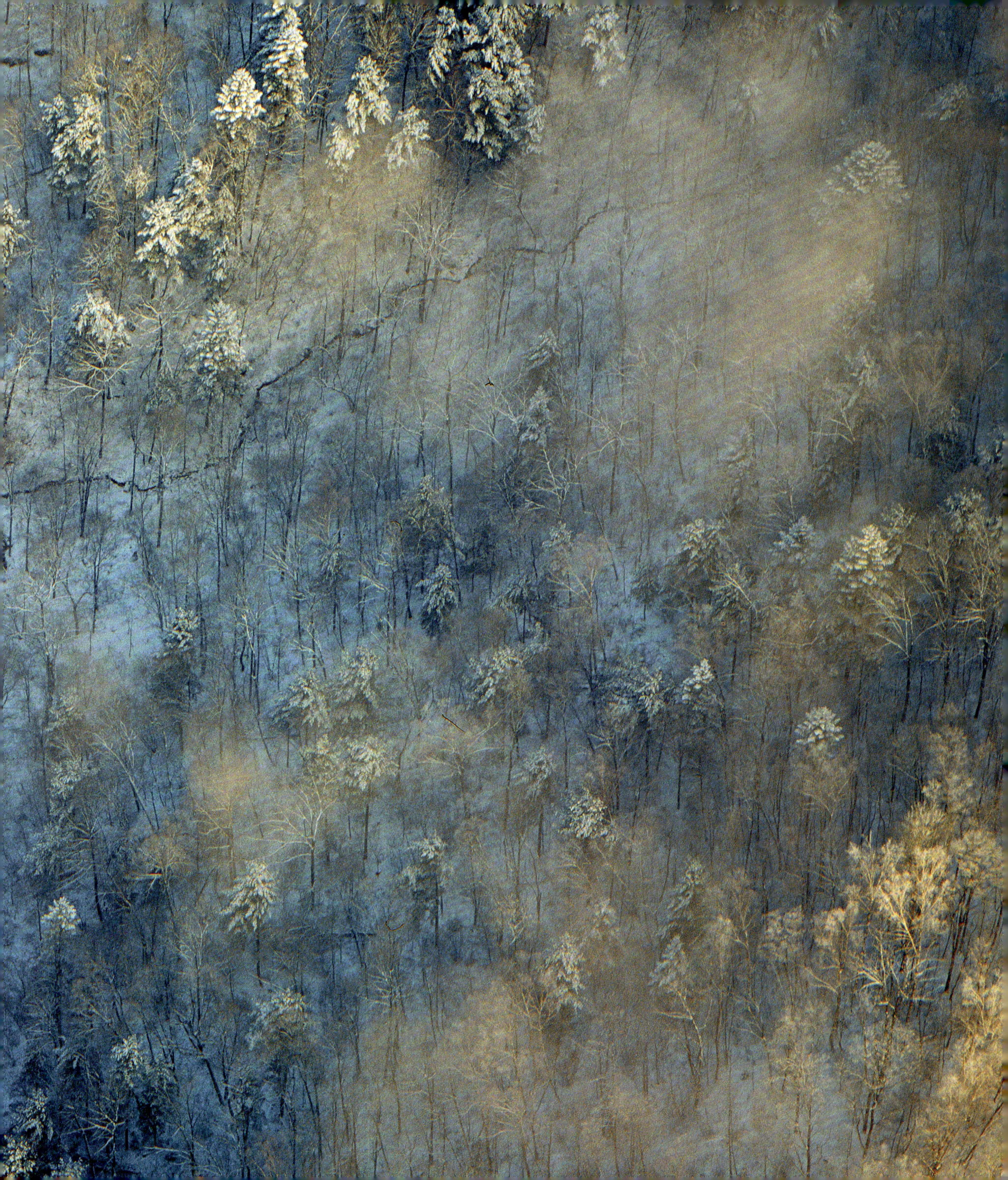

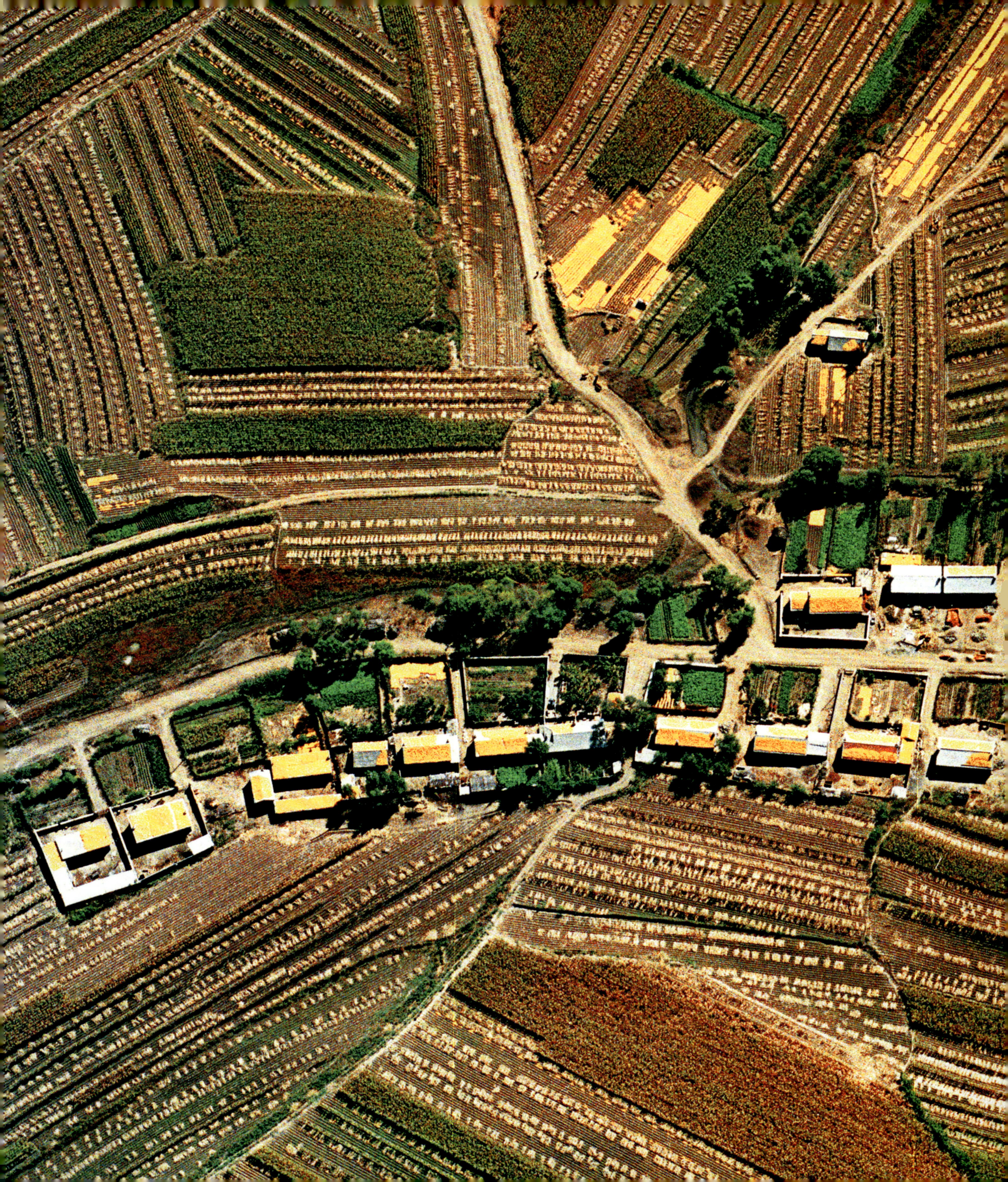

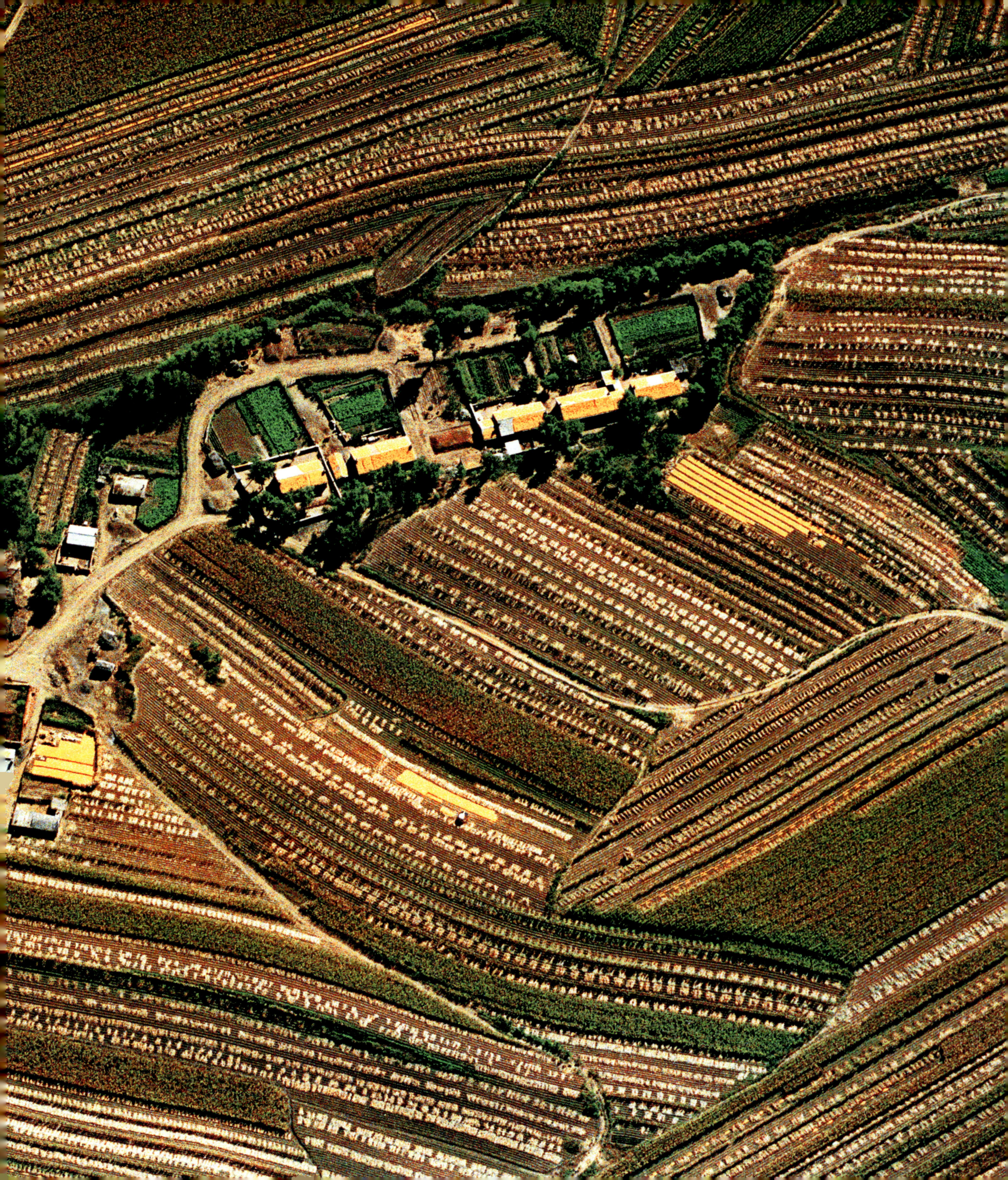

| 160 | In der Provinz Heilongjiang ermöglichen die fruchtbaren Böden in den wenigen milden Monaten
| HEILONGJIANG | insbesondere den Anbau von Getreide, Zuckerrüben, Flachs, Baumwolle und Sojabohnen.

| 161 | Bauern in Heilongjiang beim Ährensammeln. Die Region, die bereits zu den größten Maiserzeugern
| HEILONGJIANG | Chinas gehört, hat in den letzten Jahren durch die Einführung neuer Getreidesorten aus Kanada die
Ernten erneut beträchtlich gesteigert.

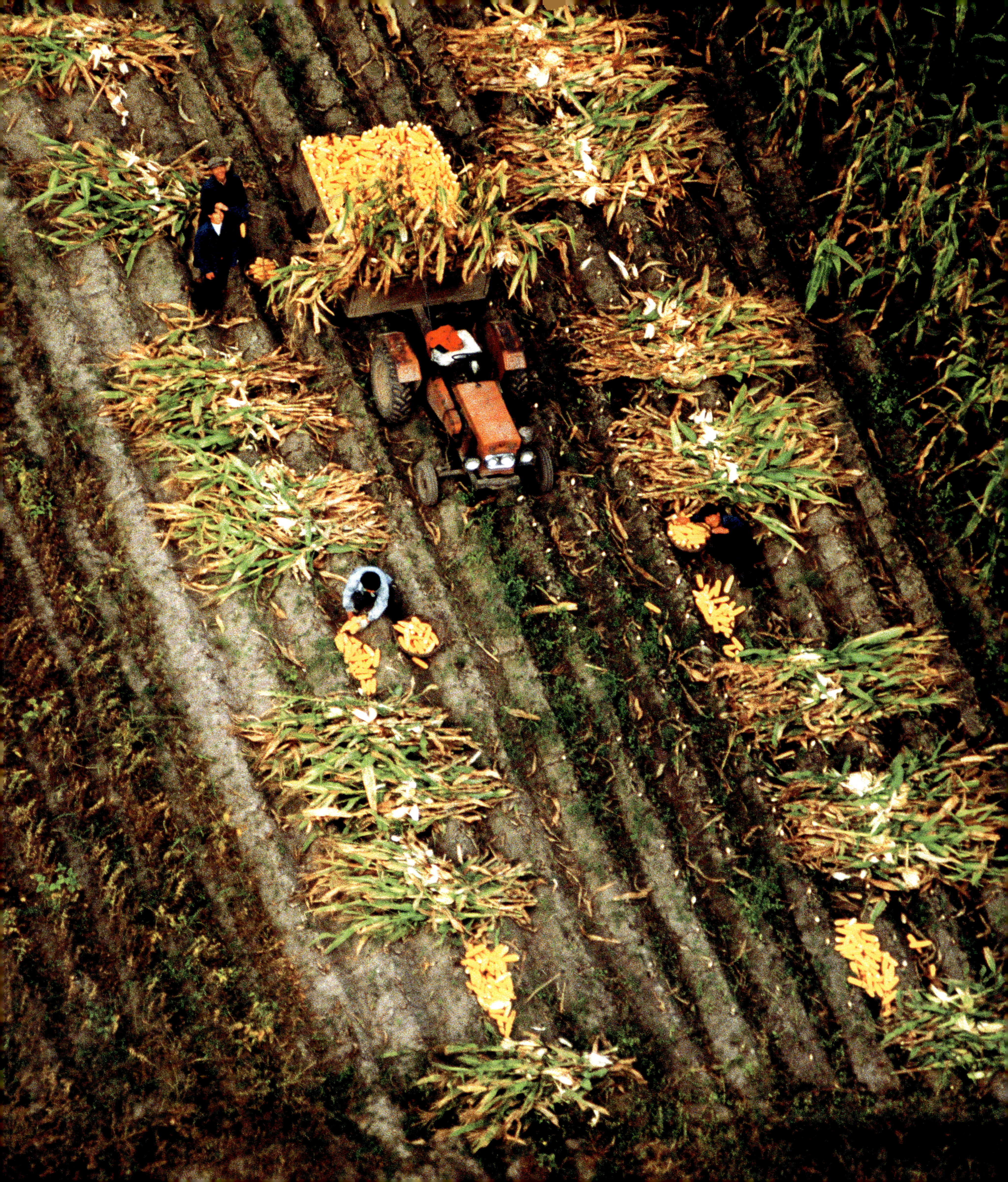

162-163
HEILONGJIANG

Ein Bach schlängelt sich durch die Bäume eines Waldes von Heilongjiang. Zwischen Mai und September, wenn diese Region nicht in Frost erstarrt, bieten die Wälder ein ideales Panorama für Naturliebhaber.

162
HEILONGJIANG

Beträchtliche Anstrengungen werden unternommen, um den Feldertrag in der Provinz Heilongjiang zu erhöhen und so die Lebensbedingungen der Bauern zu verbesssern, die heute noch über 70 Prozent der chinesischen Bevölkerung ausmachen.

164-165
HEILONGJIANG | Ein kleines Dorf erhebt sich zwischen grünen Feldern: Über die Hälfte der 38 Millionen Einwohner der Provinz Heilongjiang arbeitet in der Landwirtschaft.

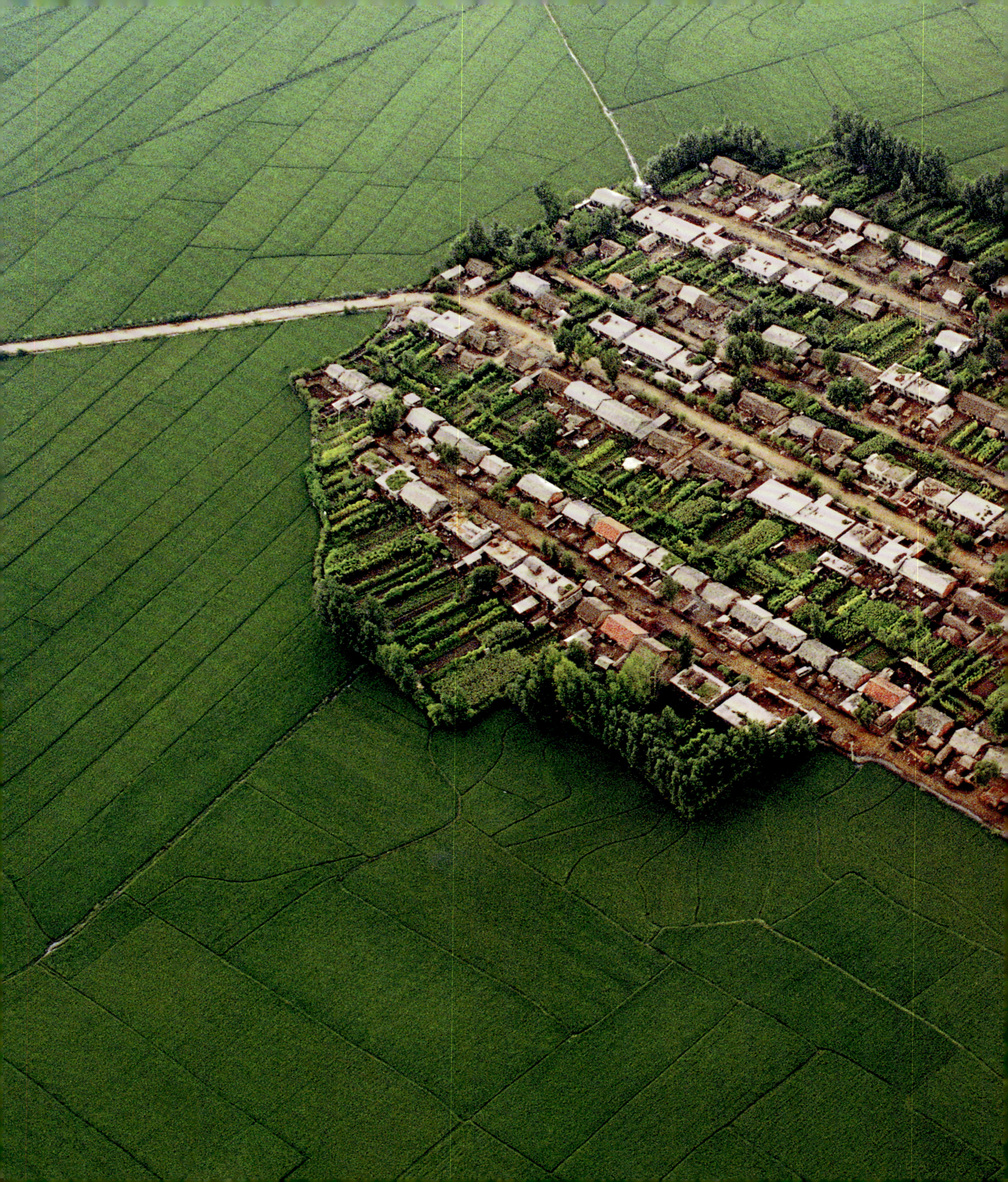

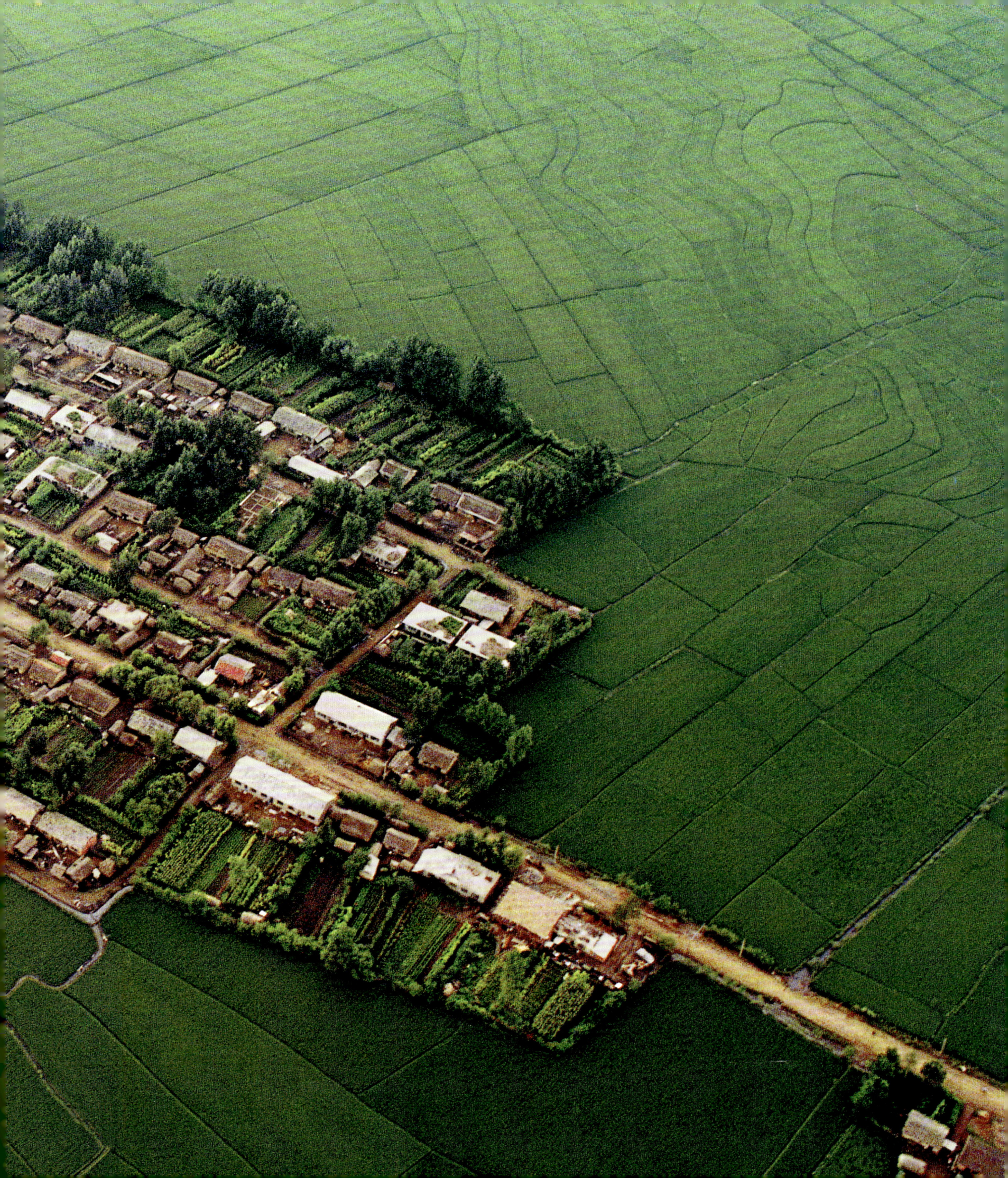

FESTUNGEN AUS FELS

Hier ist das Dach der Welt, jenseits der über sechstausend Meter hohen Hochplateaus, jenseits der sie umschließenden Bergketten, wie dem Tian Shan-Gebirge, das es mit dem Pik Pobedy „nur" auf 7439 Meter bringt. Der Himalaya, der König der Gebirge, der Wohnsitz der Götter, der Ort, an dem die Erde den Himmel berührt.

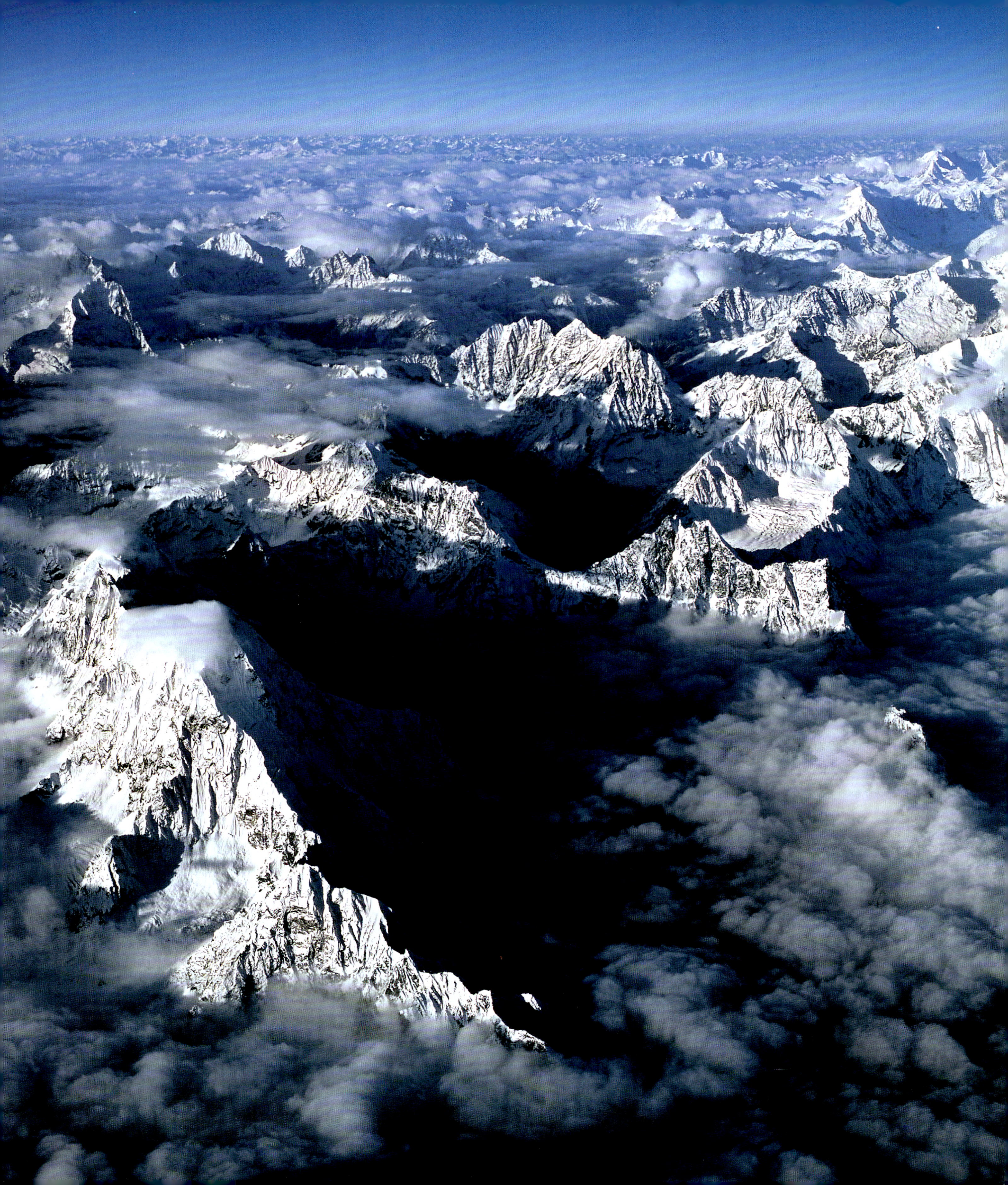

FESTUNGEN AUS FELS

HEILIGE RIESEN

167 | Die höchsten Gipfel der
XIZANG | Welt bilden eine imposante, 2400 Kilometer lange Kette, die unvermittelt von flachen Tälern unterbrochen wird, und machen den Himalaya, in Sanskrit „Wohnsitz des Schnees", zu einem magischen Ort, an dem die Zeit still zu stehen scheint.

Das chinesische Territorium weist im Westen Höhen und Berge auf, die nach Osten hin abfallen und in eine Ebene auslaufen; vielgestaltige Landschaften wechseln sich ab mit endlosen hohen Gebirgsketten von seltener Schönheit, beeindruckenden Hochplateaus, weiten Flussbecken, gesäumt von Gebirgszügen und riesigen Ebenen, die sich bis zum Horizont erstrecken. Die Berglandschaften machen etwa zwei Drittel der Gesamtfläche Chinas aus.

In der Westprovinz des Landes, Xinjiang, wechseln sich Bergketten mit Flussbecken ab. Das Altai-Gebirge verläuft in nordwestlicher Richtung, das nahe Tian Shan-Gebirge von Ost nach West und das Kunlun-Gebirge umschließt und begrenzt ein Gebiet, in dem sich die Becken der Flüsse Junggar, Tarim und Turpan ausgebildet haben. Zu den höchsten zählen hier der Altai mit 4373 Meter, der Tian Shan mit 7435 Meter und der Kunlun Shan mit 7719 Meter. Die Becken der Flüsse versinken sanft zwischen diesen Bergen: Am tiefsten liegt das Turpan-Becken mit einer Höhe von unter Null Meter über dem Meer. Die Becken sind hauptsächlich von Sand- und Geröllwüsten bedeckt; mit einer Fläche von 320 000 Quadratkilometern ist die Taklamakan in der Mitte des Tarim-Beckens die größte chinesische Wüste. Das Schmelzwasser von den mit ewigem Eis bedeckten Gipfeln nährt die Randgebiete der Becken und schafft kleine Oasen, die die trockene Wüste Gobi schmücken.

Das Qinghai-Tibet-Plateau liegt, wie der Name schon sagt, in den Provinzen Tibet und Qinghai; fast alle größeren chinesischen Flüsse entspringen diesem Hochplateau: Jangtsekiang, der Gelbe Fluss, Jinsha, Lancang, Nu und andere.

An der Nordgrenze befinden sich die Gebirgszüge Kunlun, Altun und Qilian, an der Südgrenze der Himalaya, im Osten das Hengduan-Gebirge. Das Hochplateau wird wiederum durch die Gebirge Bayan

172-173 | Sanfte Bergrücken, über die kalte sibirische Winde wehen, kennzeichnen die Landschaft
HEILONGJIANG | Heilongjiangs, Chinas nördlichste Provinz. Der Name der Provinz bedeutet wörtlich „Fluss des schwarzen Drachen", den die Russen Amur nennen.

Har, Hoh Xil, Tanggula, Karakorum, Gangdish und andere benachbarte Bergzüge unterteilt, die jeweils von Ost nach West verlaufen. Die hohen Berge säumen weite Täler und Flussbecken. Das Quidam-Becken ist umgeben vom Kunlun-, Qilian- und Altun-Gebirge. Das Qinghai-Tibet-Plateau liegt auf einer Höhe von 4000 – 5000 Metern über dem Meeresspiegel und seine Gipfel sind alle um 6000 Meter hoch; der höchste Berg, der Mount Everest, hat eine Höhe von 8848 Meter über dem Meeresspiegel, der Höhenunterschied zwischen den Berggipfeln und den Flussbecken beträgt in der Regel nur 500 – 1000 Meter. Die Berge bestehen aus nacktem Fels und in den höheren Zonen liegt ewiger Schnee; das größte Tal beziehungsweise Becken ist die Wüste Gobi.

In Zentrum Chinas konzentrieren sich die ausgedehnten, hochgelegenen Landesteile: das Plateau der Inneren Mongolei, das Lössplateau und das Yunnan-Guizhou-Plateau. Im Osten grenzt das Plateau der Inneren Mongolei an das Große Hinggan-Gebirge (Da Xing'an), im Western an das Qilian-Gebirge und im Süden an das Yinshan-Gebirge; im gesamten Territorium trifft man auf Winderosionsphänomene.

Das Lössplateau wird im Osten vom Taihang-Gebirge, im Westen vom Helan-Gebirge, im Süden vom Qinling-Gbeirge und im Norden vom Yinshan-Gebirge begrenzt. Charakteristisch für das Lössplateau ist die durchgehende gelbe Lössschicht; die Höhe über dem Meer beträgt im Durchschnitt 1000 – 2000 Meter. Die reißenden Wasserläufe tragen den extrem bröckeligen Löss mit sich fort und bilden unzählige mit Eibisch bewachsene Schluchten.

Außerdem gliedert sich das Lössbergland später in eine Reihe von Gebirgszügen und Flussbecken: Es handelt sich um die in Nord-Süd-Richtung verlaufenden Gebirge Liupan, Liuliang, Zhongtiao, Hengshan, Wutaishan und andere angrenzende Felslandschaften, die allesamt noch höher über dem Meeresspiegel liegen, und die Becken der Flüsse Wei, Fen und Sanggan sowie weitere Senken.

In Westchina grenzt das Yunnan-Guizhou-Plateau im Osten an das Xueling-Gebirge, im Westen an die Ailao-Berge, im Süden an das gebirgige Territorium des nördlichen Guangxi und schließlich im Norden an das Dalou-Gebirge.

Das Plateau ist im Nordwesten hoch, im Südosten flach; ein Großteil der Region wird von den Flüssen Jangtsekiang, Zhujiang, Yuanjiang und weiteren Zuflüssen durchzogen, die ihm eine bewegte, unzusammenhängende Oberfläche verleihen, auf der sich jedoch wundervolle Berge, herrliche Seen und faszinierende, vielgestaltige Kalksteinformationen ausbreiten.

Das Sichuan-Becken liegt etwa 300 – 700 Meter über dem Meer, östlich des Qinghai-Tibet-Plateaus, nördlich des Yunnan-Guizhou-Plateaus, südlich der Daba-Berge und westlich des Wu-Gebirges. Das Becken gehört zur subtropischen Zone, das Klima ist warm und feucht, es gibt ein dichtes Gewässernetz, die beträchtliche Erosionswirkung des Fließwassers lässt ein steiles Becken entstehen.

Der Südwesten Chinas, östlich des Yunnan-Guizhou-Plateaus und südlich des Jangtsekiangs ist durch weites Hügelland und mäßige Faltenbildung gekennzeichnet: eine Reihe mittlerer und niedriger, in nordöstlicher Richtung verlaufender Gebirgszüge zwischen denen verstreut große und kleine Becken aus rotem Fels liegen, in denen sich Hügelreliefs entwickeln.

Der Nordosten Chinas besteht aus den Ebenen im Nordosten und dem Territorium, das auf allen Seiten von den Gebirgsketten Da Hinggan (Da Xing'an), Xiao Hinggan (Xiao Xing'an), Changbai und Yan umschlossen wird. Im zentral-östlichen Teil Chinas liegen die nördlichen Ebenen, im Norden begrenzt von den Yan-Bergen, im Western von der Taihang-Kette und im Süden vom Dabie-Gebirge; im Osten erstrecken sie sich bis zum Gelben Fluss, dem Golf von Bo Hai und dem Hügelland Shandong und bestehen hauptsächlich aus den Überschwemmungsgebieten des Gelben Flusses, der Flüsse Huai und Hai, im Durchschnitt auf einer Höhe von höchstens 50 Metern über dem Meer.

An den Südufern des Mittel- und Unterlaufs des Jangtsekiang verteilen sich herrliche Gebirgsketten. Besonders hervorzuheben sind das Lushan-Gebirge an der Mündung des Flusses Gan und das Huangshan-Gebirge im Süden der Provinz Anhui, die beide wegen ihrer wunderbaren Landschaft auf der Liste der Schutzgebiete des Weltnaturerbes stehen und zu den bedeutenden chinesischen Touristenzielen zählen.

Li Houmin

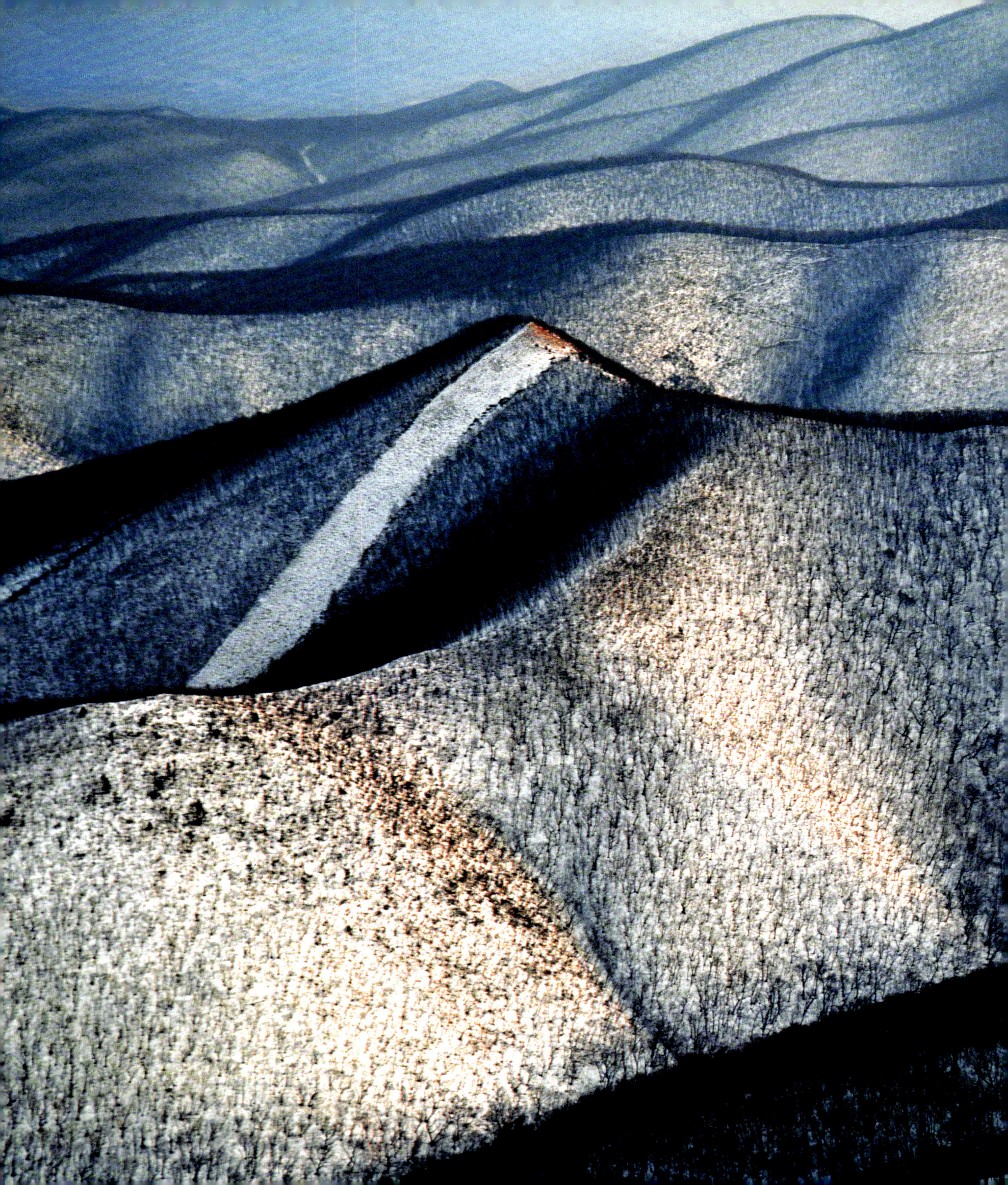

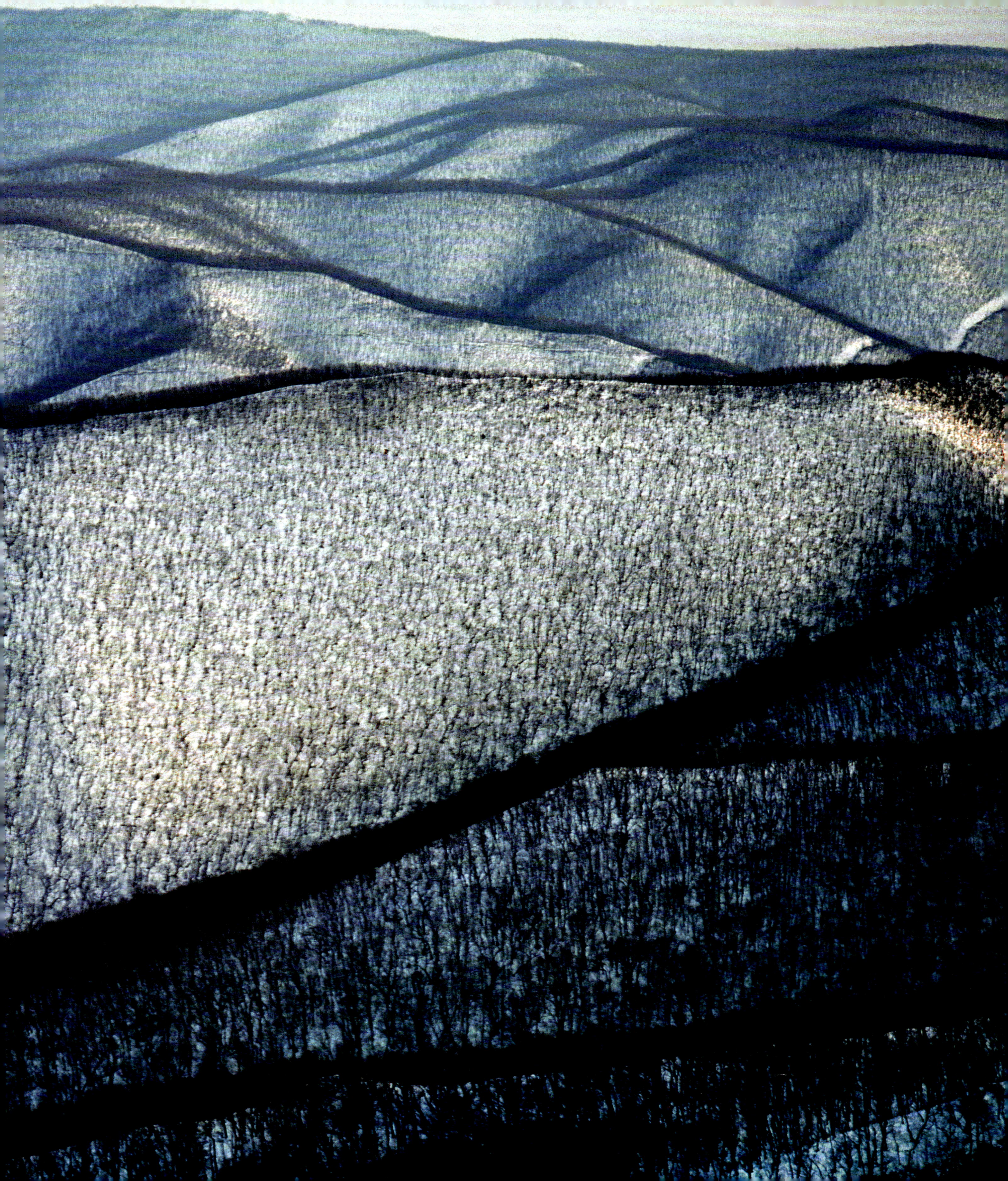

174 | Der Changbaishan („immer weißer Berg") erhielt seinen Namen von dem weißen Bimsstein und dem Schnee, die diesen Ort
JILIN | im Winter wie eine Mondlandschaft aussehen lassen.

175 | Der Changbaishan-Nationalpark in der
JILIN | Provinz Jilin an der Grenze zu Nordkorea ist das größte Naturschutzgebiet des Landes. 210 000 Hektar Urwald und die enorme Vielfalt der Waldfauna machen diese Berge zu einem Ort wahrer Schönheit.

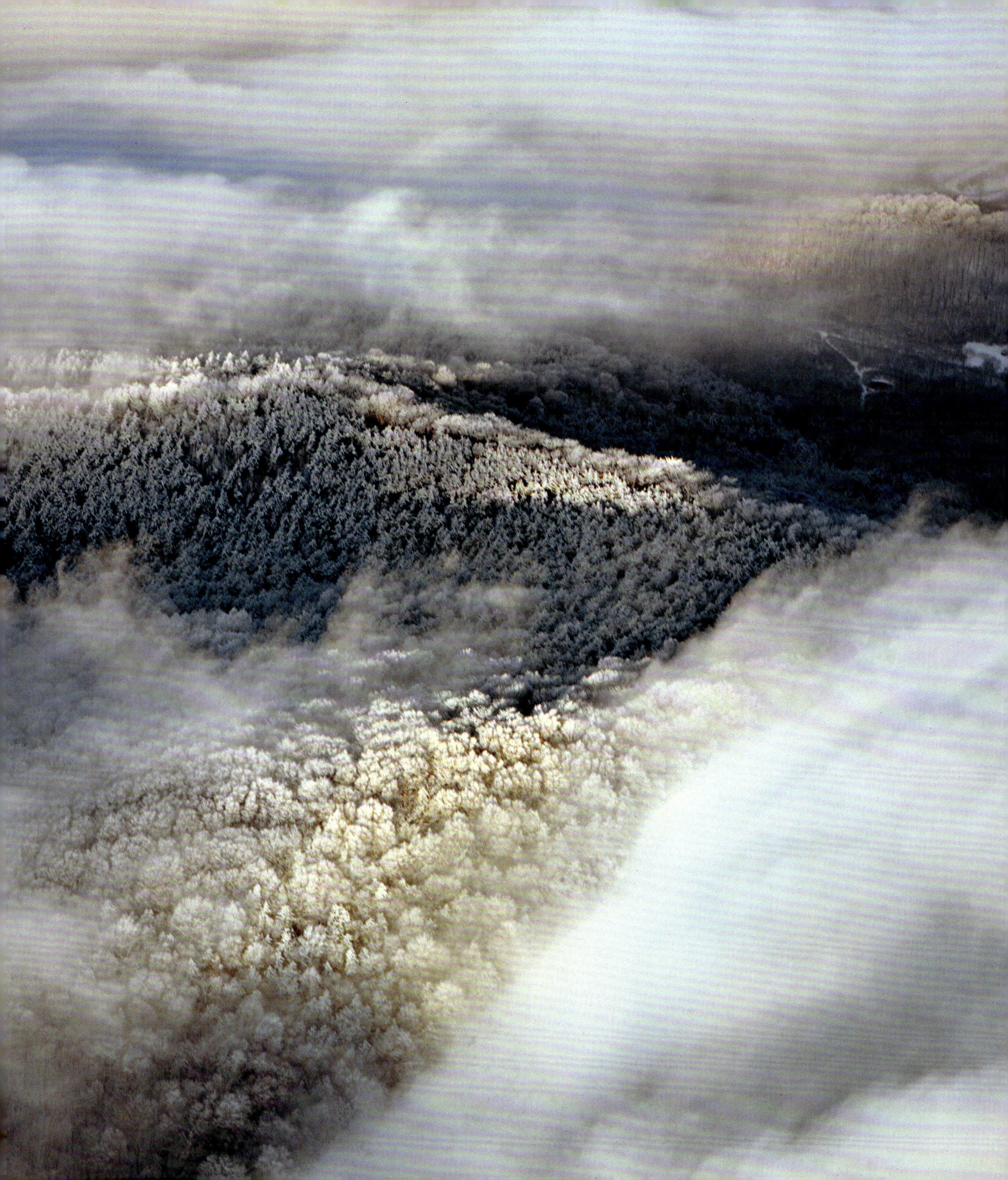

176 oben | Die verschneiten Nadelwälder zeigen anschaulich, wie berechtigt der Name ist, den die Chinesen der Provinz Jilin gegeben haben; er bedeutet „Glück verheißender Wald".
JILIN

176 unten | Die Provinz Jilin, aus der die Kaiser der mandschurischen Qing-Dynastie (1644–1911) stammten, ist das wahre Reich des Schnees, Begleiter der langen Winter sowohl in den Bergen, wie hier zu sehen, als auch in der Stadt, sodass ihm zu Ehren sogar ein Festival in der Hauptstadt Changchun gewidmet ist.
JILIN

177 | Wie auf einem echten chinesischen Gemälde ist die Präsenz des Menschen zwischen den hohen Bäumen des Changbaishan-Gebirges kaum wahrnehmbar.
JILIN

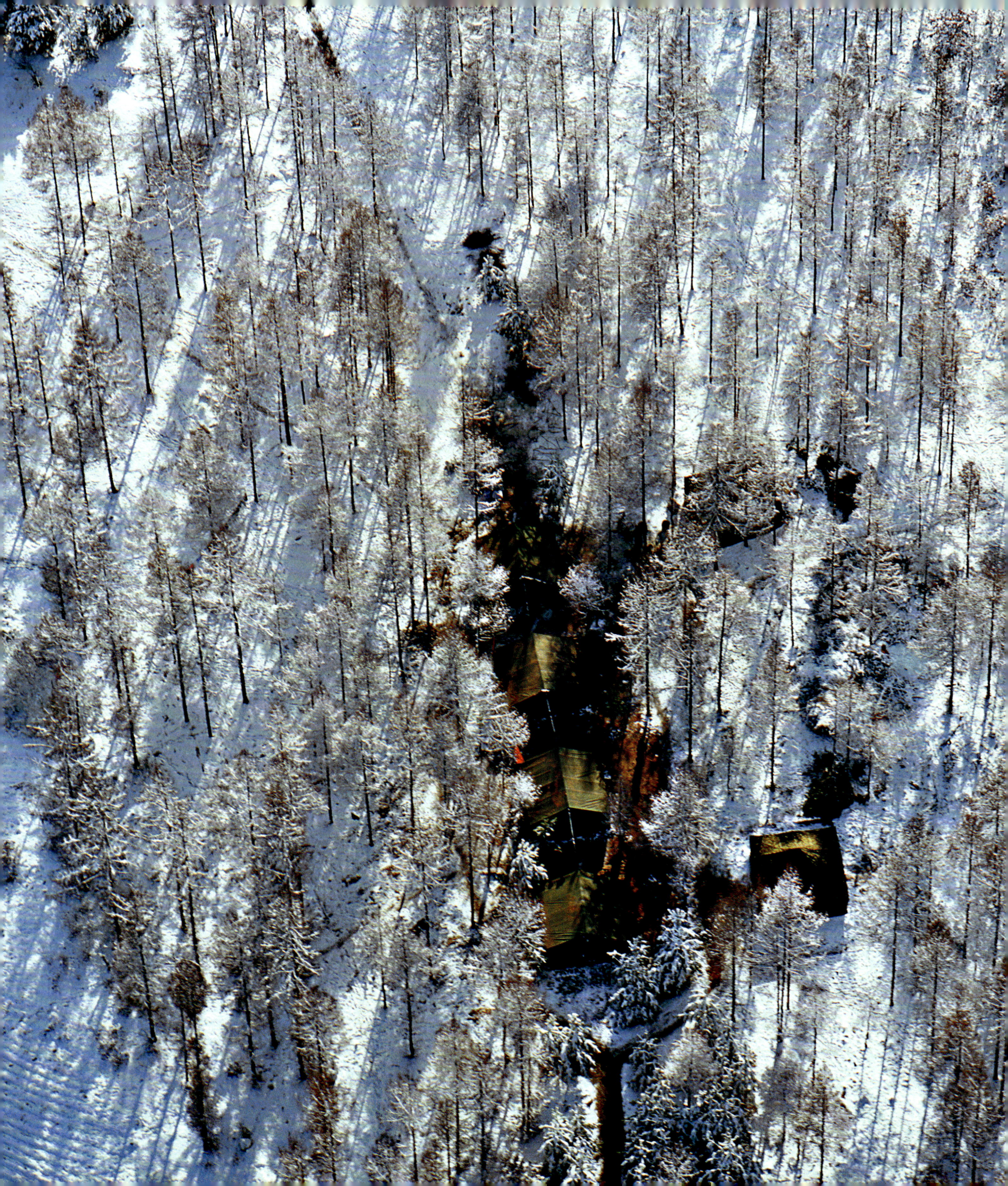

178 und 179 | Der Himmel spiegelt sich im kristallklaren Wasser des Sees, der sich in diesem erloschenen Krater ge-
JILIN | bildet hat. Das zauberhafte Panorama, das dieser Ort zwischen den Gipfeln des Changbaishan-Gebirges bietet, rechtfertigt seinen Namen: Tianchi, „Himmlischer Teich".

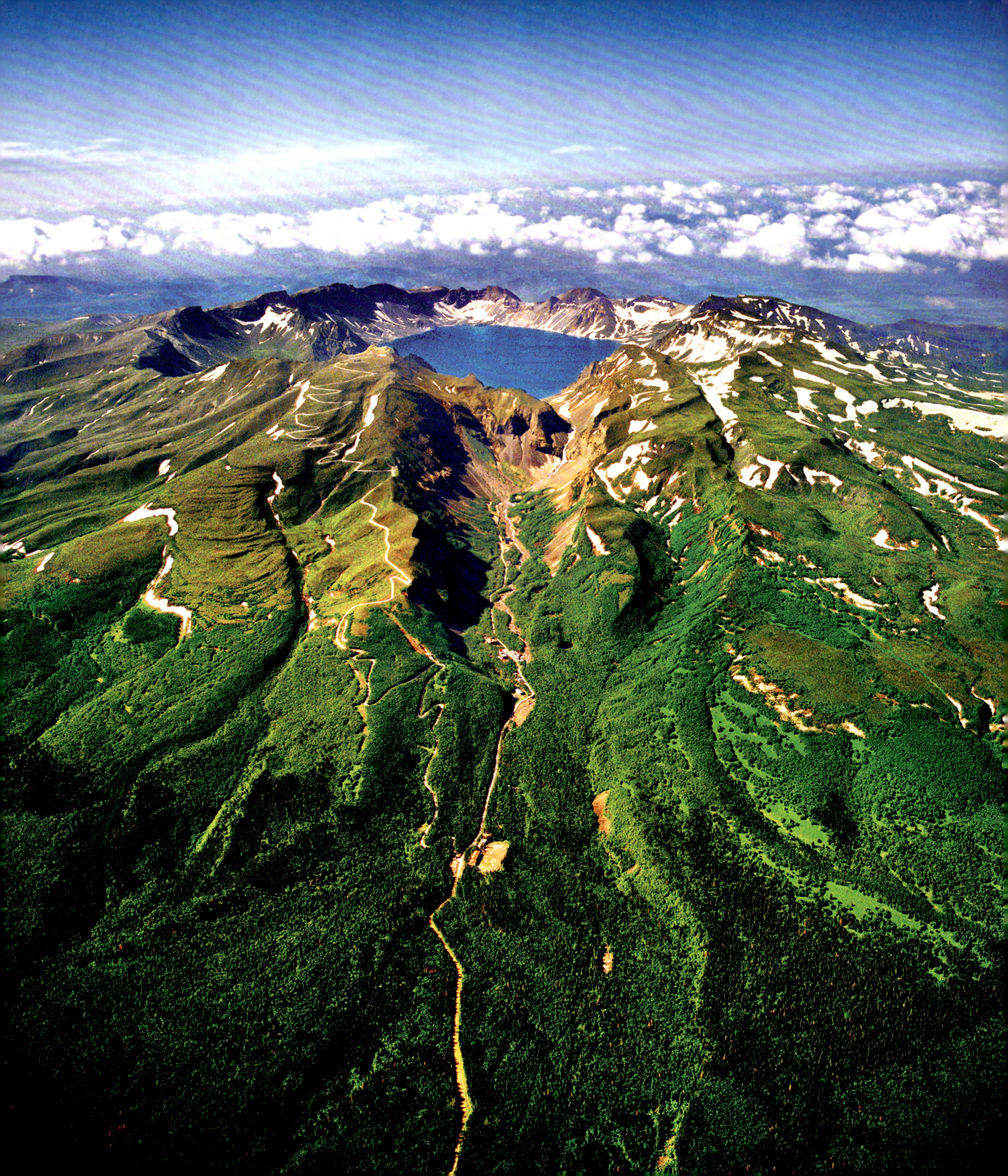

180-181	Das Changbaishan-Massiv erhebt sich an der Grenze zwischen China und Nordkorea. Die höchste Erhebung, der Baiyanfeng oder „Gipfel des weißen Felsens" ist 2749 Meter hoch.
JILIN	

182-183	Ein Spaziergang im Changbaishan-Nationalpark, wo sich die Flora in den verschiedenen Höhen und mit dem Wechsel der Jahreszeiten ständig ändert, bietet dem Besucher ein immer neues Schauspiel.
JILIN	

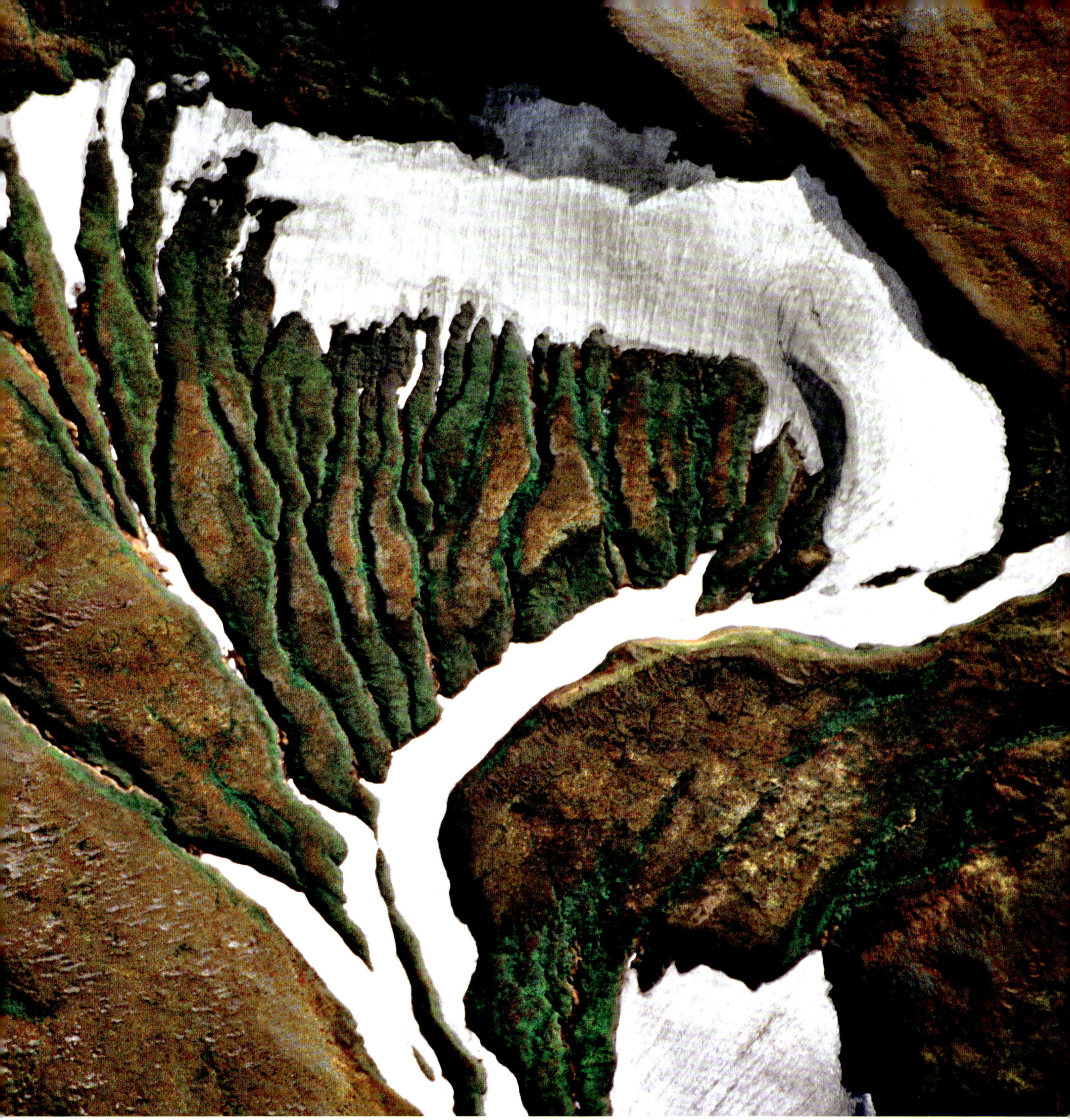

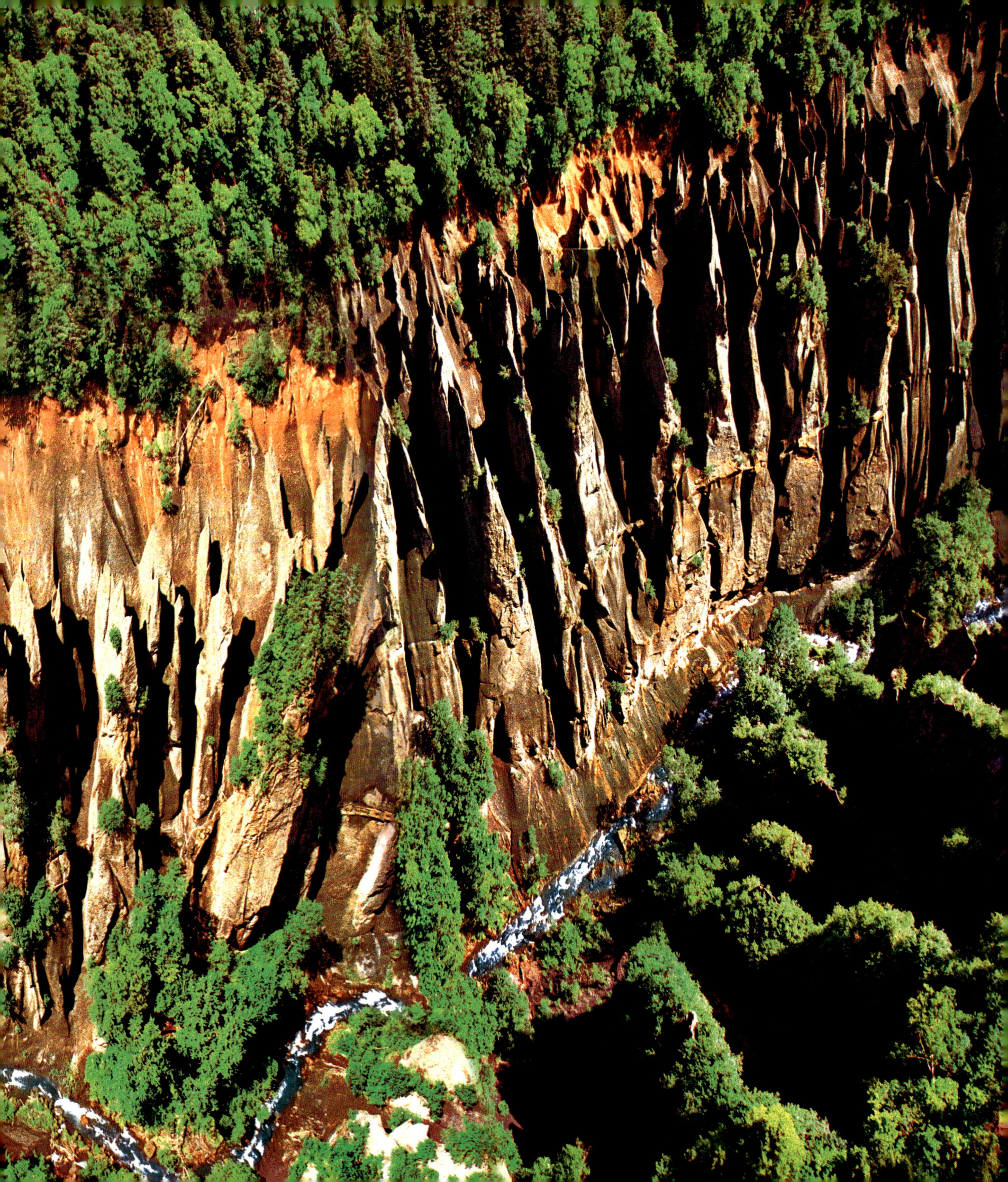

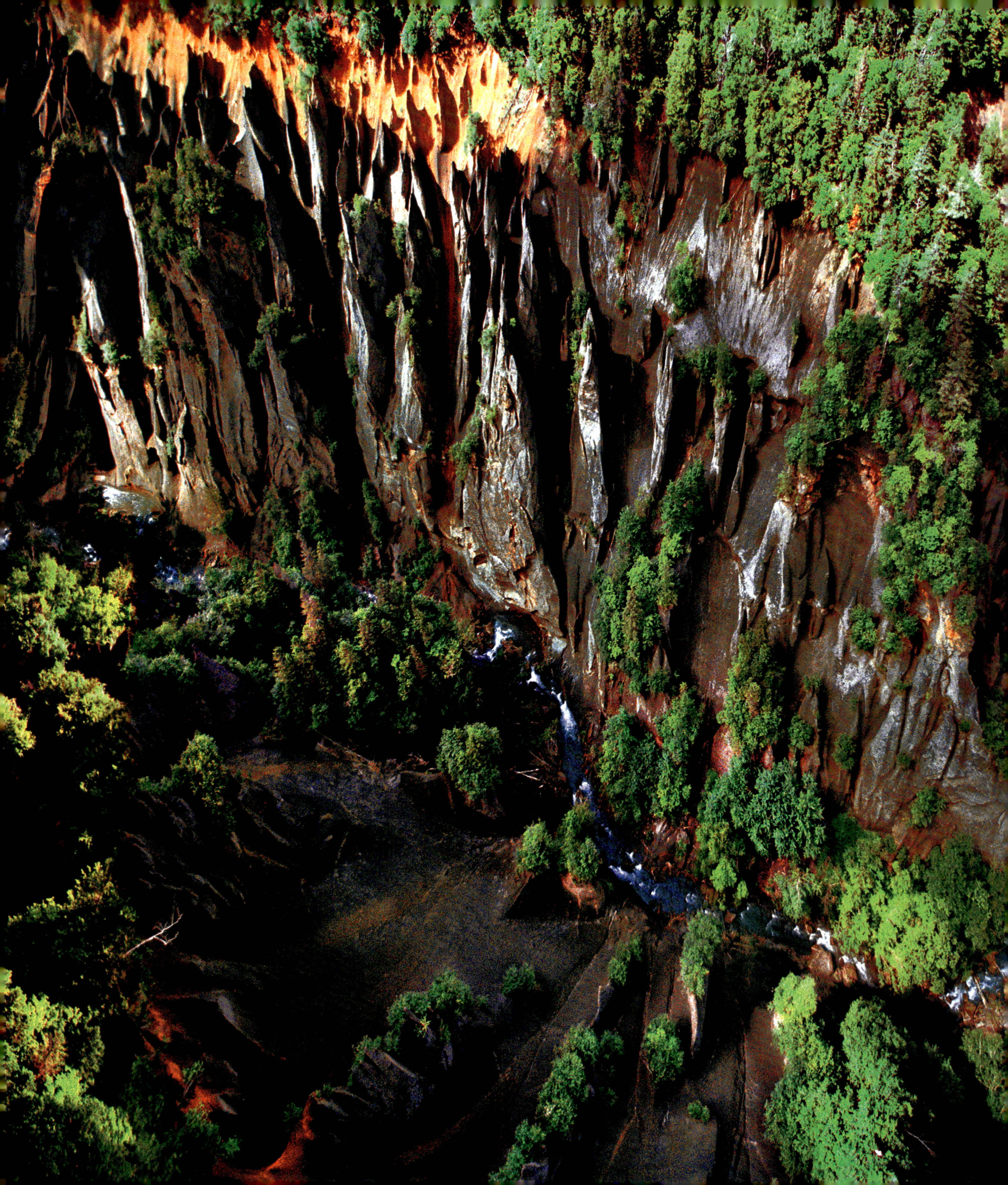

184 oben | Die weiße Schneedecke markiert
JILIN | die Grenze zwischen dem
Wasser des Tianchi-Sees und
dem Himmel. Dieser magische
Ort ist eine Quelle der Inspiration für Künstler; eine Legende
besagt, dass der Herr des
Himmels, bezaubert von der
Schönheit des Sees, hier
das alte Korea entstehen ließ.

184 unten | Mit über 350 Metern Tiefe ist
JILIN | der Tianchi-See (links) der tiefste
Bergsee Chinas, umgeben von
ausgedehnten Wäldern (Mitte
und rechts). Obwohl er im Winter
zugefroren und unzugänglich
ist, besagt die Legende, dass er
von Drachen und anderen mystischen Wesen bewohnt wird.

185 | Wie eine Krone umschließen sechzehn imposante Berggipfel, unter anderem der Baiyanfeng,
JILIN | den Tianchi-See.

186-187 | Auf dem Nanshan-Plateau zwischen Urumchi und dem Tianchi-See
INNERE MONGOLEI | trifft man nicht selten auf kasachische und uigurische Hirtennomaden
mit ihren typischen Filzzelten.

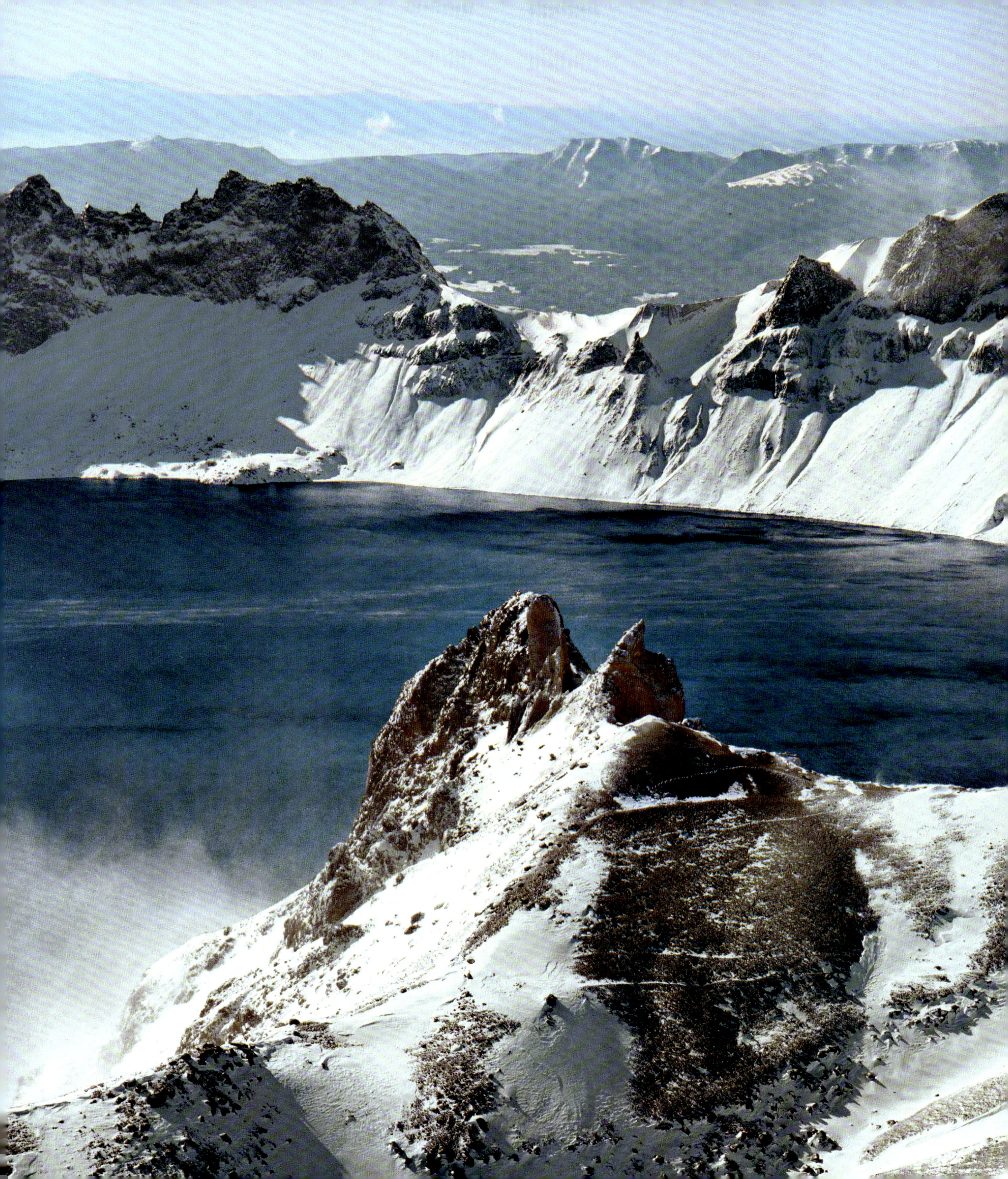

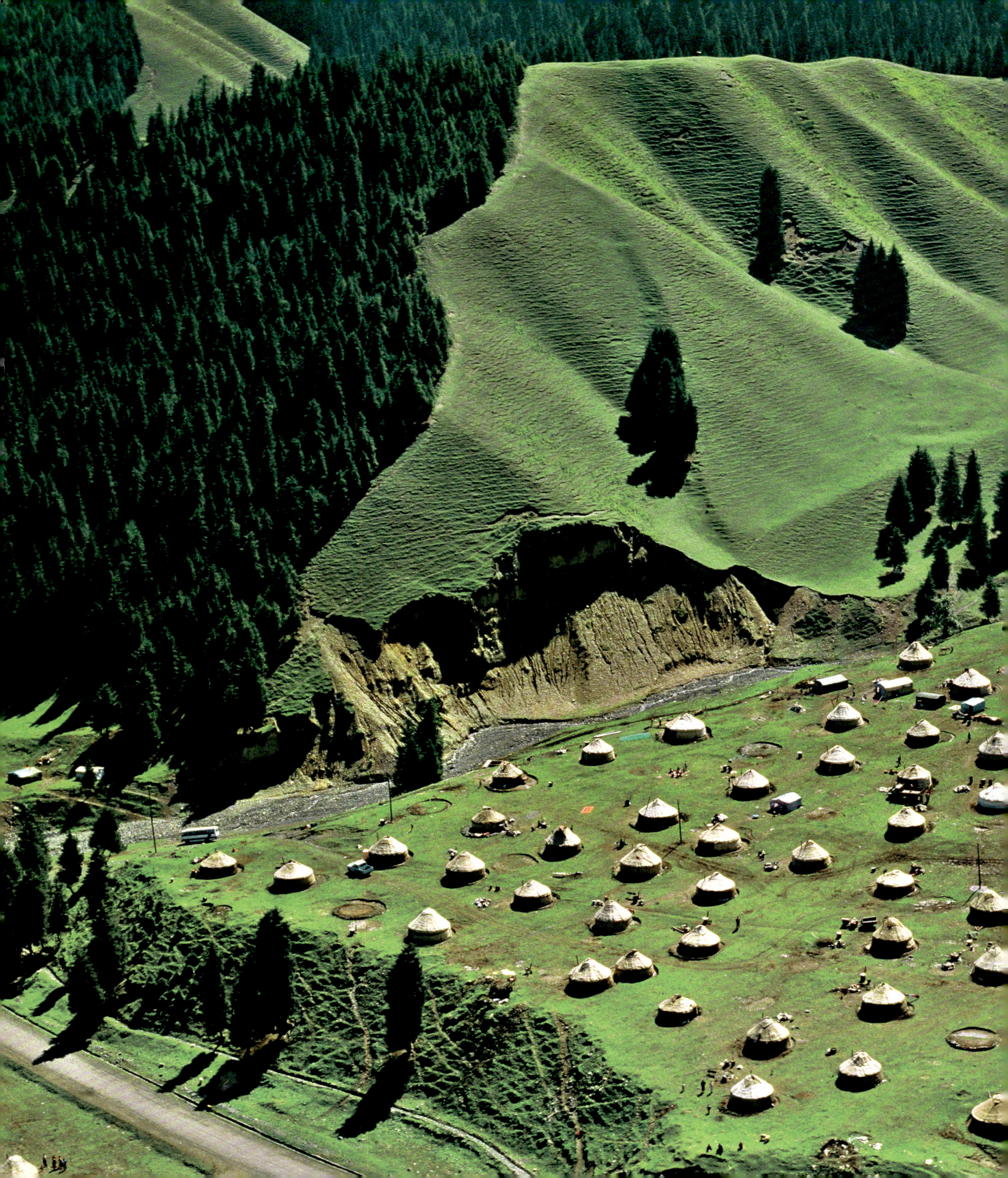

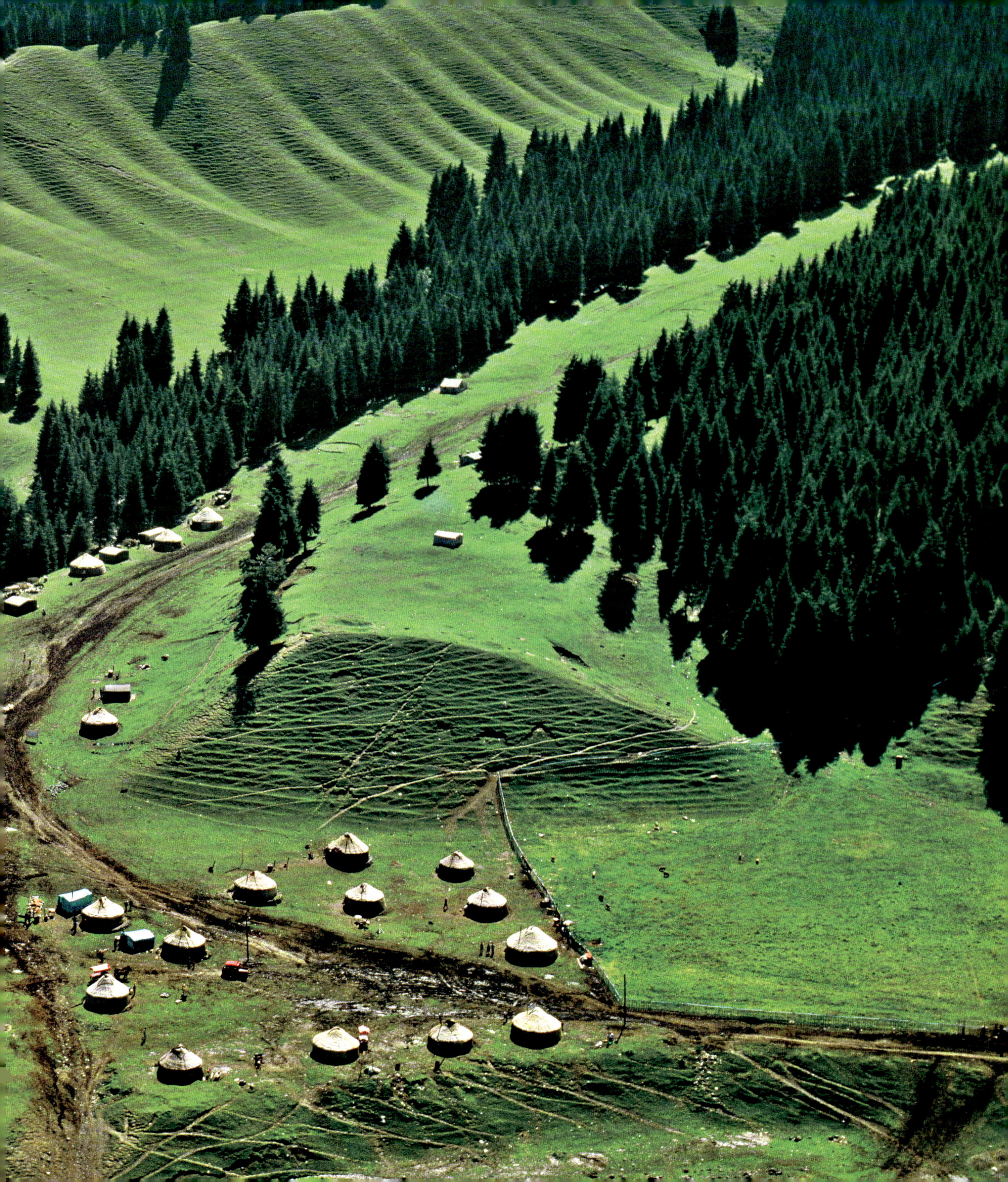

| 188-189 | Hubschrauber über dem Bergland von Xinjiang: Diese flächenmäßig sehr große Autonome Region im
| XINJIANG | Norden ist von beträchtlicher strategischer Bedeutung, da sie an acht ausländische Staaten grenzt.

189 | Gekennzeichnet von weiten Wüsten, tiefen
XINJIANG | Senken und imposanten Bergen wie diesen, wird das Gebiet von Xinjiang überwiegend von uigurischen Völkern bewohnt.

190 und 191 | Eine karge Hügellandschaft (im Vordergrund) verdeckt den
XINJIANG | atemberaubenden Anblick der Huoyanshan, der „Berge der tobenden Flammen", die in der Mittagssonne tatsächlich wie vielfarbige Feuerzungen aussehen.

192-193 | Die Huoyanshan-Berge bilden den Schauplatz eines der bekanntesten chinesischen Klassikers: *Die Reise nach Westen.* Der Roman
XINJIANG | erzählt, wie der Mönch Tripitaka die Berge mit Hilfe seines Reisebegleiters, des Königs der Affen, überwindet, dem es gelingt, mit einem Zauberfächer die Flammen zu löschen.

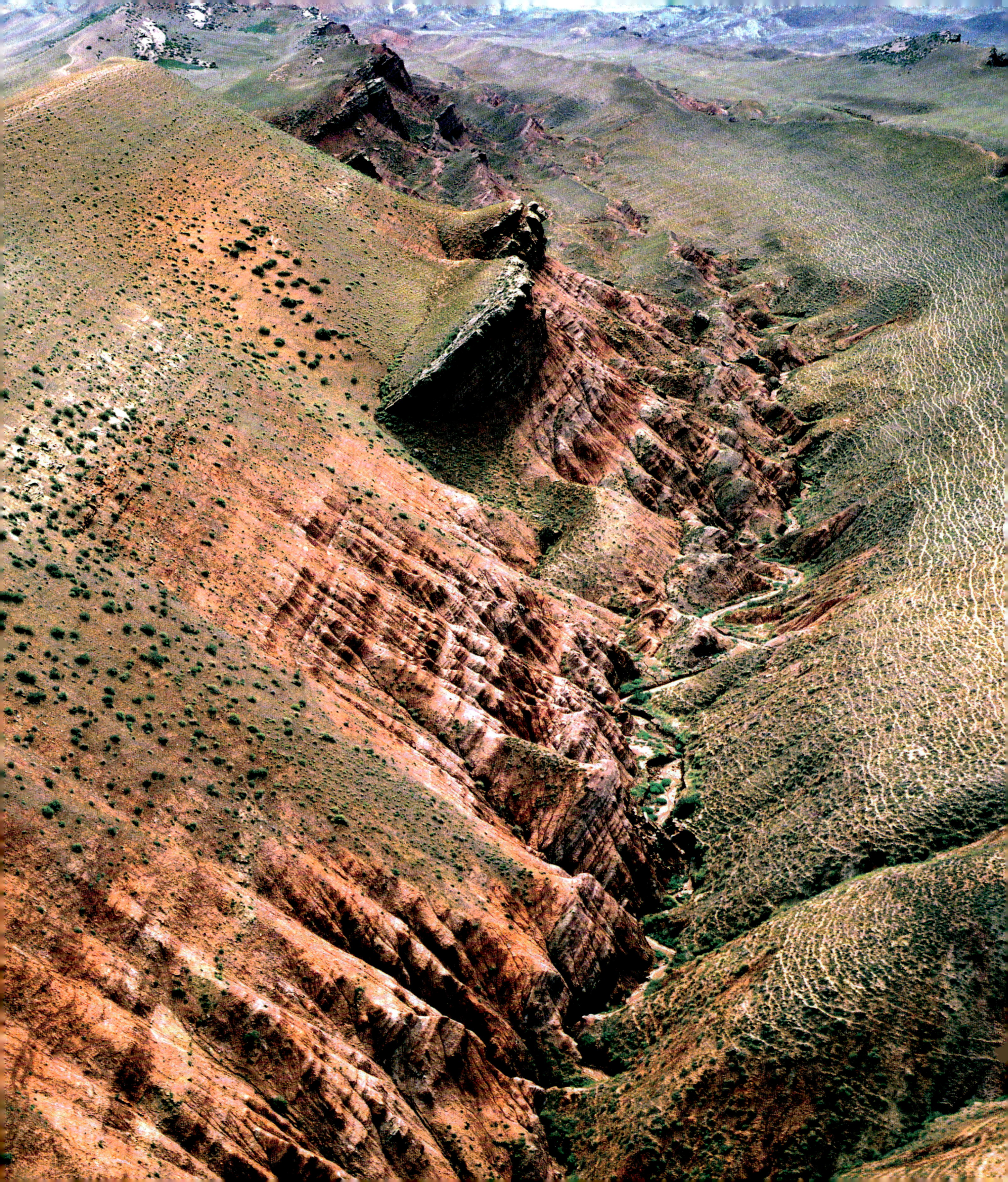

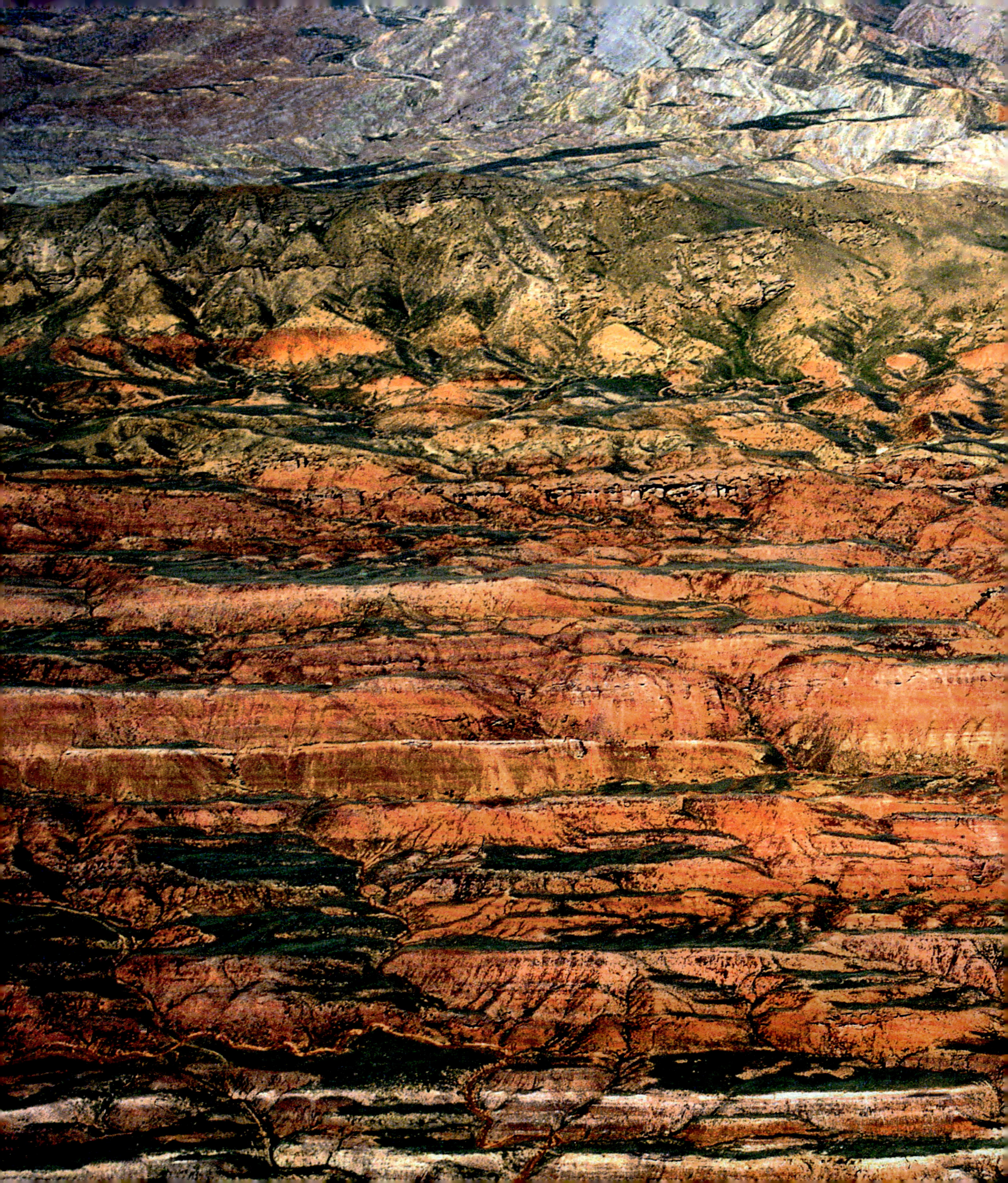

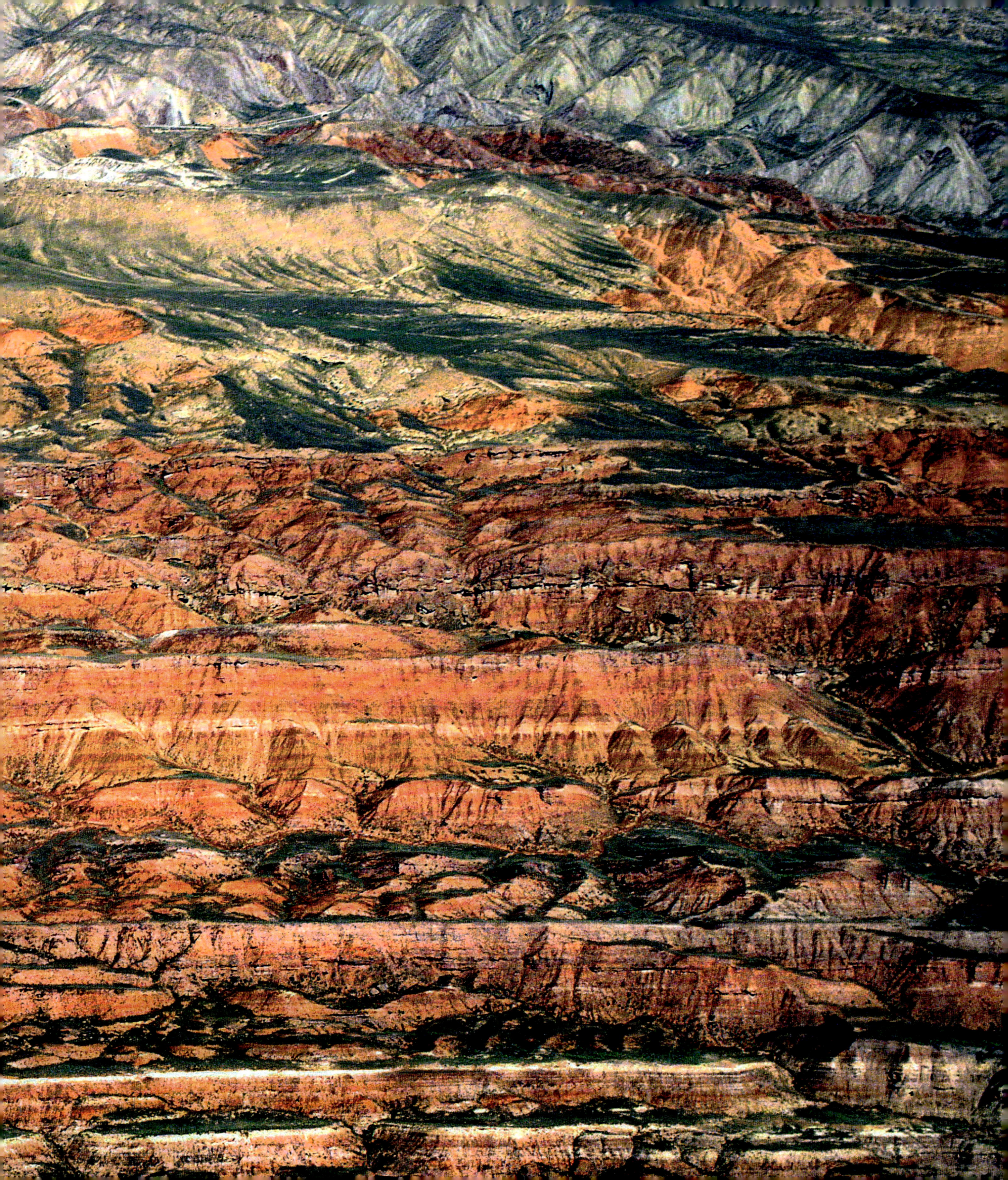

194	Die Berge von Korla liegen an einer Karawanenroute, die wir heute „Seidenstraße" nennen. Seit der Han-Dynastie (206 v. Chr.–220 n. Chr.) zogen Händler und Pilger aus ganz Asien über diese Pisten, die die alte chinesische Hauptstadt Chang'an (heute Xi'an) mit dem Mittelmeer verbanden.
XINJIANG	

195	In dieser Bergregion der Provinz Xinjiang wachsen bunte Pflanzen auf dem intensiv rötlich getönten Boden und schaffen wahrhaft spektakuläre Effekte wie auf einem kunstvoll gewirkten Wandteppich.
XINJIANG	

196-197	In der Provinz Yunnan haben Wind und Regen die Felsen geformt und ein Labyrinth von spitzen Zinnen geschaffen. Die ausgedehnte Südwest-Provinz Yunnan ist wegen der Vielfalt der Landschaften und Volksgruppen der ideale Ort, um die mannigfaltigen Facetten Chinas kennenzulernen.
YUNNAN	

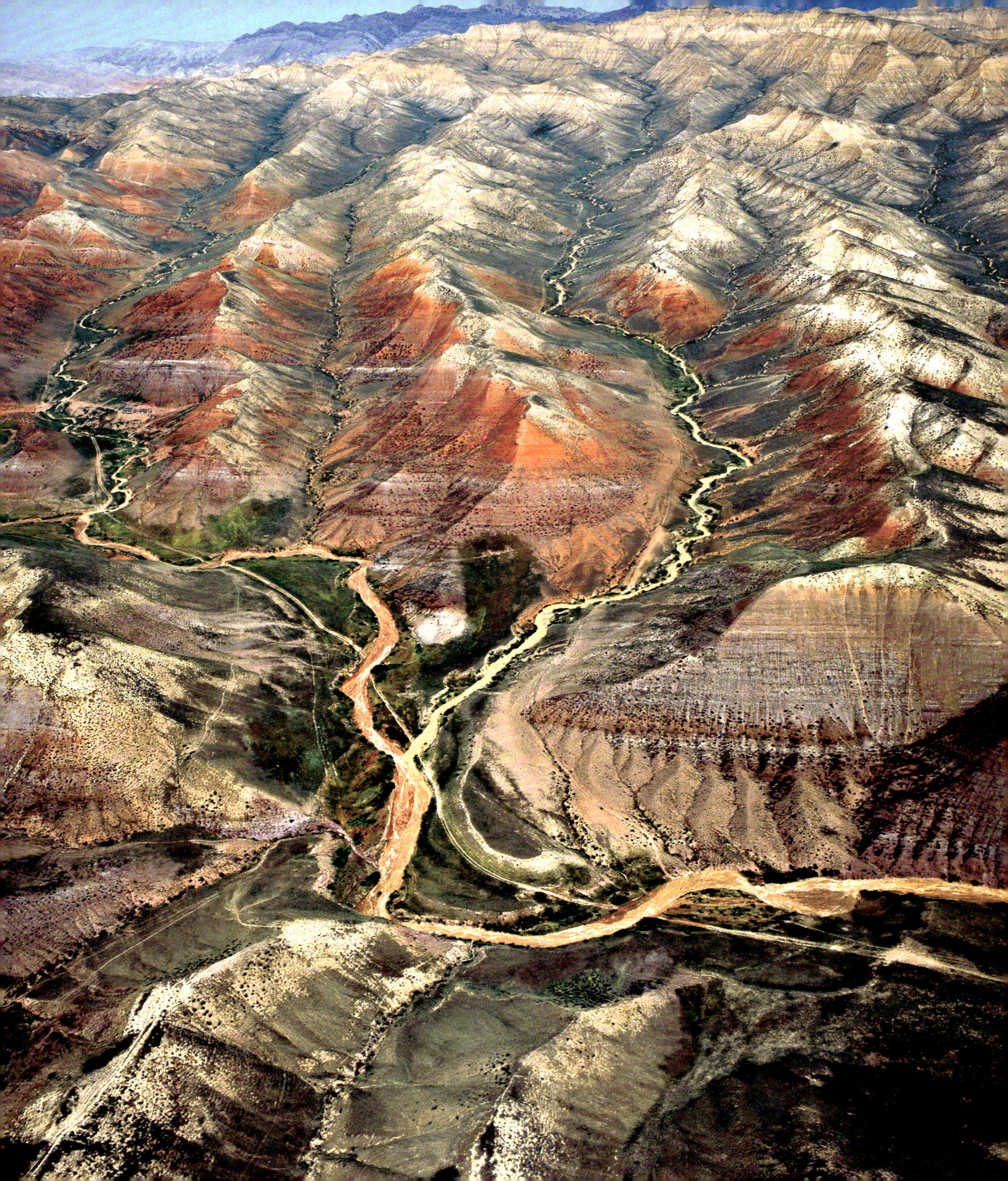

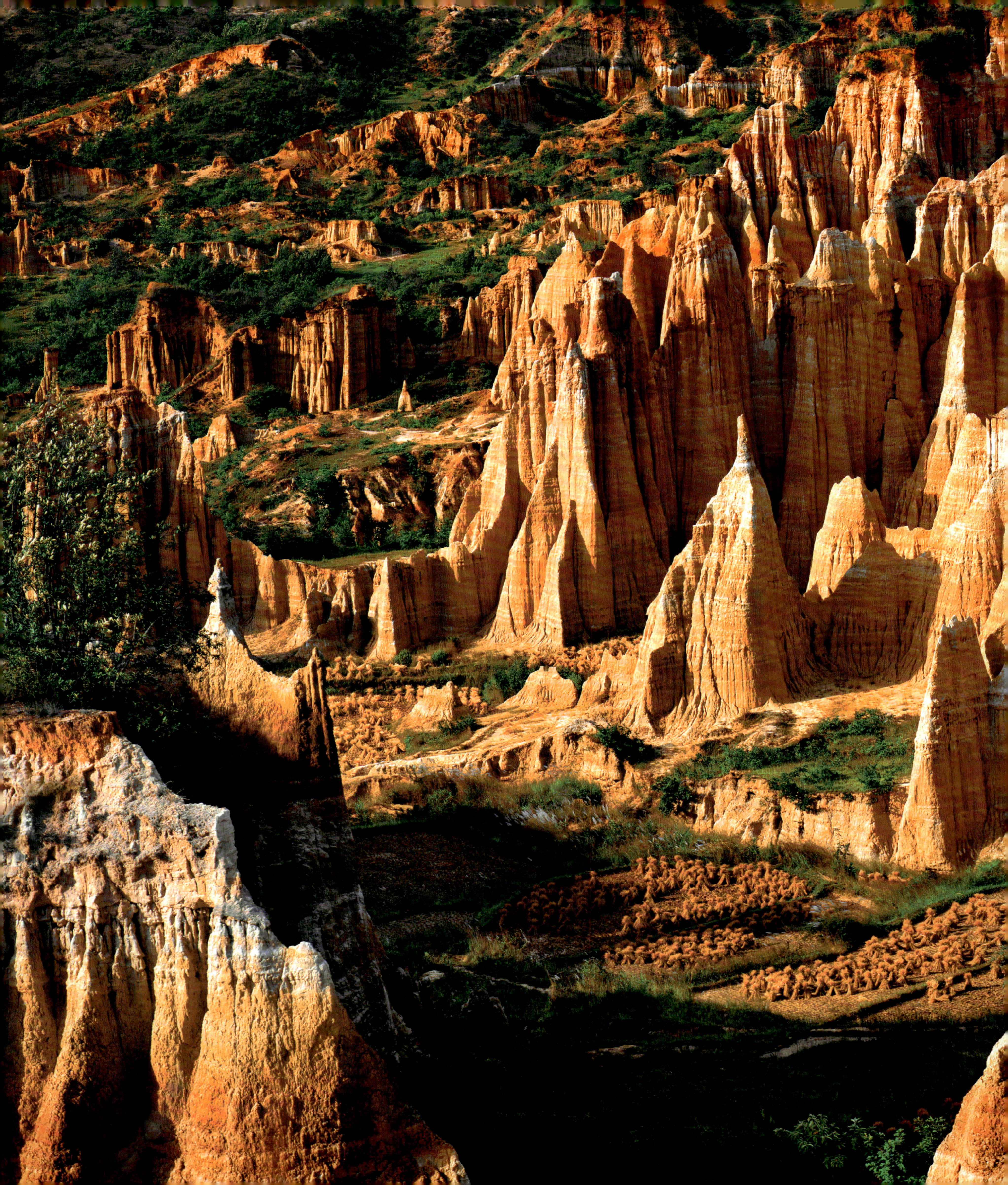

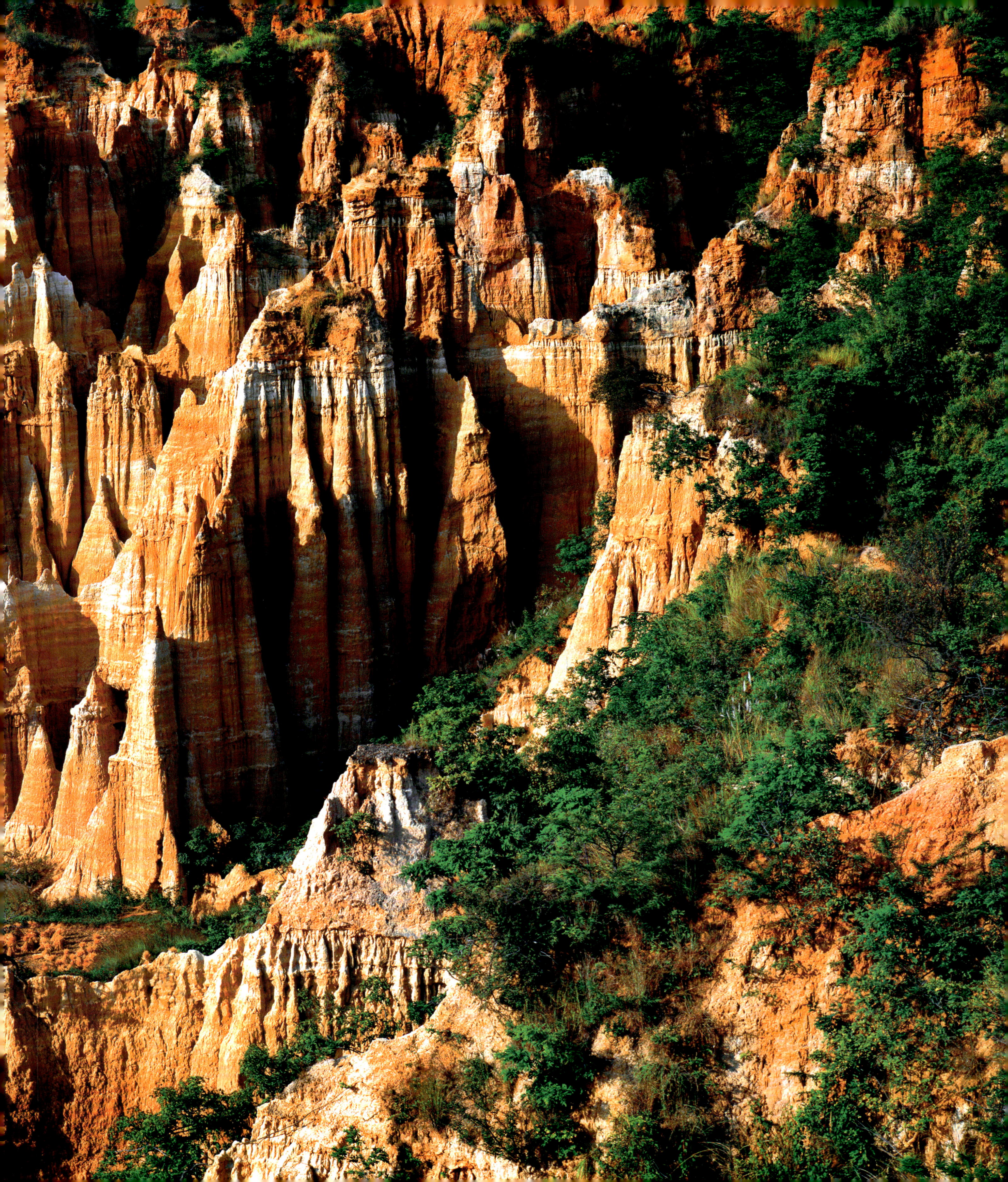

198 und 199 | Üppige Wälder bedecken einen Großteil
LIAONING | des Territoriums von Liaoning, das im
Nordosten wie auch Westen aus bewaldetem Bergland besteht. Dank der
großen Rohstoffvorkommen ist diese
Provinz – mit Jilin und Heilongjiang, der
ehemaligen Mandschurei – heute eine
der höchstindustrialisierten Chinas.

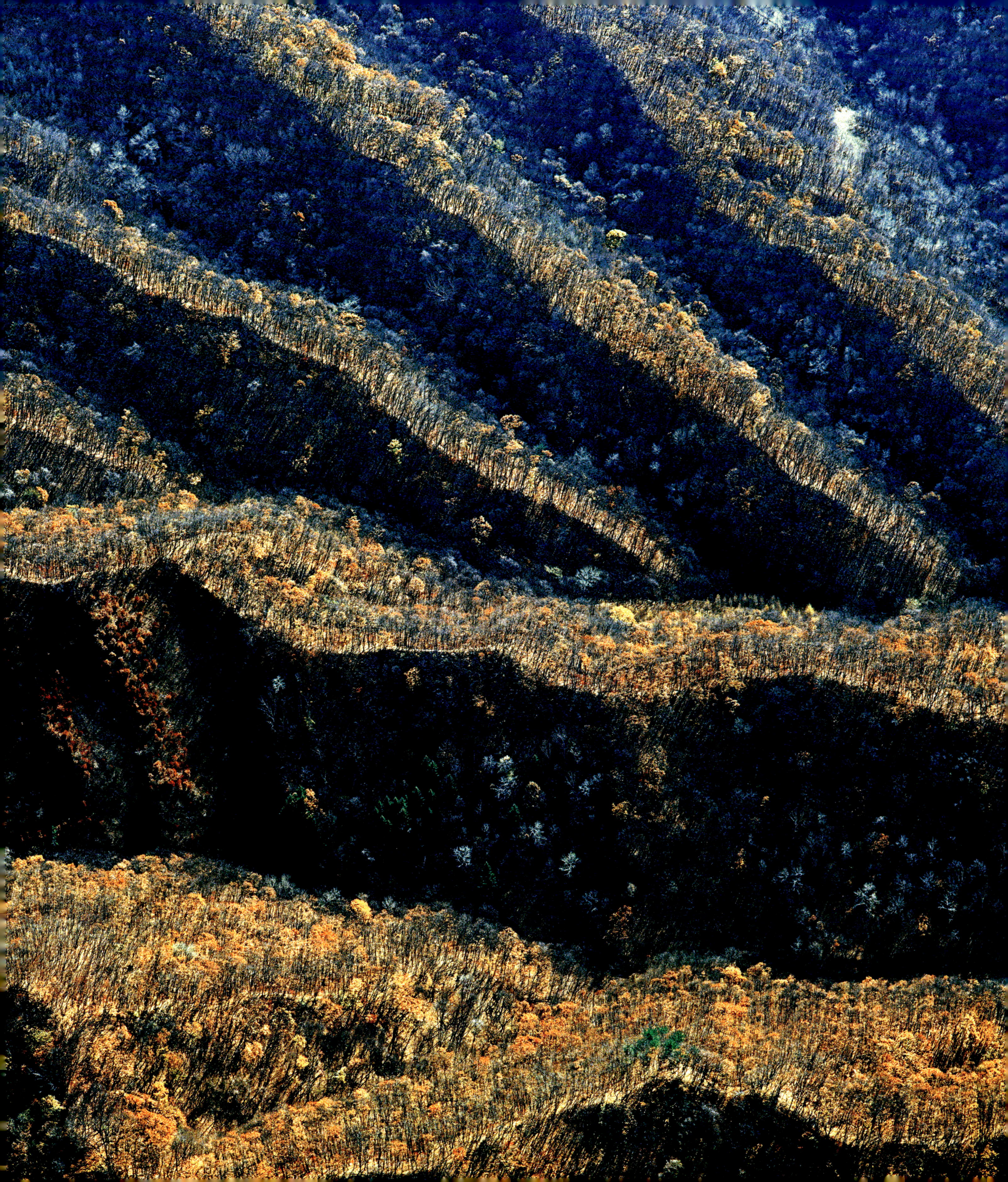

200 und 201 XINJIANG | Die schneebedeckten Gipfel der abgelegenen Bergketten in der Provinz Xinjiang scheinen den Himmel zu berühren. Das Klima in der Region schwankt von über 45 °C im Sommer in den Oasen bis zu Temperaturen unter dem Gefrierpunkt, die im Winter von den Bergen ausgehend die gesamte Region bis hinunter in die Senken erfassen.

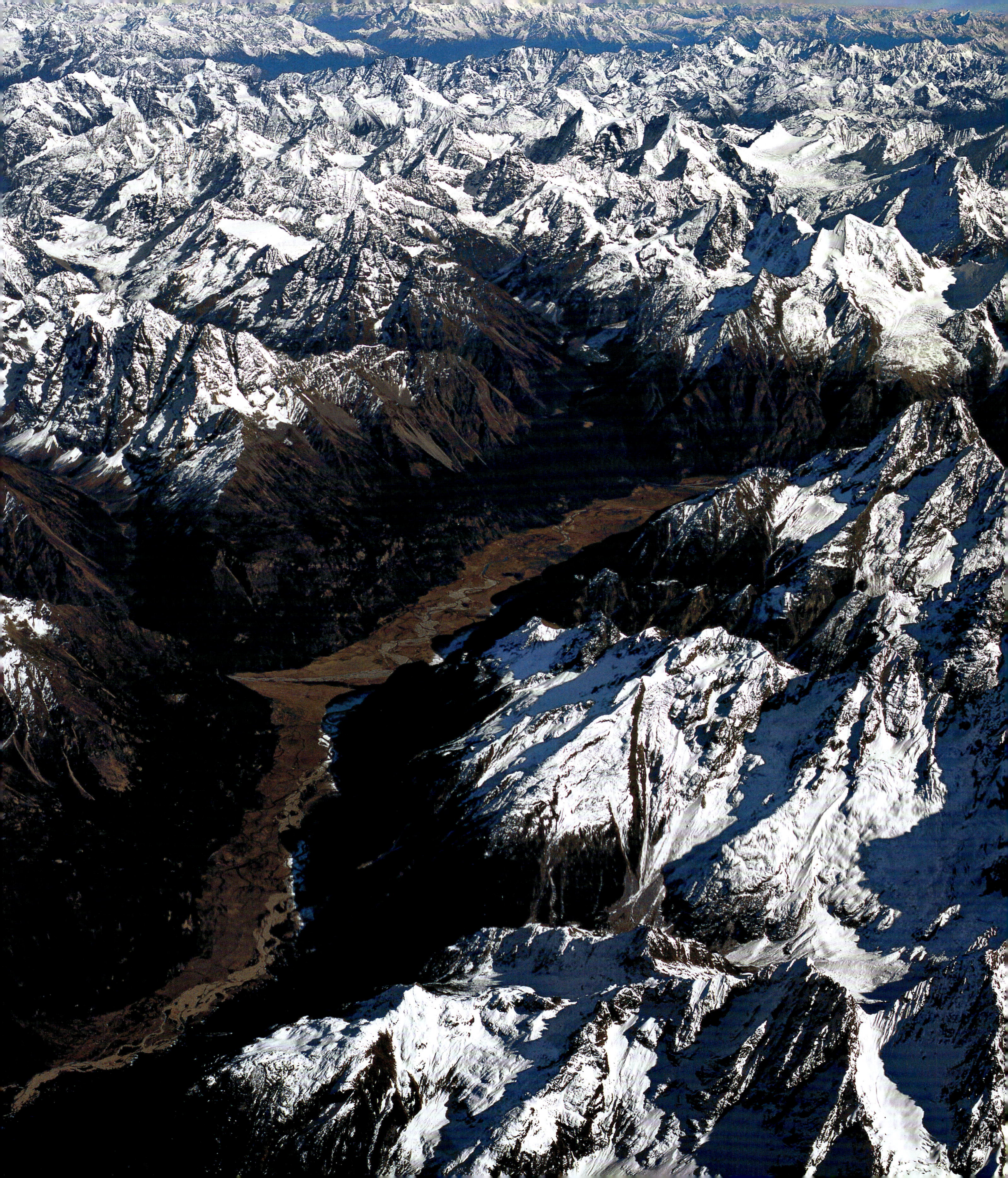

202 und 203 LIAONING	Wenige Kilometer von Anshan in Zentral-Liaoning erheben sich die Qianshan-Berge, die sowohl wegen der prachtvollen Tempel und hohen Pagoden als auch wegen des für Bäderkuren sehr geschätzten Wassers der Naturquellen ein beliebtes Reiseziel sind.
204-205 LIAONING	Die Tempel an den Hängen des Qianshan wurden während der Tang- (618–907), Ming- (1368–1644) und Qing-Dynastie (1644–1912) errichtet. Der Name des beliebten Zieles von Pilgern und Touristen rührt von der Form der Bergspitzen her, die an Lotosblumen erinnern: Der ursprüngliche Ortsname lautet nämlich „Berg der tausend Lotosblüten".
206-207 LIAONING	Die Berge in der Nähe von Dandong in der Provinz Liaoning scheinen aus einem Wolkenmeer emporzutauchen. Als Grenzgebiet bietet Dandong den Besuchern spektakuläre Blicke auf Nordkorea.
208-209 LIAONING	Die Große Mauer durchquert den Norden Chinas und schlängelt sich über 5000 Kilometer vom äußersten Westen des Landes bis in die nordöstlichen Regionen. Im dritten Jahrhundert vor Christus verband der Erste Kaiser Qin Shi Huangdi die verschiedenen Befestigungsanlagen aus Lehmziegeln, die am Ende der Zhou-Periode (1100–300 v. Chr.) von den Fürsten der Nordreiche gebaut worden waren, doch den Kaisern der Ming-Dynastie (1368–1644) verdanken wir die Mauer, wie wir sie heute kennen.

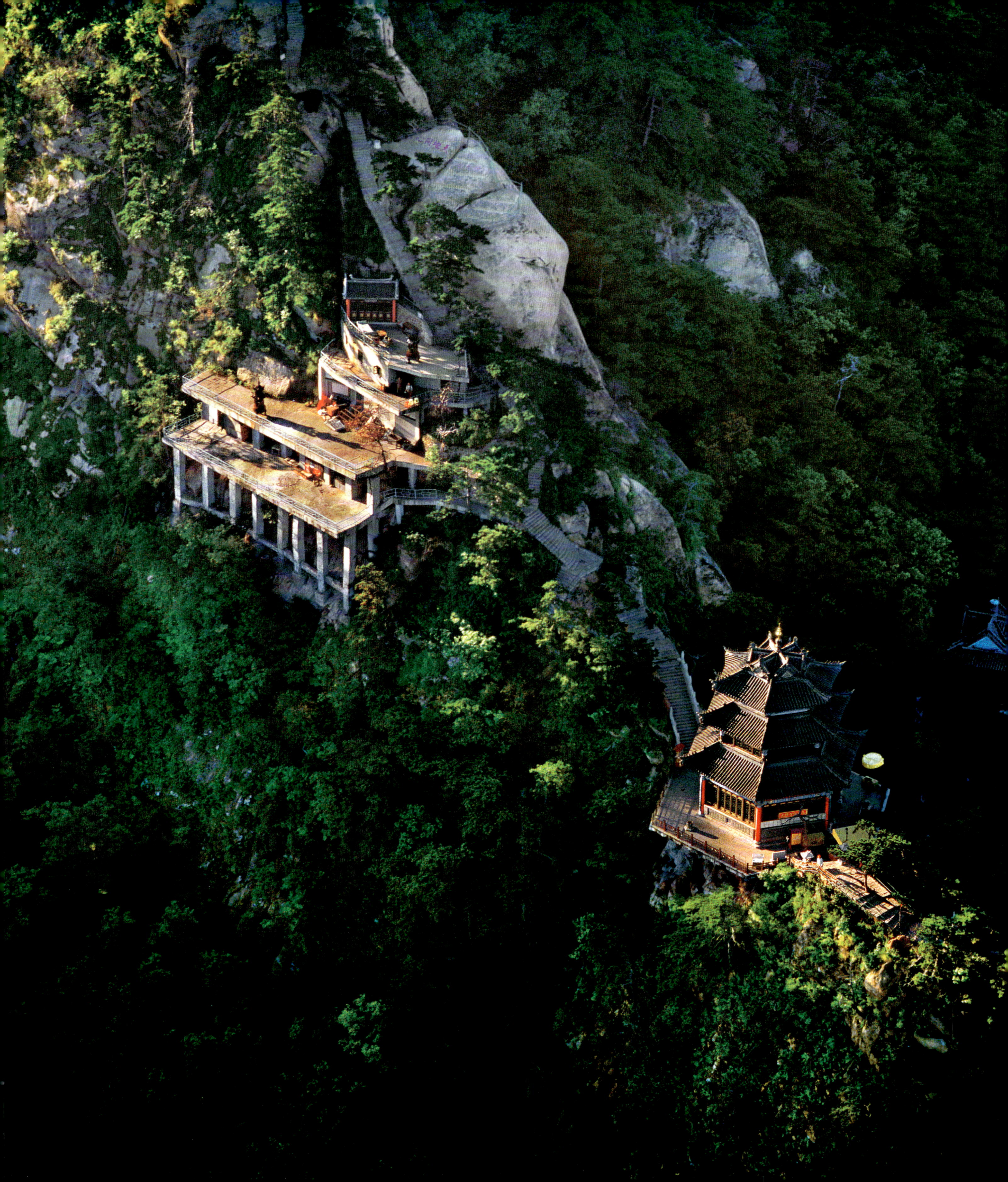

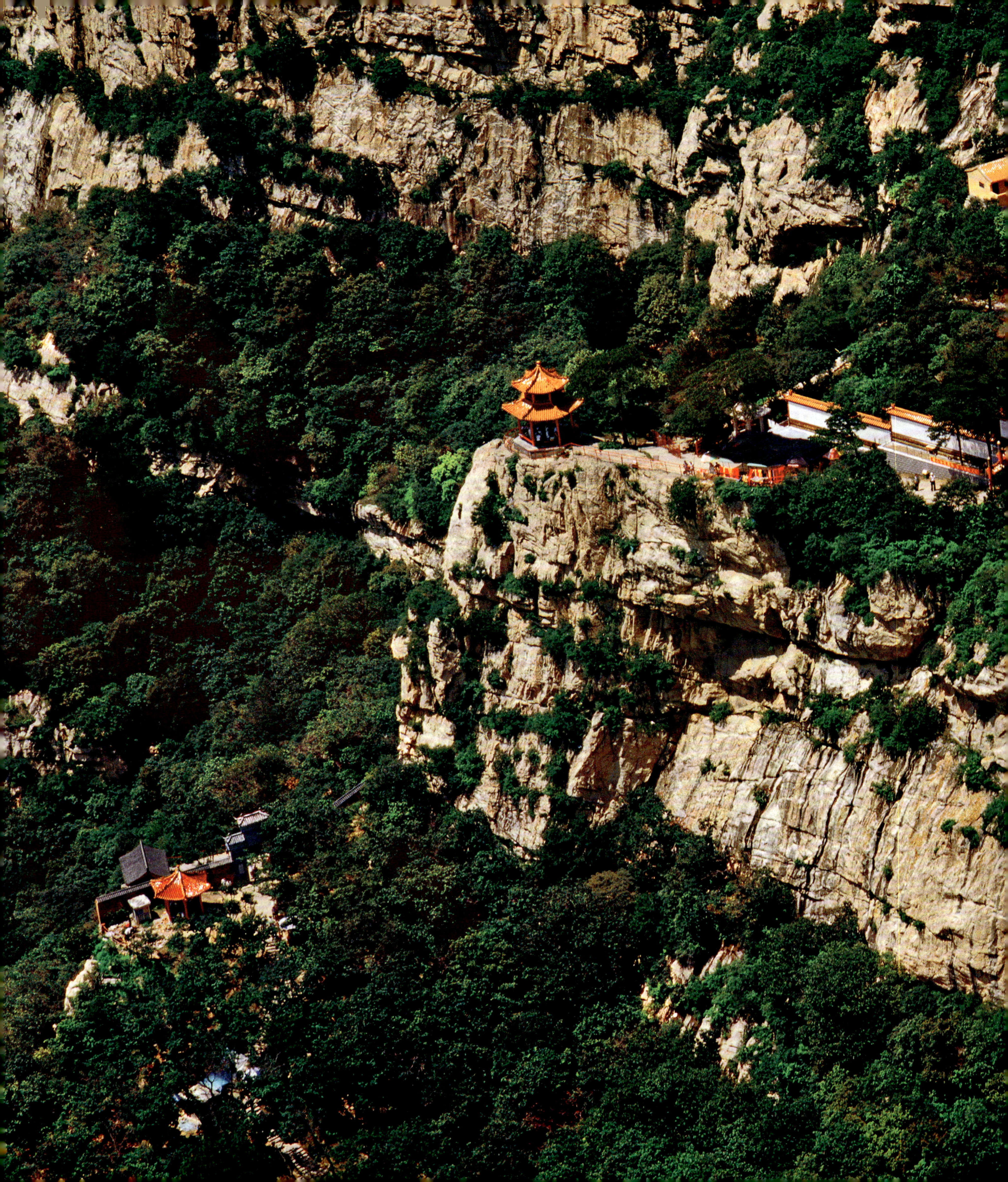

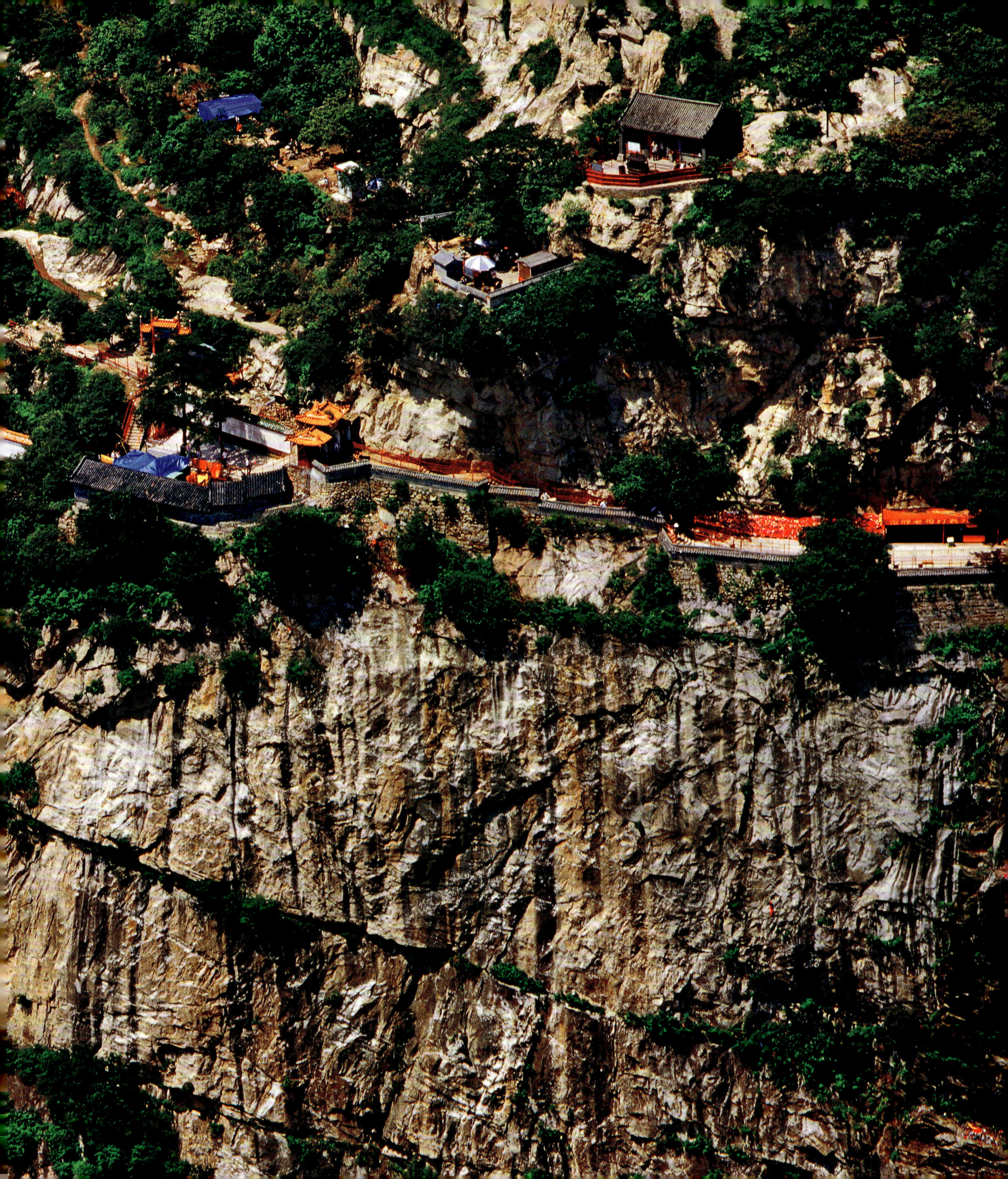

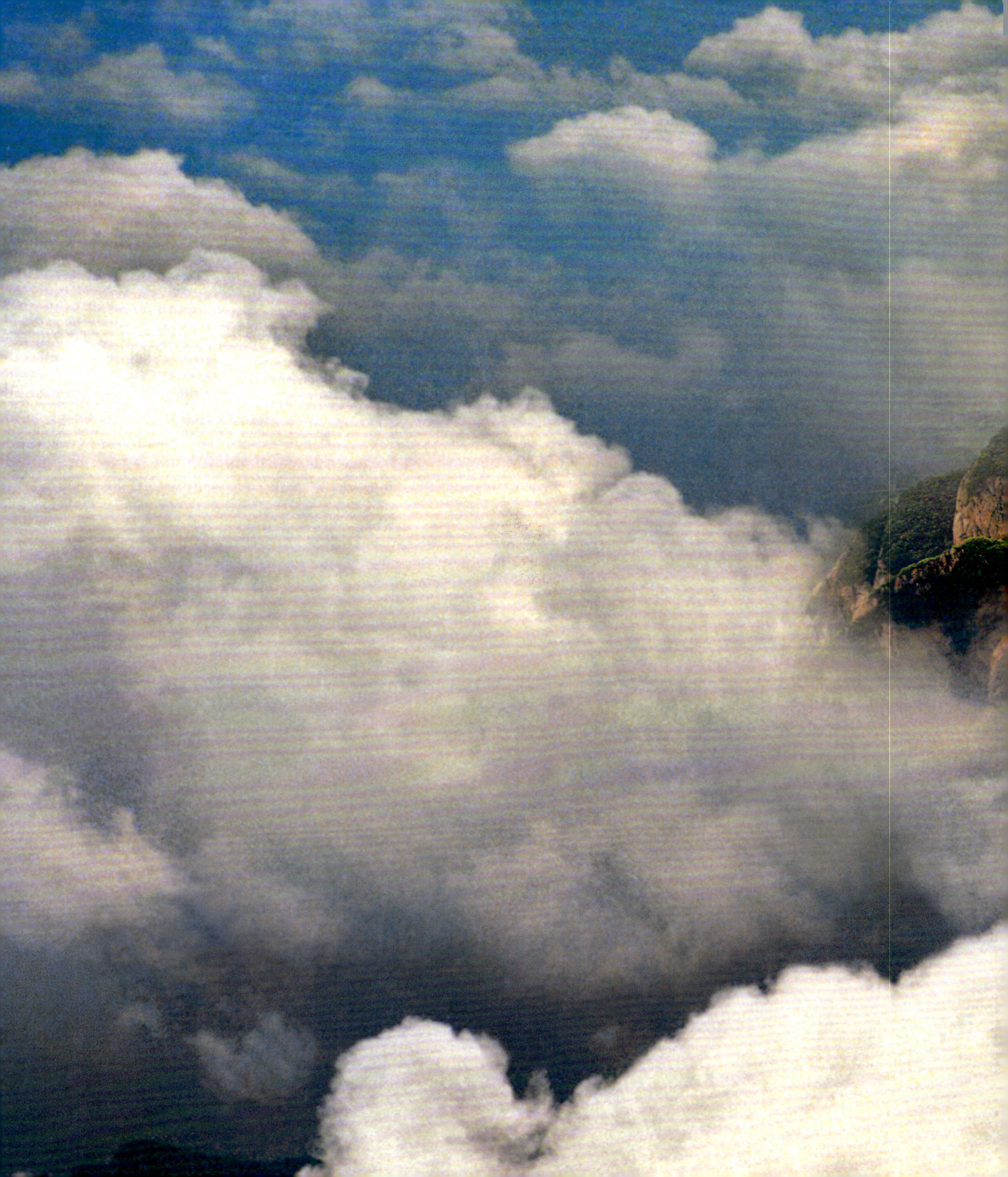

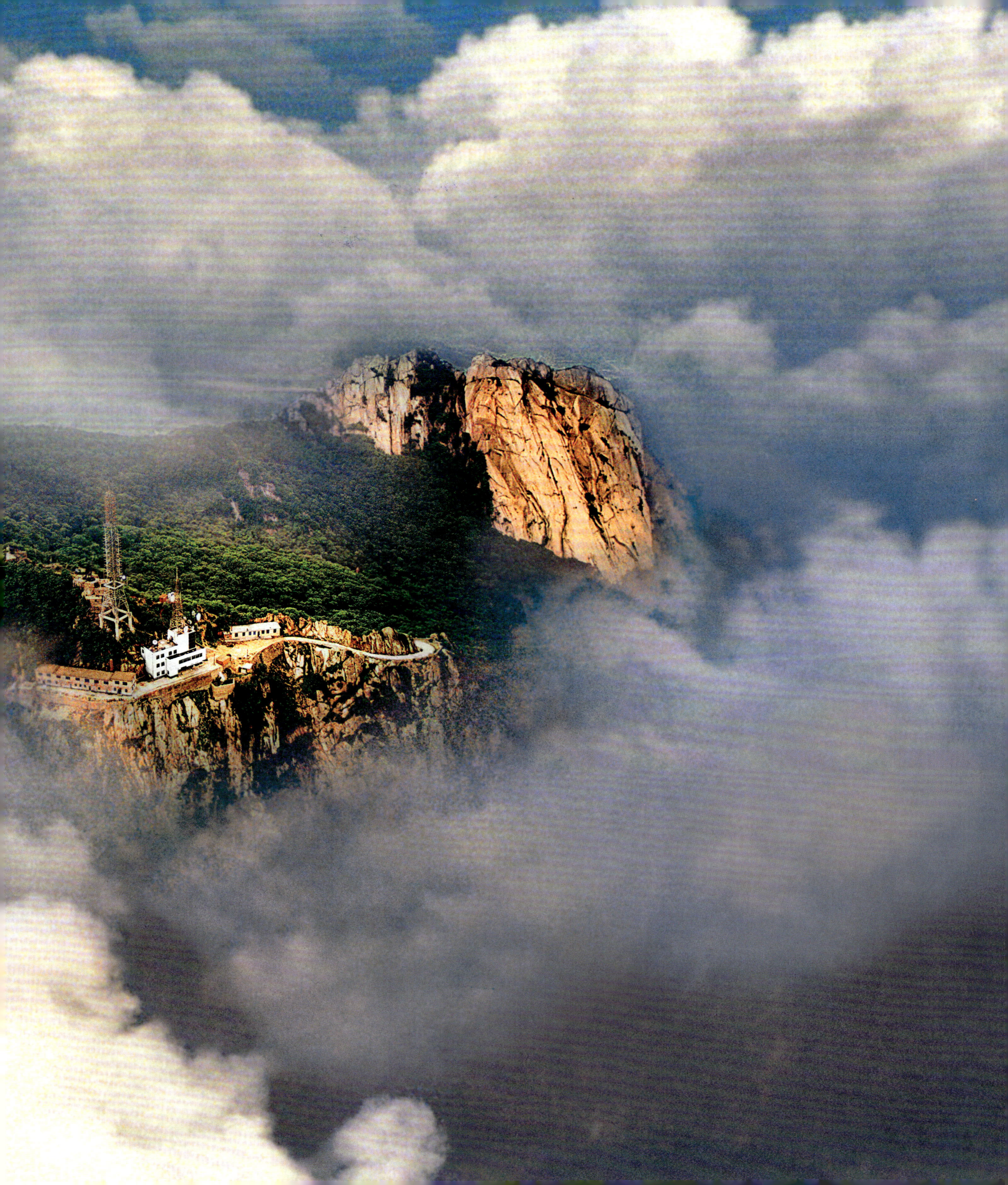

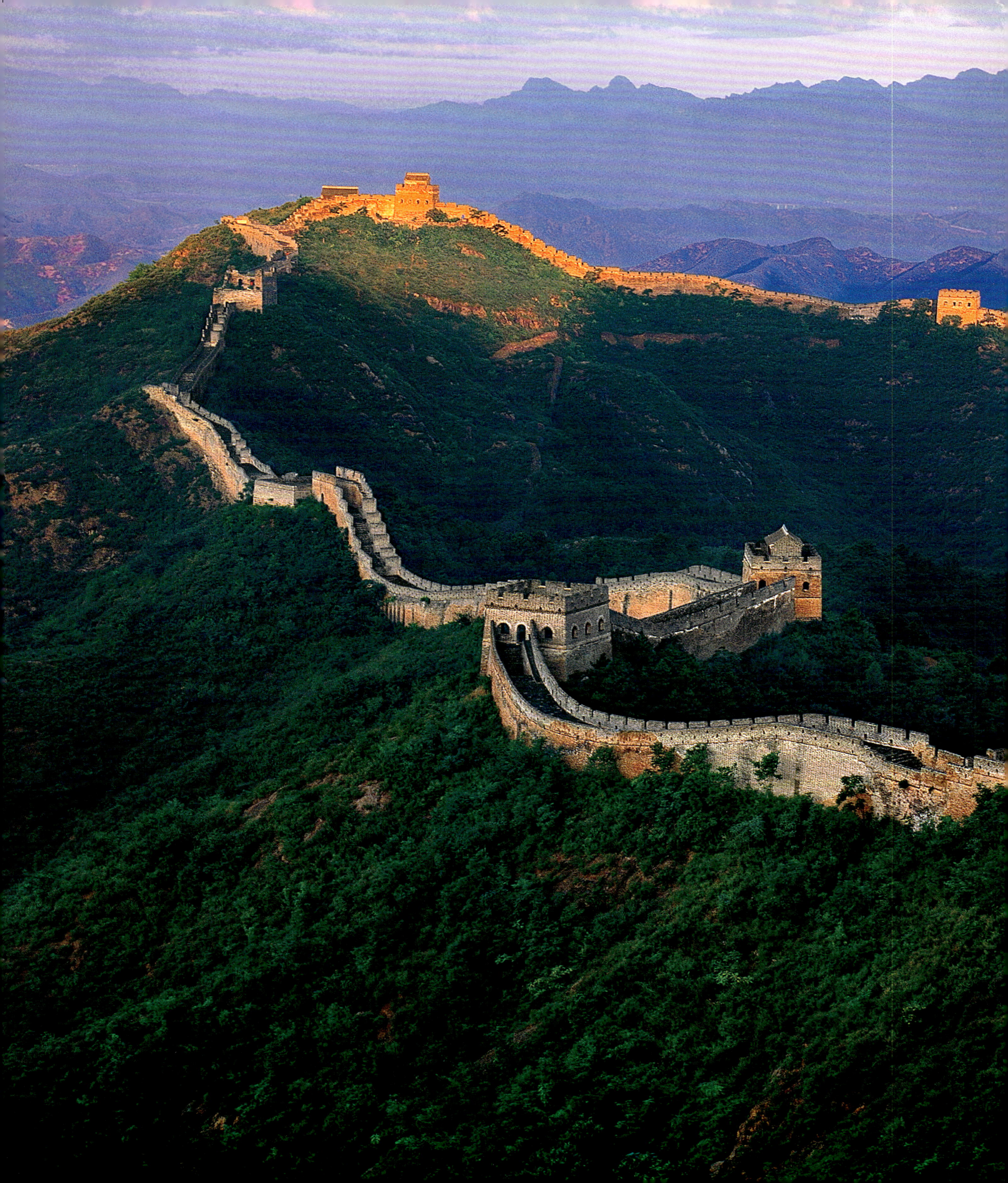

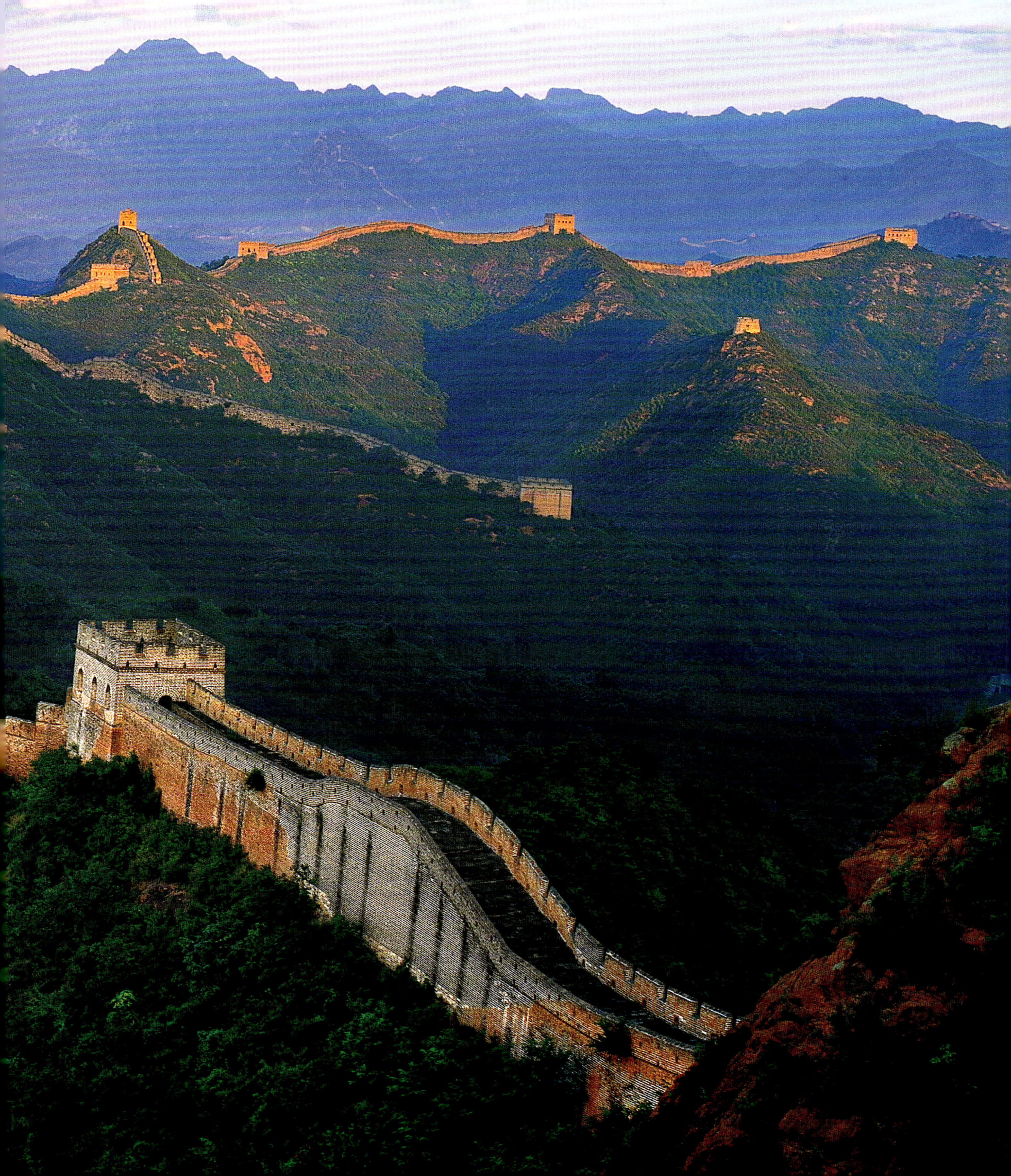

210	Aus der üppigen Vegetation des Qingcheng-Berges ragt eine Pagode hervor: Sie ist nur eines der zahlreichen Monumente
SICHUAN	und Tempel in diesen heiligen Bergen des Taoismus in der Provinz Sichuan.

211	Das weiche Relief des Wuyang-Gebirges lugt durch die Wolken. Der Name des Gebirges bei der Stadt Zibo im Innern der Halbinsel
SHANDONG	Shangdong bedeutet wörtlich: „Die fünf Einsamen" und bezieht sich auf fünf nach Süden ausgerichtete Bergspitzen, die diesem Ort
	ein ganz besonderes Aussehen verleihen.

212-213	Die Bergketten, die aus dem Morgendunst
ANHUI	auftauchen, machen das Territorium der
	kleinen Provinz Anhui im Mittelosten Chinas
	zu einem beeindruckenden, aber unwirt-
	lichen Ort.

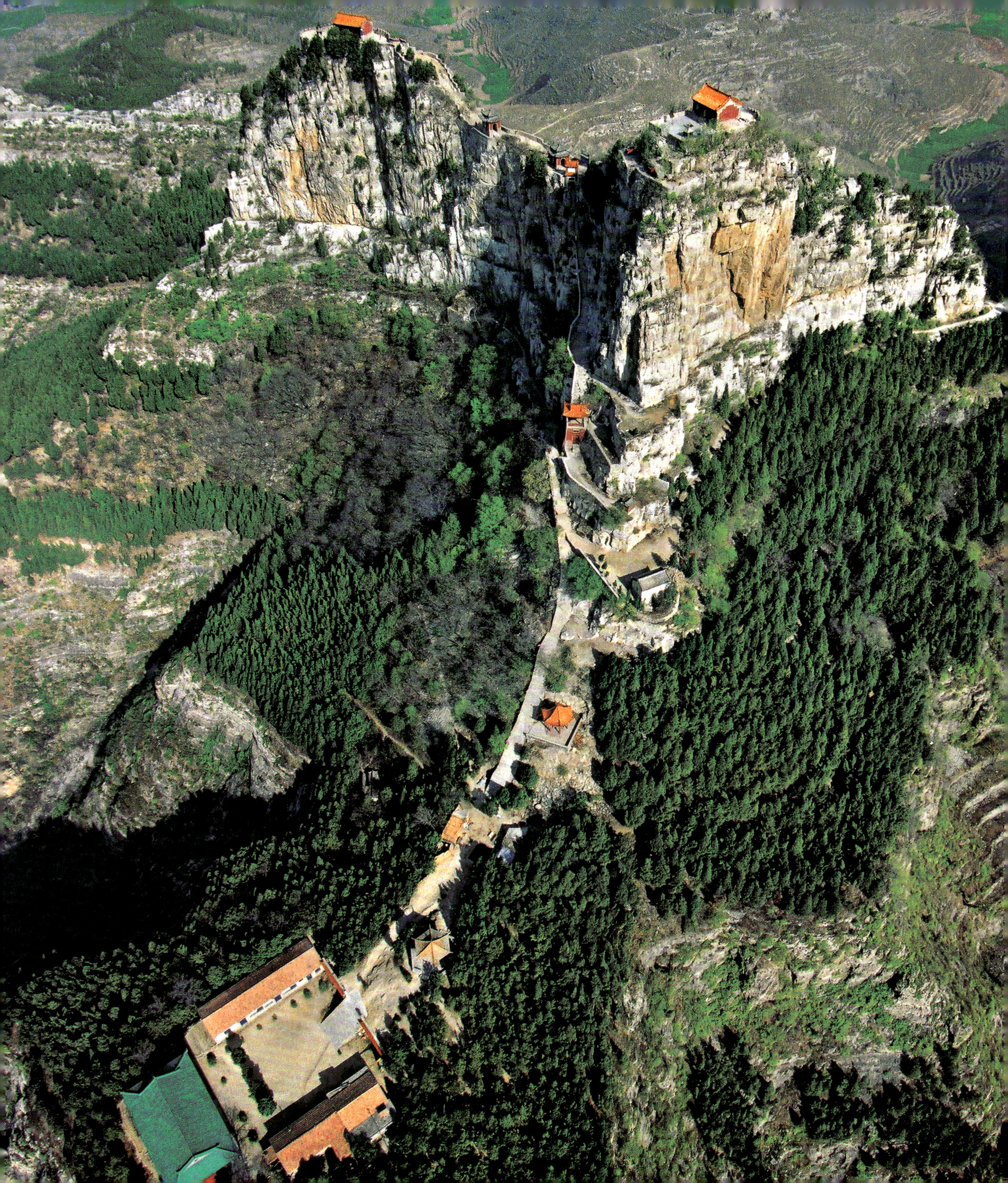

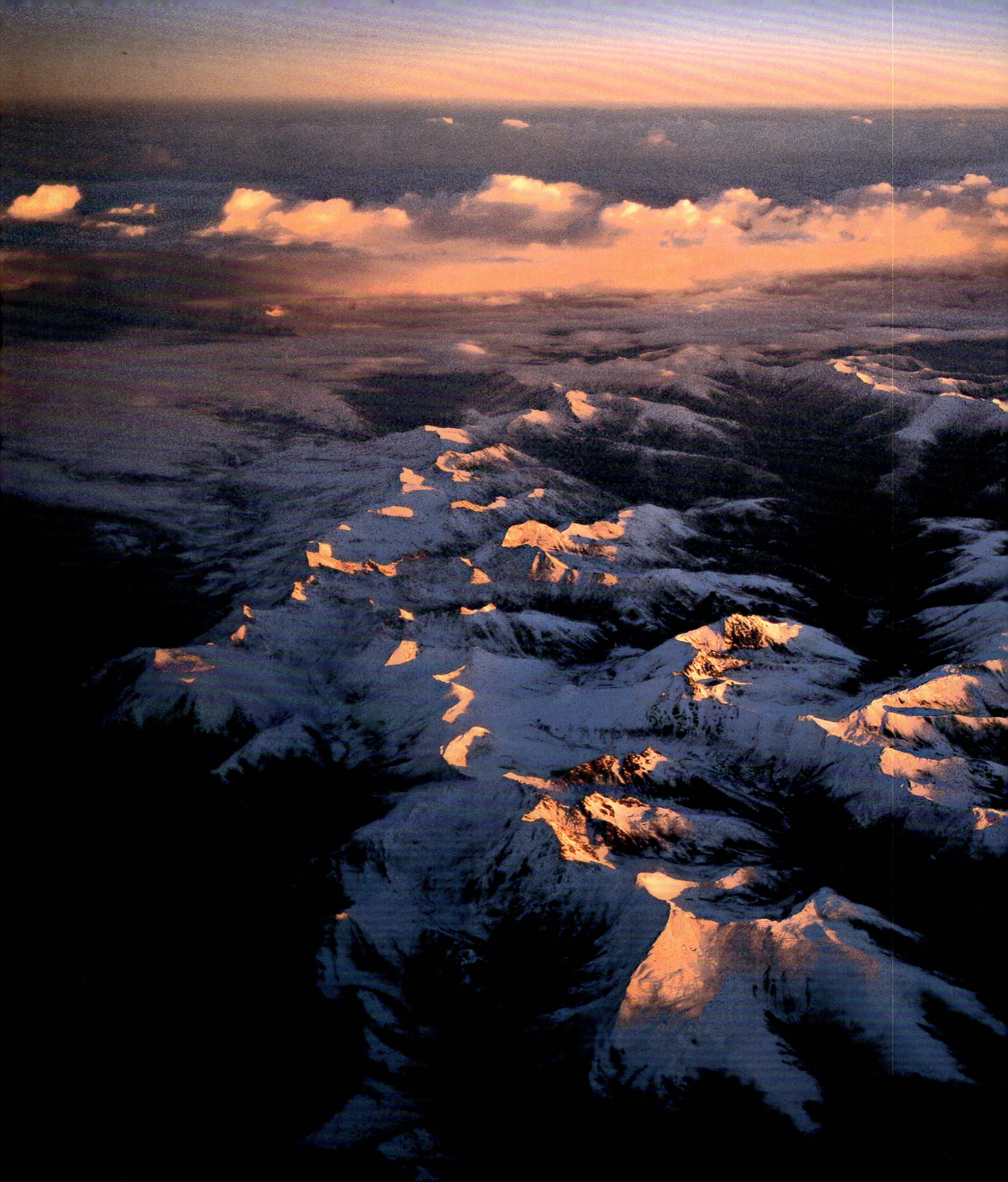

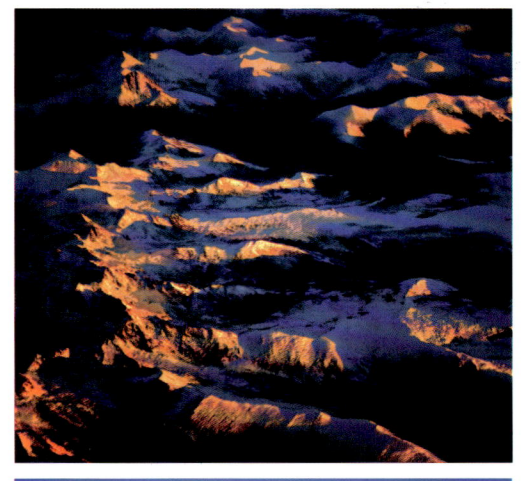

214-215 und 215 unten
SICHUAN

Der Xilingxueshan in der Provinz Sichuan färbt sich rot in der Abenddämmerung. Die grünen Täler, die sich zwischen den Bergen öffnen, gehören zum Lebensraum des Riesenpandas und stehen als solche unter Naturschutz.

215 oben
XIZANG-SICHUAN-YUNNAN

Das Hengduar-Gebirge liegt an der Grenze zwischen drei Provinzen im südöstlichen Teil des Qinghai-Tibet-Plateaus und ist im Durchschnitt 2000 bis 6000 Meter hoch. Der höchste Gipfel, der Gonggashan, erreicht eine Höhe von 7556 Metern.

| **216 und 217** | Das Serthar-Institut bei Seda in den Bergen der Provinz Sichuan wurde 1980 für Praxis und Lehre des tibetischen
| SICHUAN | Buddhismus gegründet und kann gut 8000 Mönche, Nonnen und laizistische Studenten beherbergen.

| **218-219** | In den südtibetischen Bergen machen das Kloster Pelkor Chöde und die alten Bastionen das Panorama
| XIZANG | der Stadt Gyantse unverwechselbar. Das 1418 gegründete Kloster ist berühmt für das Kumbum, ein dreidimensionales Mandala mit neun Ebenen und 108 Kapellen, die buddhistische Darstellung des Universums.

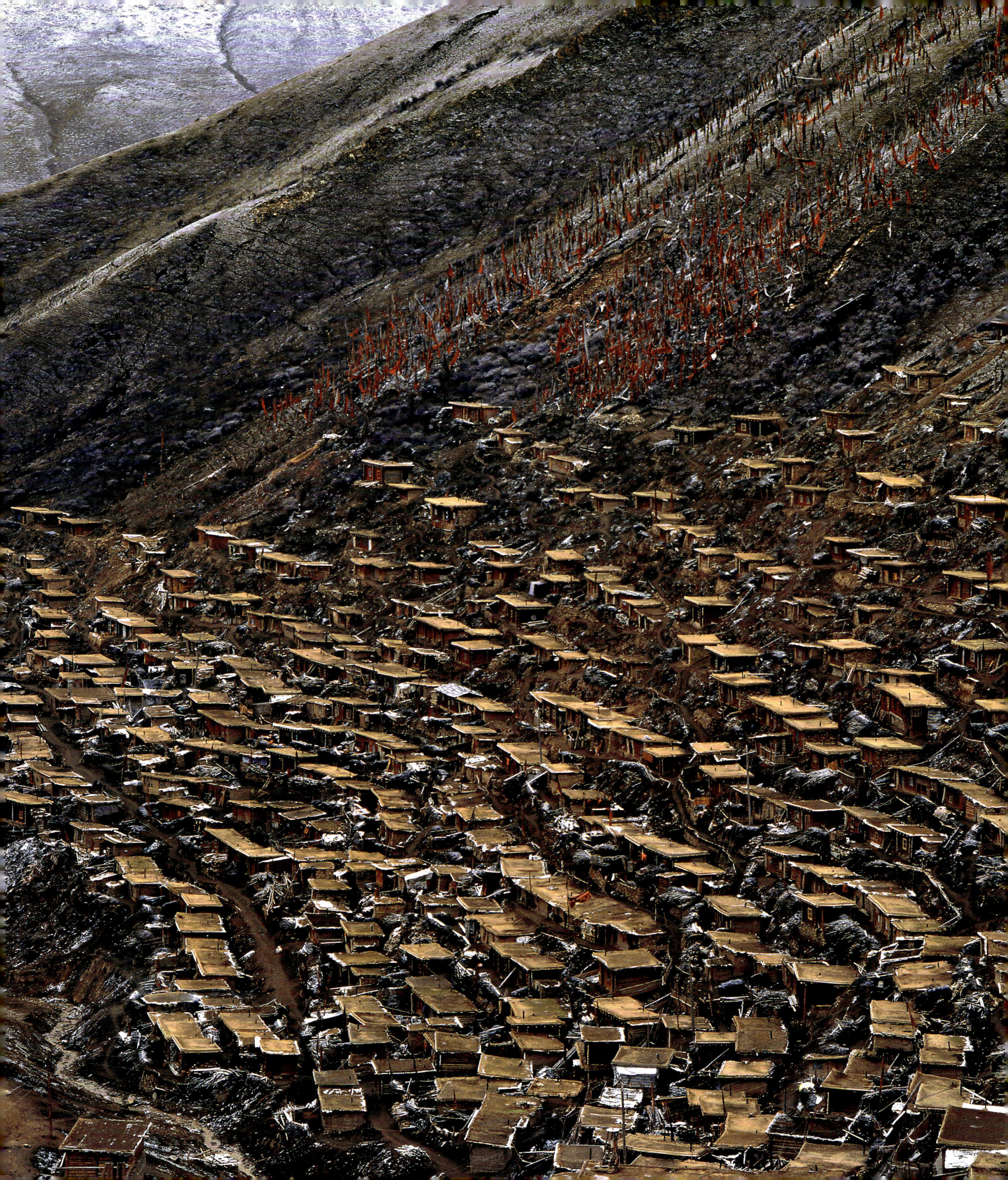

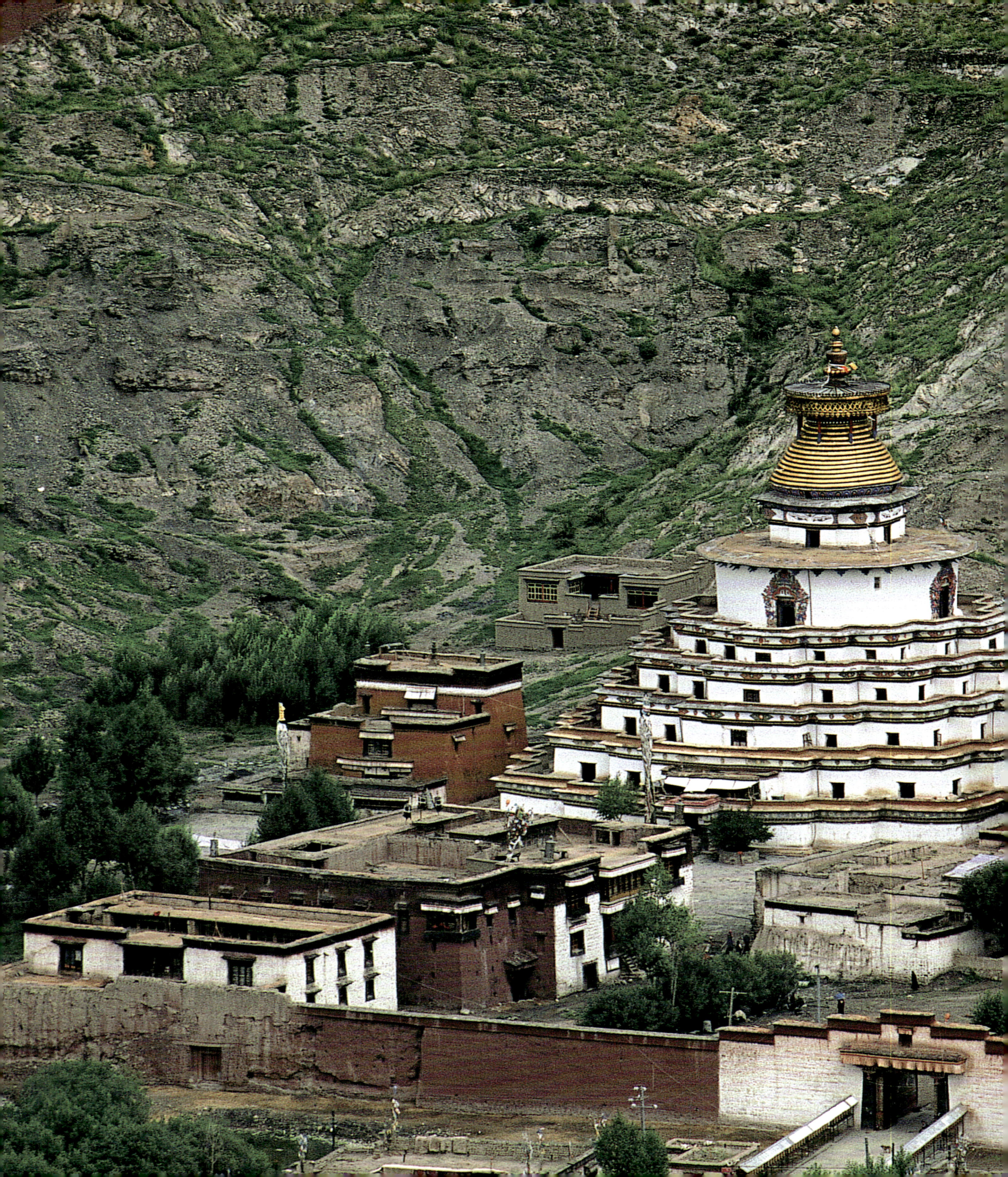

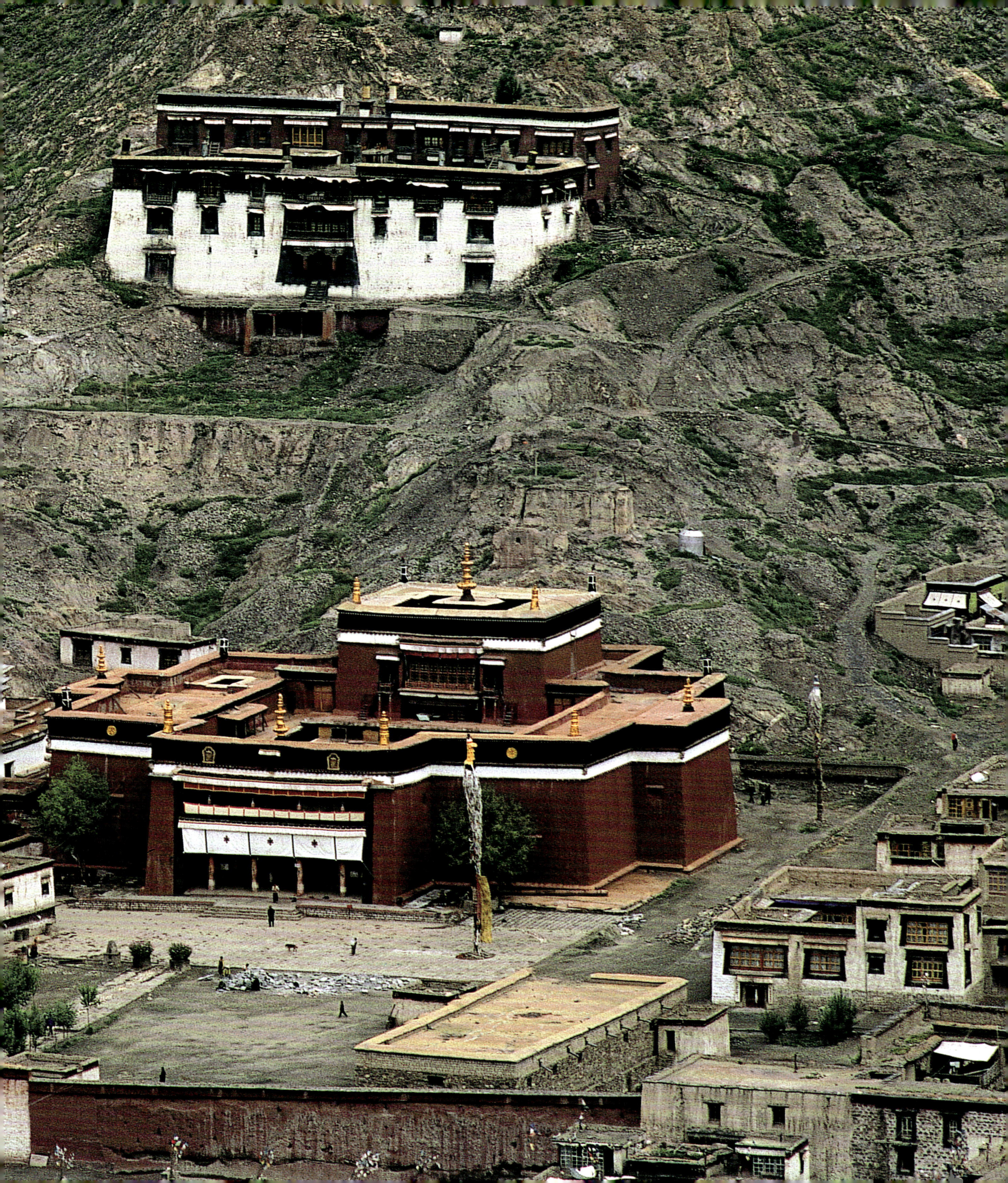

220 | Steile Wände, ewiges Eis und hohe Bergspitzen umschließen die Autonome Region Xizang (Tibet) wie eine Festung. Fast das
XIZANG | gesamte Territorium liegt zwischen 4000 und 5000 Metern hoch und macht Tibet zum wahren „Dach der Welt".

221 | Die Gipfel des Himalaya, die höchsten
XIZANG | der Welt, erheben sich über die Wolken und trennen die Autonome Region Xizang von Indien, Nepal und Bhutan. Diese gigantische Bergkette ist zwischen 100 und 200 Kilometer breit und etwa 2400 Kilometer lang.

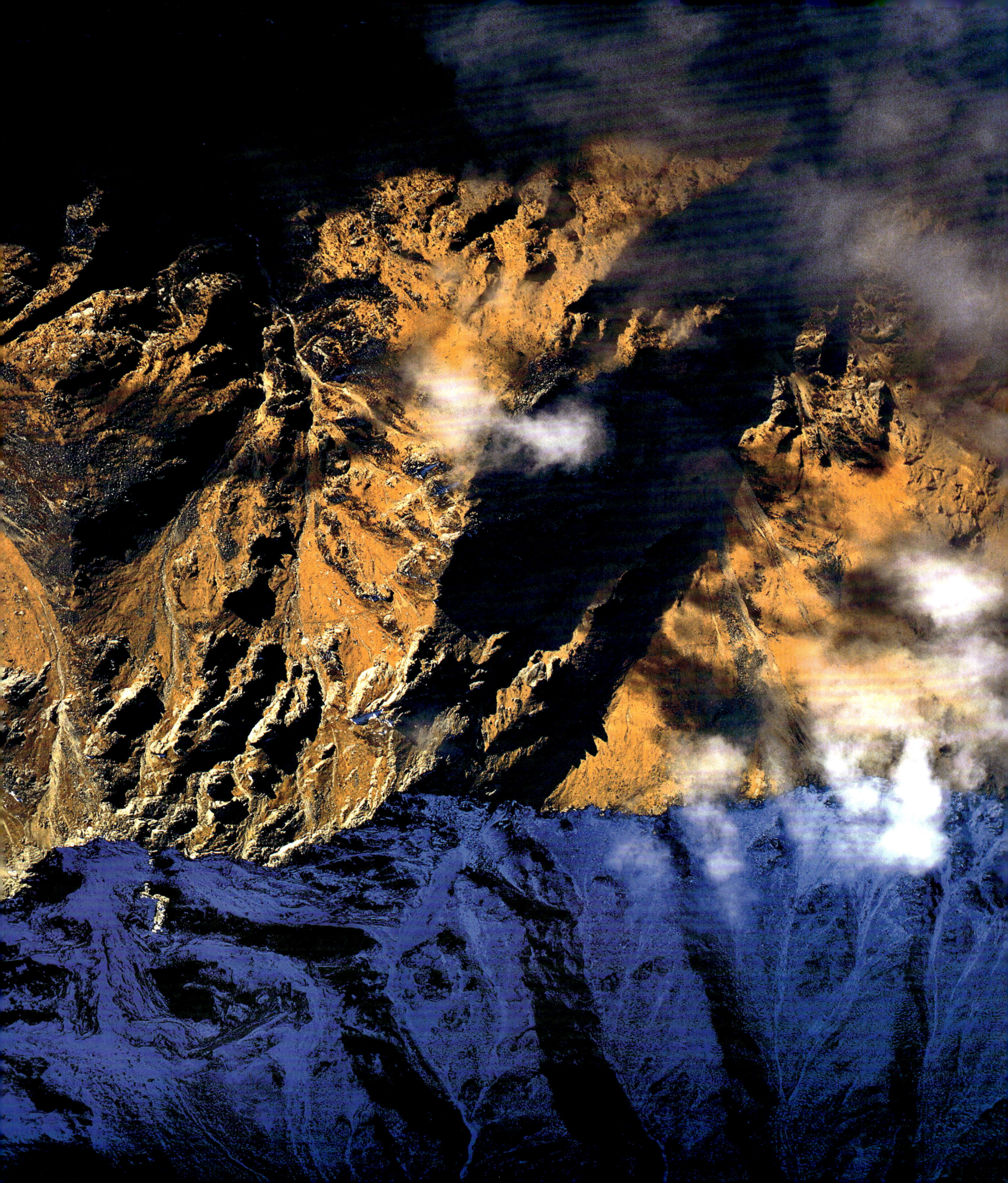

222 | An der Grenze zwischen der Autonomen Region Xizang und Nepal scheinen die Gipfel des Cho Oyu
XIZANG | (8201 Meter) und des Gyachung Kang (7952 Meter) das Himmelsgewölbe zu tragen.

223 | Der Mount Everest, mit seinen 8848 Metern der höchste Berg der Welt, erhebt sich majestätisch zwischen
XIZANG | der Autonomen Region Xizang und Nepal. Auf Tibetisch wird der Berg, der 1953 zum ersten Mal bezwungen
wurde, Qomolangma (Mutter des Universums) genannt, während er auf Nepalesisch Sagarmatha (Anfang
des Himmels) heißt.

224-225 | Die schneebedeckten Gipfel des Himalaya ragen aus den Wolken. Der Himalaya ist ein Ort der Extreme,
XIZANG | der Superlative: Außer den höchsten Gipfeln ist er nämlich eine der größten Wasserquellen der Welt; hier
entspringen einige der größten Flüsse und er stellt die größte Konzentration von Gletschern außerhalb der
Polarregionen dar.

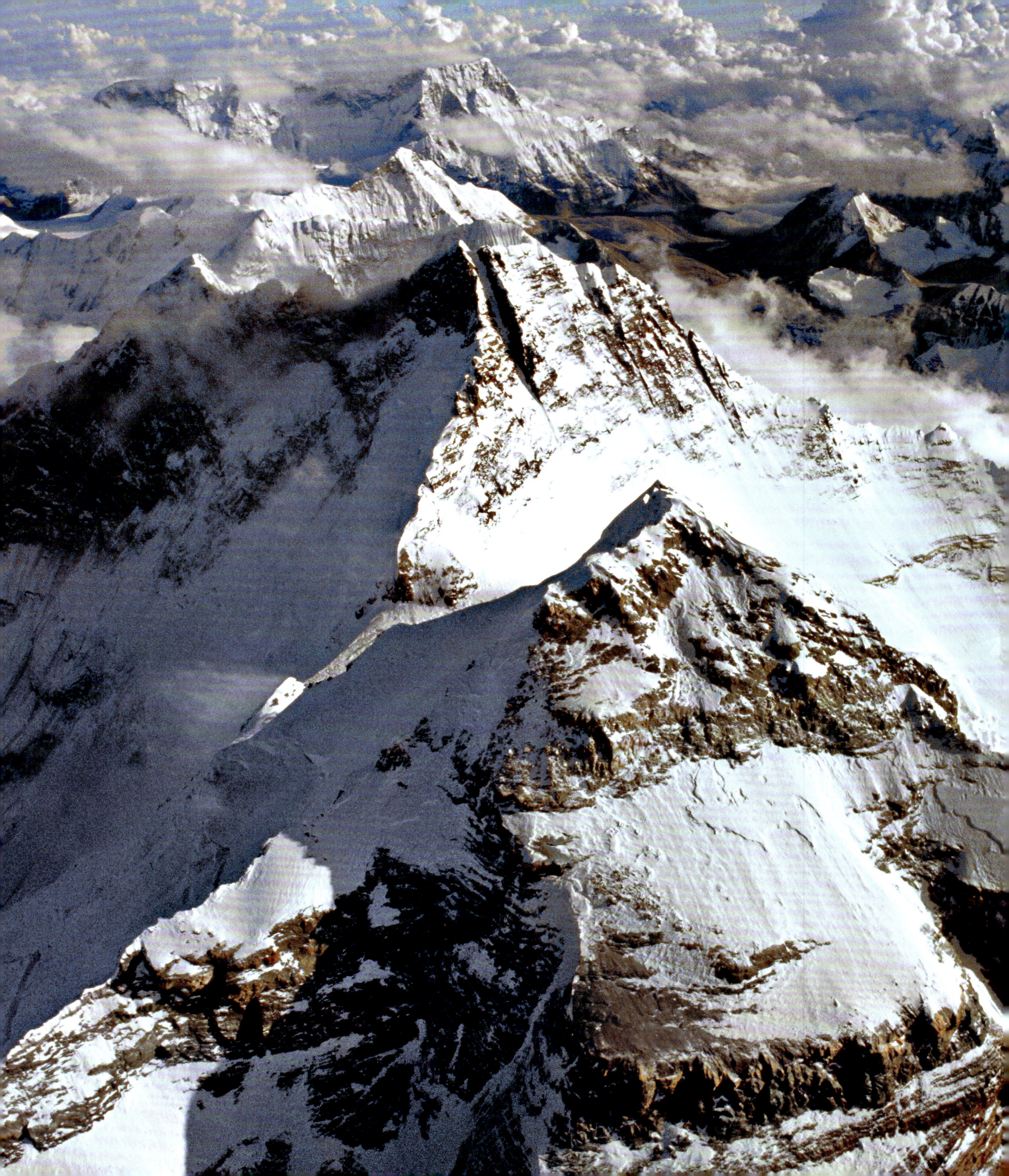

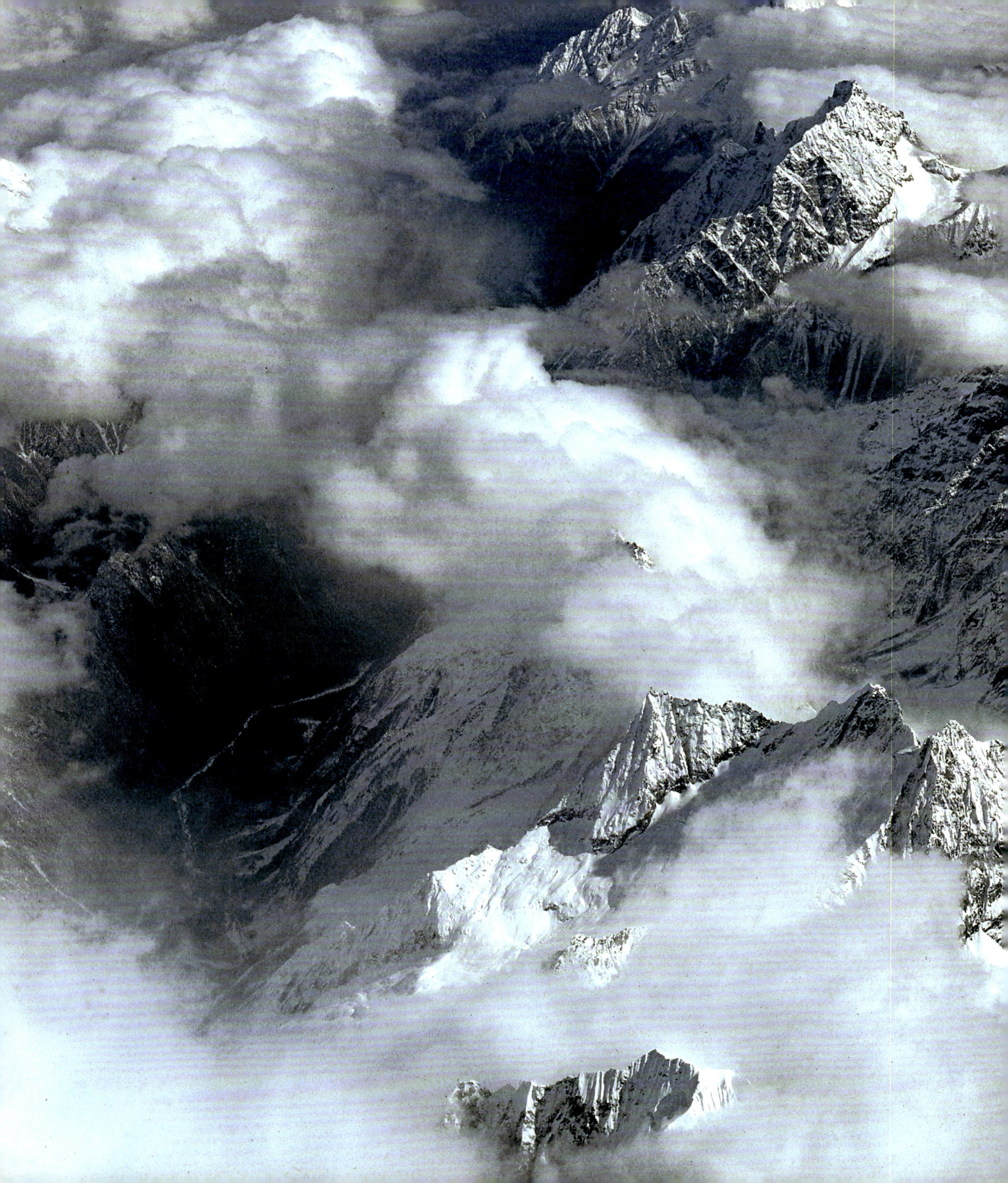

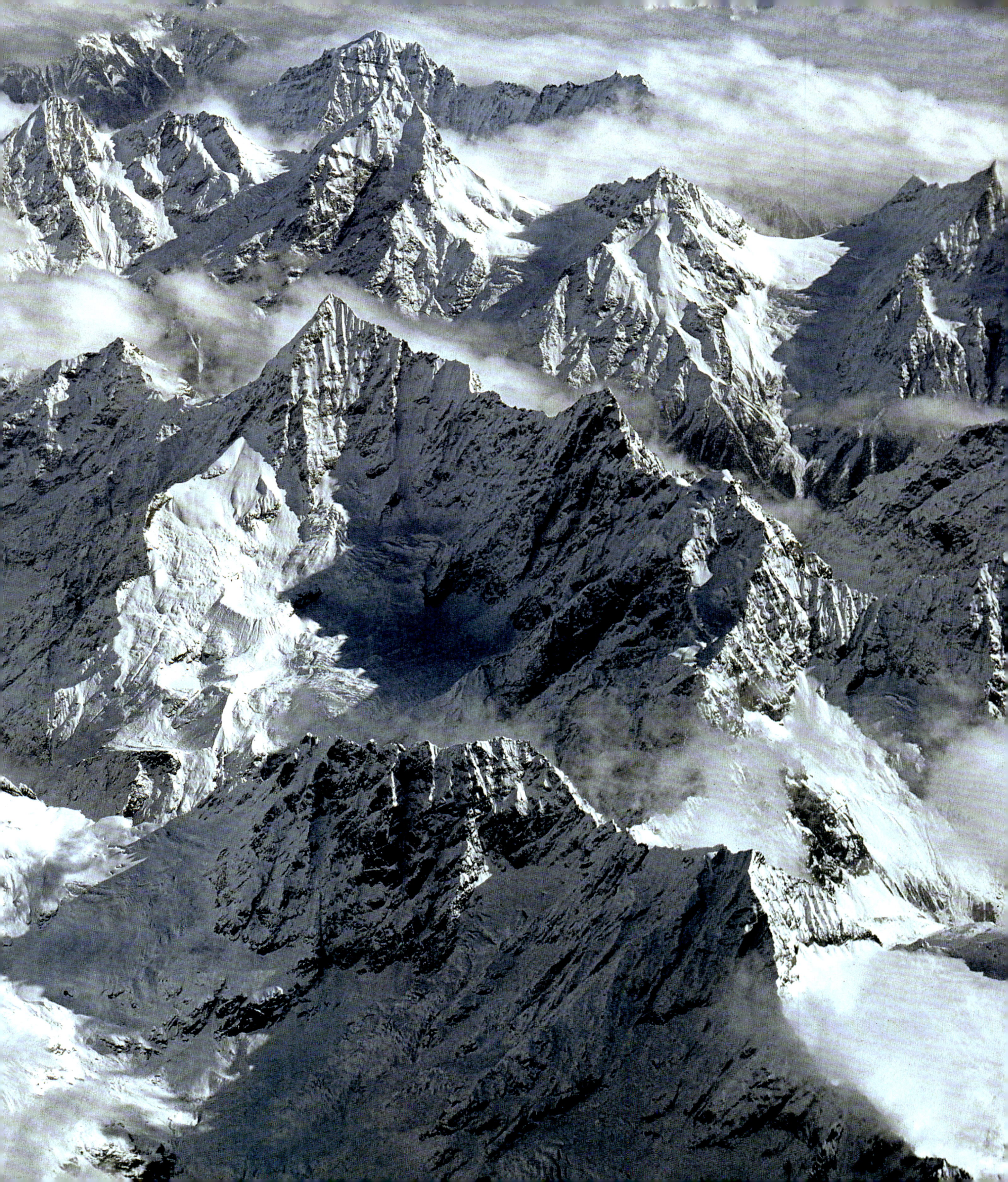

DAS REICH DES WASSERS

Der allgegenwärtigen Ressource Wasser verdankt China einen Großteil seines historischen Reichtums. Kaltes, goldenes Wasser im Gelben Meer, warmes, tropisches Wasser im Golf von Tonkin, reißendes, fruchtbares Wasser in den Flüssen – die zu den längsten und größten der Welt zählen und von den Hochplateaus zu den Küsten hinabdrängen.

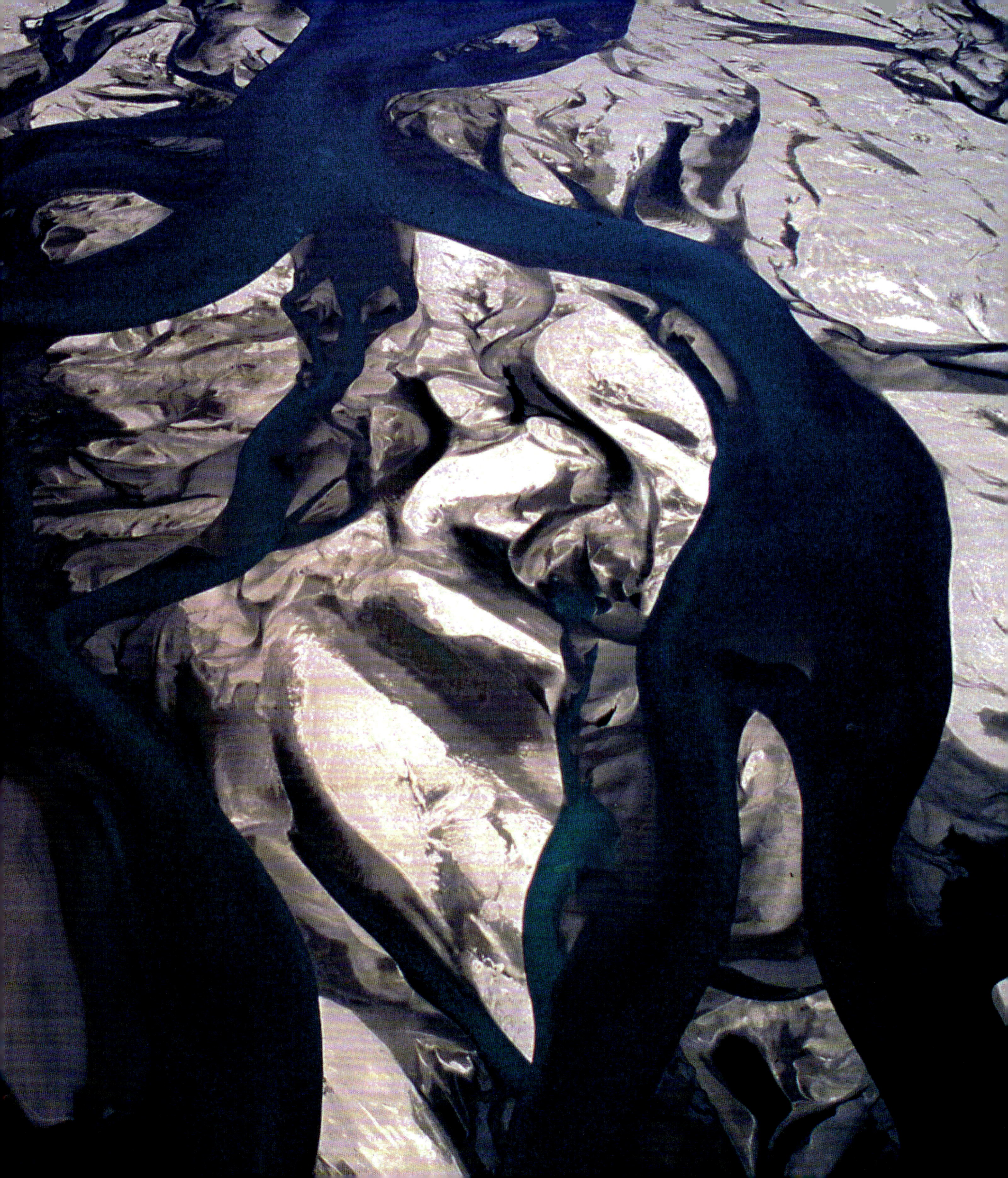

DAS REICH DES WASSERS
QUELLEN DES LEBENS

227 | Die Wasser des Flusses
XIZANG | Yarlung teilen sich zwischen den schneebedeckten Bergen der Autonomen Region Xizang. In diesem Gebiet fließt der Fluss nämlich auf einer mittleren Höhe von 4000 Metern.

Der Ostteil des chinesischen Kontinents grenzt an eine ausgedehnte Wasserfläche, die sich von Nord nach Süd in vier Meereszonen unterteilt: den Golf von Bo Hai, das Gelbe Meer, das Ostchinesische Meer und das Südchinesische Meer sowie östlich von Taiwan den Pazifischen Ozean; es gibt hier über 5000 Inseln. Die chinesische Küstenlinie ist mehr als 18 000 Kilometer lang, ihre Konturen sind unregelmäßig und ihre Beschaffenheit ist komplex und differenziert. Im Norden des Golfs von Hangzhou ist der Großteil der Strände flach, mit Ausnahme der Halbinseln Liaodong und Shandong, die eine Felsküste aufweisen; im Süden des Golfs von Hangzhou sind die meisten Küsten felsig, abgesehen von Hongkong und den Trichtermündungen der kleinen und mittleren Flüsse des Deltas, die eine flache Küste haben. Ein Teil der Küsten des Südchinesischen Meers ist organischer Natur und besteht aus Korallenriffen und Mangrovenwäldern.

Der Golf von Bo Hai ist das Chinesische Binnenmeer mit einer Fläche von 97 000 Quadratkilometern und einer durchschnittlichen Tiefe von 26 Metern. Dieses Meer ist auf drei Seiten von Land umgeben, die Temperatur des Wassers ist ziemlich niedrig, ebenso wie der Salzgehalt, während es dagegen große Mengen Sand enthält, der für die unverwechselbaren goldenen Reflexe verantwortlich ist.

Südlich des Golfs von Bo Hai liegt das Gelbe Meer, ein halbgeschlossenes Meer, das die Kontinentalplattform bespült, mit einer mittleren Tiefe von 44 Metern und einer Fläche von über 400 000 Quadratkilometern. Da es dem Einfluss des Gelben Flusses, des Jangtsekiang und anderer kontinentaler Flüsse unterliegt, hat auch das Wasser des Gelben Meers, wie der Golf von Bo Hai, niedrige Temperaturen und geringen Salzgehalt, enthält aber große Mengen von Sand, die die charakteristische, leicht gelbliche Farbe bedingen, von der natürlich die Bezeichnung Gelbes Meer herrührt.

Noch weiter südlich liegt das Ostchinesische Meer mit einer Fläche von circa 800 000 Quadratkilomern. Seine Gewässer sind eher weitflächig, mit einer mittleren Tiefe von 370 Metern und komplexem Grund; im Westteil befindet sich die Kontinentalplattform, die flächenmäßig zwei Drittel des gesamten Meeres einnimmt, während sich im Ostteil ein Kontinentalgefälle und der Okinawa-Graben befinden. Das Südchinesische Meer ist praktisch ein vollständiges Tiefseebecken, fast auf allen vier Seiten von Festland, Halbinseln und Inseln umgeben, mit einer Fläche von circa 3 500 000 Quadratkilometern und einer Durchschnittstiefe von 1212 Metern. Das Südchinesische Meer gehört zu den Tropen, folglich sind Temperatur und Salzgehalt des Wassers hoch.

Eine weitläufige Küste mit sanften Kontinentalabhängen und niedrigen Wassertiefen ist typisch für die Insel Taiwan. Der Meeresgrund entlang der Meerenge von Formosa ist sehr verschieden von dem Boden, der von der Insel aus in südlicher Richtung zum offenen Meer und zu einem mehr als 5000 Meter tiefen Ozeangraben absinkt. Diese Meeresregion spürt wenig vom Einfluss des Kuroshio, der warmen Meeresströmung von Japan, die statt dessen Taiwan umspült; ihre Wasser sind warm und sehr salzig.

Gut 50 000 chinesische Flüsse liegen in hydrografischen Becken mit mehr als 100 Quadratkilometern, von diesen haben wiederum 79 eine Gesamtfläche von über 10 000 Quadratkilometern. Keiner der wenigen Flüsse der Provinz Xinjiang und des Plateaus der Inneren Mongolei mündet ins Meer; die Fläche ihrer Becken bedeckt 36 Prozent der Gesamtfläche Chinas, doch ihre Wassermenge beträgt nicht einmal 5 Prozent aller chinesischen Fließgewässer. Die anderen Flüsse, deren hydrografische Becken 64 Prozent der Gesamtfläche des Landes einnehmen, münden dagegen alle ins Meer und ihre Wasserfördermenge macht über 95 Prozent der Gesamtmenge aller chinesischen Flüsse aus. Mit Ausnahme des Ertix, der in das Arktische Eismeer fließt, folgen die Flüsse, die ins Meer münden, der allgemeinen Tendenz der territorialen Gestaltung Chinas, das heißt von den Gebirgen im Westen zu den Ebenen im Osten hin abfallend, und sie schließen die unzähligen Wasserläufe des Gebiets zwischen den beiden größten chinesischen Flüssen, dem Jangtsekiang und dem Gelben Fluss, mit ein. All diese Wasserläufe entspringen auf dem Qinghai-Tibet-Plateau und fließen von Westen nach Osten in den Pazifischen Ozean. In Südwestchina werden der Yarlung Zangbo und der Nu, wie auch ein paar weitere Flüsse, von der Nähe des in Nord-Süd-Richtung verlaufenden Hengduan-Gebirges beherrscht, fließen ebenfalls in diese Richtung und münden in den Indischen Ozean.

Da die chinesischen Flüsse auf der Höhenstufe der Plateaus entspringen und ununterbrochen von Zuflüssen gespeist werden, entwickelt ihr Oberlauf ein verästeltes hydrografisches Netz: Unter den Flussbetten fließen unterirdische Strömungen in großer Tiefe, die Strömung ist stark und schnell und der Flussverlauf eher geradlinig. Wenn die Flüsse in die Höhenstufe der östlichen Ebenen eintreten, liegt ihr Bett tiefer und verengt sich, die Strömung wird langsamer und der Verlauf kurvenreicher; kurz bevor sie sich ins Meer ergießen, gelangen sie in die Ebene des Deltas, verlangsamt sich die Fließgeschwindigkeit weiter und das hydrografische Netz verzweigt sich.

Das fleißige Volk des alten China hat die fünf Flüsse des hydrografischen Netzes zwischen Peking und Hangzhou (den Hai-Fluss, den Gelben Fluss, den Huai-Fluss, der Jangtsekiang und den Qiantang) künstlich miteinander verbunden und den Kaiserkanal (auch Großer Kanal genannt) geschaffen, der mit einer Gesamtlänge von 1782 Kilometern Peking und Hangzhou miteinander verbindet.

China besitzt über 2800 natürliche Seen mit einer Fläche von mehr als einem Quadratkilometer; ihre Gesamtfläche erreicht 80 000 Quadratkilometer. Außerdem gibt es einige künstliche Seen und Staubecken, die unter großen Mühen entlang des Mittel- und Oberlaufs der Flüsse gebaut wurden. Auf dem Qinghai-Tibet-Plateau gibt es viele Salzseen oder Salzfelder (wie den Qinghai-See) und nur wenige Süßwasserseen. Die Seen in der Provinz Xinjiang und der Inneren Mongolei sind weitläufig und nicht sehr tief; auch hier handelt es sich meistens um Salzseen und Salzfelder.

In der Ebene am Mittel- und Unterlauf des Jangtsekiang und den Ebenen Nordchinas gibt es nur wenige Süßwasserseen. Im Allgemeinen sind sie mit Flüssen verbunden, wie der Poyang-See, der Dongting-See, der Hongze-See und so weiter; einige sind wenig mehr als ein schlammiges Flussbett. Das Yunnan-Guizhou-Plateau wird von dem Dianchi-See, dem Erhai-See, dem Fuxian-See und anderen unterbrochen. In den Nordostprovinzen liegen die Seen nicht nur in den Ebenen verstreut, sondern auch im Gebirge, wie der Wudalianchi-See vulkanischen Ursprungs in der Provinz Heilongjiang.

Li Houmin

232 und 232-233 | Zahlreiche Seen machen die Landschaft des
YUNNAN | Distrikts Qiubei, in dem die ethnischen Minderheiten Zhuang, Miao, Yi und Bai leben, zu einem der faszinierendsten Orte der Provinz Yunnan. Auf einer Fläche von 85 Quadratkilometern wechseln sich Wasserspiegel mit einsamen Gipfeln und kleinen Dörfern ab.

234-235 | Nach seinem reißenden Lauf durch die
XIZANG | Dopo-Schlucht biegt der Yarlung nach Süden und fließt endlich gelassenen Laufs nach Indien hinein, wo er den Namen Brahmaputra erhält, um dann Bangladesh zu durchqueren und in den Golf von Bengalen zu münden.

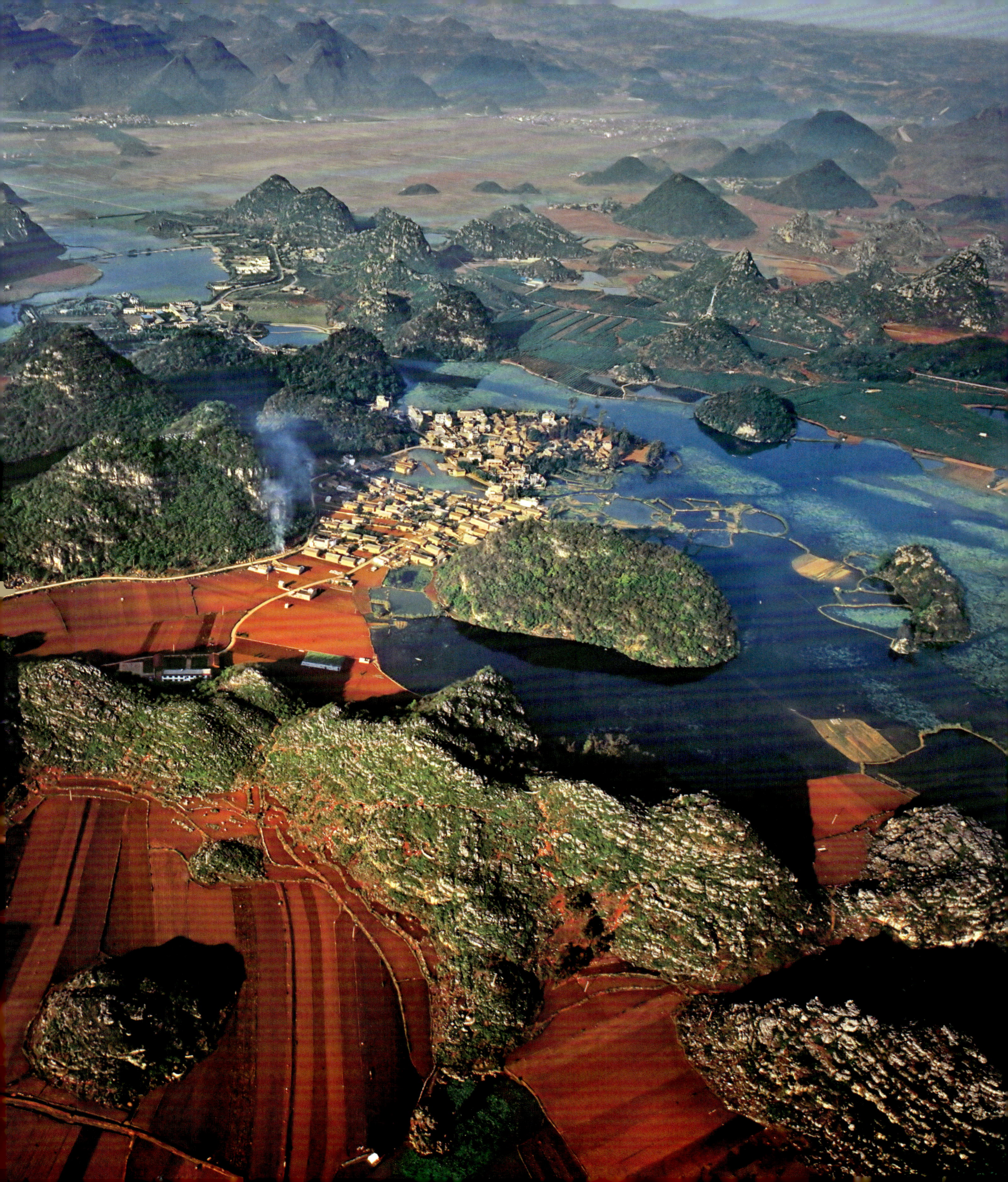

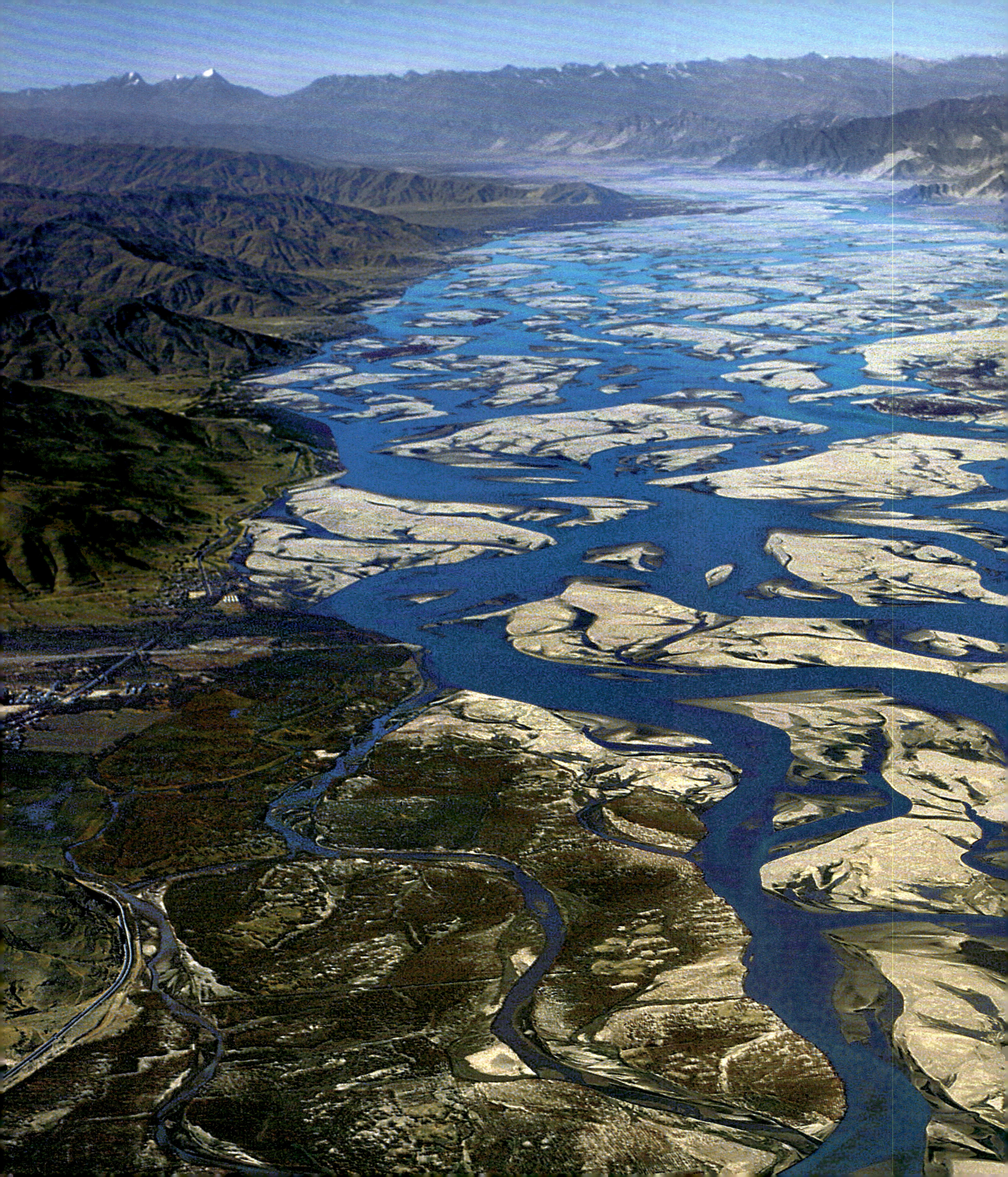

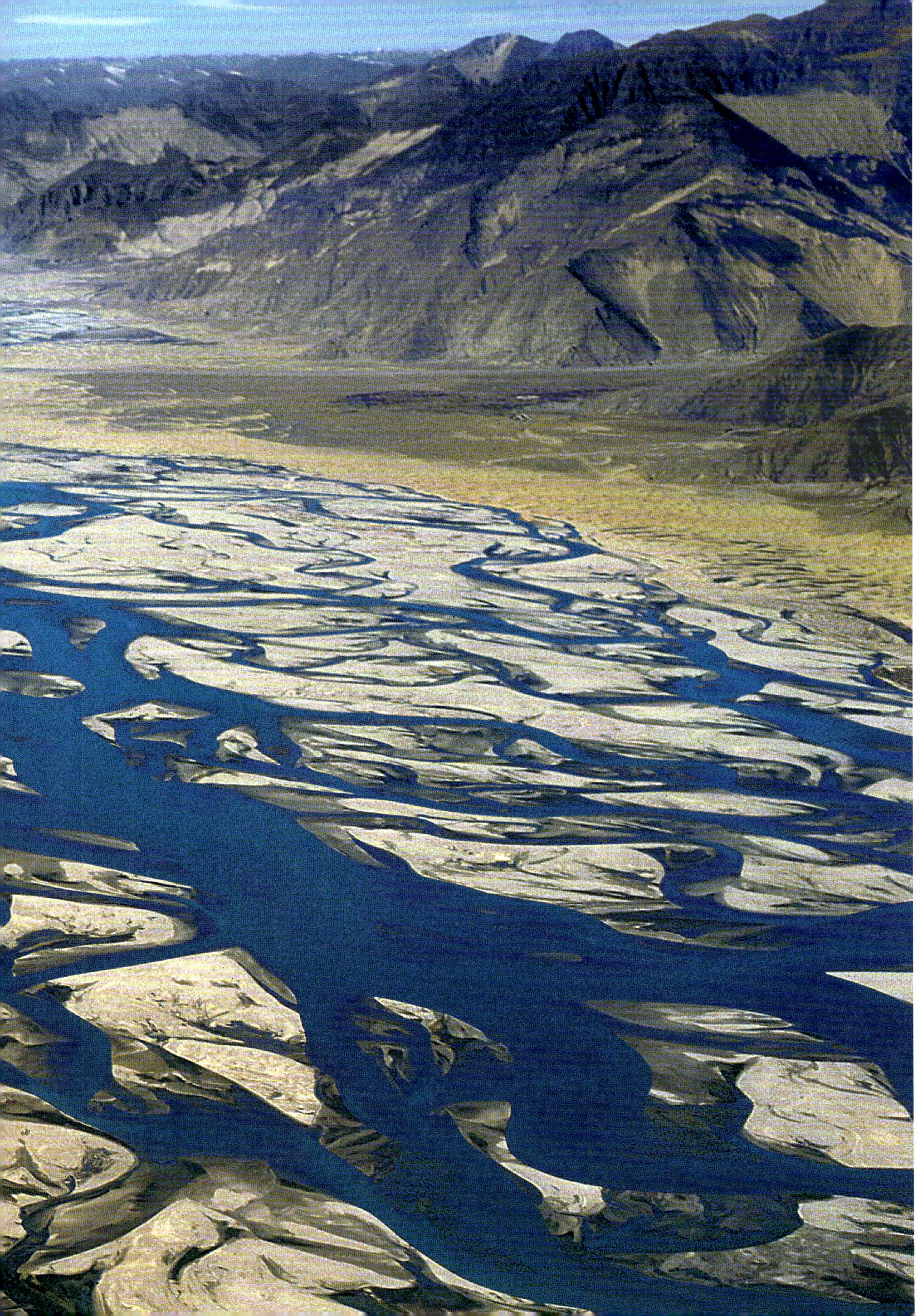

| 236 und 237 | Ein Entenschwarm landet auf einem Fluss in der Grafschaft Guanghan (oben) und Meishan (rechts), beide
| SICHUAN | in der Provinz Sichuan, in der etwa 650 verschiedene Vogelarten heimisch sind.

| 238-239 | Das Yarlung-Tal, das wir auf diesem beeindruckenden Foto sehen, gilt als die Wiege der tibetischen Kultur.
| XIZANG | Der magische Ort, Schauplatz vieler Legenden, ist von Tempeln, Klöstern und antiken Bauwerken übersät.

| 240-241 | Seen und gewundene Wasserläufe unterbrechen die Monotonie der Steppen im Aershan-Nationalpark,
| INNERE MONGOLEI | eines der Naturjuwelen der Inneren Mongolei.

| 242-243 | Dank des günstigen Klimas – milde Winter, kühle Sommer – hat das Gebiet um Dandong in den letzten
| LIAONING | Jahren einen beträchtlichen Aufschwung des Tourismus erlebt. Am Mittel- und Unterlauf des Jalu, der sich
| | langsam zwischen den grünen, waldbedeckten Hügeln hindurchschlängelt, kann man eine reizvolle Land-
| | schaft in lebhaften Farben bewundern.

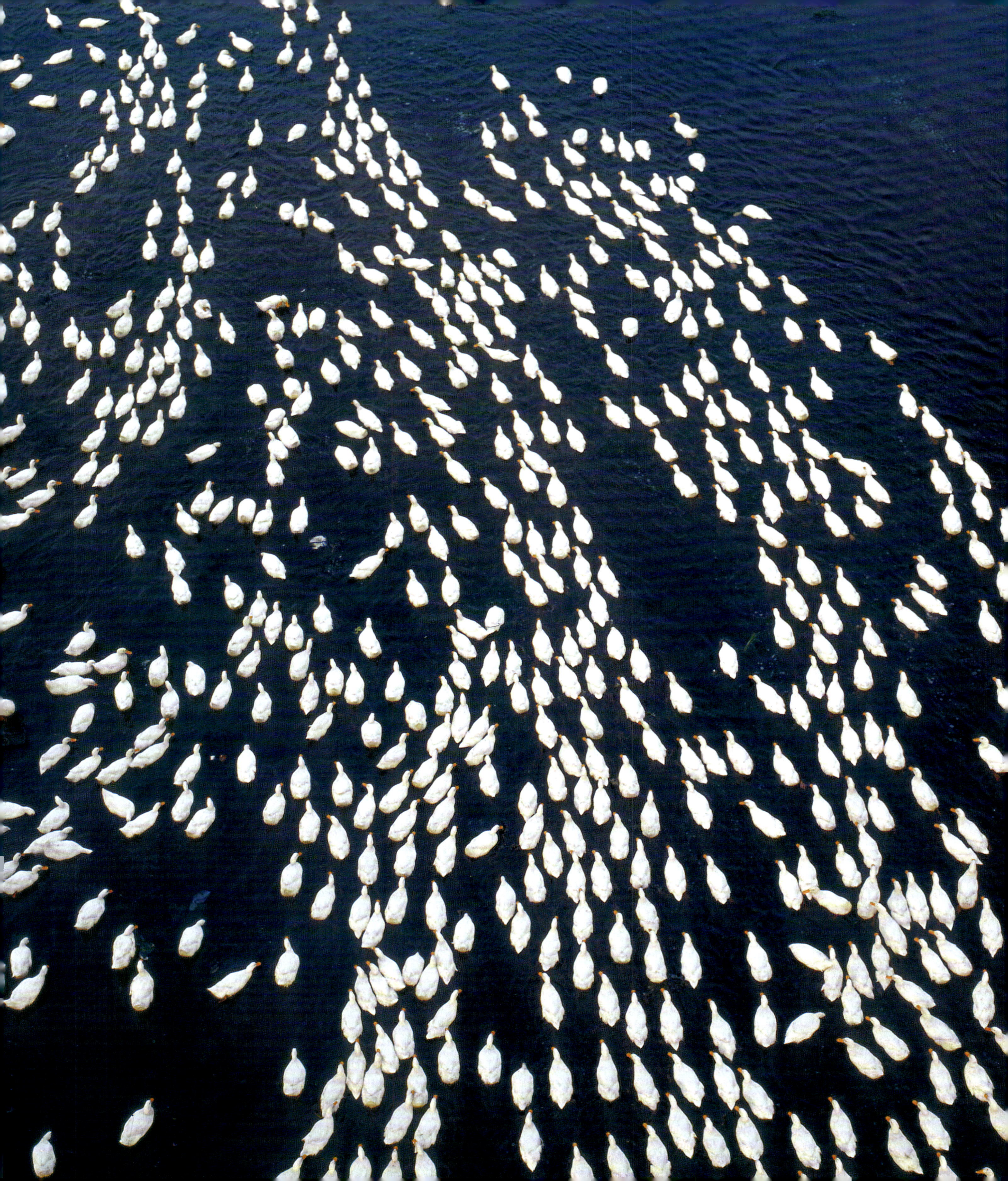

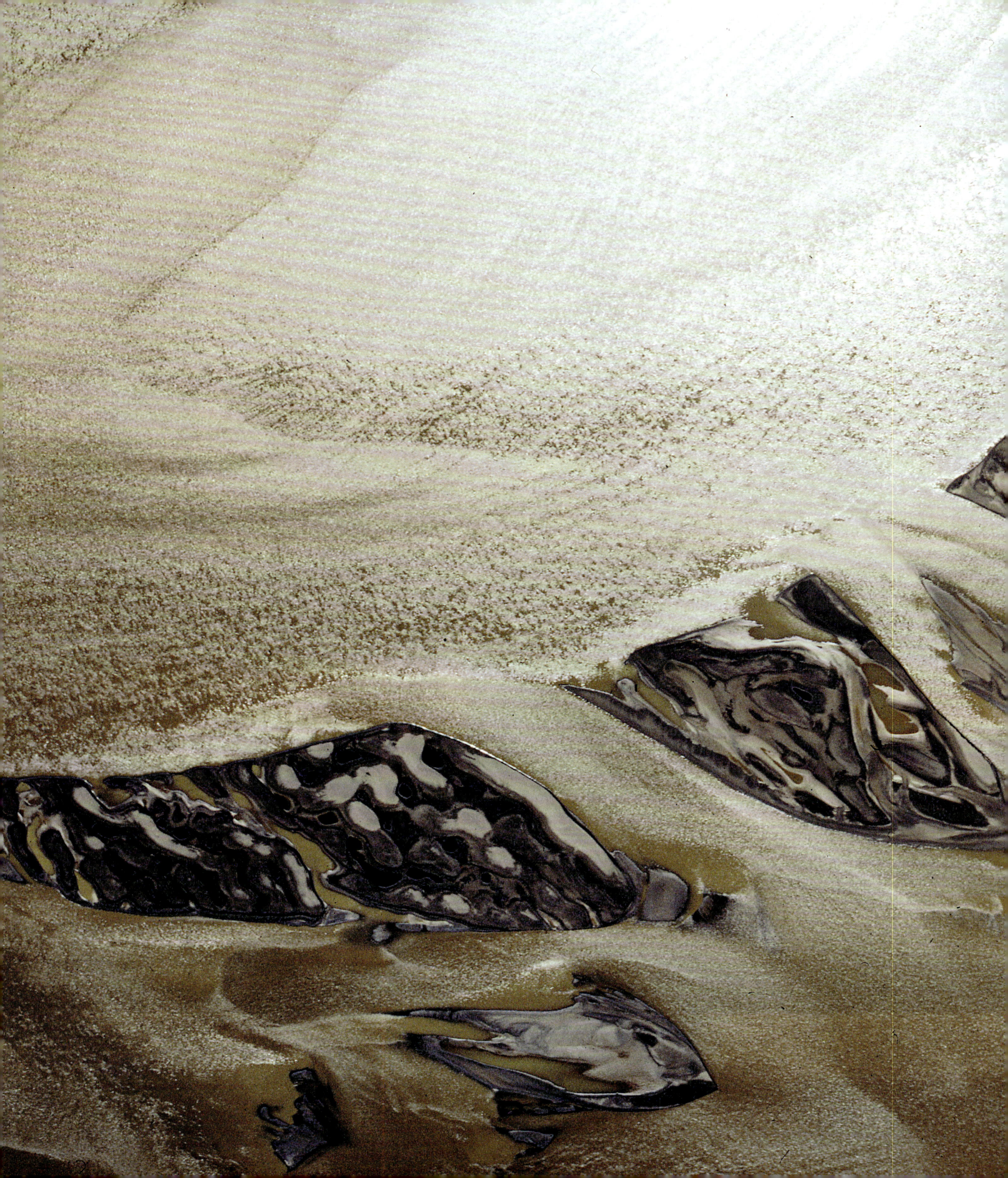

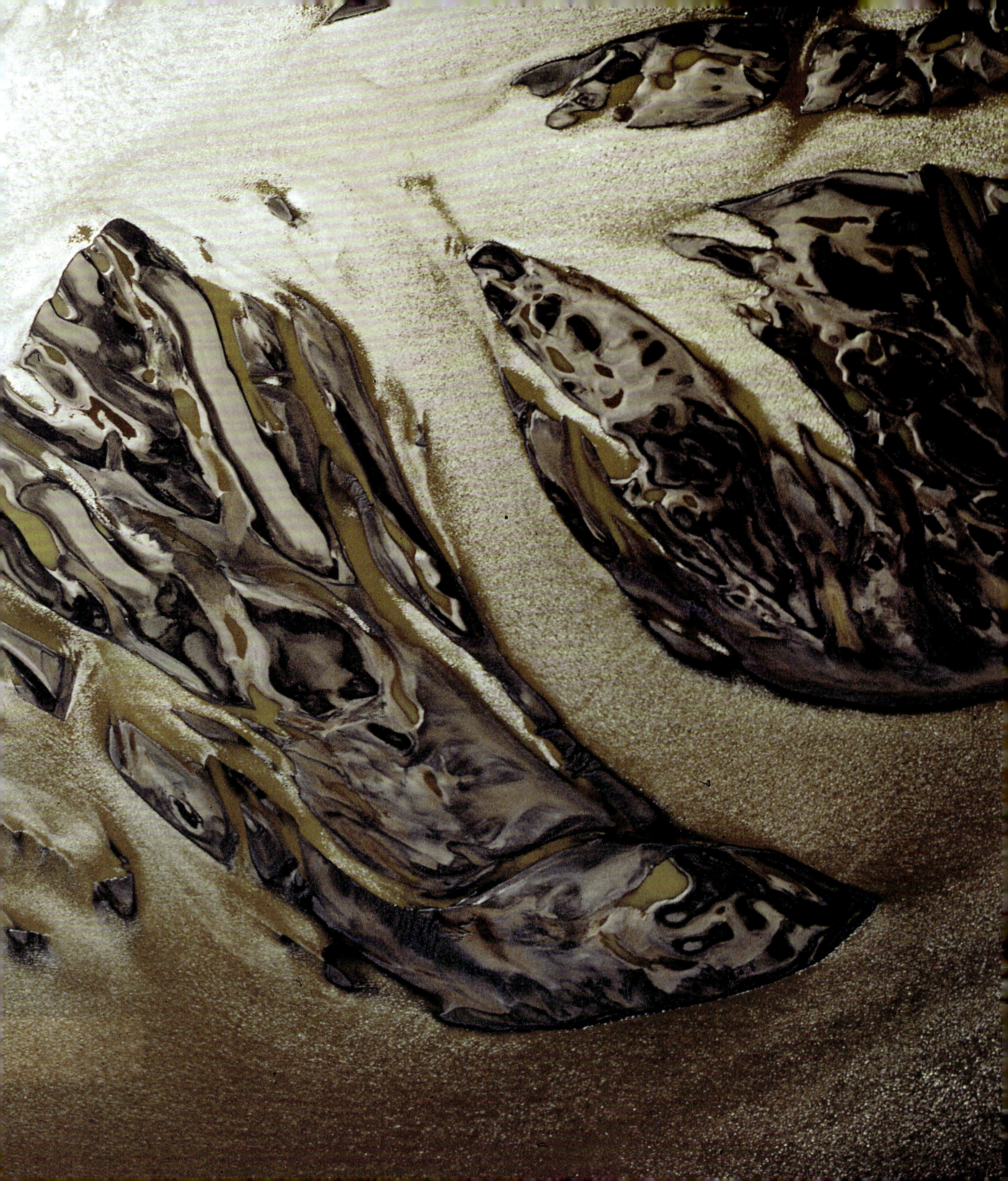

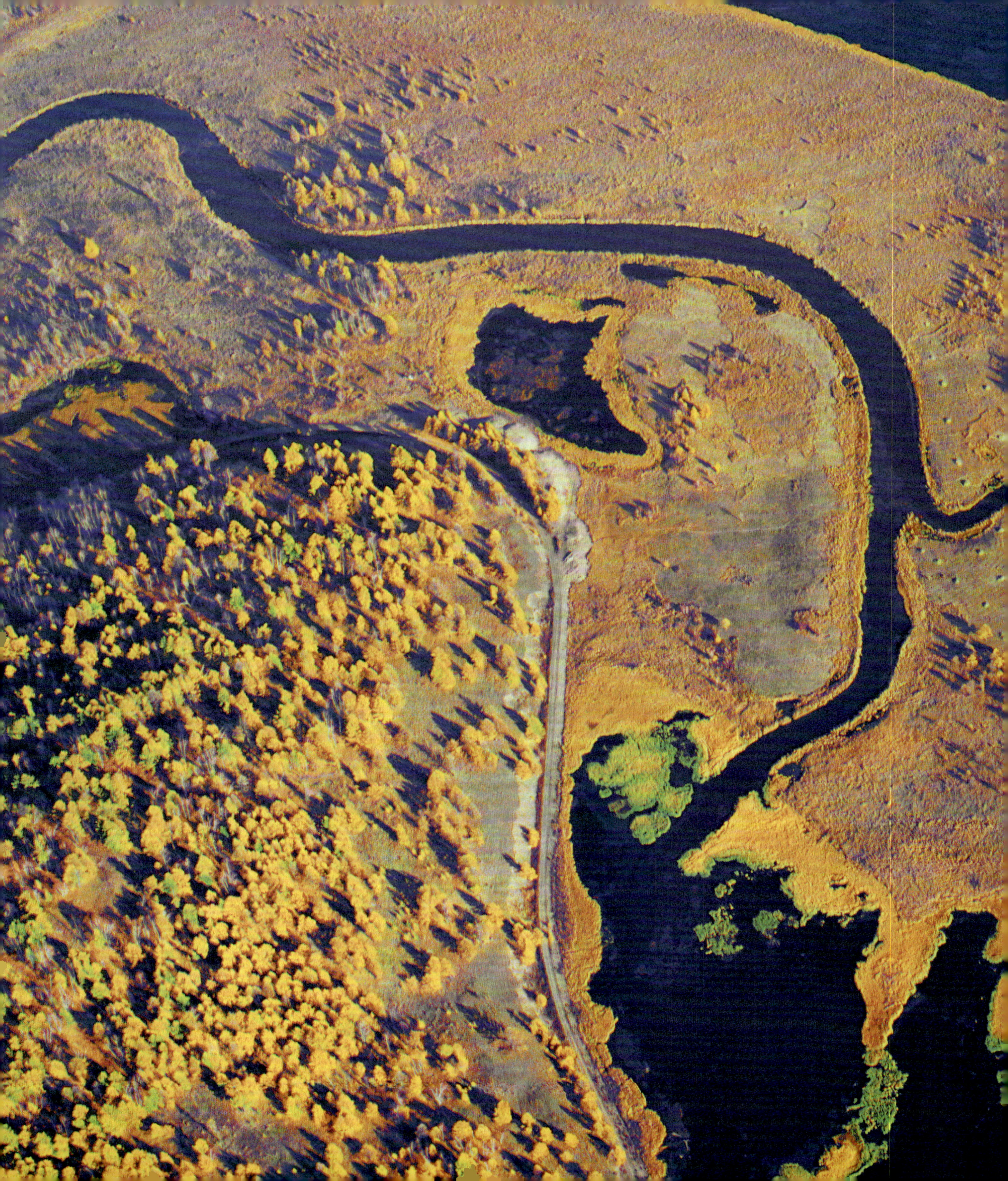

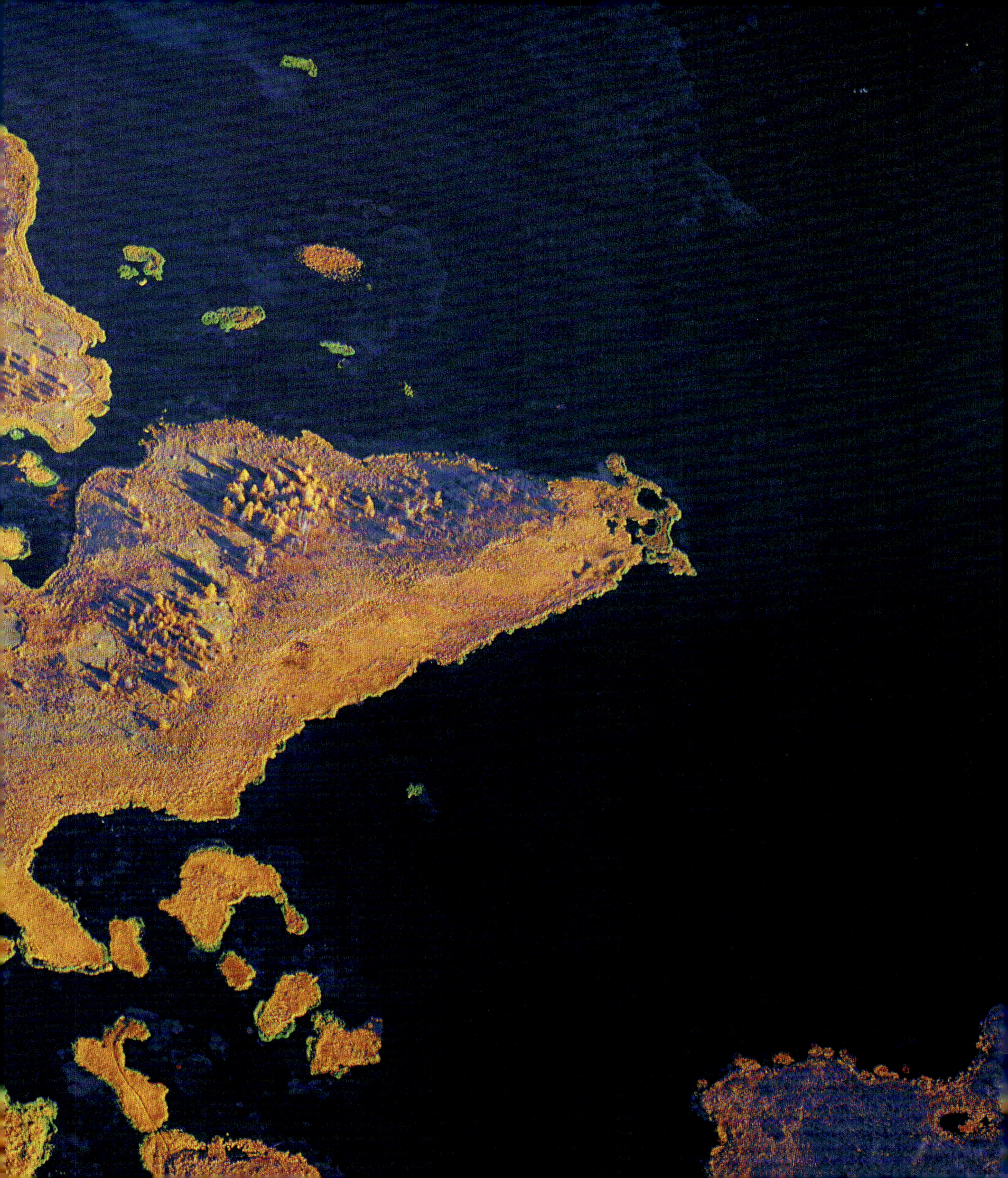

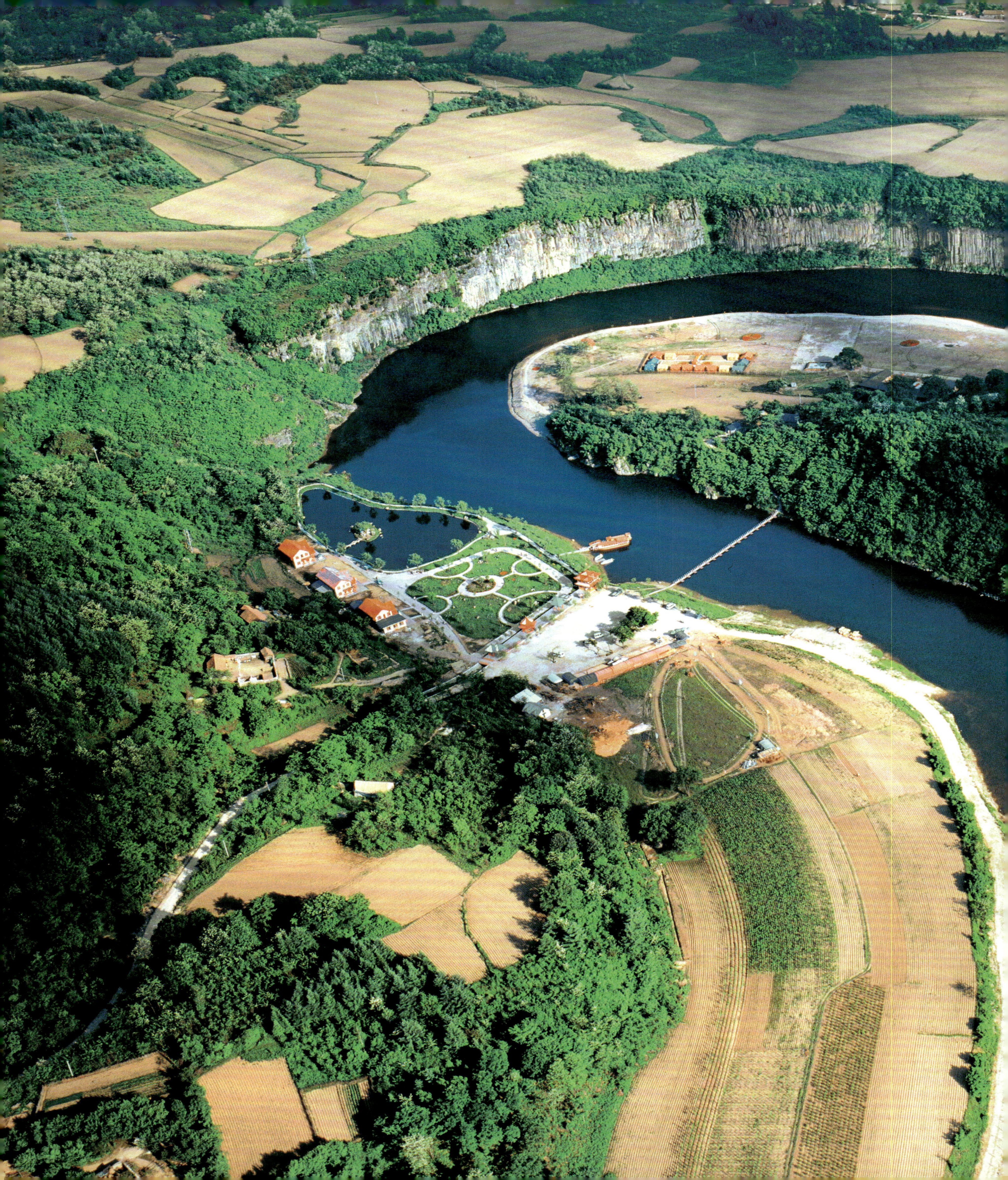

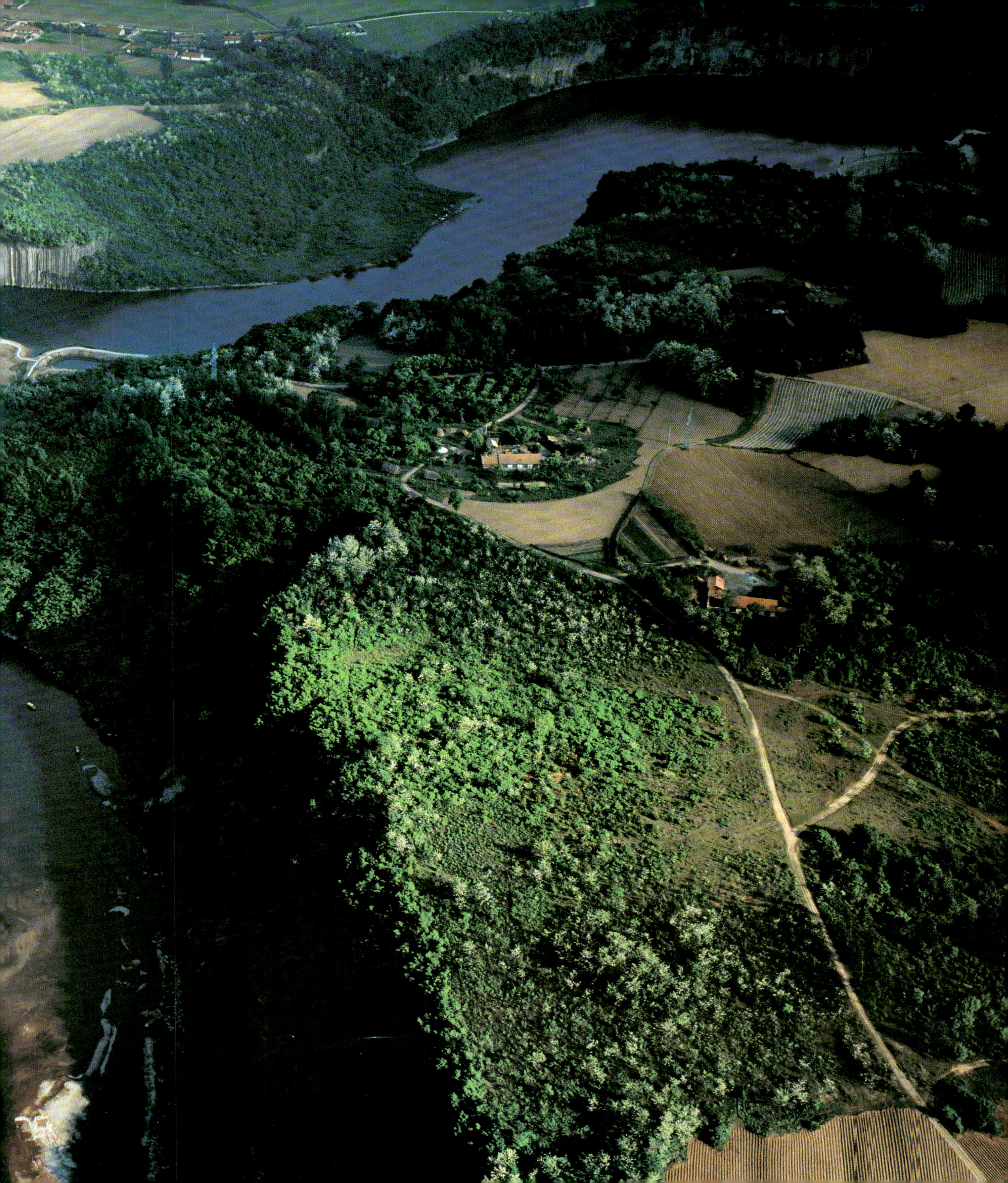

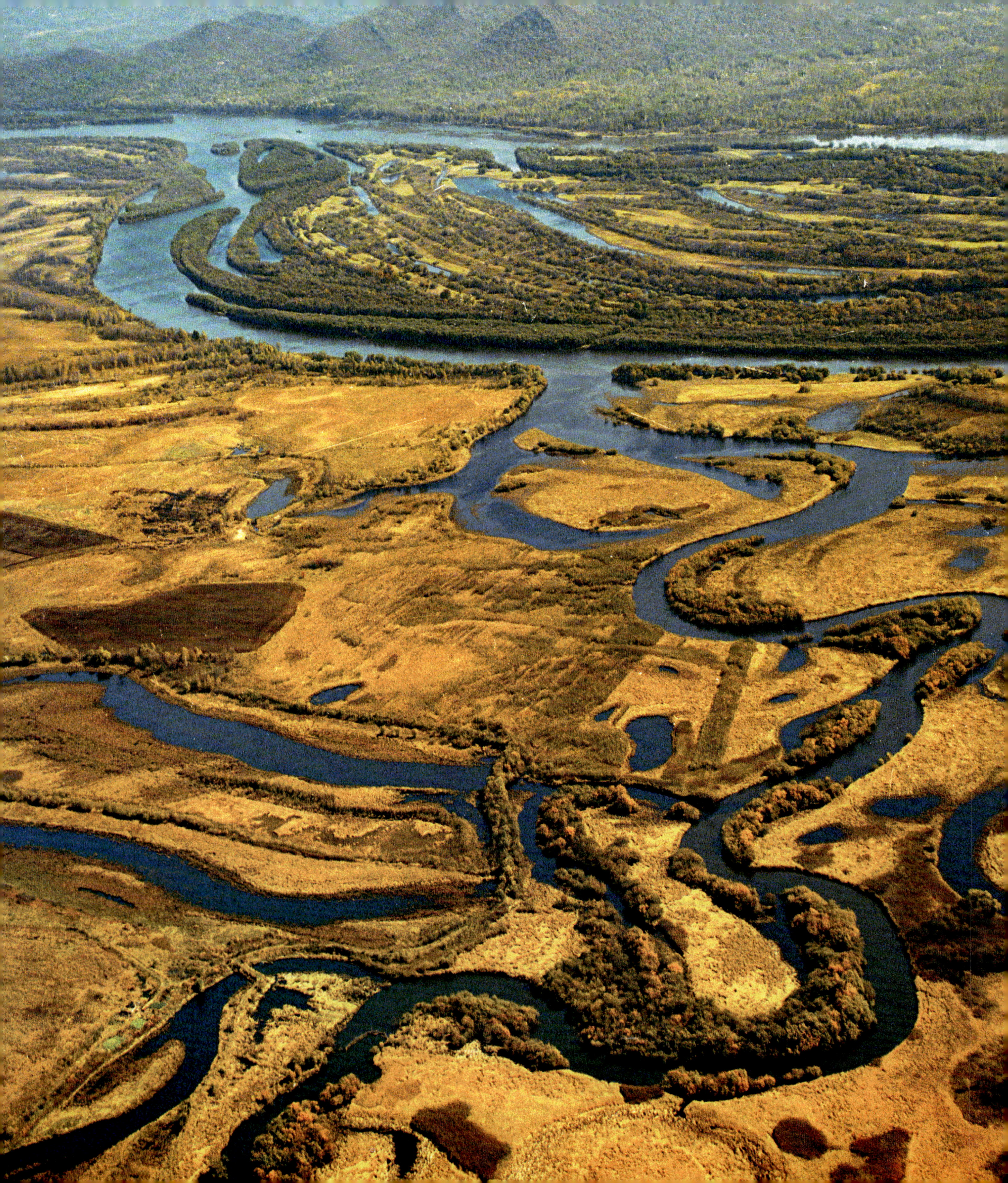

244-245
HEILONGJIANG

Die ganze Provinz bekam ihren Namen nach dem Fluss Heilong (russisch: Amur), was „Fluss des Schwarzen Drachen" bedeutet. Der Name kommt daher, dass seine Wasser von einem dunklen Grün sind und mit reißender Strömung dem gewundenen Lauf folgen, der an die Form eines fliegenden Drachen erinnert.

245
HEILONGJIANG

Trotz des rauen Klimas ist die Provinz Heilongjiang reich an weiten, fruchtbaren Böden, die von den zahlreichen Flüssen bewässert werden. Hier werden vor allem Hirse und Soja angebaut.

246-247 und 247 HEILONGJIANG | Außer dem Amur (Heilongjiang), der entlang der russisch-chinesischen Grenze verläuft, machen die Flüsse Songhua, Wusili und Suifen sowie zahlreiche Seen die Provinz Heilongjiang zu einer der wasserreichsten in China.

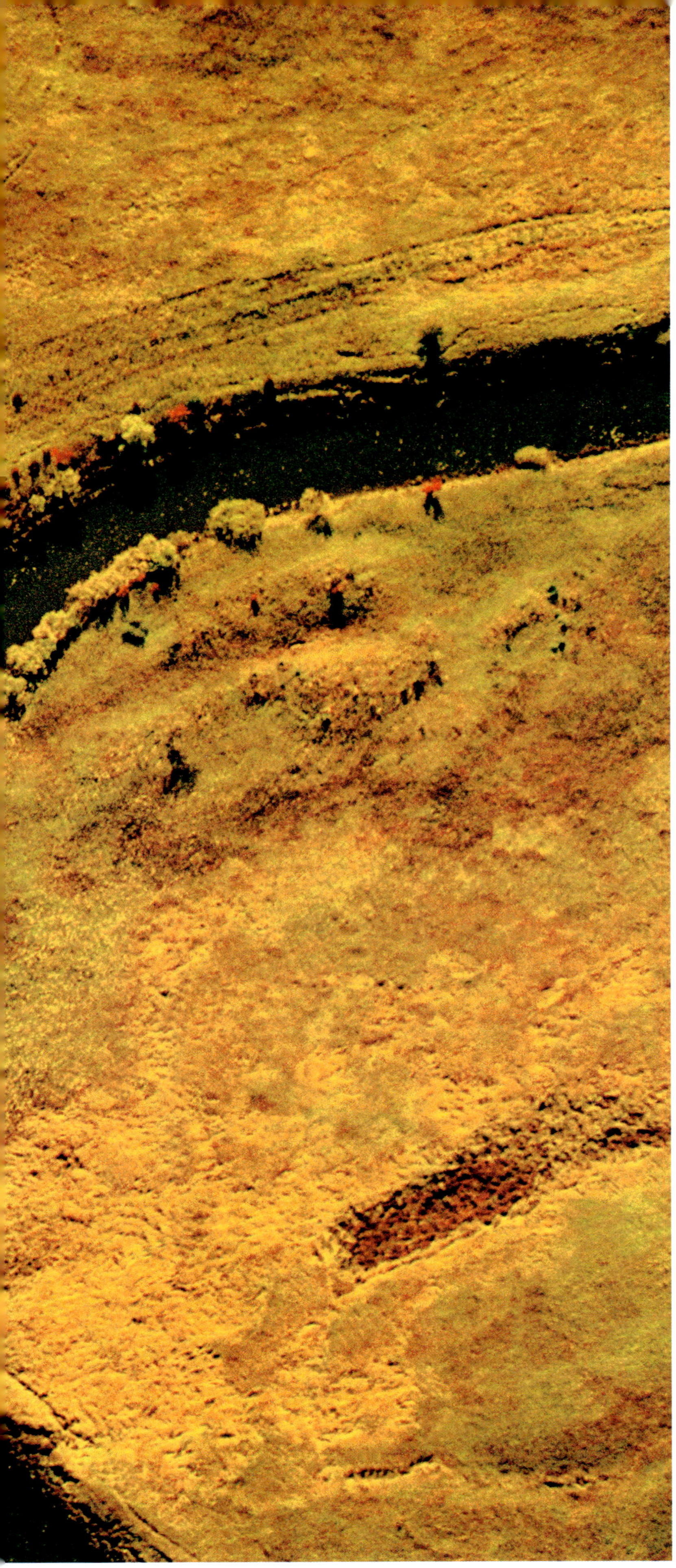
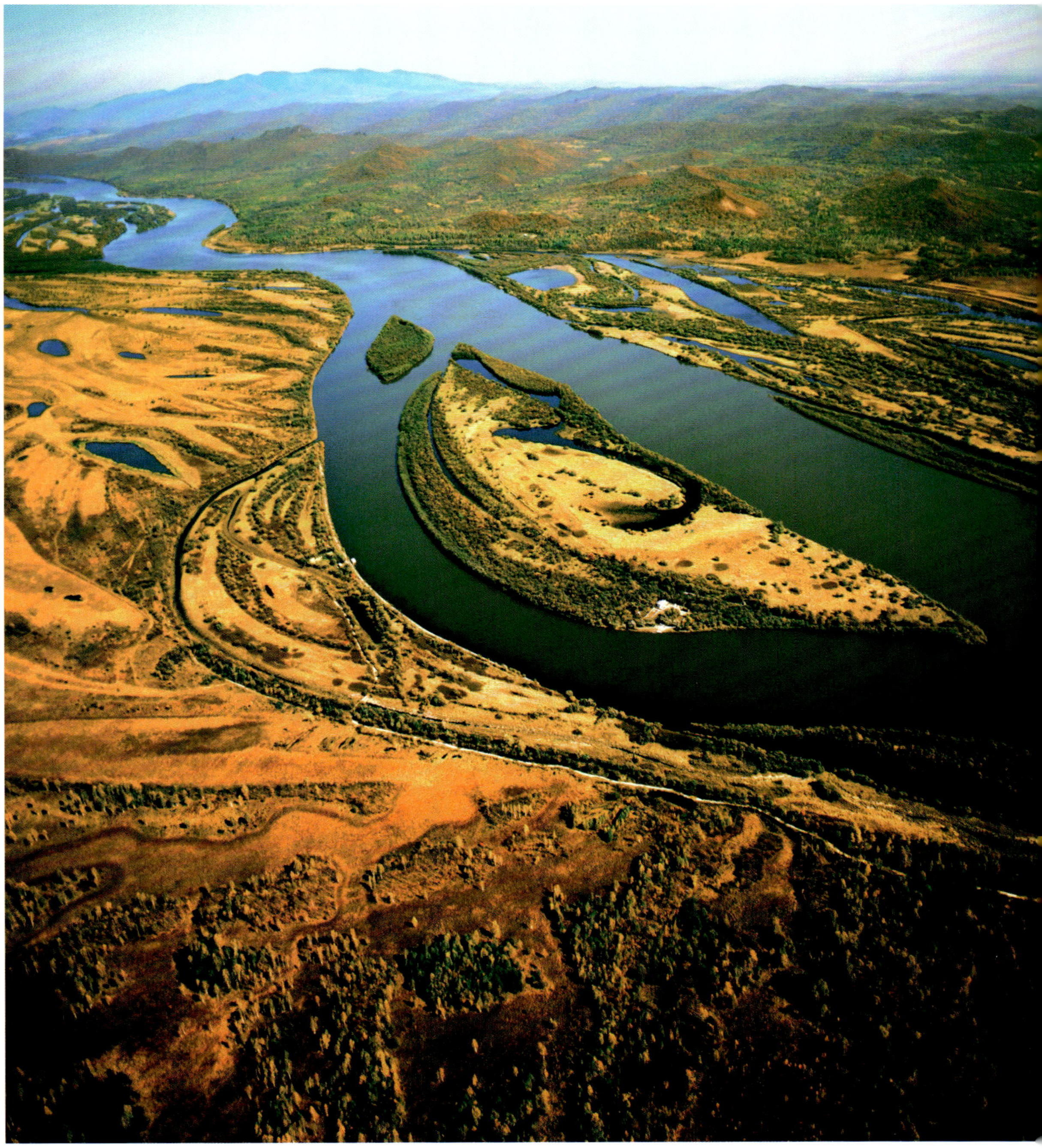

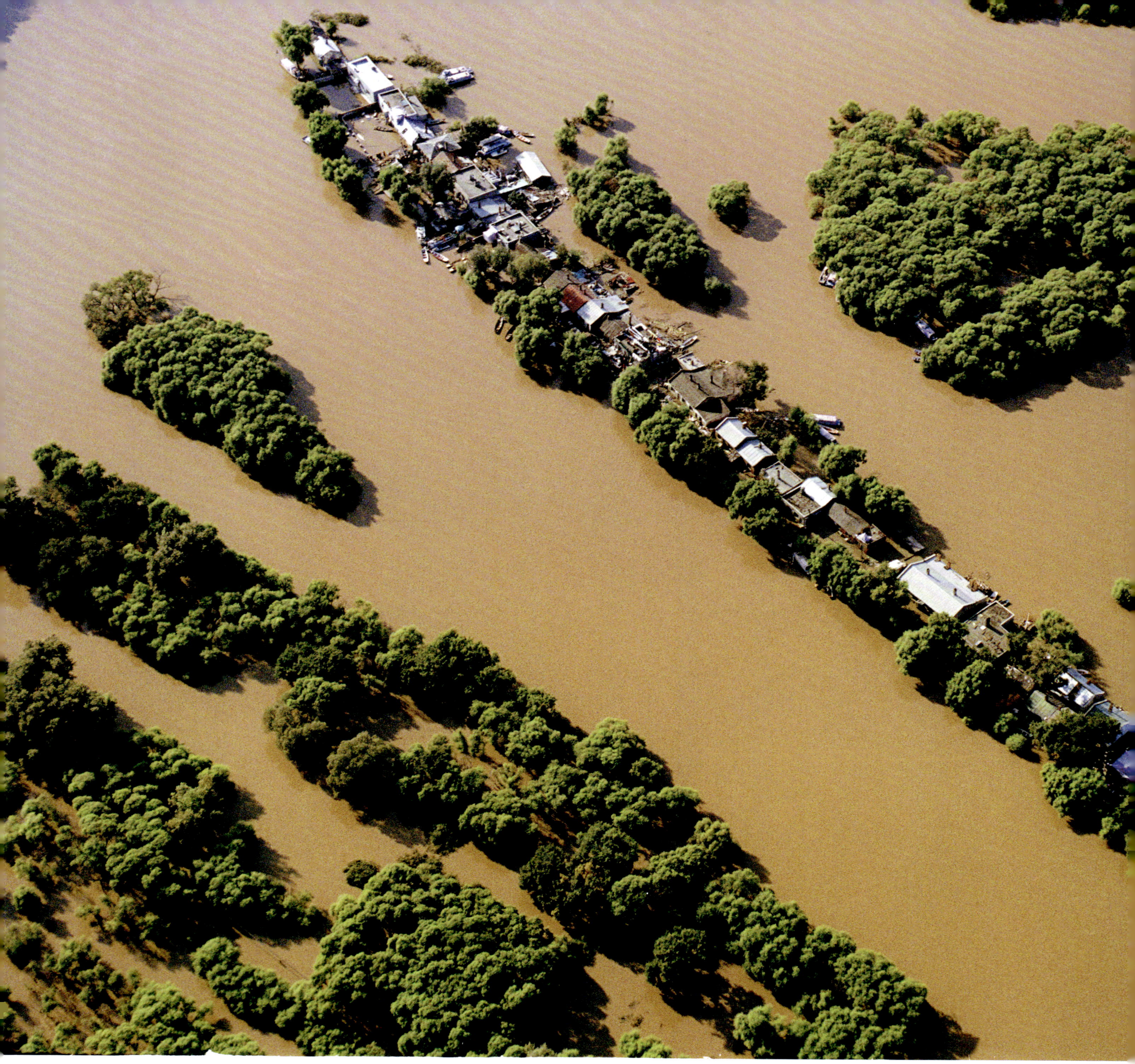

| 248-249 HEILONGJIANG | Nach einer Überschwemmung scheinen Häuser und Bäume auf dem Wasser eines der zahlreichen Flüsse der Provinz Heilongjiang zu schwimmen. Im Sommer, wenn der Regen die Flüsse anschwellen lässt, werden die Ebenen vom Hochwasser heimgesucht und nicht immer können die Dämme Häuser und Felder schützen.

| 249 HEILONGJIANG | Fischer haben ihr Boot am Ufer eines Flusses in der Provinz Heilongjiang festgemacht.

250 und 250-251 JILIN | Nur Landreste ragen aus den Fluten der Flüsse im zentralen und westlichen Teil der Provinz Jilin, wo sich am Fuß des Changbaishan weite Ebenen ausdehnen.

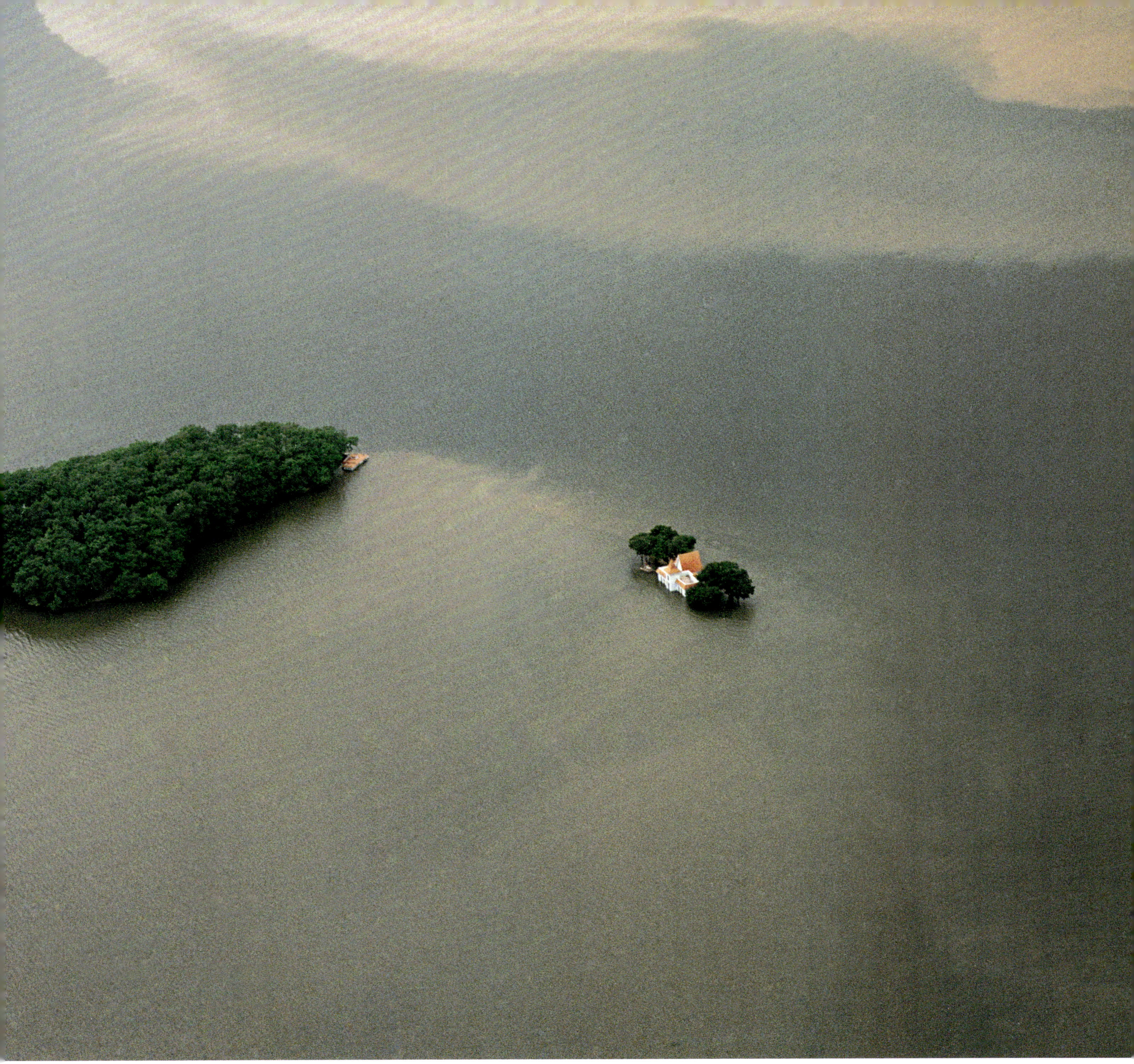

252 und 252-253	Die Präfektur Tieling in der Provinz Liaoning umfasst auf einem Gebiet von 13 000 Quadratkilometern etwa 50 Wassersammelbecken, von denen die meisten qualitativ hochwertiges Wasser liefern können. Diese wundervollen Bilder zeigen die suggestiven Farbspiele, die die Natur an ihren Ufern schafft.
LIAONING	

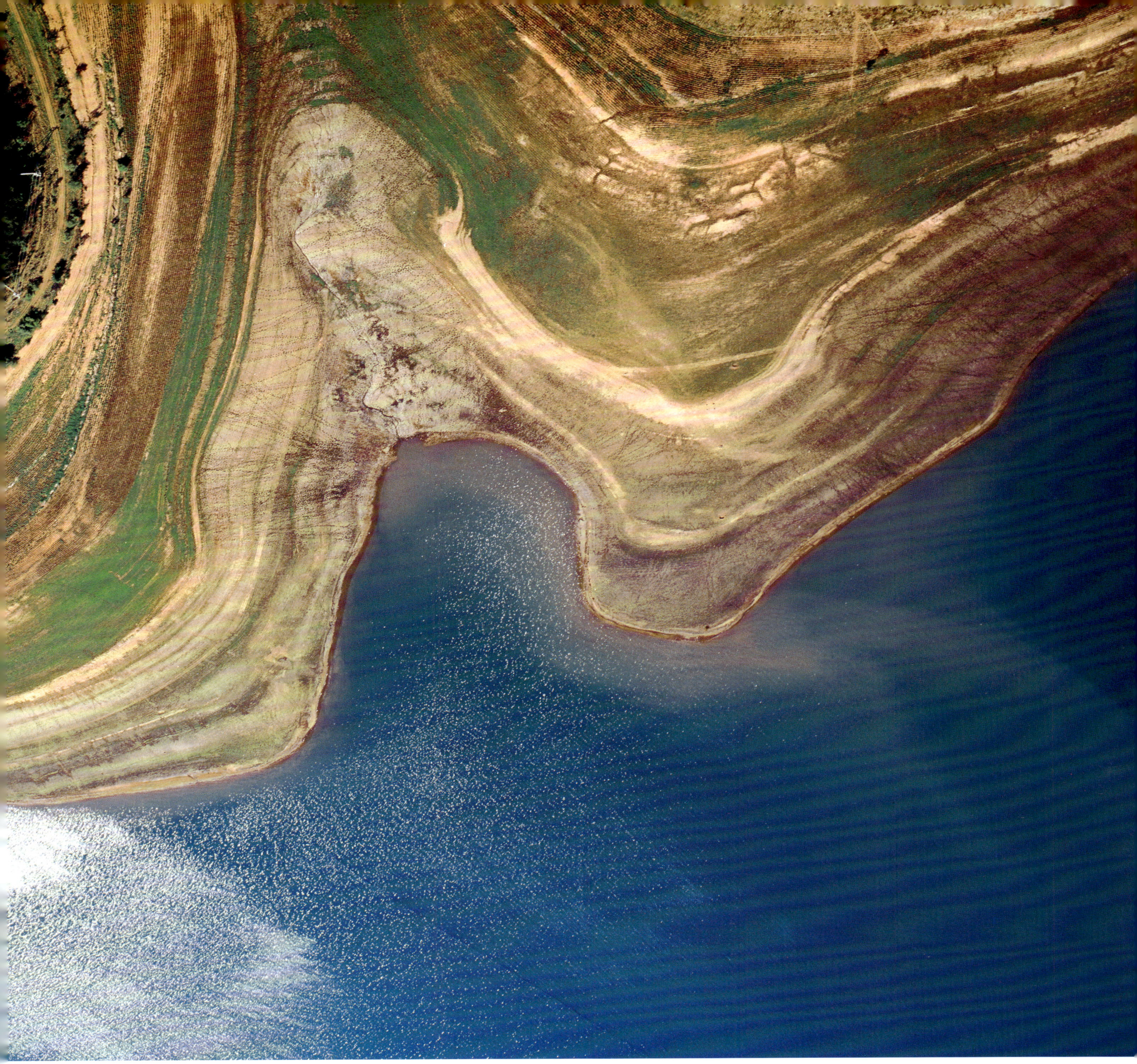

254 und 255 | In Yingkou am Golf von Liaodong wird
LIAONING | der Fischfang noch mit traditionellen Ein-
mastern aus Holz praktiziert. Auf dem
linken Bild assoziiert der Schatten des
Hubschraubers, in dem sich der Fotograf
befindet, die Begegnung der Moderne
mit der Vergangenheit.

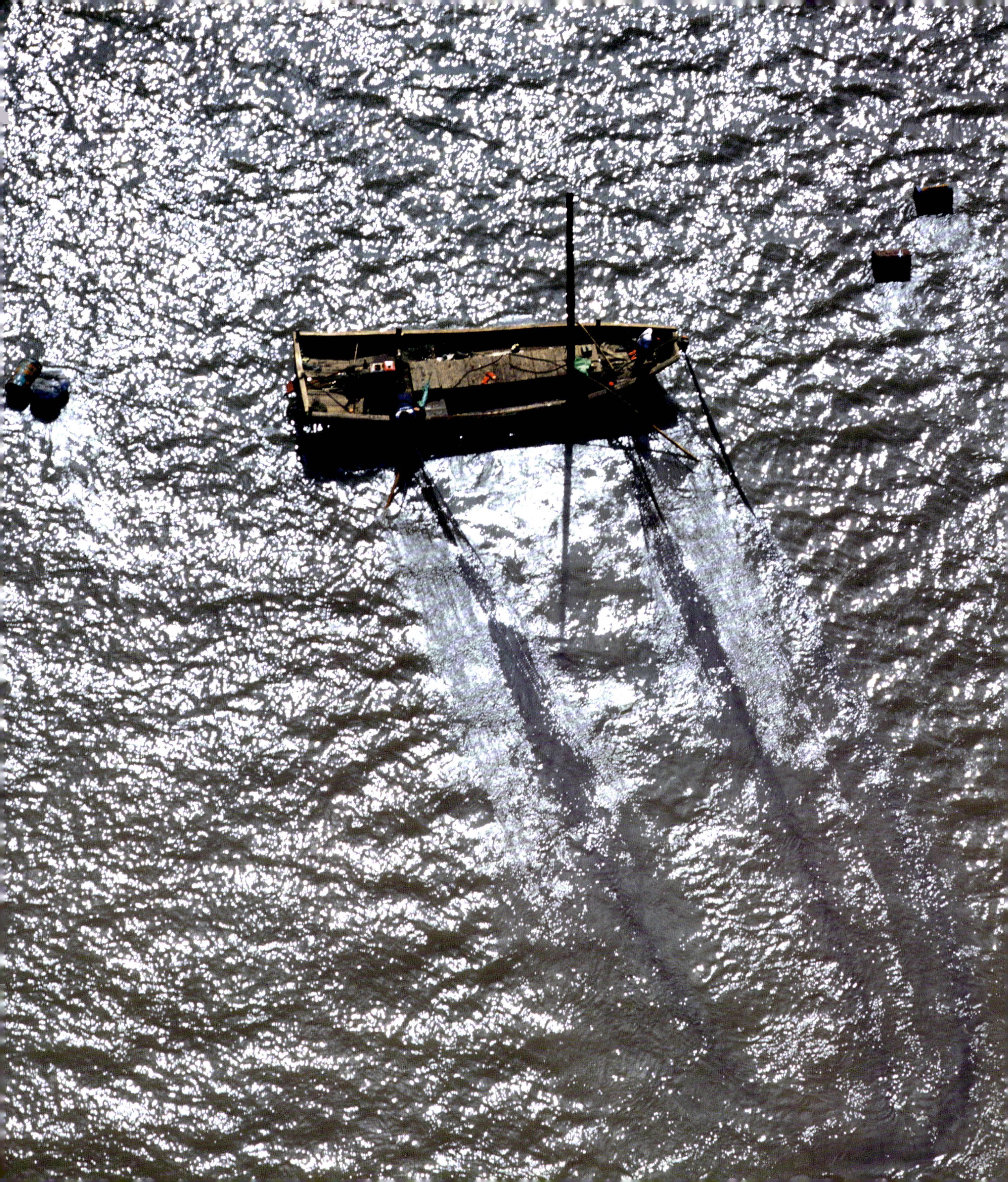

256 | An der 96 Kilometer langen Küstenlinie von Yingkou, dem blühenden Handelshafen in der Provinz Liaoning, Sitz bedeutender
LIAONING | Schiffswerften sowie Chemie-, Metall- und Textilindustrie, reiht sich eine Industriehalle an die andere.

257 | Ein paar Boote liegen an einer Mole am
LIAONING | Fluss Liaohe, der die Stadt Yingkou durchfließt und nach gut 512 Kilometern ins Meer mündet. Er ist einer der längsten Wasserwege Chinas.

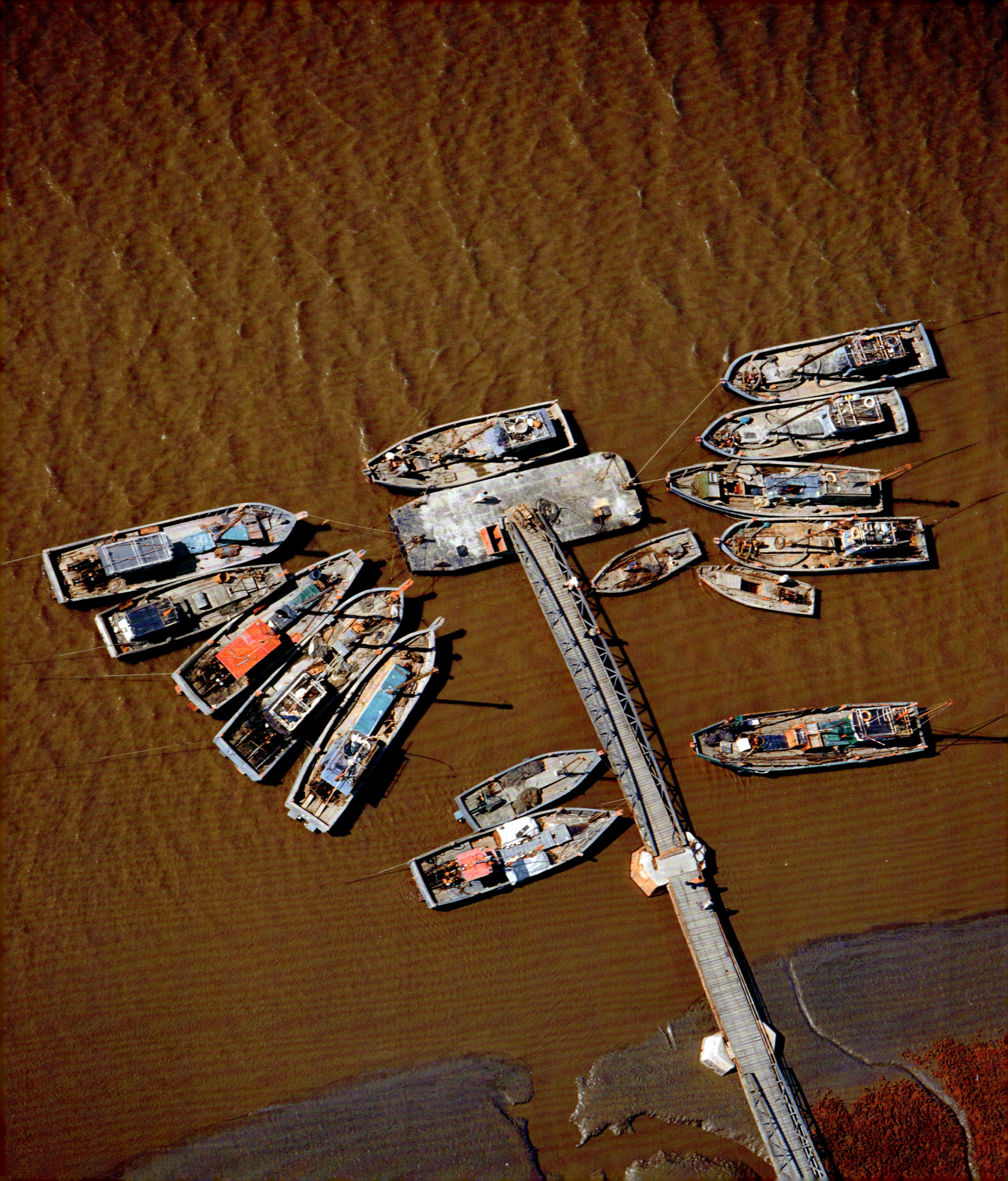

258 | Auch auf dem Jalu, dessen Lauf die Städte Dandong in der Provinz Liaoning und Sinuiji in Nordkorea trennt,
LIAONING | gibt es Aquakulturen, wie übrigens in ganz Liaoning, in Salz- und in Süßwasser.

259 | Riesige Mengen Holz werden auf dem Jalu transportiert, einer Hauptschlagader für Transporte auf dem Flussweg –
LIAONING | hier bei Dandong. In der Tat ist das Gebiet um Dandong das waldreichste der ganzen Provinz Liaoning.

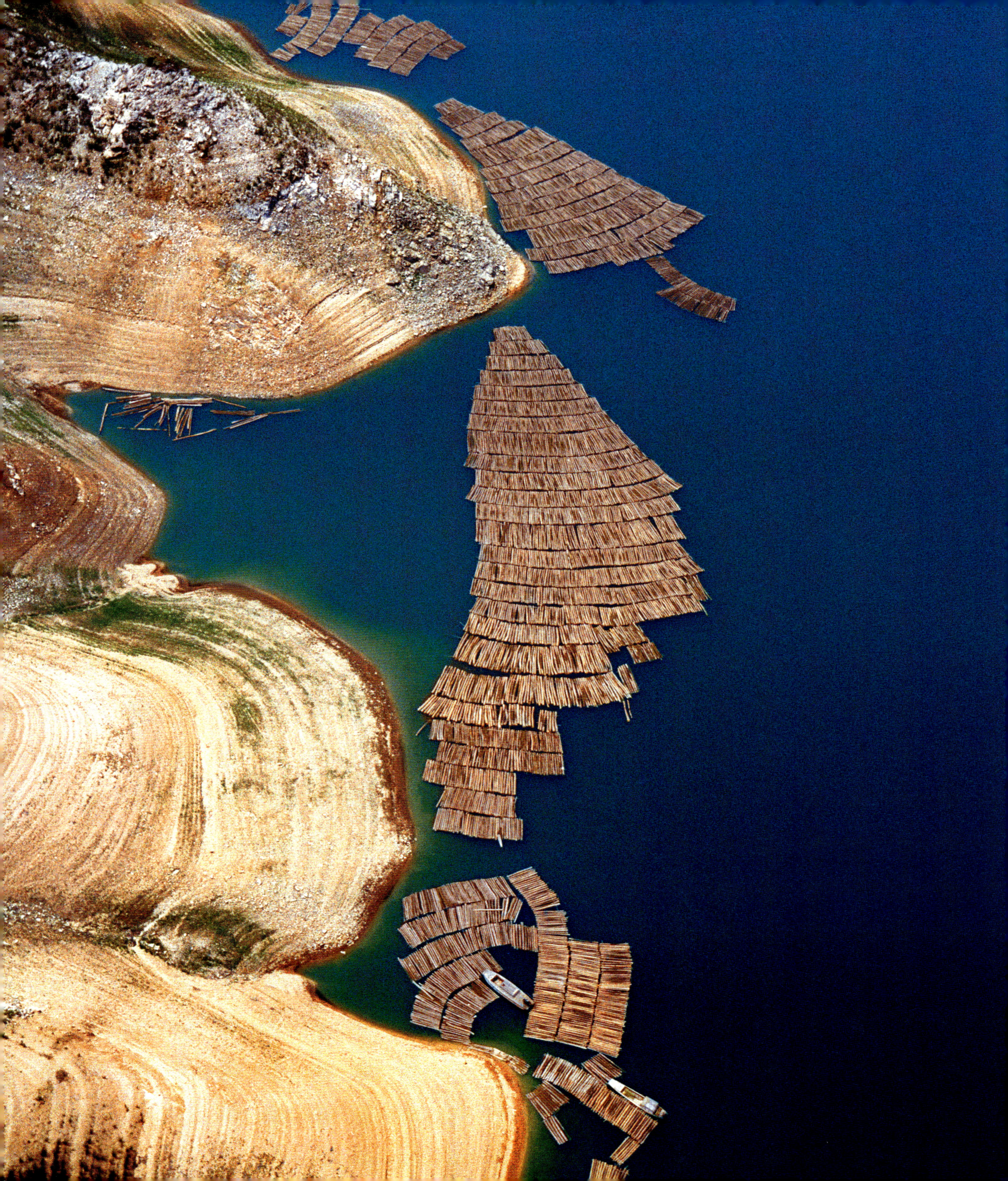

260 und 261
LIAONING

Während des langen Winters in der Provinz Liaoning hüllen sich die Häuser am Wasser, die Brücken und Ufer des Jalu in eine weiche Schneedecke. Der Fluss entspringt im Changbaishan-Gebirge, verläuft fast 300 Kilometer an der Grenze zwischen China und Nordkorea am Gebiet von Dandong entlang und mündet schließlich im Golf von Korea.

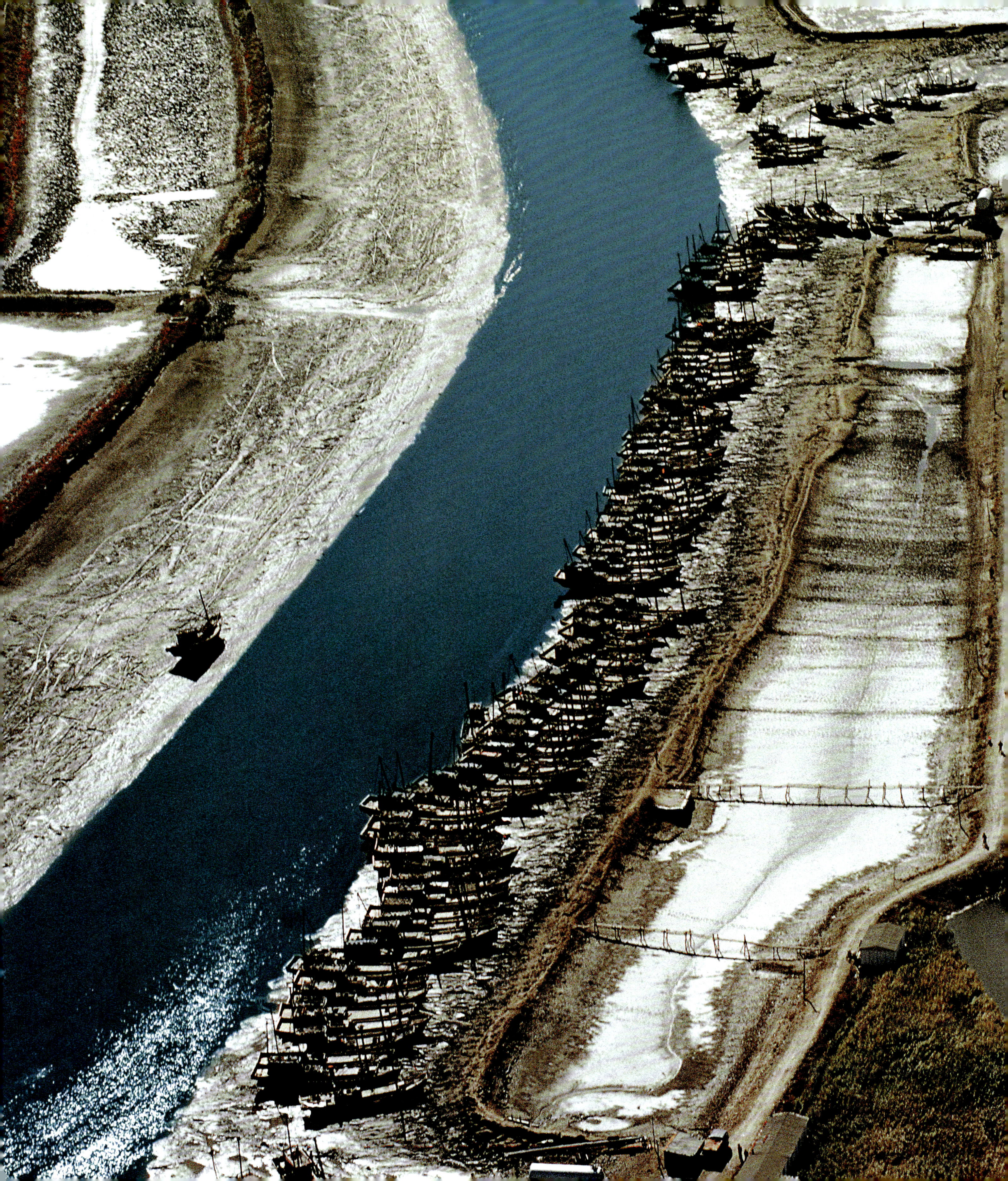

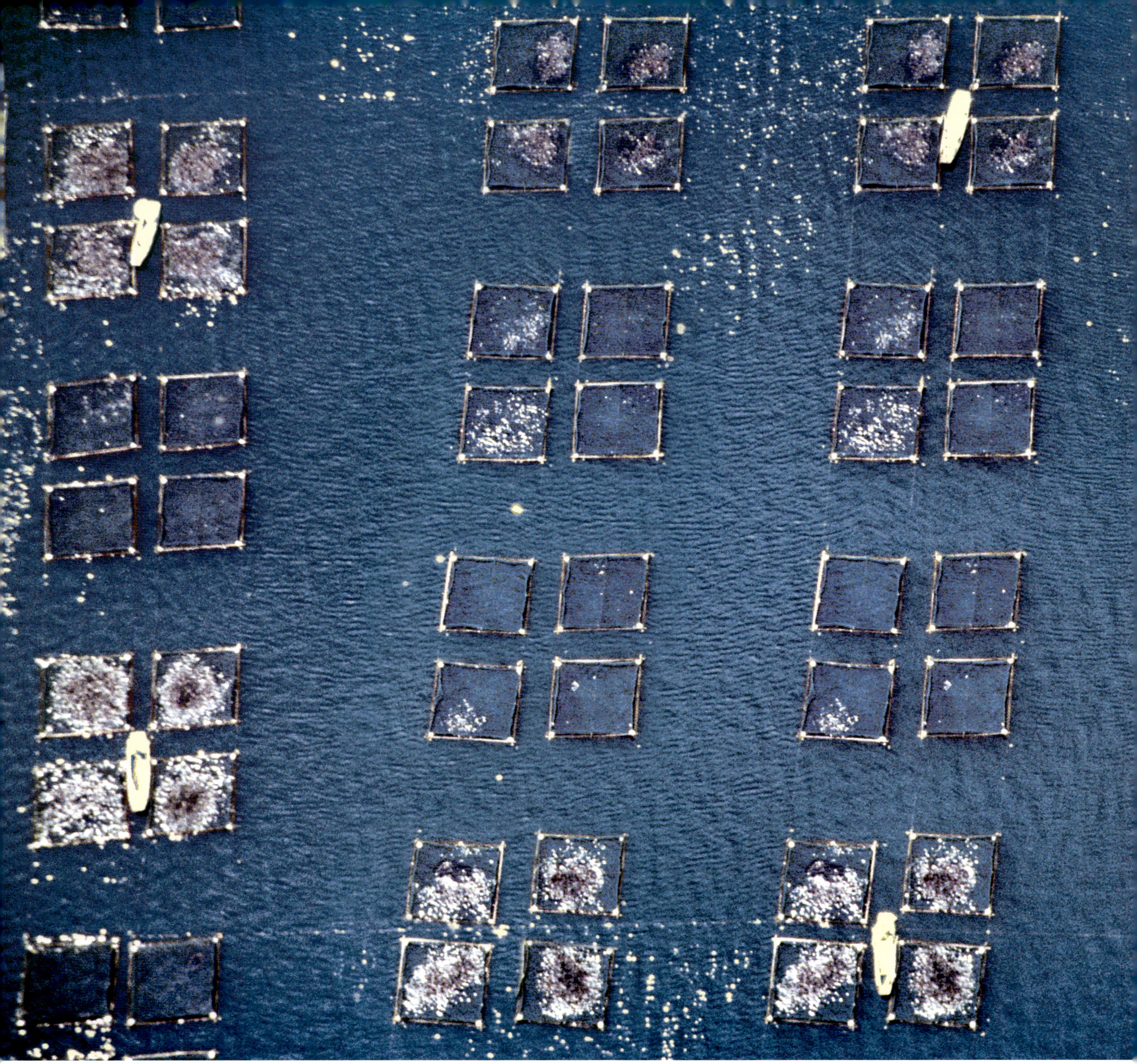

262-263 und 263 | In Dandong wie in den anderen großen Zentren der Provinz Liaoning – Dalian, Yingkou und Panjin – und den Nachbarprovinzen Shandong und Hebei ist die Aquakultur besonders verbreitet und hat sich vor allem auf die Zucht von Krebsen und Muscheln konzentriert.

LIAONING

264	Die Wirtschaftsentwicklungszone von Jinzhou sprießt wenige Kilometer von der Stadt Dalian aus dem Boden,
LIAONING	dem Haupthafen der Provinz Liaoning und dem natürlichen Anlegepunkt für den Warenverkehr mit Korea, Japan und dem gesamten Pazifik. Das 2005 vom Staatsrat genehmigte, noch im Bau befindliche Wirtschaftsentwicklungsgebiet erstreckt sich über eine Fläche von 8,45 Quadratkilometern.
265	Am Stadtrand von Tianjin reiht sich ein Fischzuchtbecken an das andere. Seit 1980 hat die chinesische
TIANJIN	Regierung etliche Gelder bereitgestellt, um die Aquakulturen in diesem Gebiet zu fördern.

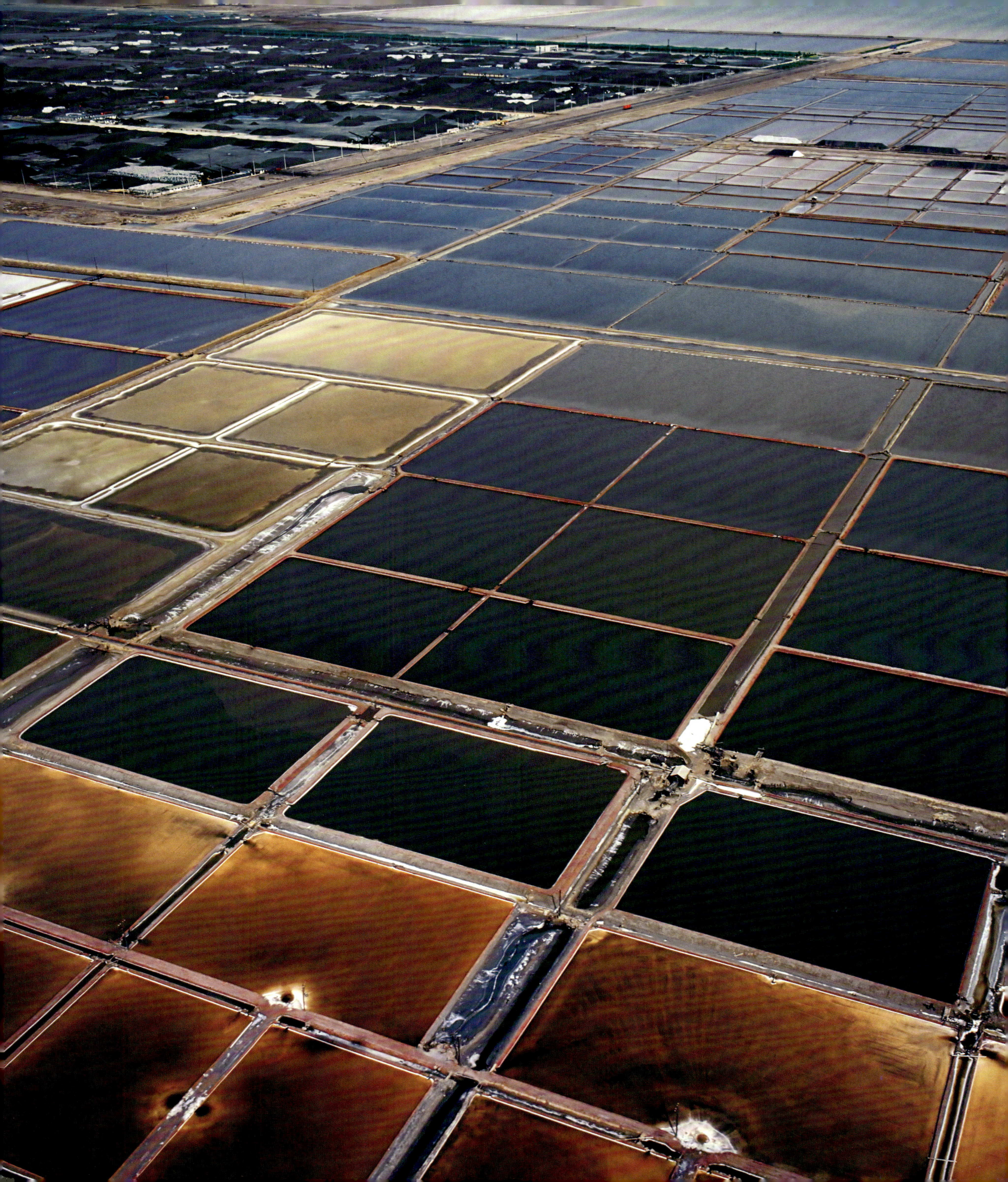

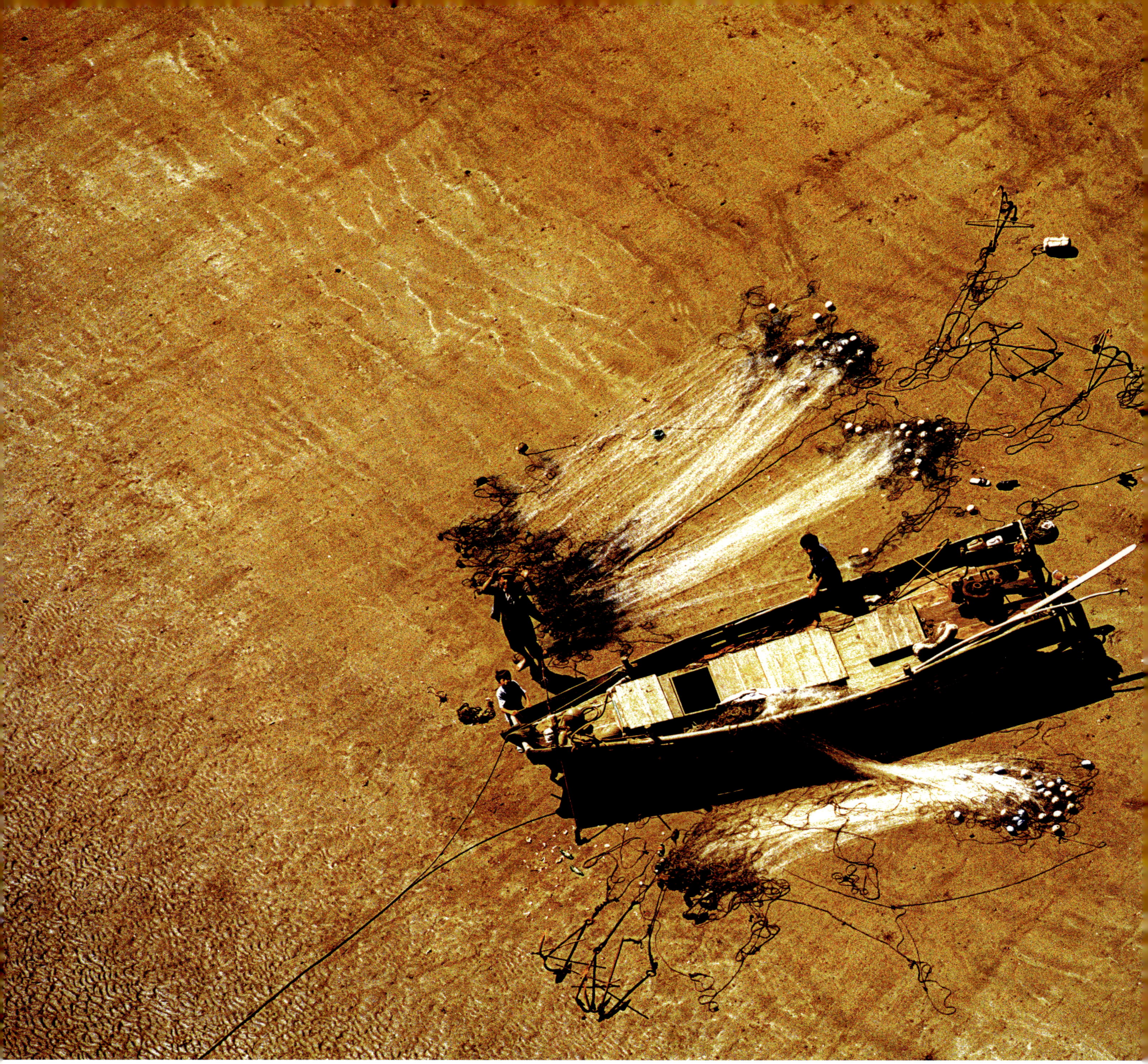

266-267
LIAONING

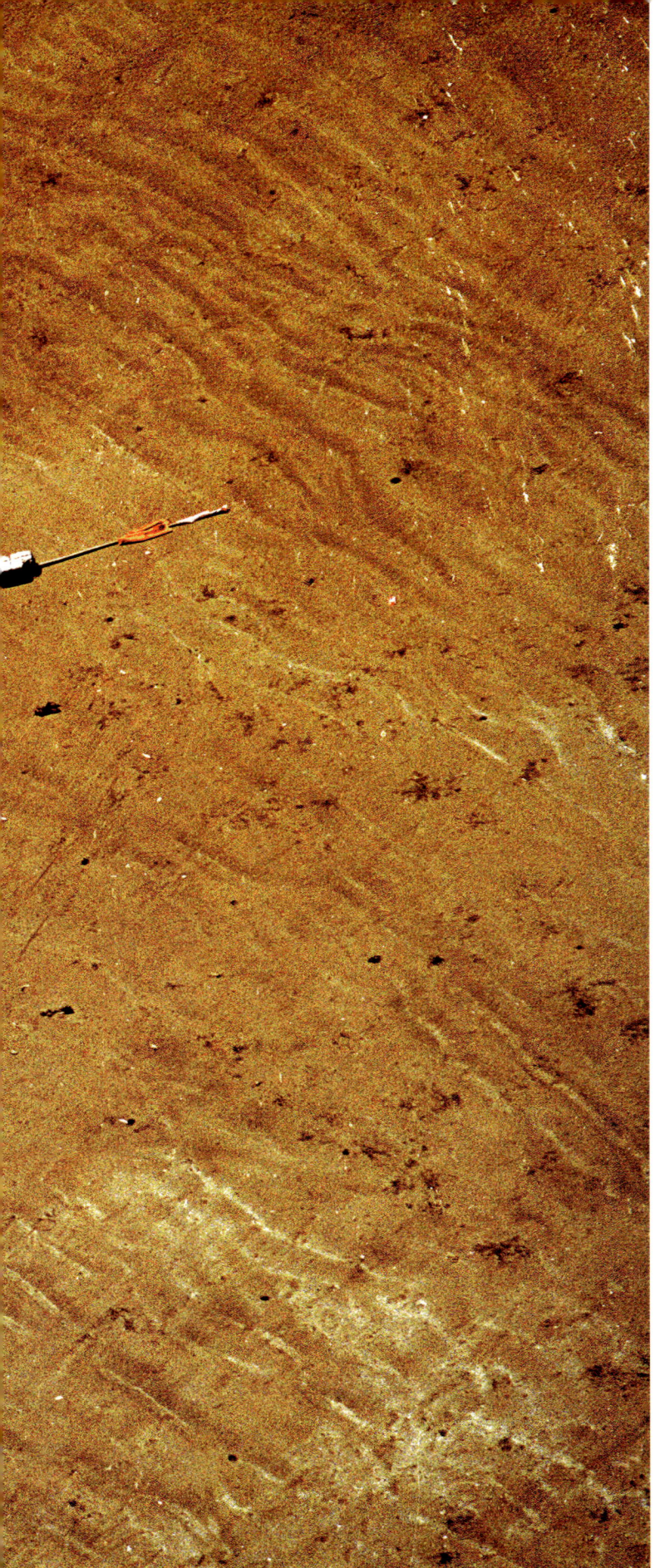

Bei Sonnenuntergang, wenn die Fischer ihre Netze einholen, färben sich die Ufer des Jalu rot. Der Name Jalu setzt sich aus den Wörtern für „Ente" (ya), da der Fluss einem Entenkopf ähnelt, und „grün" (lü), wie die Farbe seines Wassers, zusammen.

267
LIAONING

Der Jalu, der maximal drei Meter tief ist und besonders schlammiges Wasser hat, wie auf dem Bild ersichtlich, ist auf lange Strecken nur schwer schiffbar.

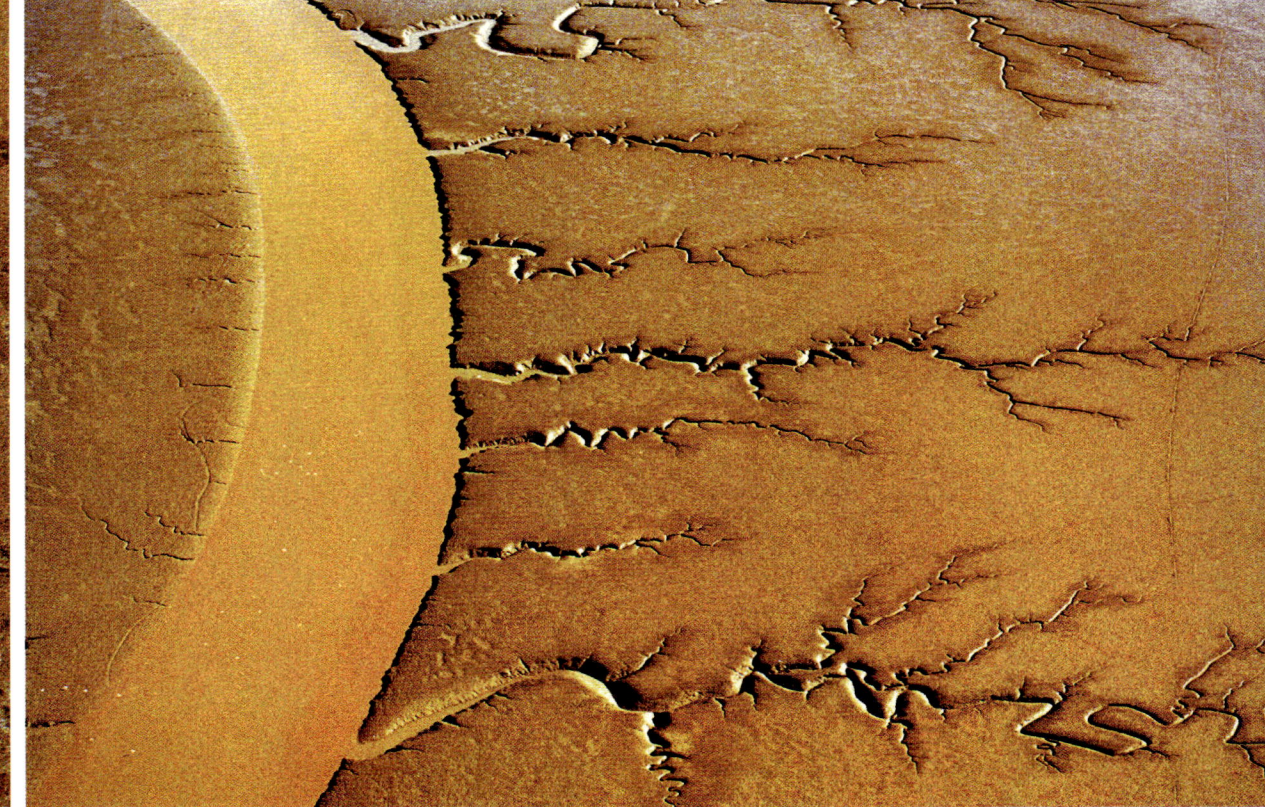

268 und 269 | Im Herbst, wenn sich die bis zum Meer reichende Grasdecke feuerrot färbt, nimmt die etwa 30 Kilometer von der Stadt Panjin
LIAONING | entfernte Küste ein fast unwirkliches Aussehen an.

270-271 | Der Rote Strand am Golf von Liaodong,
LIAONING | etwa 30 Kilometer südwestlich von Panjin, bietet auf 26 Kilometern außergewöhnliche Ansichten. Die charakteristische feuerrote Farbe ist bedingt durch das Vorkommen einer bestimmmten Grasart, die sich im Herbst rot färbt.

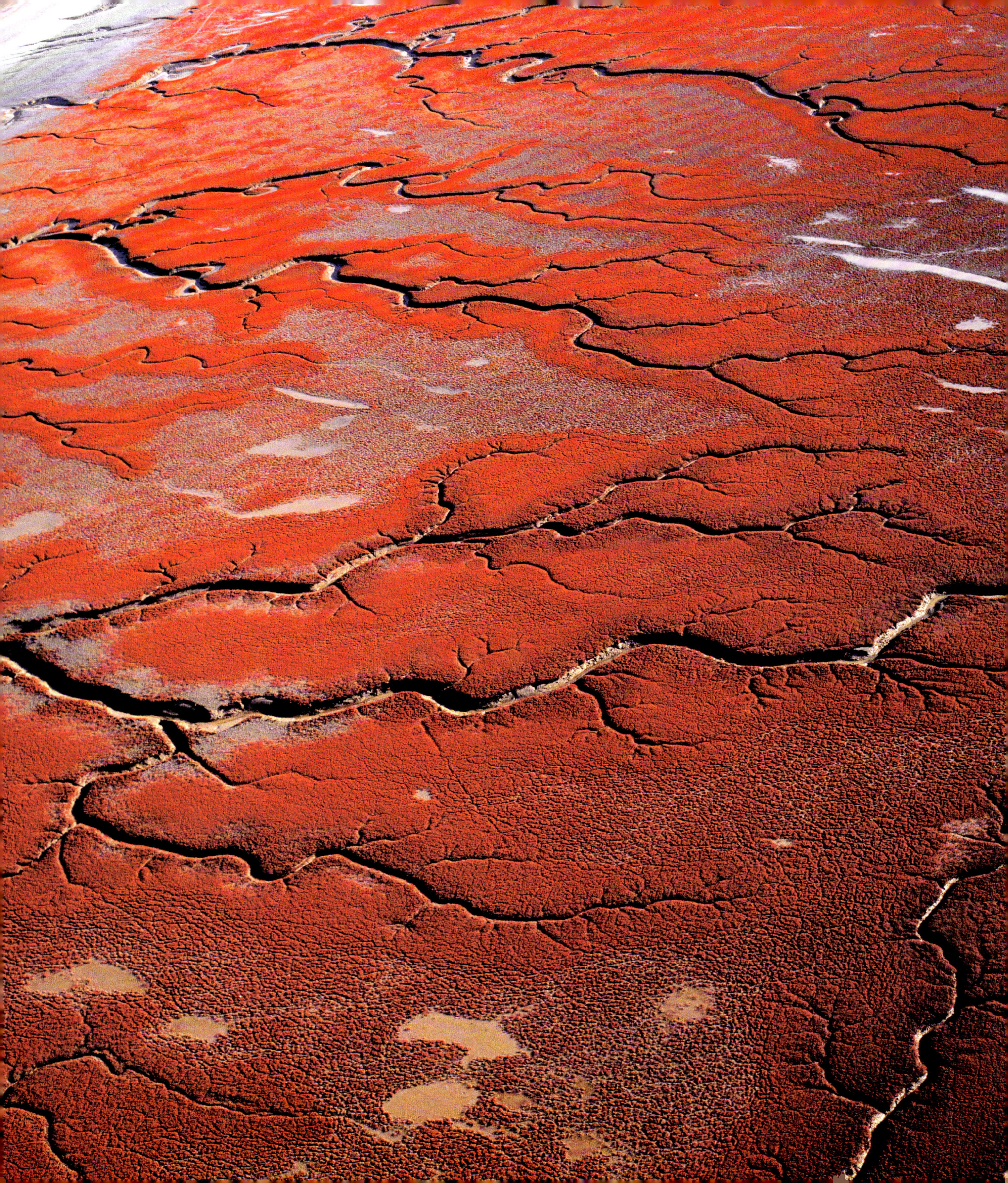

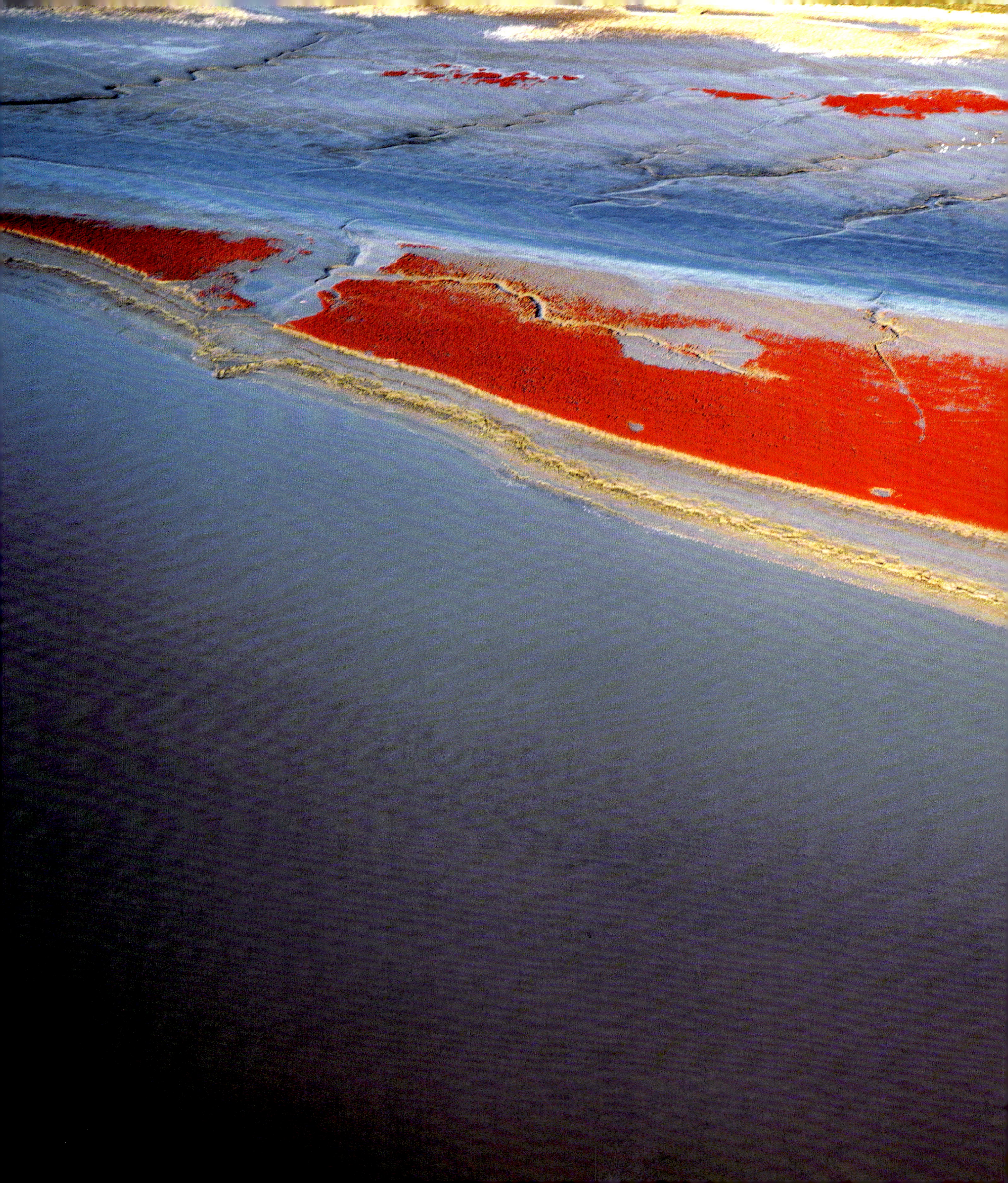

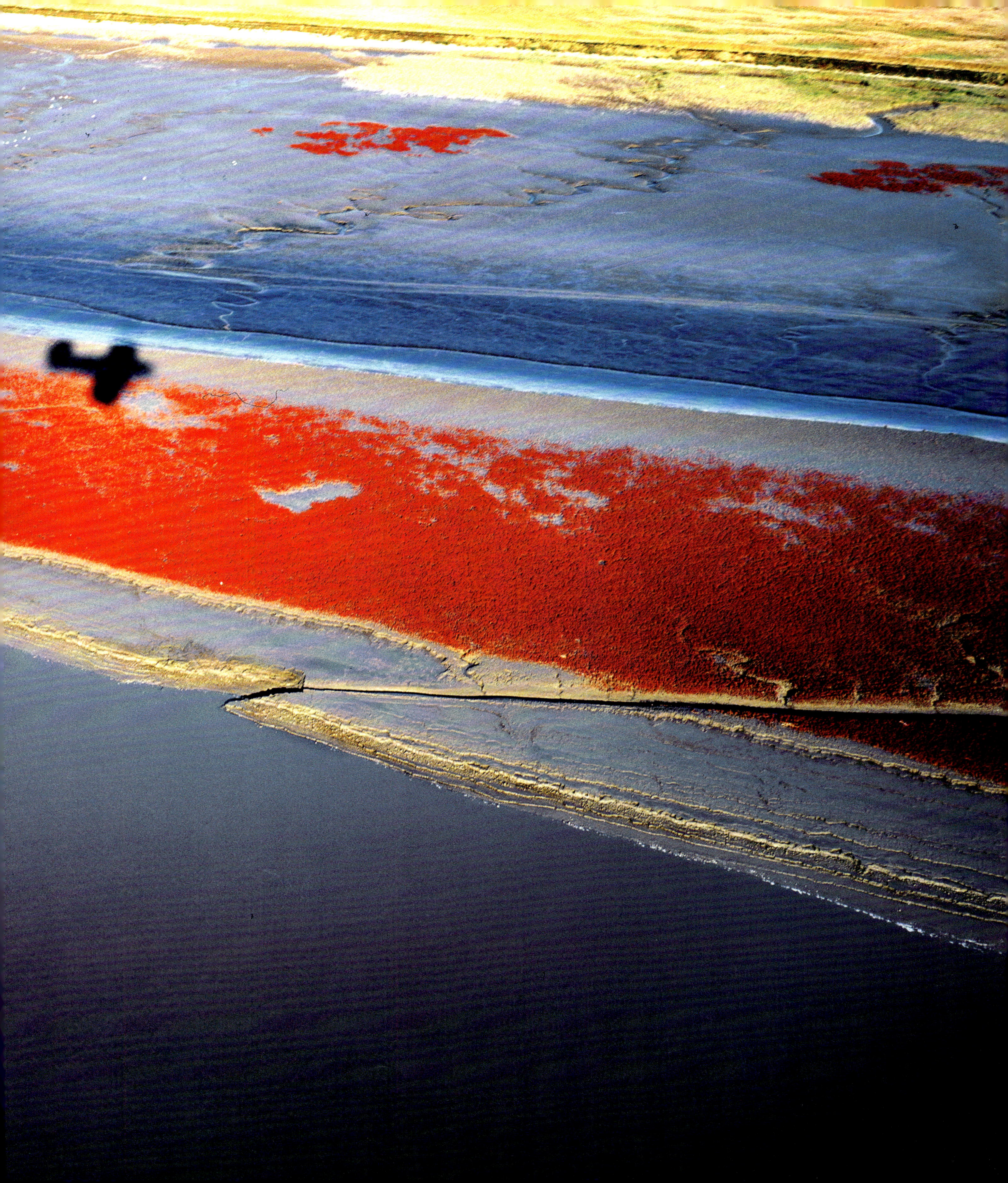

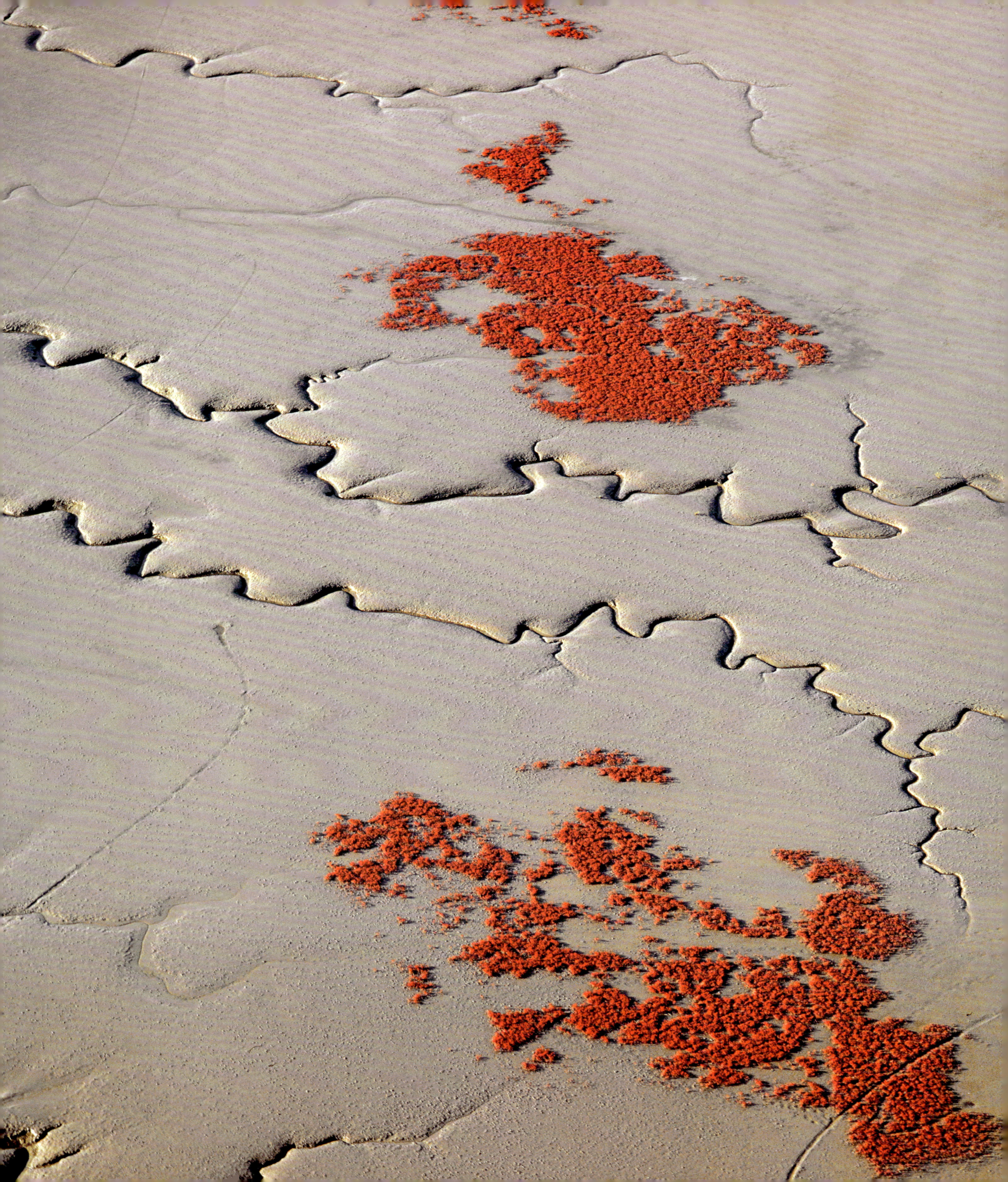

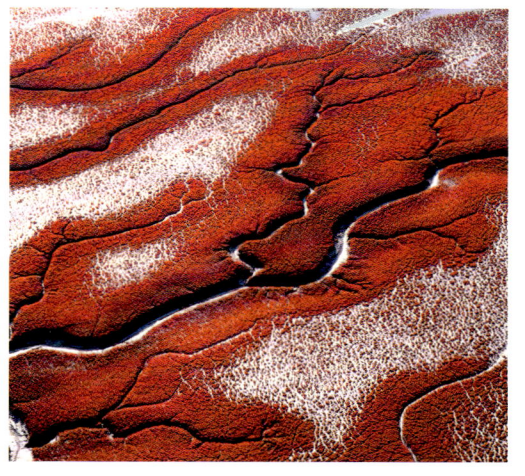

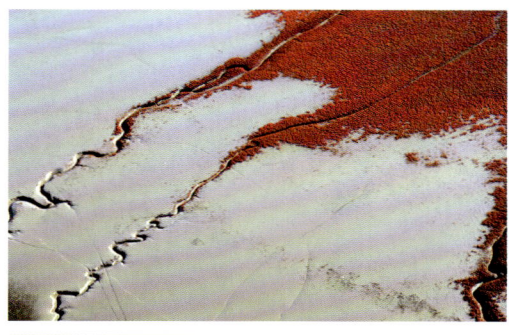

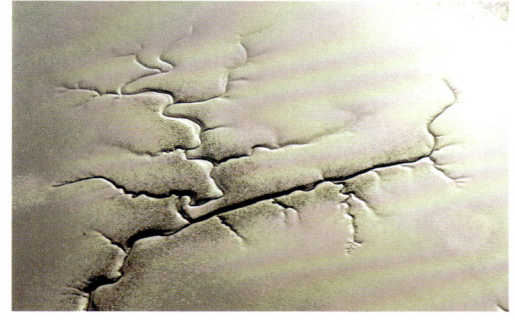

272-273 und 273
LIAONING

Zwischen Stromschnellen und Binsenfeldern erstreckt sich der Shuangtaizi-Nationalpark – vor allem bekannt für seine seltenen Vogelarten – bis zum Meer und schenkt uns das Naturwunder des Roten Meeresstrands.

274
SHANDONG
Das Kap von Chengshan mit seiner hohen, zerklüfteten Küste liegt am östlichen Ende der Halbinsel Shandong.

274-275
SHANDONG
Aufgrund seiner Lage ist das Kap von Chengshan der erste Ort, von dem aus man die Sonne über dem Land der Mitte aufgehen sieht; es ist als das chinesische Kap der Guten Hoffnung bekannt.

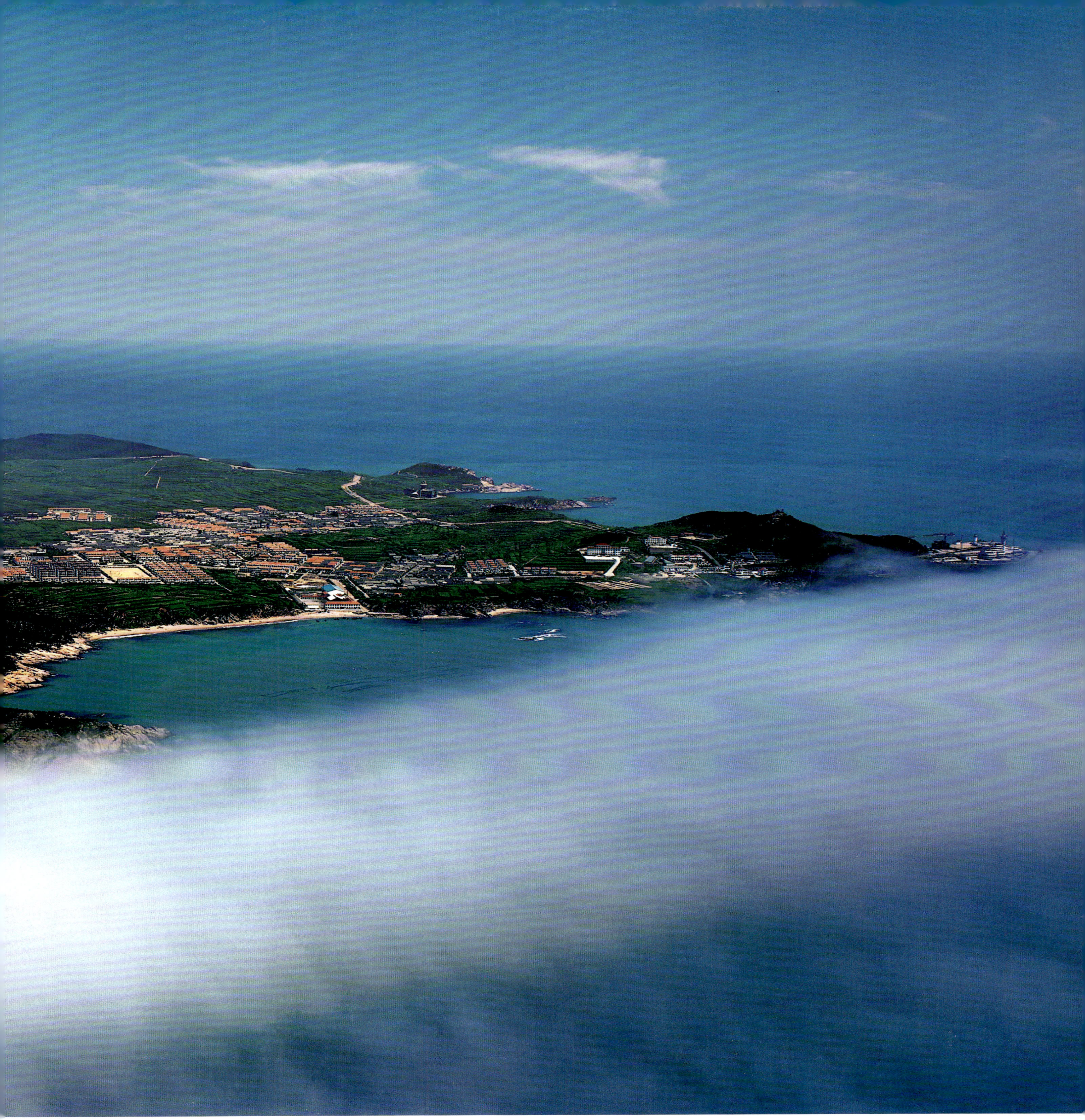

276-277 SHANDONG | Grüne Hügel, Brücken und kleine Inseln formieren sich zu herrlichen Panoramen am Weishan-See, dem größten Süßwasserbecken der Provinz Shangdong.

276 SHANDONG | Der Weishan-See mit seiner länglichen, unregelmäßigen Form besteht in Wirklichkeit aus vier Wasserspiegeln, die von mindestens 40 Flüsschen und Bächen jeglicher Größe gespeist werden.

278-279
SHANDONG – JIANGSU

Das Wasser des Weishan-Sees an der Grenze zwischen Shandong und Jiangsu bedeckt eine Fläche von 1200 Quadratkilometern. Hier leben über 70 Fischarten und zahlreiche Wasserpflanzen. Die Aquakulturen, die auf diesem Bild den See in einer bizarren Zickzacklinie zu durchtrennen scheinen, tragen noch zum Fischreichtum in diesem Gewässer bei. Anscheinend war diese Technik der Süßwasserzucht, insbesondere von Karpfen, in China schon im Jahre 2000 vor Christus bekannt.

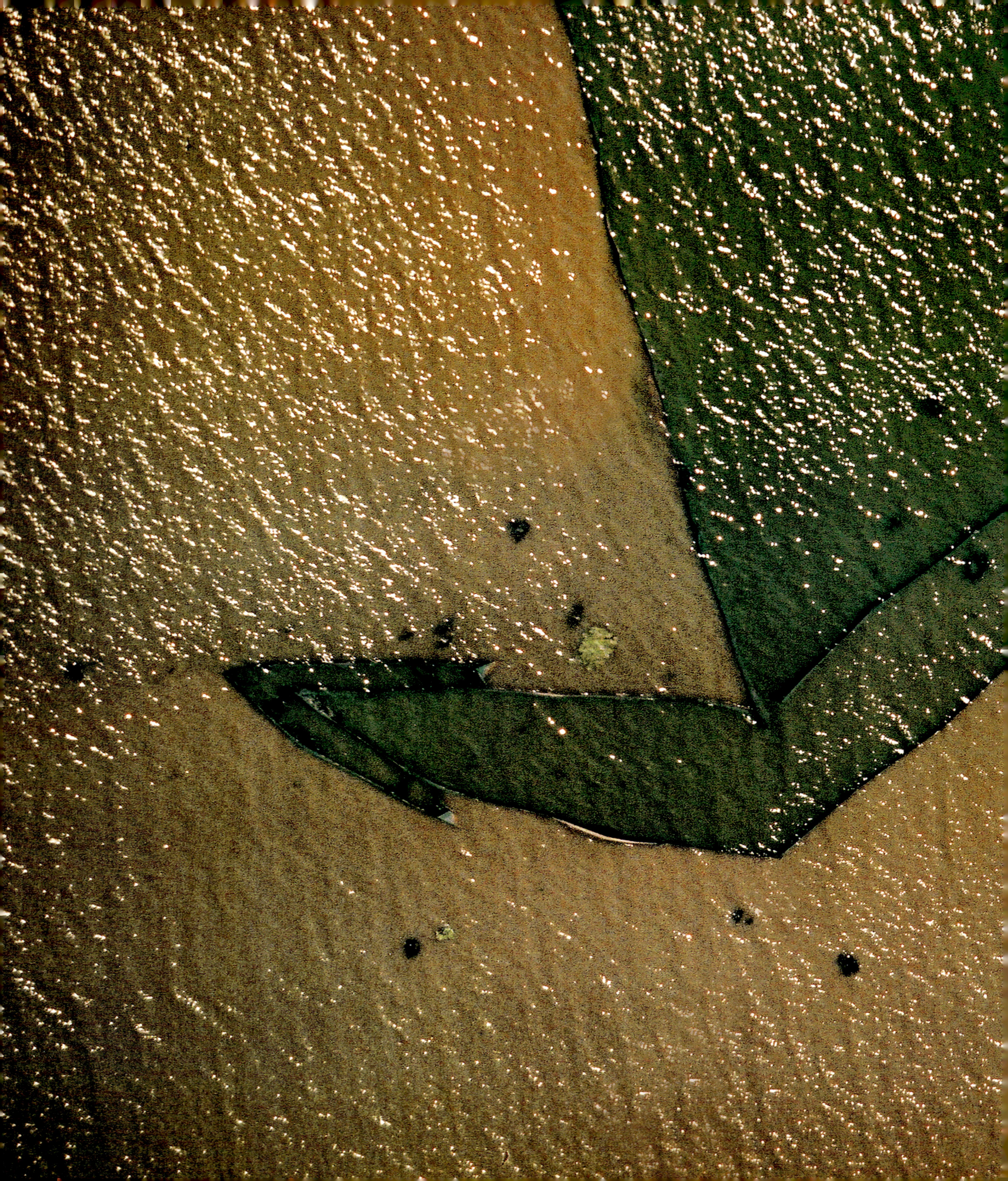

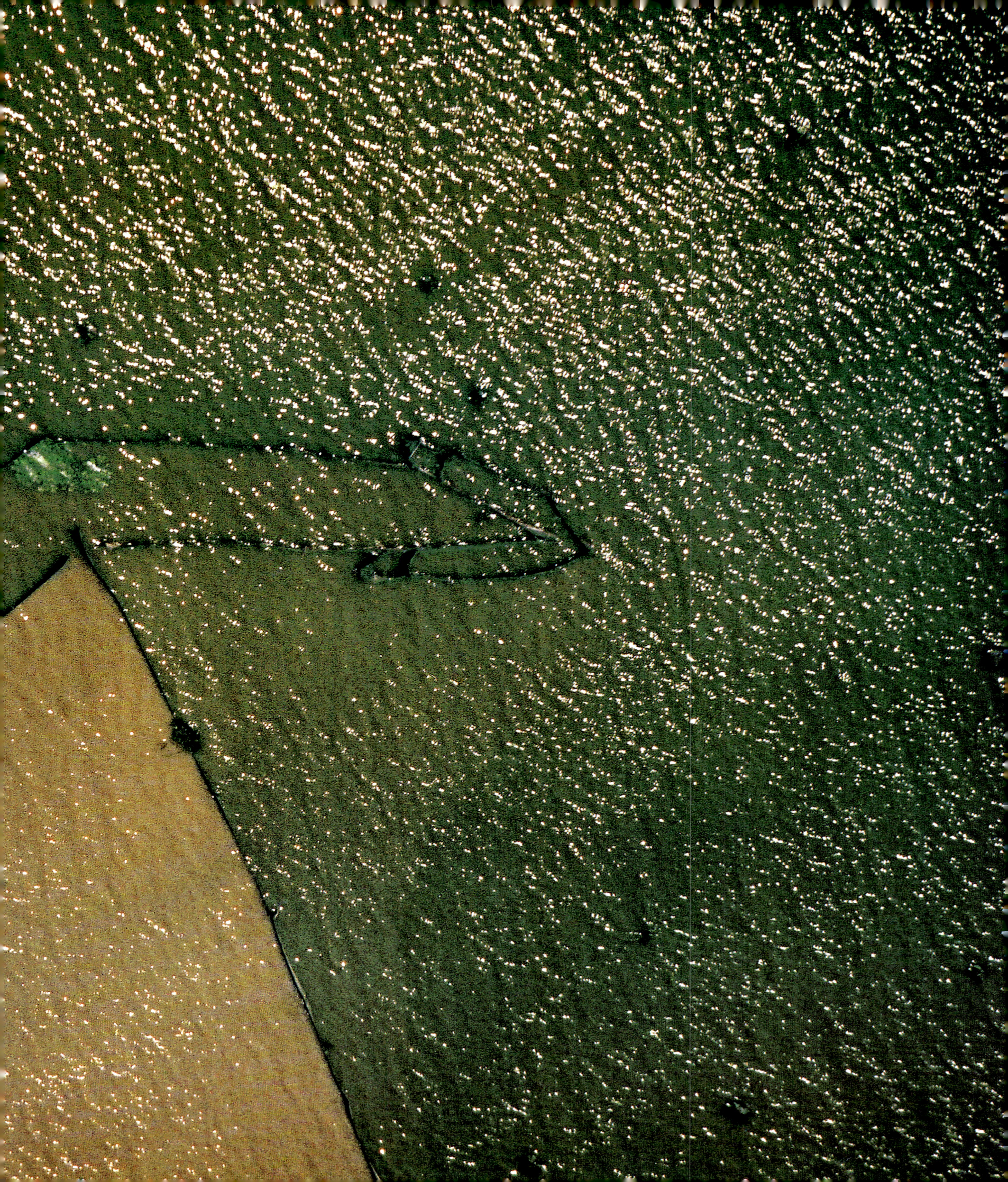

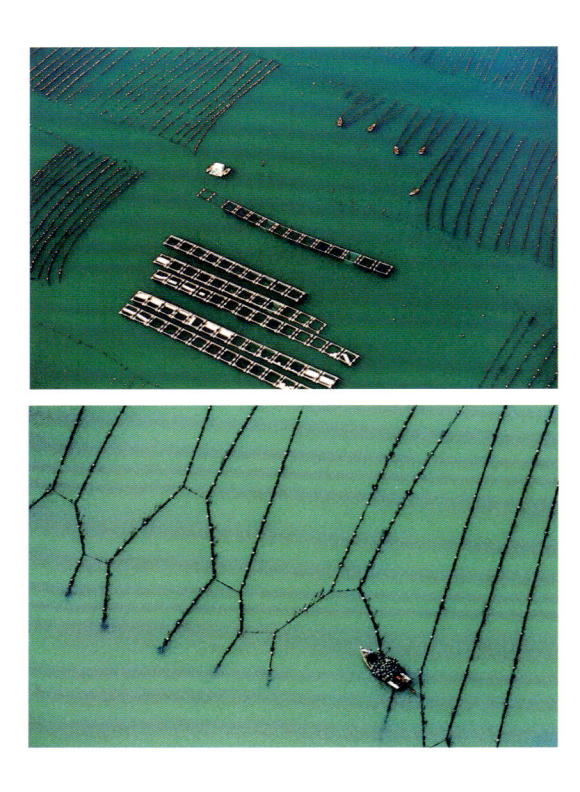

280	Das Gelbe Meer und das Bo-Hai-Meer stellen die grundlegende Quelle des Reichtums für die Bewohner der Provinz Shandong dar, da sie den Fischfang und die Fischzucht ermöglichen.
SHANDONG	

280-281	Die Aquakulturen haben beträchtlich zum Wachstum der Seefischerei beigetragen, die ein bedeutender Wirtschaftsfaktor der Provinz Shandong ist. An ihrer 3000 Kilometer langen Küstenlinie zählt die Halbinsel 30.000 Hektar Salzfelder und Aquakulturen.
SHANDONG	

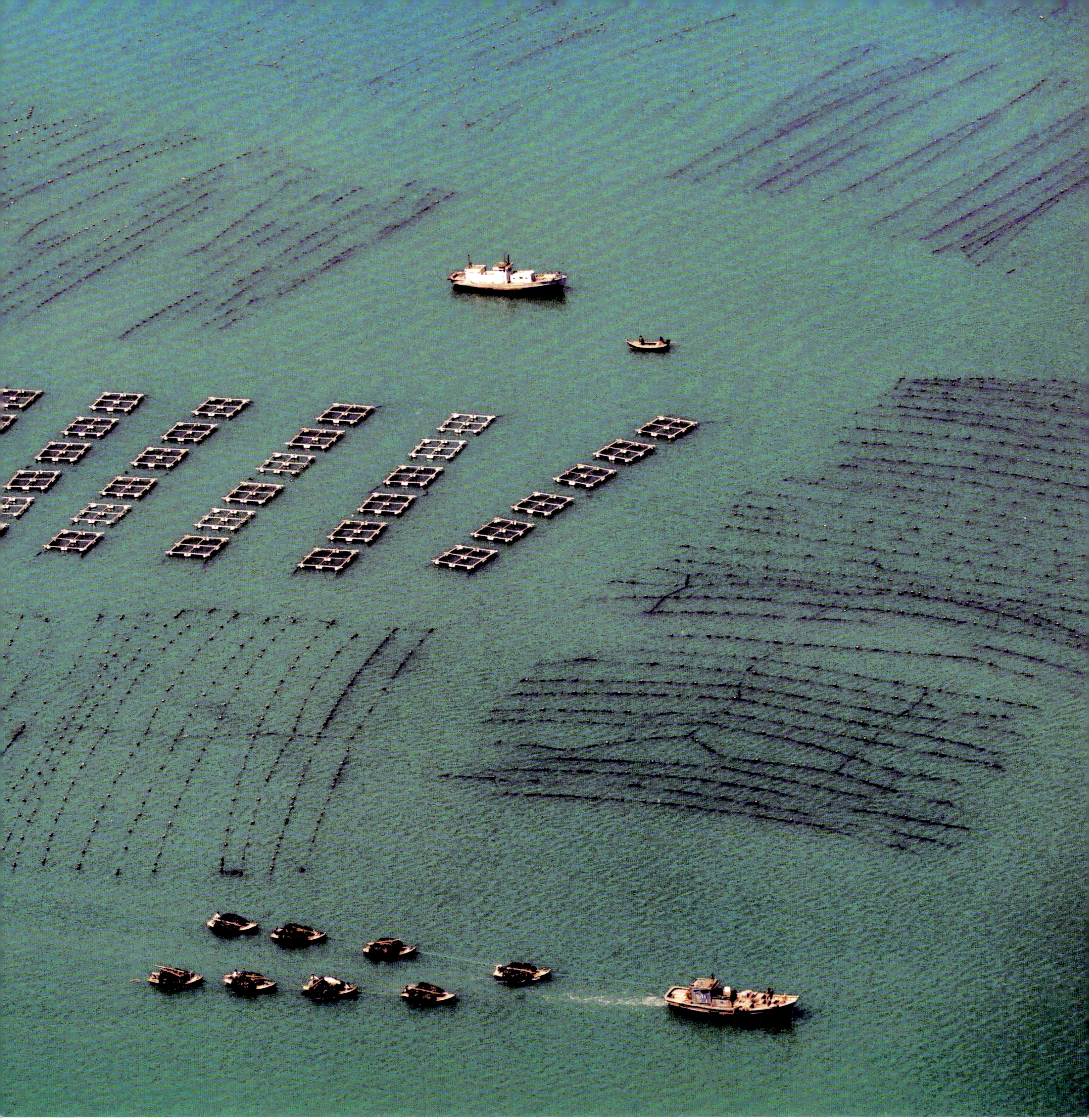

282-283
SHANDONG

Ein Schwimmbagger sondiert den Meeresboden vor dem Hafen Yantai in der Provinz Shandong.

282
SHANDONG

In den letzten Jahren entwickelte Shandong eine stabile Fischerei- und Aquakulturindustrie. China produziert etwa 70 % der Aquakulturprodukte der Welt.

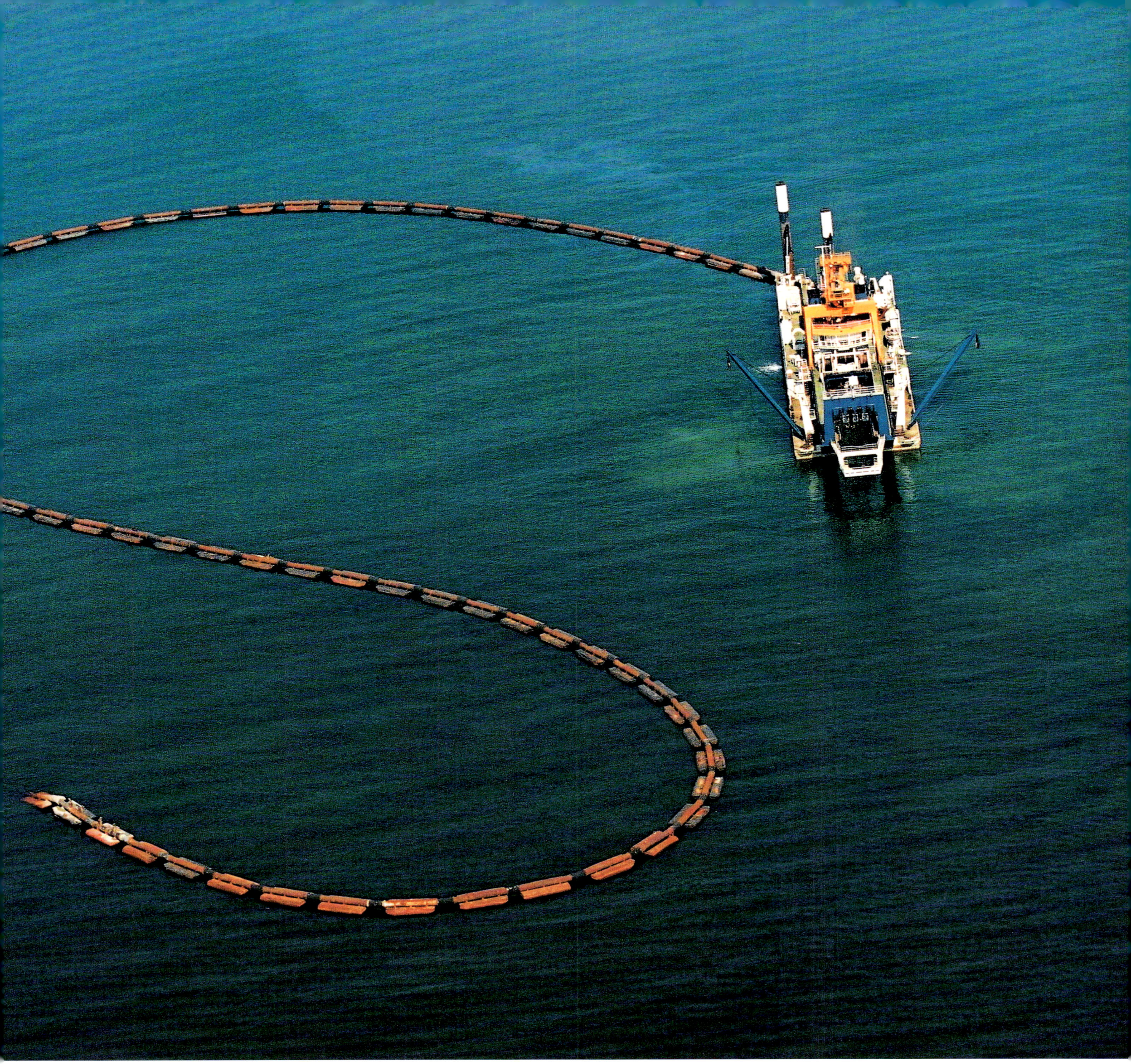

285
SHANXI

Der Gelbe Fluss, der die Provinz Shanxi im Westen und Süden begrenzt, fließt durch die Liuliang-Berge bei Wanjiazhai. Trotz der Schönheit der Landschaft führte gerade das Zusammentreffen der Berge, die 70% des Territoriums einnehmen, und des Flusses zur Isolierung der Provinz und ihrer daraus folgenden Armut.

284
SHANXI

Mit dem Projekt des Wanjiazhai-Staudamms, mit dessen Bau 1997 begonnen wurde, um den Lauf des Gelben Flusses in der Provinz Shanxi umzuleiten, will man versuchen, das Problem der Wasserressourcen in der Region zu lösen.

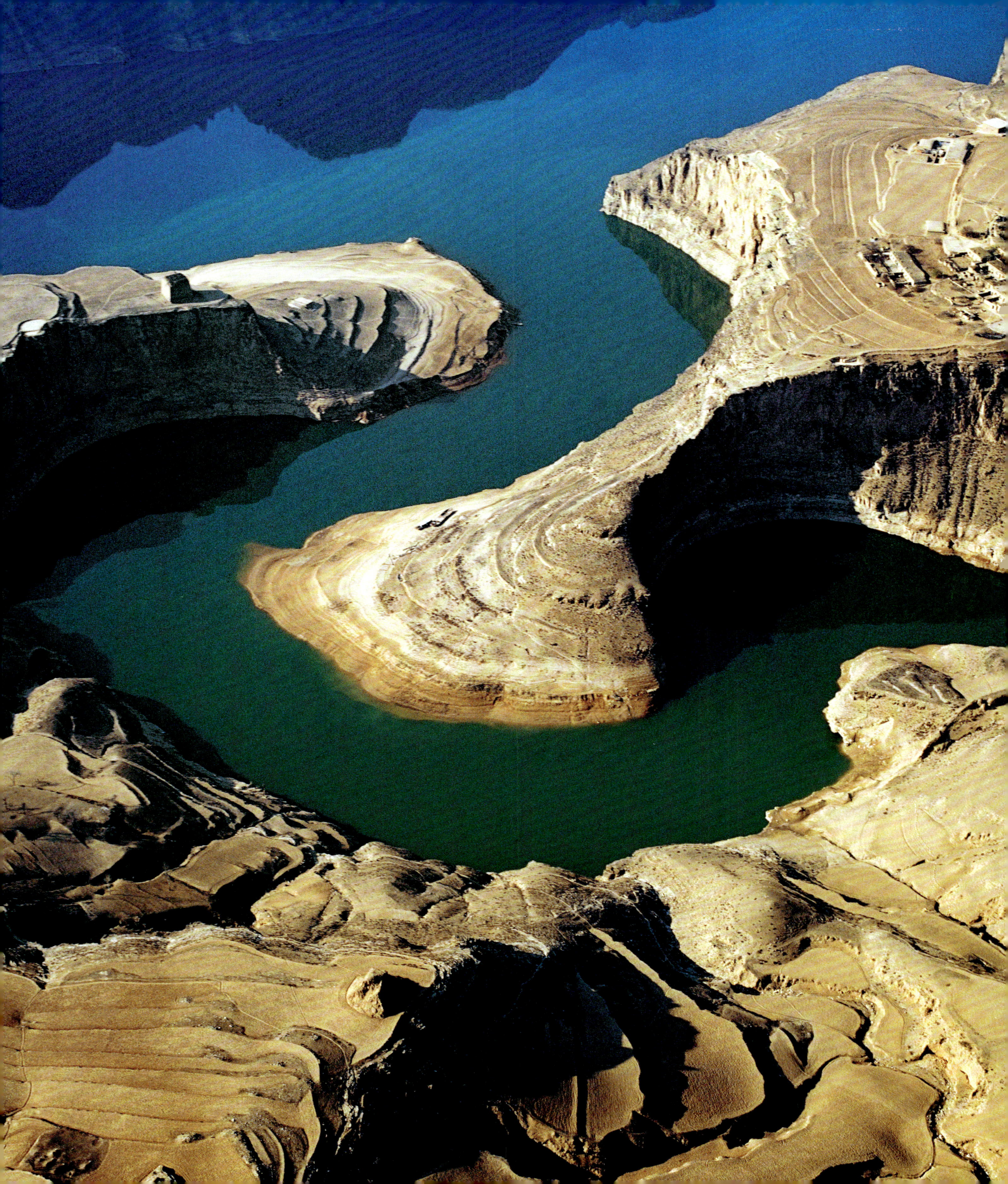

286 und 287
SHANXI

Der Staudamm von Wanjiazhai staut den Lauf des Gelben Flusses. Das Problem des Wassermangels in diesen trockenen Landstrichen hat erste Priorität und die eingeleiteten Maßnahmen zu seiner Bekämpfung zielen darauf ab, den Einwohnern der Provinz Shanxi eine bessere Zukunft zu garantieren.

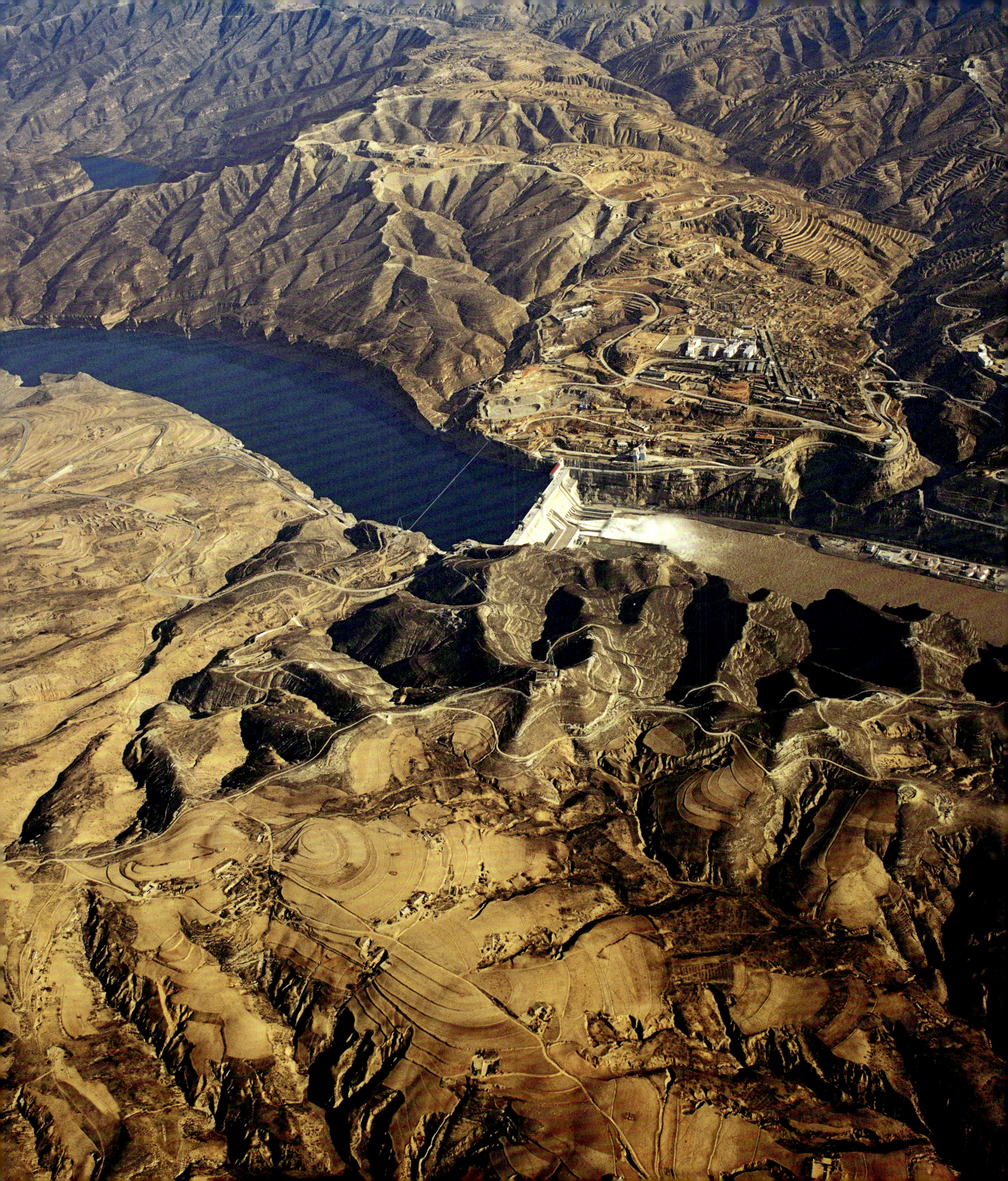

| 288 | Das Erdölbecken von Gudong an der Mündung des Gelben Flusses wurde 1984 entdeckt. Seither |
| SHANDONG | wurden 1300 Bohrlöcher in Betrieb genommen. |

289	Der Gelbe Fluss (Huang He), der zweitlängste Wasserlauf Chinas, fließt aus dem Qinghai-Gebirge durch
SHANDONG	die zentral-nördlichen Ebenen und mündet bei der Halbinsel Shandong in den Pazifik. Der Name des
	Flusses, an dessen Ufer sich die chinesische Kultur entwickelte, rührt von den riesigen Lössmengen her,
	einer gelben Lehmart, die das Wasser mit sich führt.

| 290-291 | Nach dem Poyang- und dem Dongting-See ist der Taihu-See, wörtlich übersetzt „Großer See", der dritte Süß- |
| JIANGSU – ZHEJIANG | wassersee Chinas. Er liegt genau zwischen den Provinzen Jiangsu und Zhejiang. |

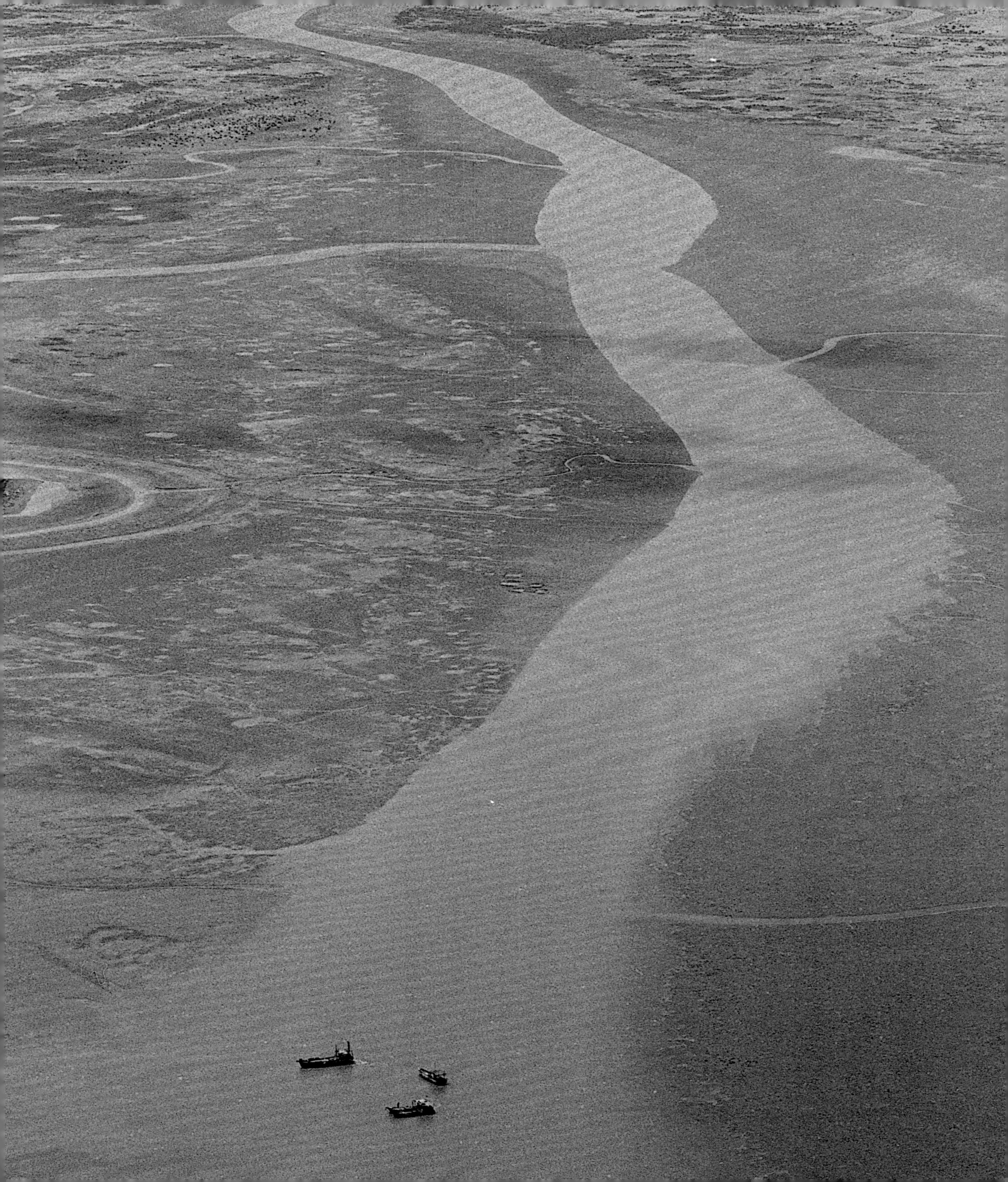

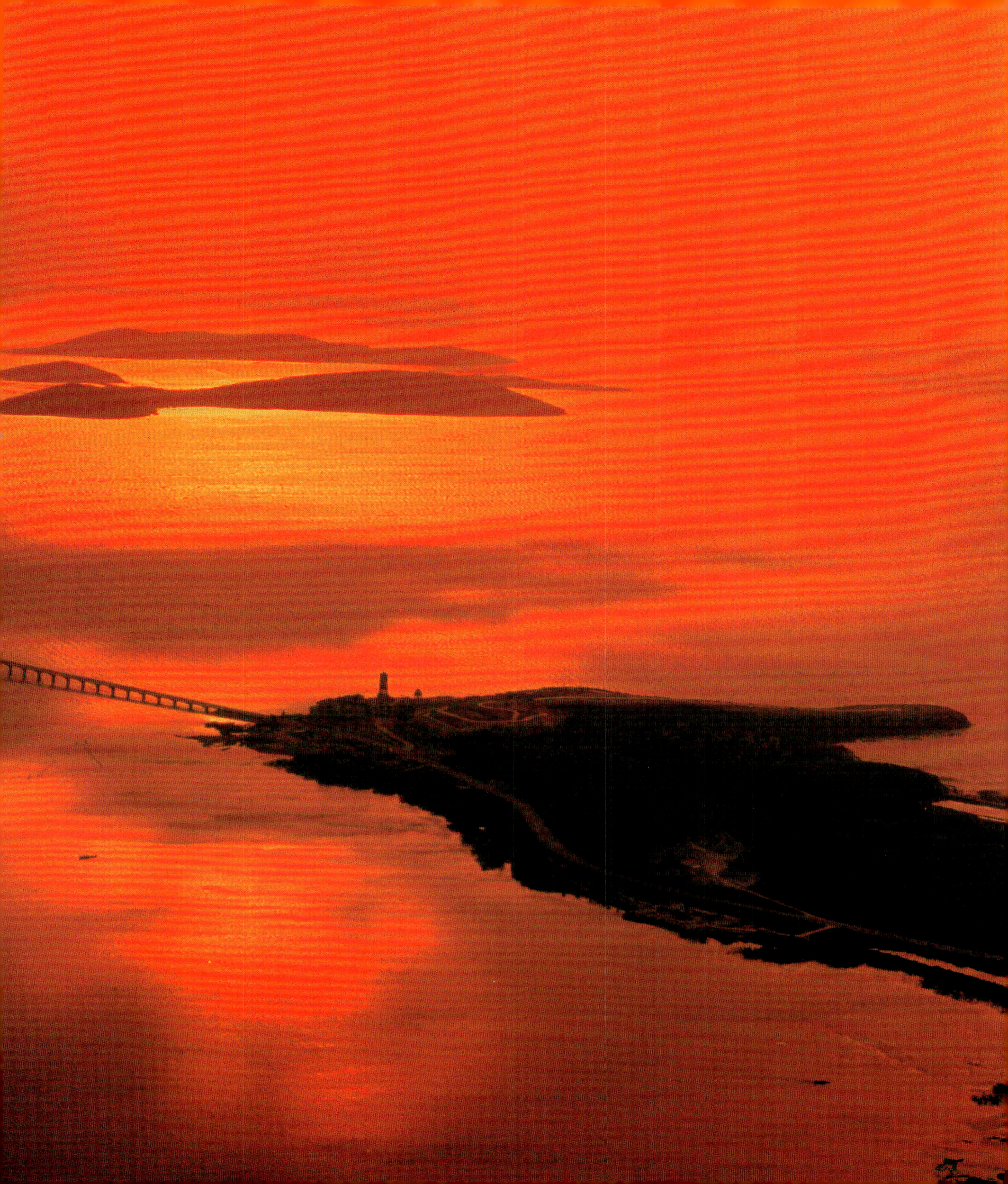

292-293 | Der Daduhe, einer der größeren Zuflüsse des Jangtsekiang (Blauer Fluss), fließt durch die Täler der Südwestprovinz Sichuan.
SICHUAN | Dieser Fluss gehört – mit anderen im Jangtse-Becken – zu denjenigen, mit deren Wasser die Nordregionen ohne Wasserressourcen gespeist werden sollen.

293 oben und Mitte | Im Verlauf der 200 Kilometer zwischen der
SICHUAN – HUBEI | alten Stadt Fengjie und Yichang, in denen die Drei Schluchten liegen, ändert sich die Landschaft ständig und bietet dem Besucher die Möglichkeit, bezaubernde, niemals monotone Landstriche zu bewundern.

293 unten | Die Drei Kleinen Schluchten (Xiao Sanxia)
SICHUAN | säumen den Daning, einen Nebenfluss des Jangtsekiang unweit der Wu-Schlucht. Obwohl enger und kürzer als ihre großen Schwestern, bieten diese Schluchten mit ihren glänzenden Felsen und reißenden Wassern nichtsdestoweniger ein ebenso beeindruckendes Schauspiel.

294 | SICHUAN | Zerklüftete Bergzinnen mit poetischen, evokativen Namen überragen die Ufer der Wu-Schlucht. Der Berg der Unsterblichen, der Berg der Göttin und die anderen, die den Fluss Jangtse hier umgeben, waren schon immer eine unersetzliche Quelle der Inspiration für Dichter und Maler.

295 | SICHUAN | Die Qutang-Schlucht mit ihren acht Kilometern Länge ist die erste und auch kleinste der Drei Schluchten. Eng und von überhängenden Felsen eingerahmt, unweit antiker Städte und archäologischer Stätten, bietet die Qutang-Schlucht mit ihren unbändigen Wassern ein Panorama überwältigender Schönheit.

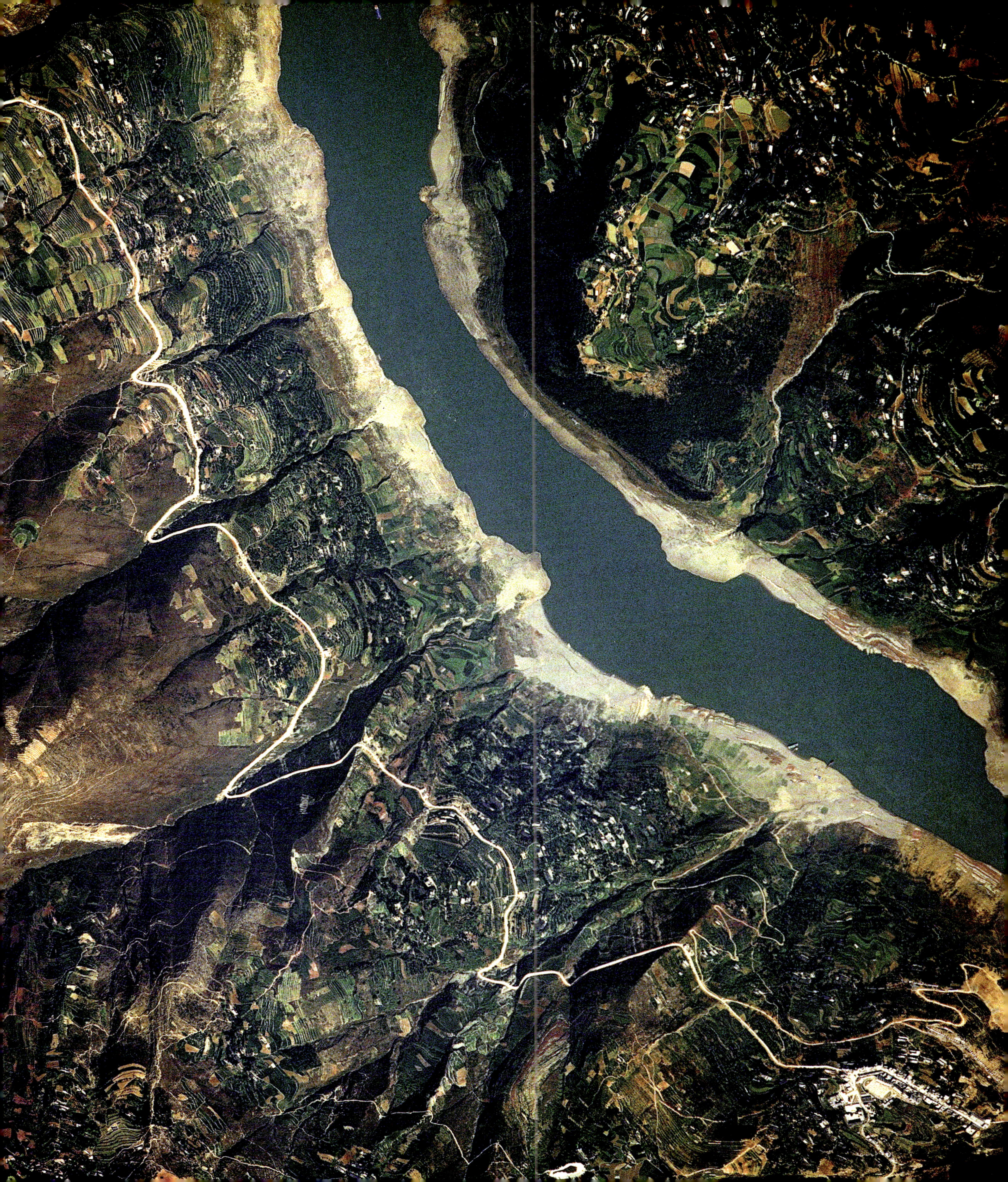

296-297 und 297 oben
HUBEI

Erreicht man das Ende der Xiling-Schlucht, der letzten der Drei Schluchten, erblickt man das Profil des imposanten Drei-Schluchten-Staudamms, des wahrscheinlich grandiosesten Ingenieurprojekts des modernen China.

297 unten
HUBEI

Hat man die Drei Schluchten und den Gezhou-Staudamm hinter sich gelassen, endet die Reise entlang des Flusses Jangtse idealerweise in der alten Stadtfeste Yichang, die unter der Sui-Dynastie (581–618) gegründet wurde (hier abgebildet).

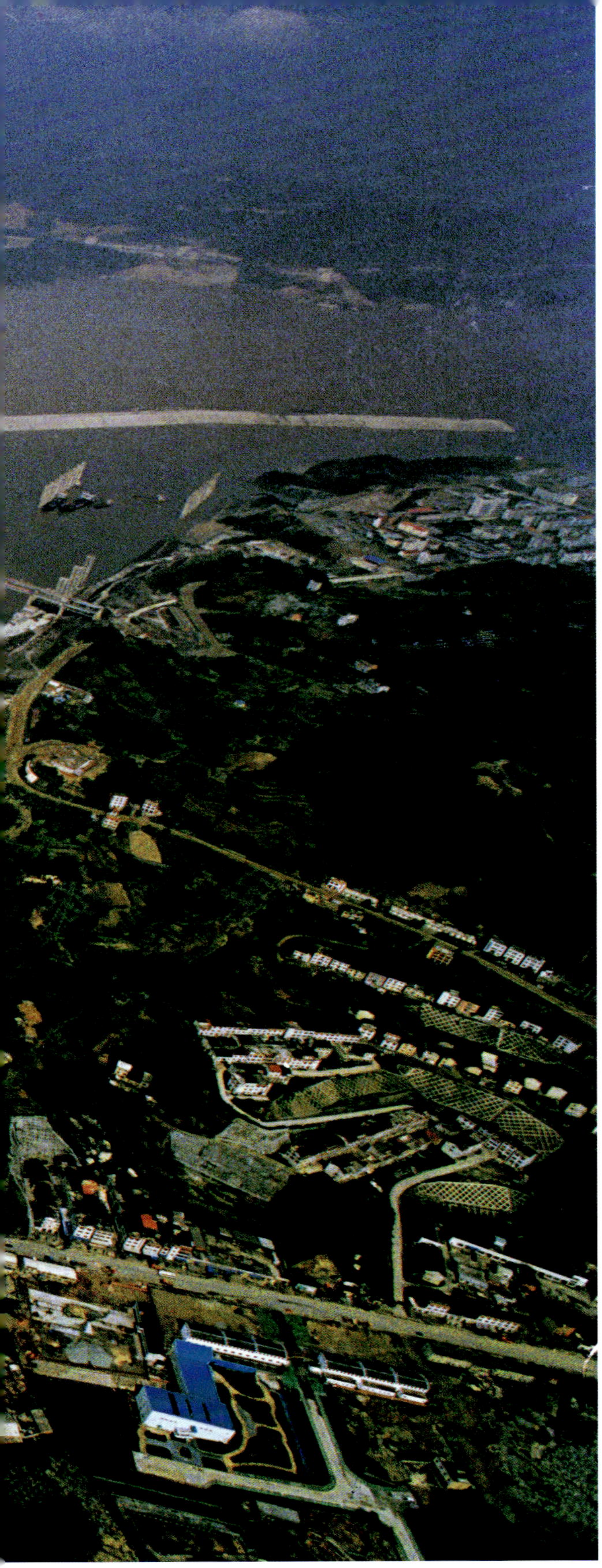
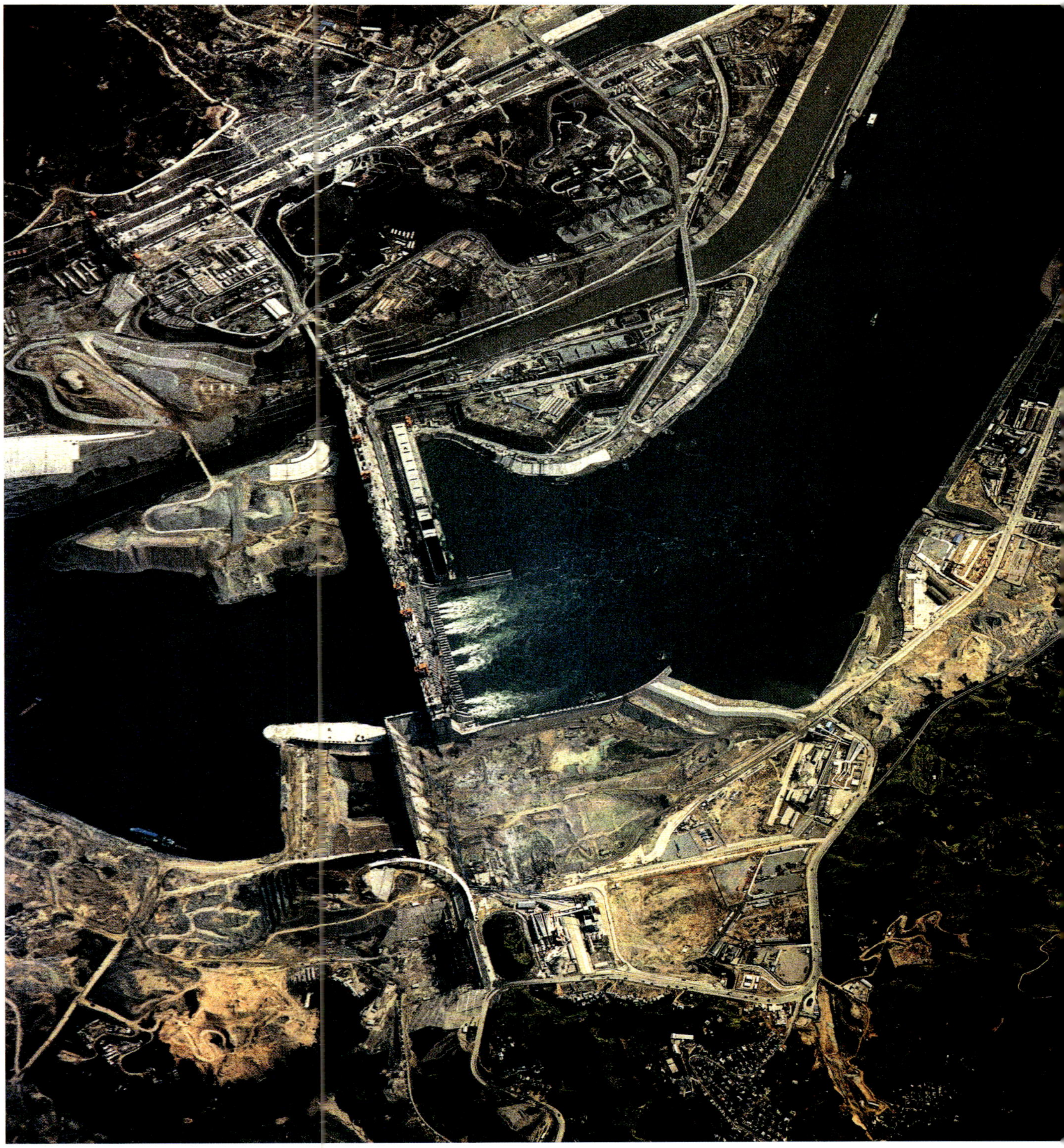
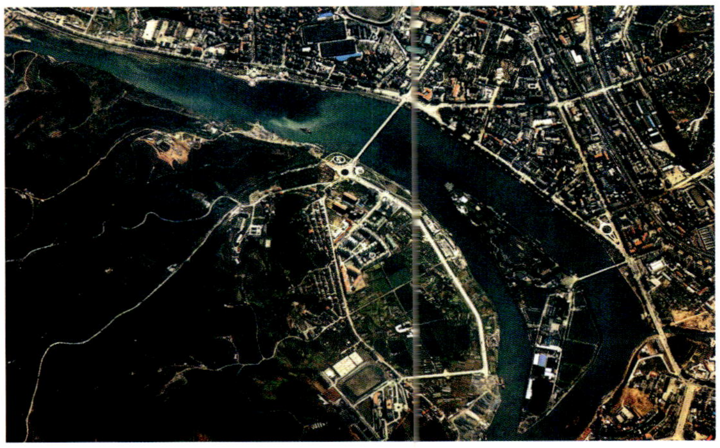
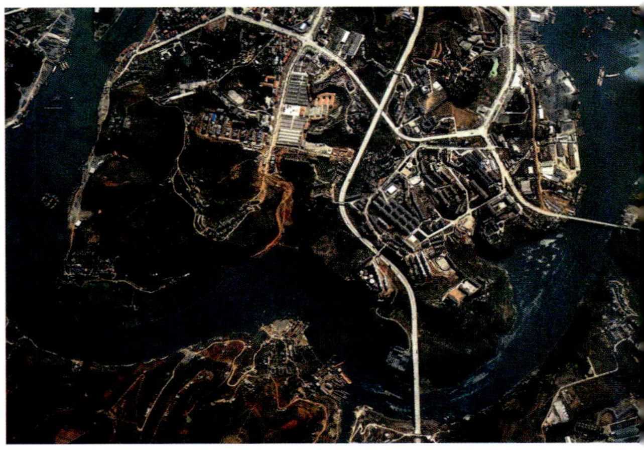

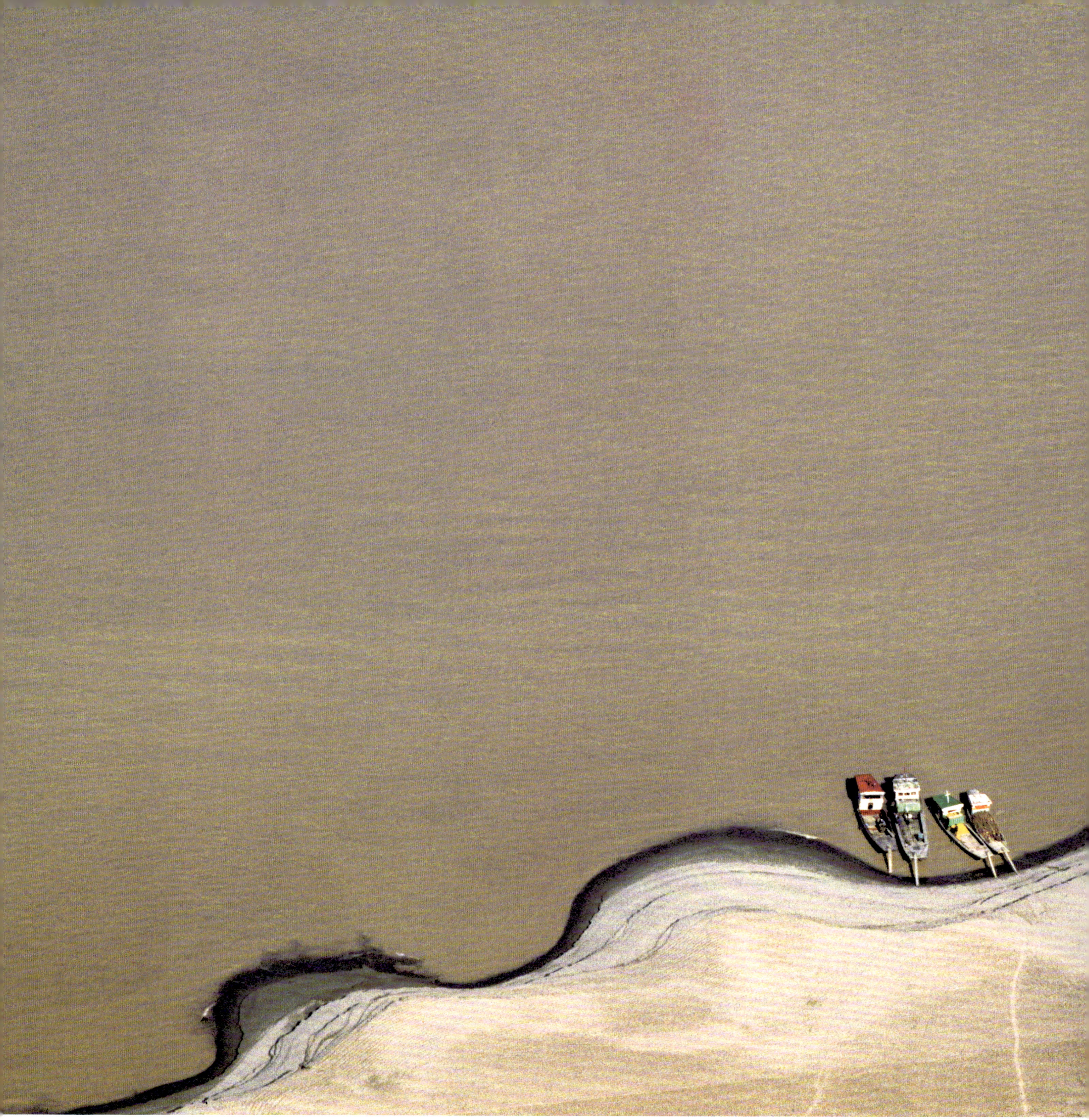

298-299 und 299 oben
SICHUAN – HUBEI

Bunte Boote liegen an einem sandigen Ufer des Jangtse (links), während ein paar Männer im Wasser, wenige Schritte vom Ufer entfernt, ein Holzboot ziehen, oben. Der Jangtsekiang ist in weiten Teilen schiffbar und eine der Hauptschlagadern des Binnenschiffsverkehrs.

299 unten
HUBEI

Neben vielen kleineren Booten durchpflügen große Touristenschiffe die Wasser des Flusses zwischen den Felswänden von Yichang, dem Zugangstor zum Jangtsekiang in der Provinz Hubei.

HARMONIE DES ALTEN UND MODERNEN

Von den legendären, 5000 Jahre alten unterirdischen Städten über die alten Hauptstädte der Kaiserdynastien bis hin zu den hypermodernen, multiethnischen Megastädten unserer Zeit wusste China die Würde und den überraschenden Zauber einer urbanen Kultur fast unversehrt zu wahren, die in der Geschichte der Menschheit ohnegleichen ist.

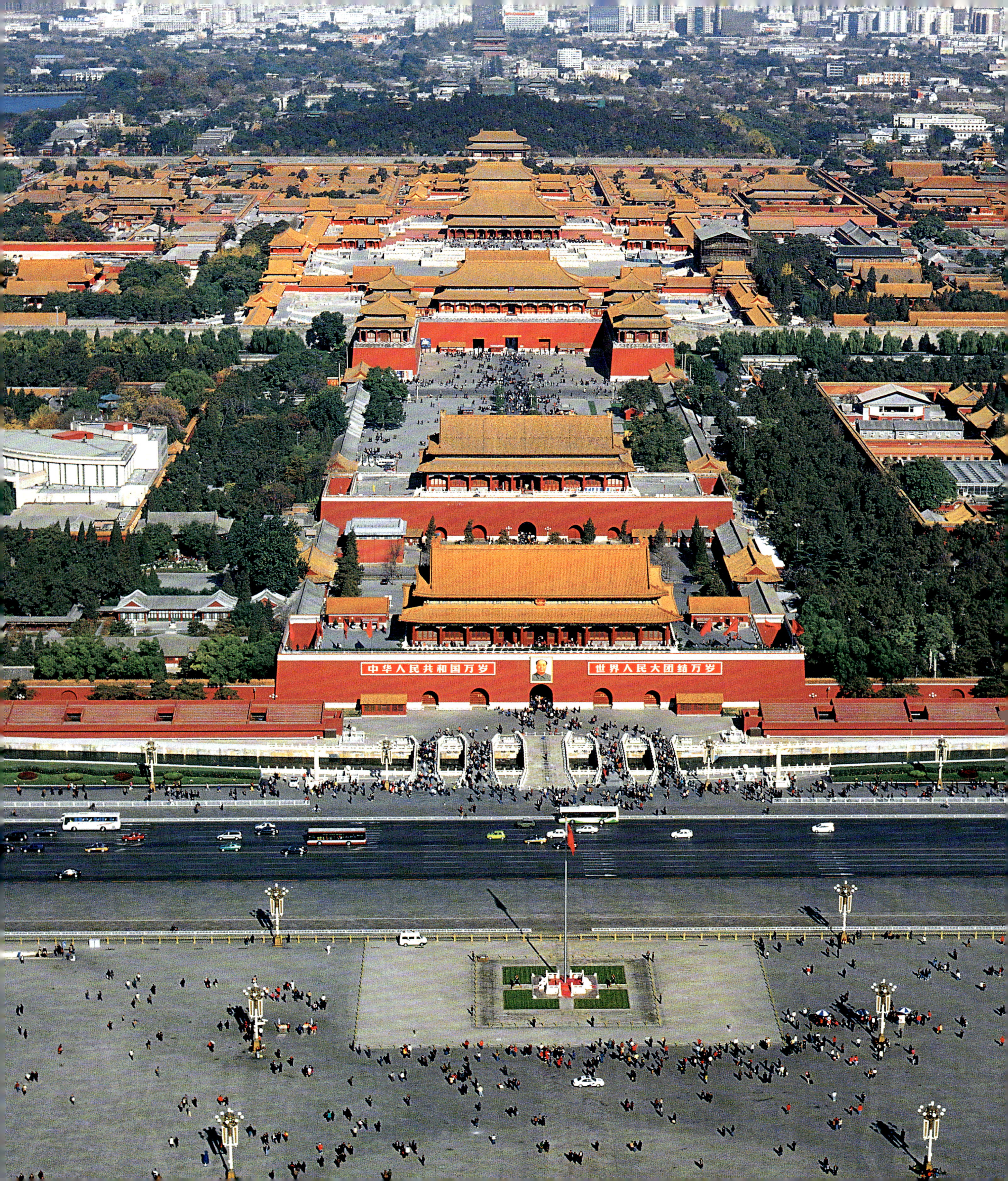
中华人民共和国万岁
世界人民大团结万岁

HARMONIE DES ALTEN UND MODERNEN

STÄDTE UND MEGASTÄDTE

301

PEKING

Im Herzen Pekings befindet sich eine andere Stadt, deren Gärten, Tempel und Pavillons mit den goldgelben Dächern sich auf über 720 000 Quadratmetern ausdehnen und den vergangenen Glanz Chinas ahnen lassen: die Verbotene Stadt, der Ort, an dem die Kaiser lebten und das Land der Mitte 500 Jahre lang regierten.

Die Städte des alten China entstanden hauptsächlich am Mittel- und Unterlauf des Gelben Flusses, um sich dann nach und nach am Mittel- und Unterlauf des Jangtsekiang auszubreiten. Heute gibt es in China mehr als 500 Städte, deren Bevölkerung ungefähr 40 Prozent der Gesamtbevölkerung ausmacht. Seit 1276 ist Peking die politische Hauptstadt des Landes und mit dem ständig fortschreitenden Bevölkerungswachstum unter der Ming- und Qing-Dynastie wurde schon im sechzehnten Jahrhundert die Grenze von einer Million Einwohnern überschritten. Die Kaiser dieser beiden Dynastien ließen viele neue Gebäude errichten, bauten die Verbotene Stadt mit ihren roten Mauern und gelb glasierten Ziegeldächern. Westlich von Peking befindet sich ein See, der sich von Süden nach Norden erstreckt; an seinen Ufern wurden die königlichen Gärten und die Fürstenresidenzen erbaut. Am oberen Ende der zentralen Nord-Süd-Achse erheben sich der hohe Glockenturm und der Trommelturm: Die Bronzeglocke, mit einem Gewicht von über 60 Tonnen, wurde im fünfzehnten Jahrhundert geschmiedet, um der ganzen Stadt die Stunden zu verkünden. Im Nordwesten der Stadt, im Schutz der Westlichen Berge, wurden weitere kaiserliche Gärten und Tempel errichtet. Die Szenerie des Sommerpalasts hat nichts von ihrer damaligen Pracht eingebüßt: Schaut man vom hohen Foxiang-Pavillon nach Süden, erblickt man die wunderbare Siebzehn-Bogen-Brücke, die den See überspannt; der Yuquan-Hügel im Westen ist der Widerhall der Schönheit der Brücke. Wie in der Vergangenheit ist die Verbotene Stadt das Zentrum Pekings; überquert man die marmornen Jinshui-Brücken südlich des Tian'anmen, befindet man sich direkt auf der Chang'an-Straße, die Peking von Osten nach Westen durchquert und am Tian'anmen-Platz (Platz des Himmlischen Friedens) vorbeiführt. Die riesigen Paläste beiderseits des Tian'anmen und entlang der Chang'an-Straße sind Regierungssitze und große Geschäftshäuser.

Im Nordwesten Pekings liegen Institute für wissenschaftliche Forschung; die Universität Peking und die Universität Qinghua befinden sich auf dem ehemaligen Standort der kaiserlichen Gärten, die vor vielen Jahren der Zerstörung anheimfielen. Im nördlichen Teil der Stadt wurden Fabriken, Wohngebiete und das Olympische Dorf gebaut. Im Ostteil der Stadt gibt es ein Viertel für ausländische Funktionäre, das Wohngebiete, Botschaften und Geschäfte in sich vereint. Dieses Gebiet spiegelt sich in den ersten Kirchen wider, die im Stadtzentrum gebaut wurden. Im Westen der Stadt kann man deutlich den riesig hohen Fernsehturm des nationalen Senders CCTV sehen. Der Südteil der Stadt ist berühmt für den Himmelstempel, in dem die Kaiser einst die Opferriten zu Ehren des Himmels vollzogen; die Dächer der Haupthalle und der Halle der Ernteopfer sind mit blau glasierten Ziegeln gedeckt.

Der Nordosten ist das Hauptproduktionsgebiet Chinas; Shenyang, die Hauptstadt der Provinz Liaoning, ist ein Zentrum der Manufakturbetriebe, aber auch der Bildung und wissenschaftlichen Forschung. Aus Shenyang stammen die mandschurischen Begründer der Qing-Dynastie, deren Kaiserpalast und Ahnengräber bereits in das Unesco-Kulturerbe aufgenommen wurden.

Fuxin bei Shenyang ist ein Industriegebiet mit reichen Kohlevorkommen, während Anshan das Land der Stahlfabriken ist. Die Industrie-, Handels- und Hafenstadt Dalian wird die „Perle des Golfs von Bo Hai" genannt, nicht nur wegen der Schönheit der Meereslandschaft, sondern auch wegen der berühmten Paläste mit den weißen Wänden und roten Dächern und dem in verschiedenen architektonischen Stilen bebauten Hauptplatz. Die Städte Panjin und Jinzhou auf der Westseite des Golfs von Bo Hai sind Standorte der Erdölindustrie und wichtige Häfen.

An der Westküste des Golfs von Bo Hai befindet sich Tianjin mit seinem bedeutenden Hafen. Die Städte Penglai und Yantai im Südteil des Golfs von Bo Hai bieten beeindruckende Stadt- und Küstenpanoramen. Fährt man von Dalian an der Küste des Golfs von Bo Hai entlang, kommt man nach Qingdao am Gelben Meer mit seinen Elektro-, Textil- und Schiffsindustrien. Die Westseite des Berges Tai, der mit seinem reichen kulturellen Kontext zur Liste des Unesco-Kulturerbes gehört, ist dem Gelben Meer zugewandt. Im Westen des Berges Tai liegt die wegen ihrer Geschichte und Kultur berühmte Stadt Liaocheng am Kaiserkanal; wie damals ragt der alte Glockenturm im Zentrum empor. Im Süden befindet sich Qufu, der Geburtsort des Konfuzius – mit dem Konfuziustempel, der einer Version der Verbotenen Stadt ähnelt, und dem Wald, Begräbnisstätte der Nachkommen des Philosophen. Nördlich von Qufu liegt die Hauptstadt der Provinz Shandong, Jinan, die sogenannte „Stadt der Quellen".

In der Gebirgsstadt Chongqing macht die lange Reihe von Hochhäusern die Bevölkerungsdichte im Sichuan-Becken bewusst. Der rekonstruierte Turm des Gelben Kranichs von Wuhan lenkt den Blick auf die Veränderungen in Wuhan. Hongwu, der Gründer der Ming-Dynastie, ernannte Nanjing zur Hauptstadt seines Reiches. Sein Mausoleum liegt an den Hängen des grünen Zijin Shan.

Die größte Stadt Chinas, Shanghai, liegt an der Mündung des Jangtsekiang; 2005 hatte sie sechzehn Millionen Einwohner. Die modernen Gebäude im westlichen Stil am Westufer des Flusses Pu scheuen keinen Vergleich mit den gigantischen Wolkenkratzern von Pudong.

An der Südostküste in Macau genießt man die beste Lebensqualität. Die in die Vegetation eingebetteten Paläste verleihen der wunderschönen, ruhigen Insel tausend verschiedene Farbtöne.

An der Küste des Südchinesischen Meers tauchte in den zwanziger Jahren plötzlich Shenzhen auf, ein Kind der Reform, das viele als ein Versuchslabor für das China der Zukunft betrachten. Nur durch einen Fluss von Shenzhen getrennt, ist Hongkong die „Perle des Ostens". Die beeindruckende Landschaft der hohen Wolkenkratzer und prachtvollen Gebäude an beiden Ufern, die sich im Meer spiegeln, und des Nachts die bunten Lichter der Laternen zeigen den Wohlstand und die Aktivität dieser großen Metropolen. Nur durch einen schmalen Meeresstreifen getrennt, blicken Macau und Hongkong einander an. Dies ist der Ort, an dem im sechzehnten und siebzehnten Jahrhundert die Jesuitenpater an Land gingen. In dreihundert Jahren machten die Portugiesen aus einem kleinen Fischerdorf eine mittelgroße Stadt westlicher Prägung.

Die größte Stadt des Qinghai-Tibet-Plateaus ist Lhasa, die sogenannte „Stadt der Sonne". Der riesige, im Schutz der Berge erbaute Potala-Palast ist schon immer die Residenz des Dalai Lama und herrscht über die Tempel, Wohnhäuser und Märkte von Lhasa und verfolgt mit Interesse das Wachstum der Stadt und die ununterbrochene Vermehrung der in fremdem Stil erbauten Gebäude.

Rongyu Su

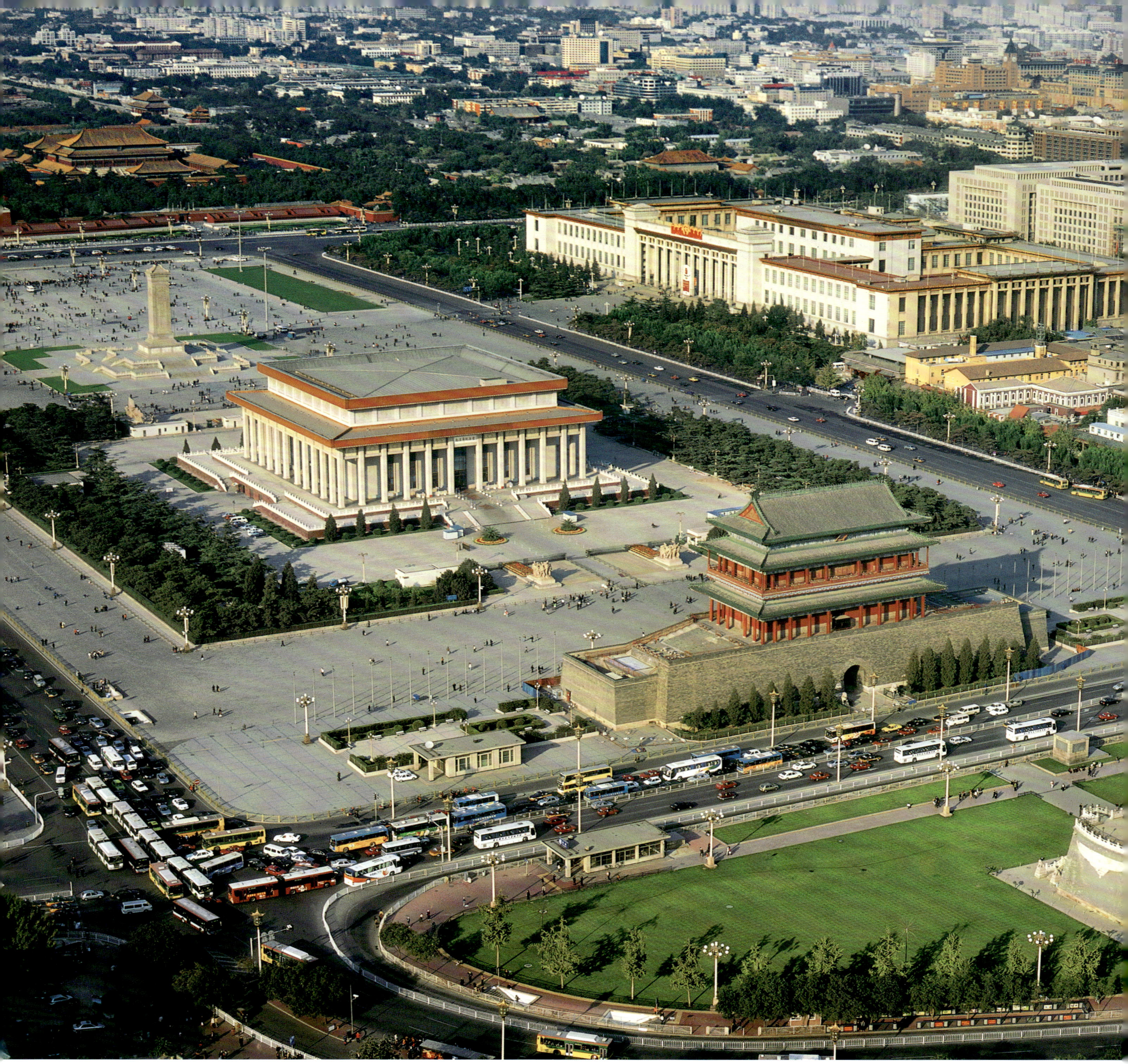

306-307 PEKING | Auf dem Tian'anmen, dem größten Platz der Welt, trifft die Vergangenheit des chinesischen Volkes auf die Gegenwart: hier die Symbole der kaiserlichen Macht – wie Qianmen, das Vordertor, im Vordergrund –, dort die der aktuellen Machthaber: die Mao-Zedong-Gedenkhalle, das Denkmal der Volkshelden, das Museum der Chinesischen Revolution (im Hintergrund).

307 PEKING | Der Trommelturm und der Glockenturm herrschen über die Hutongs, die alten Viertel der Hauptstadt. Die Wolkenkratzer im Hintergrund betonen den Kontrast zwischen Vergangenheit und Gegenwart, der diese riesige Stadt kennzeichnet.

308-309 PEKING | Fünf weiße, fein gehauene Marmorbrücken liegen gegenüber, dem Tian'anmen, dem Tor des Himmlischen Friedens, das zum Eingang der Verbotenen Stadt führt. Von der Höhe dieses beeindruckenden Bauwerks rief Mao Zedong am 1. Oktober 1949 die Chinesische Volksrepublik aus.

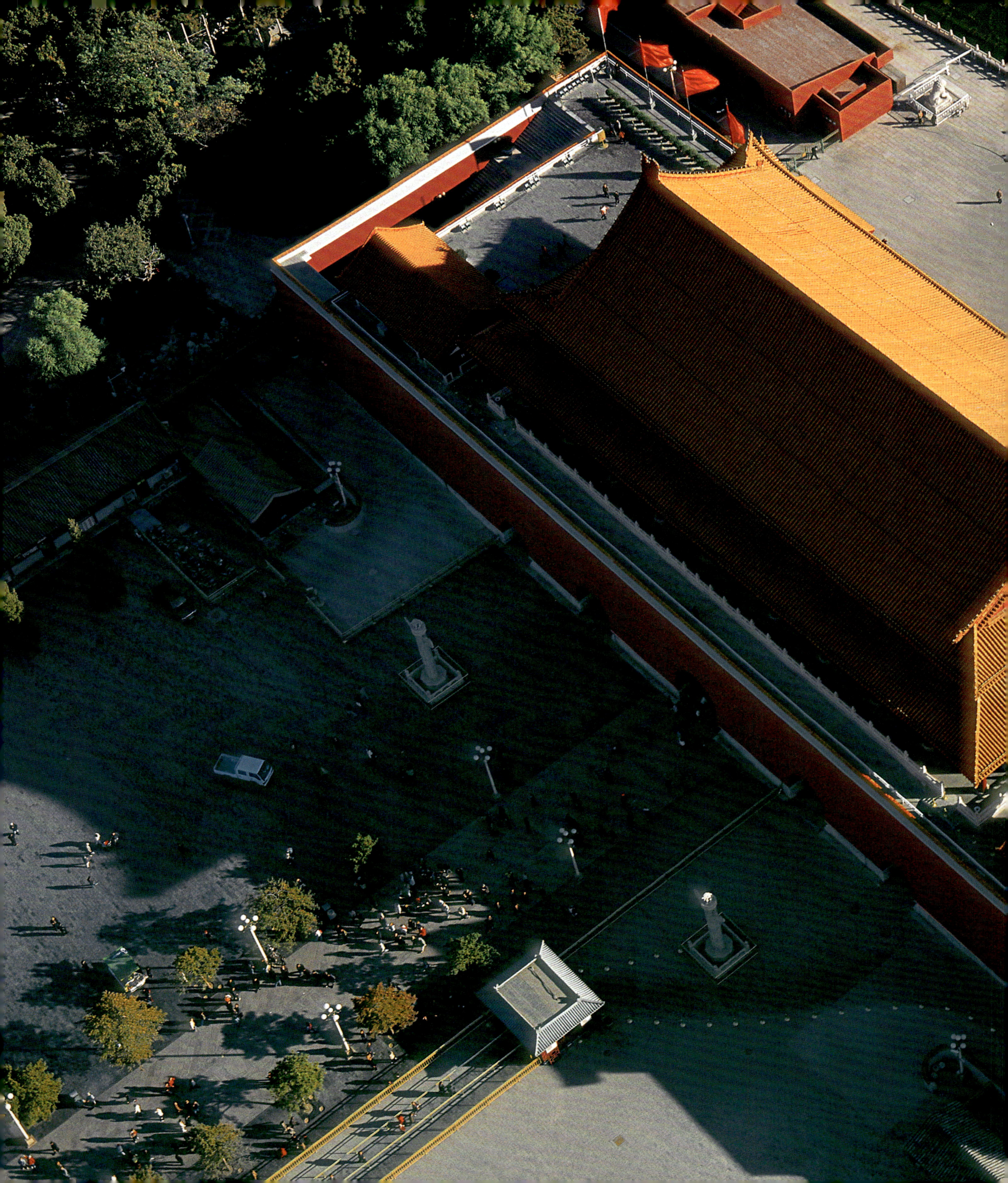

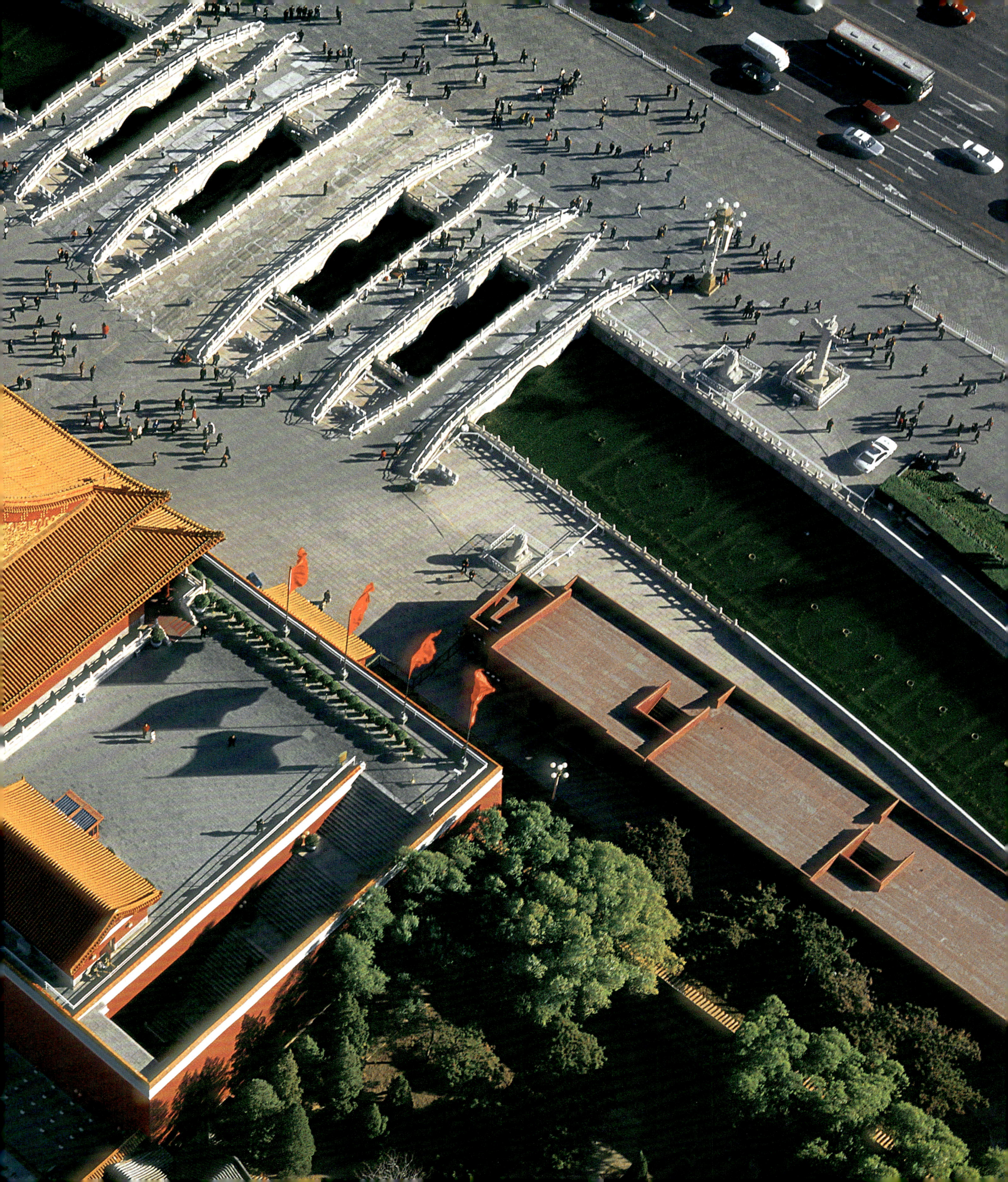

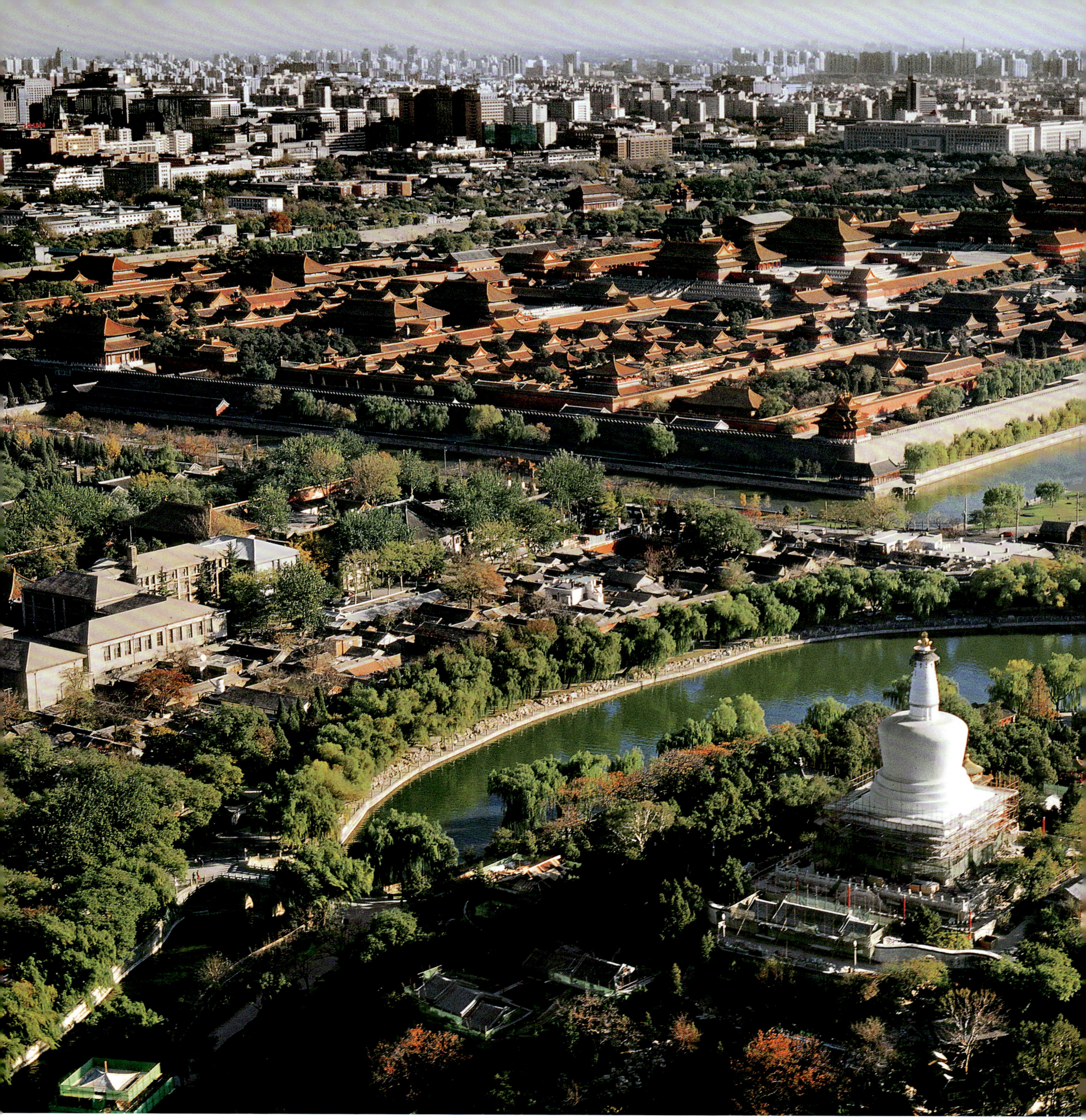

| 311 oben PEKING | Die Weiße Dagoba (Bai Ta), ein etwa 40 Meter hoher Stupa, ragt über die Jadeinsel (Qiong Hua Dao) inmitten des Beihai- oder Nordmeer-Parks. Sie geht auf das Jahr 1651 zurück und wurde im Lauf der Zeit mehrmals wieder aufgebaut. Die Dagoba ist in tibetischem Stil errichtet, wie auch die ins Haupttor eingeschnitzten Sutras, die heiligen buddhistischen Texte, in tibetischer Sprache gefasst sind. |

| 311 unten PEKING | Stundenlang kann man sich in dem erst kürzlich restaurierten Labyrinth im Park der Gelben Blumen (Huang Hua Zhen) verirren. Eine prachtvolle Reproduktion der klassischen Antike, erstreckt es sich auf einem sehr weiten Gelände im Innern des Alten Sommerpalasts (Yuanming Yuan) im Norden Pekings. |

| 310-311 PEKING | Die Teiche, Parks, Brücken und Pavillons des Beihai-Parks im Nordwesten der Verbotenen Stadt bieten dem Besucher die Möglichkeit, fern vom Gewühl der Stadt zauberhafte Orte zu genießen. |

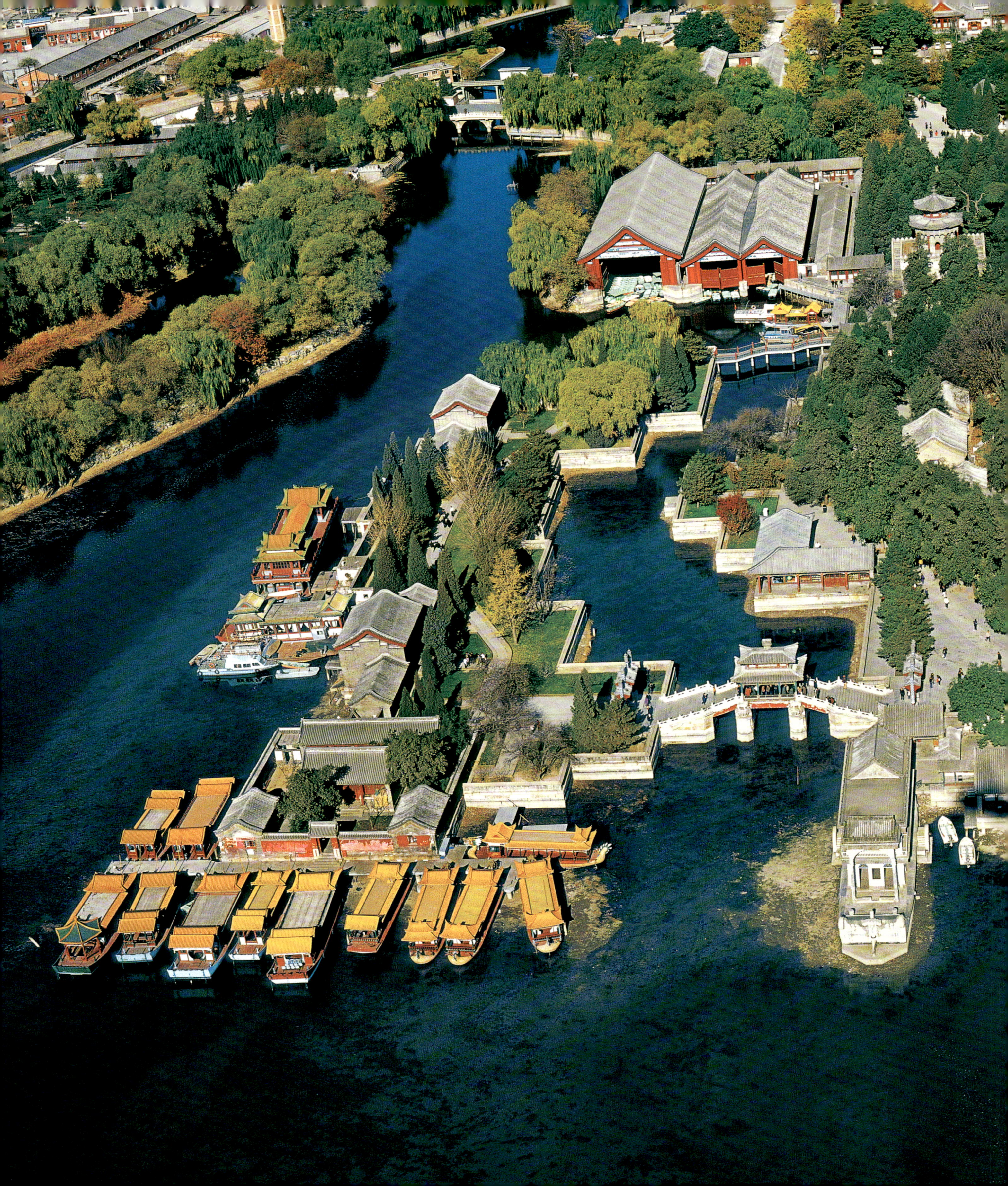

| 312-313 | Ab 1750 nach dem Willen des Qianlong-Kaisers an-
| PEKING | gelegt und 1888 von der Kaiserinwitwe Cixi wieder
aufgebaut, erstreckt sich der Sommerpalast (Yihe
Yuan) – circa zwölf Kilometer nordwestlich des Zentrums von Peking – auf einer 290 Hektar großen
Fläche. Die Gebäude zwischen den Hügeln und
Wasserflächen übertragen die Einheit von Mensch
und Natur in die Wirklichkeit.

| 313 | Das weite Zhong-Nan-Hai-Becken, der „Mittlere und Süd-
| PEKING | liche See" (oben), ist der Öffentlichkeit nicht zugänglich.
Den Konfuziustempel (Mitte) wie auch die meisten anderen
historischen Gebäude der Hauptstadt (unten) kann man
dagegen besichtigen.

| 314-315 | Die Siebzehn-Bogen-Brücke (Shiqi Kong Qiao) im Sommer-
| PEKING | palast führt auf die Insel des Südlichen Sees (Nan Hu Dao),
zu der man auch mit dem Boot gelangen kann.

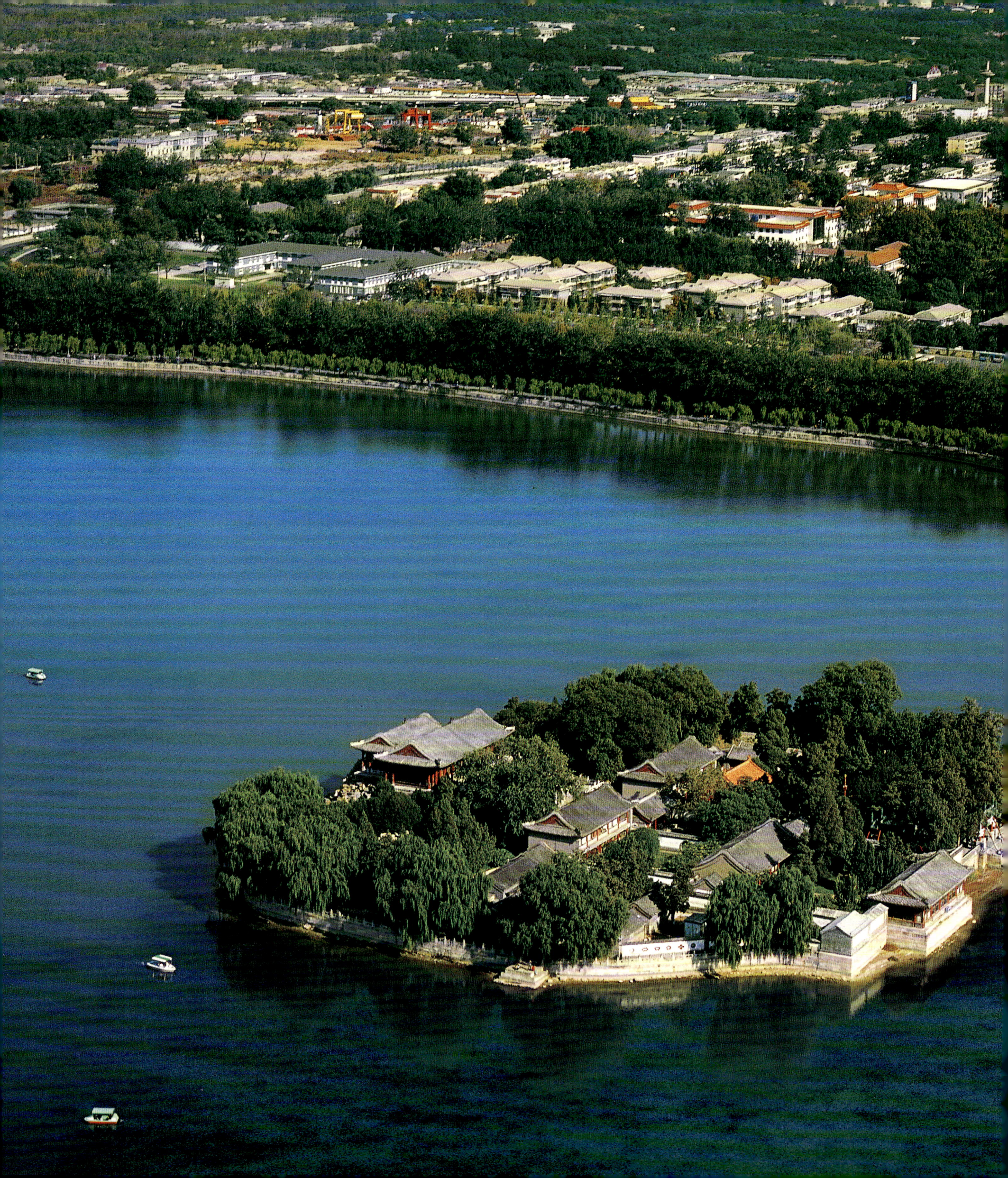

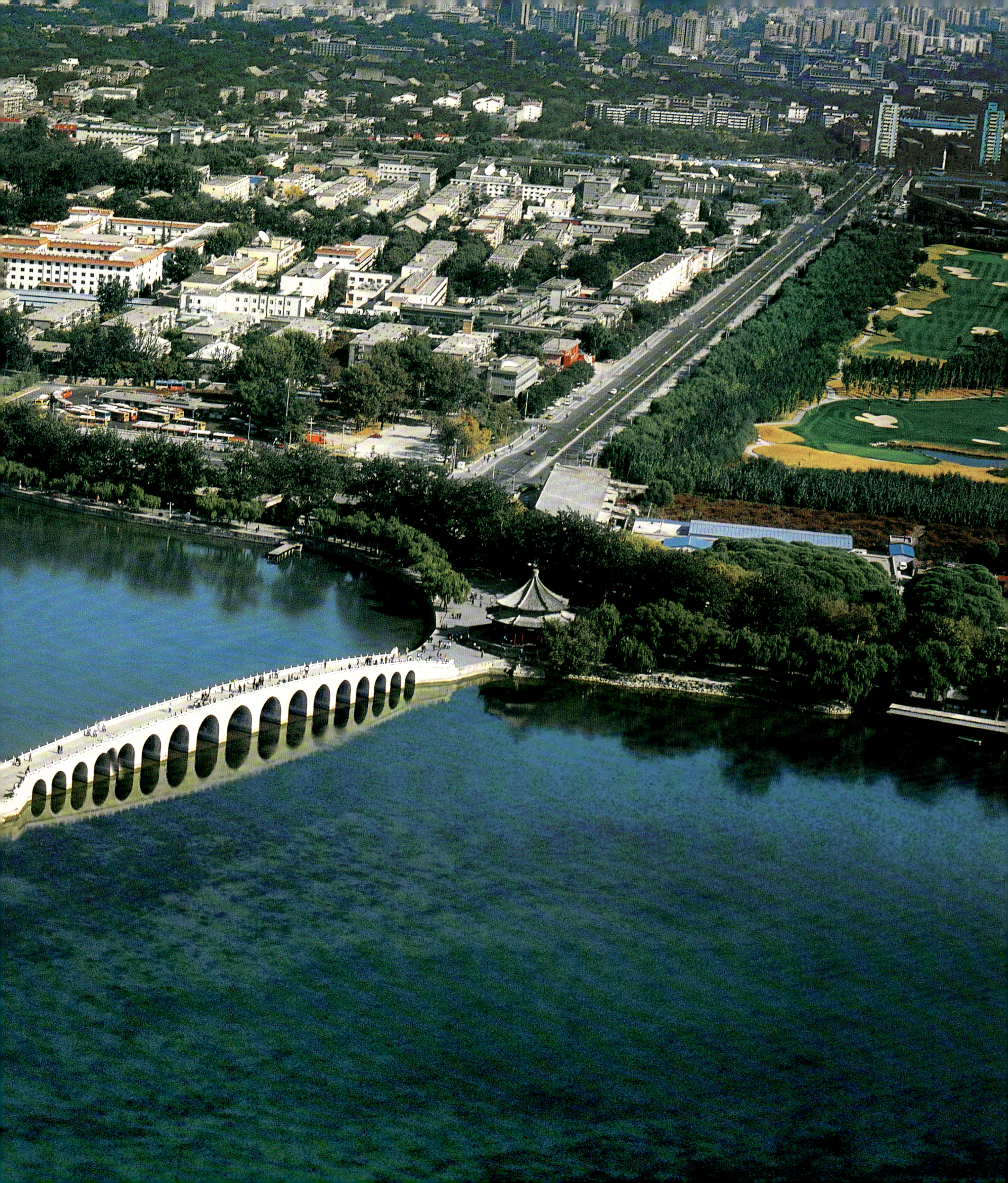

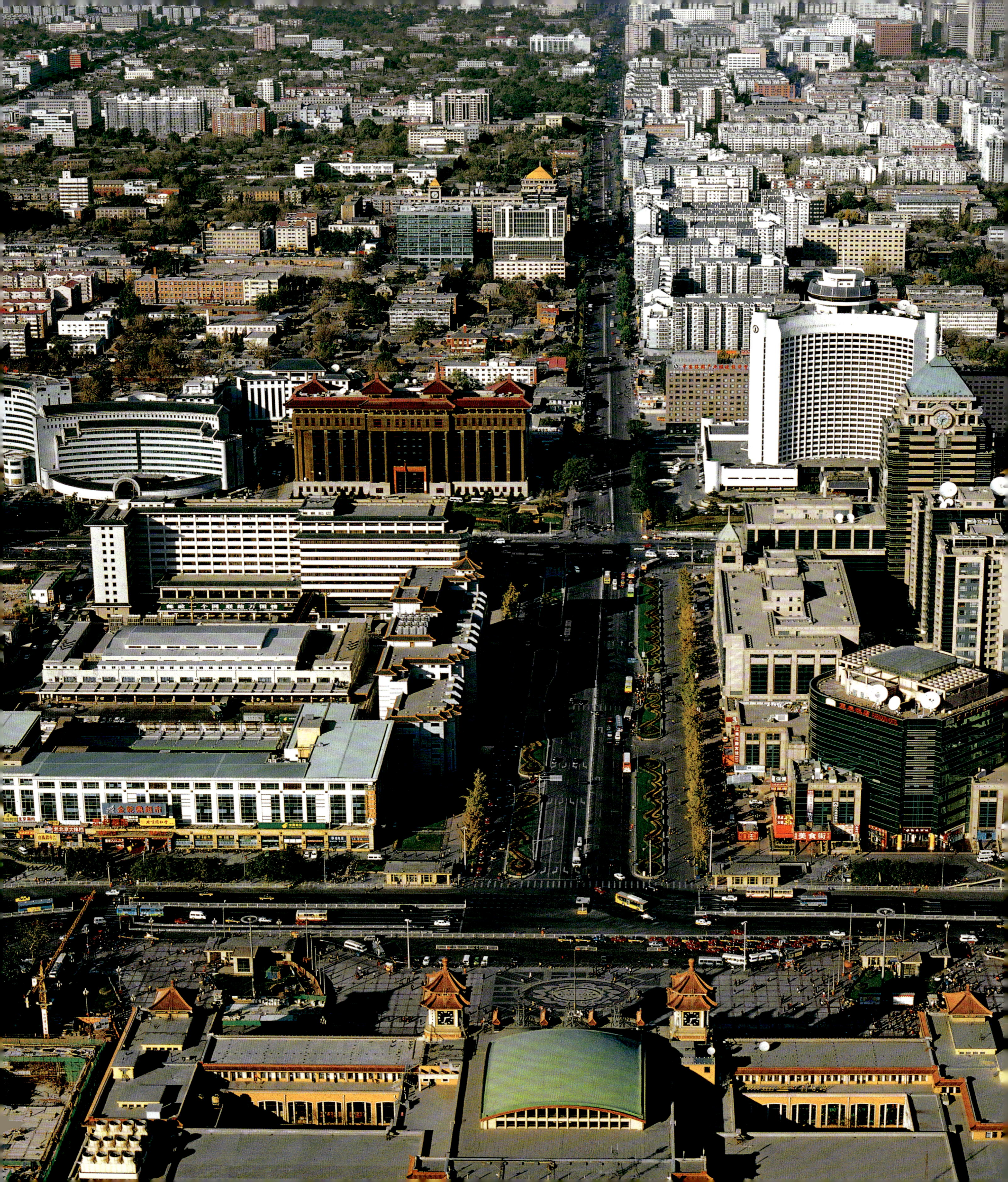

| 317 | Bauwerke wie das Militärmuseum der
| PEKING | Revolution des chinesischen Volkes (oben), die Volkskongresshalle (Mitte) und die Ausstellungshalle (unten) verkörpern die Seele des Pekings der fünfziger Jahre, des Jahrzehnts nach der Ausrufung der Chinesischen Volksrepublik.

| 316-317 | Heute ist Peking in ständiger Entwicklung be-
| PEKING | griffen: In schwindelerregendem Tempo schießen neue Wohngebäude und Wolkenkratzer neben historischen Bauwerken, wie dem alten Bahnhof, aus dem Boden und verändern dauernd das Profil der Hauptstadt.

318	Die Hauptstadt ist der Spiegel des neuen China, weltoffen und zukunftsorientiert. Der Tianyin Dasha (oben), erkennbar an den gelben Mauern und grünen Dächern, ist eines der vielen Bürogebäude (unten rechts), die in den letzten Jahren entstanden sind. Die Einkaufsstraße par excellence ist dagegen die Wangfujing (unten Mitte), seit 2000 Fußgängerzone. Die Peking University Hall (unten links) beherbergt einen Theatersaal mit 2100 Plätzen.
PEKING	

319	Mit seinen 405 Metern Höhe beherrscht der Fernsehturm aus dem Jahr 1992 die ganze Stadt.
PEKING	

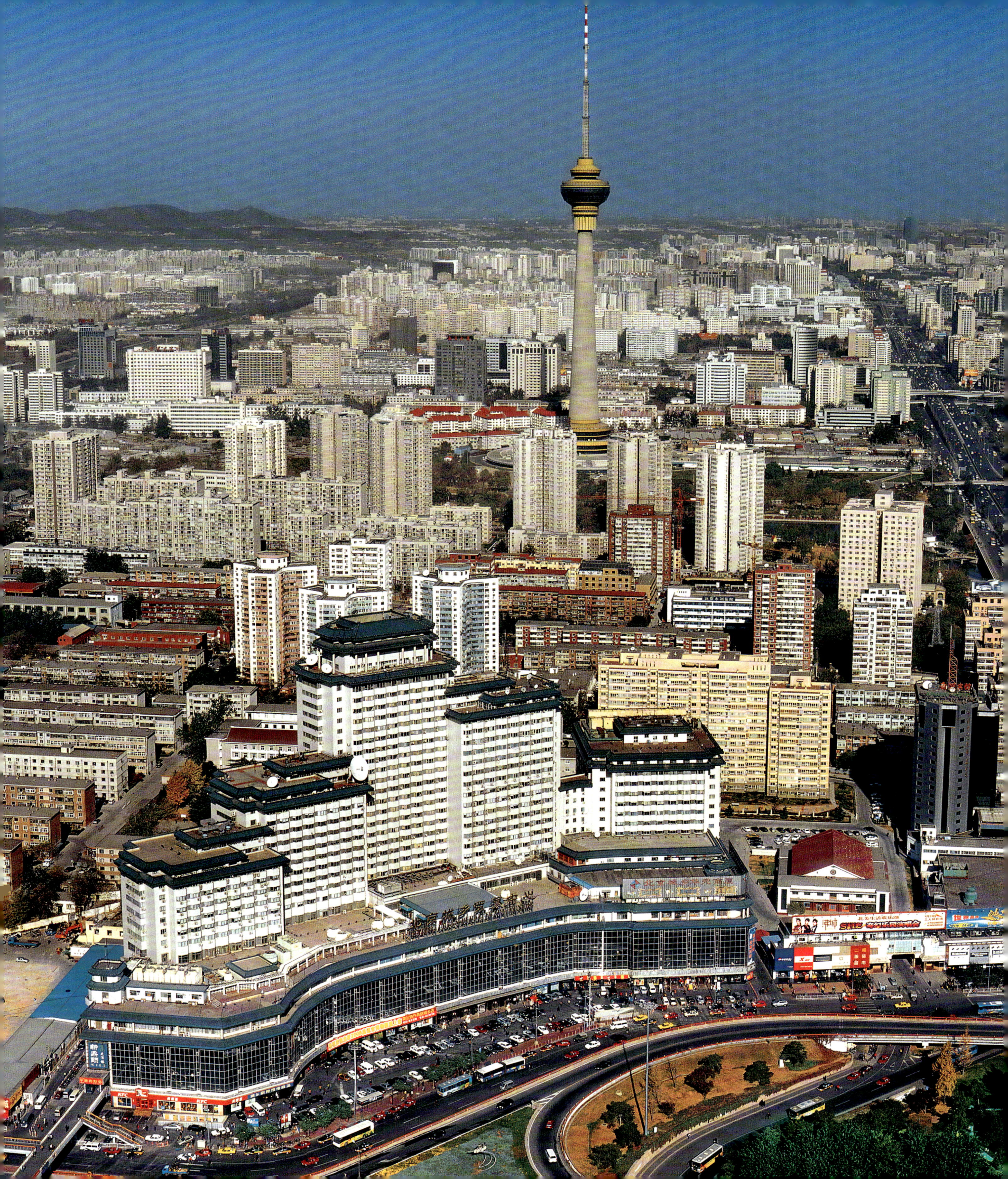

| 320-321 PEKING | Der Rundaltar (Huan Qiu Tan) beim Himmelstempel (Tiantan) in Peking wurde 1530 gebaut. Er besteht aus drei konzentrischen, von einer Einfriedung umgebenen Terrassen, die wiederum von einer viereckigen Mauer umschlossen sind. Die Zahl der Terrassen, Balustradenpfeiler, konzentrischen Ringe der Bodenpflasterung sowie die Maße des gesamten Baus verweisen auf eine komplexe Zahlensymbolik auf der Grundlage der Dreierkonstellation Himmel – Erde – Mensch. |

| 320 PEKING | Der Himmelstempel wurde zwischen 1404 und 1420 gebaut, zur gleichen Zeit wie die Verbotene Stadt. Hier zelebrierte der Kaiser die wichtigsten Himmels- und Erdriten. |

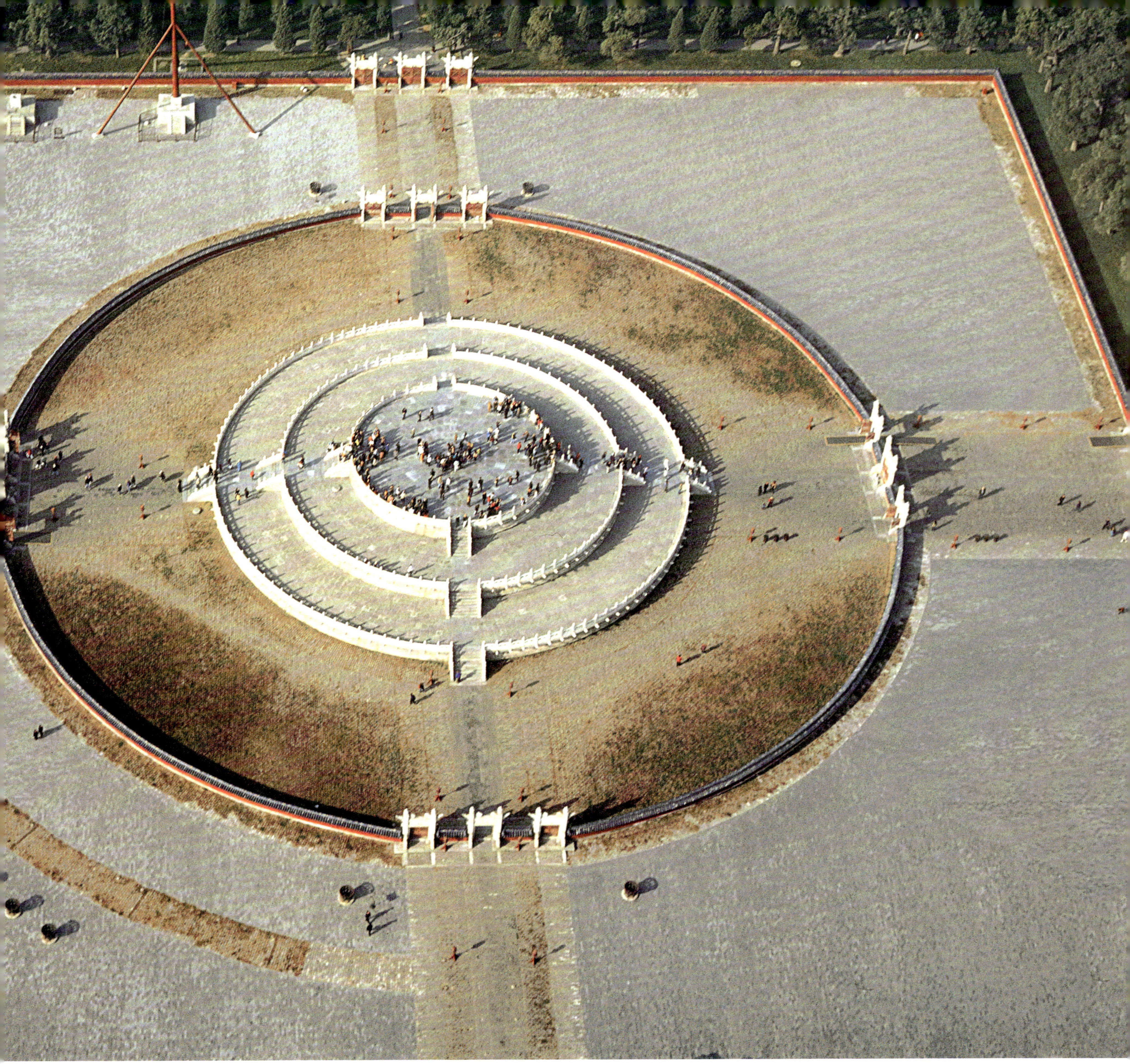

322 oben
LIAONING – SHENYANG

Die katholische Kirche von Nanguan in Shenyang wurde 1873 gegründet und 1912 wieder aufgebaut, nachdem sie durch einen Brand zerstört worden war. Shenyang ist das größte katholische Zentrum in Nordwestchina.

322 unten
LIAONING – SHENYANG

Das wachsende Phänomen der Urbanisierung führte zu einer unkontrollierten Ausuferung der Stadt Shenyang, die nichtsdestotrotz noch bedeutende Zeugen der Vergangenheit bewahrt, wie man auf dem Foto rechts sehen kann. Zwischen den neuen urbanen Räumen und Gebäuden sticht auf dem Bild links der Fangyuan hervor, dessen Form an die alter chinesischer Münzen erinnert.

323
LIAONING – SHENYANG

Wolkenkratzer ragen aus dem Morgendunst empor, der die Stadt Shenyang einhüllt. Seit mehr als 2000 Jahren ist die Hauptstadt der Provinz Liaoning eines der bedeutendsten Wirtschaftszentren in Nordostchina.

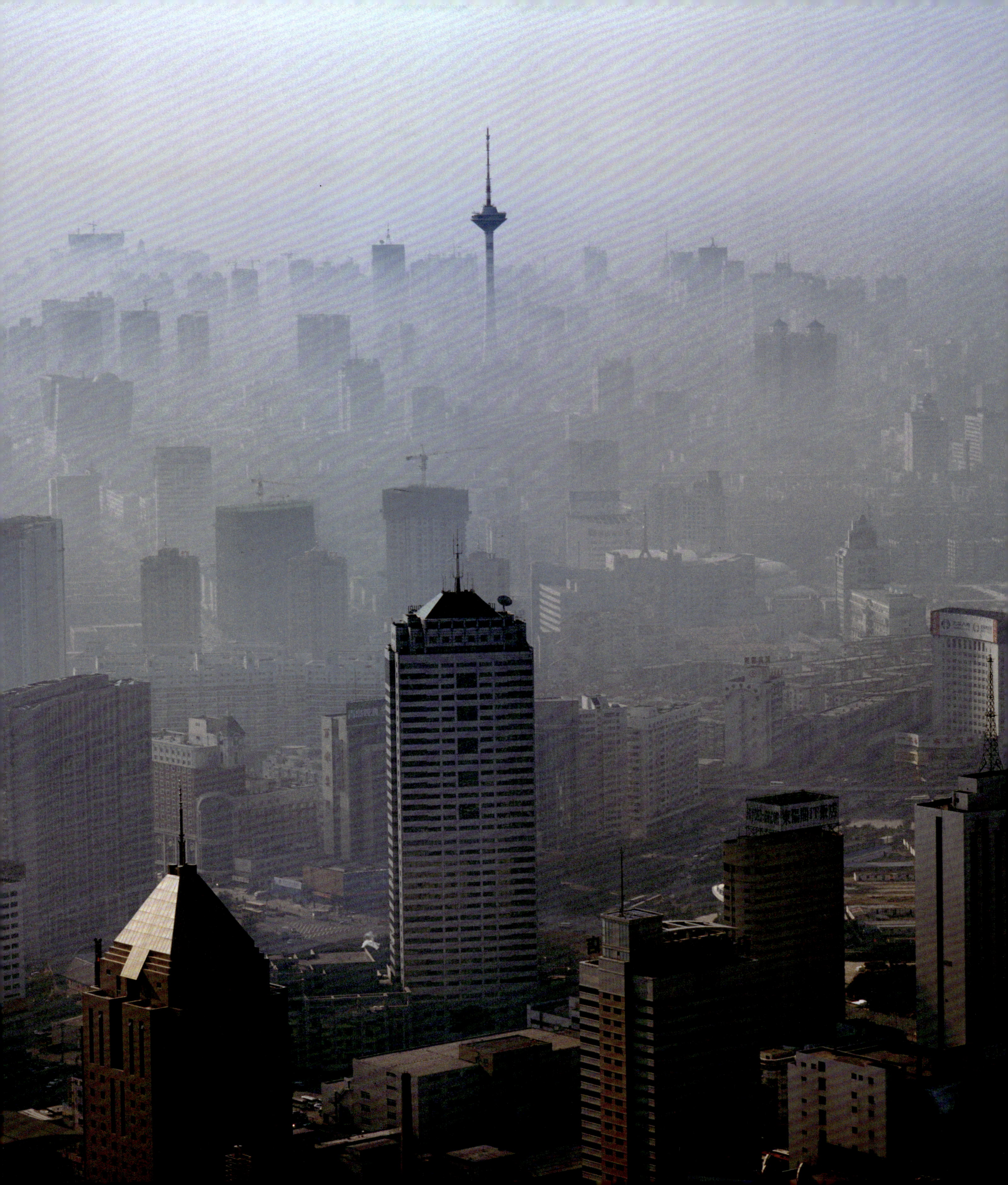

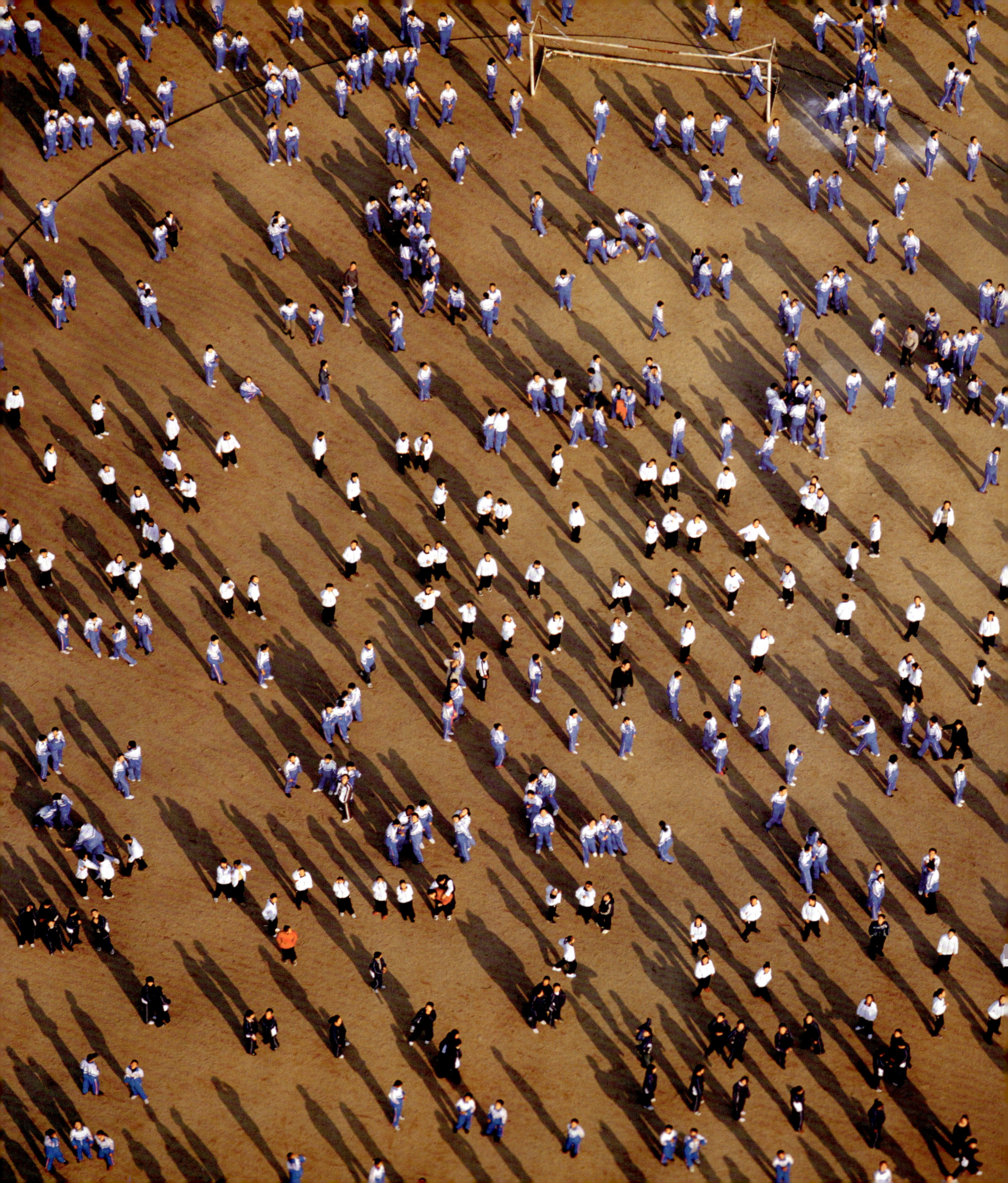

| 326-327 | Die Industriehallen in Shenyang lassen
| LIAONING – SHENYANG | die Stadt auf den ersten Blick wenig attraktiv erscheinen. In Wirklichkeit verbergen sich zwischen den modernen Gebäuden einige der schönsten architektonischen Bauten der mandschurischen Periode.

| 324-325 und 325 | Körperliche Betätigung ist eines der zentralen Momente
| LIAONING – SHENYANG | in der Erziehung junger Leute. Shenyang ist eines der Zentren für die Austragung der Fußballspiele bei den Olympischen Spielen 2008: Die neuen Sportanlagen haben, zusammen mit den jüngst geschaffenen Vierteln, zum neuen Gesicht der Stadt beigetragen.

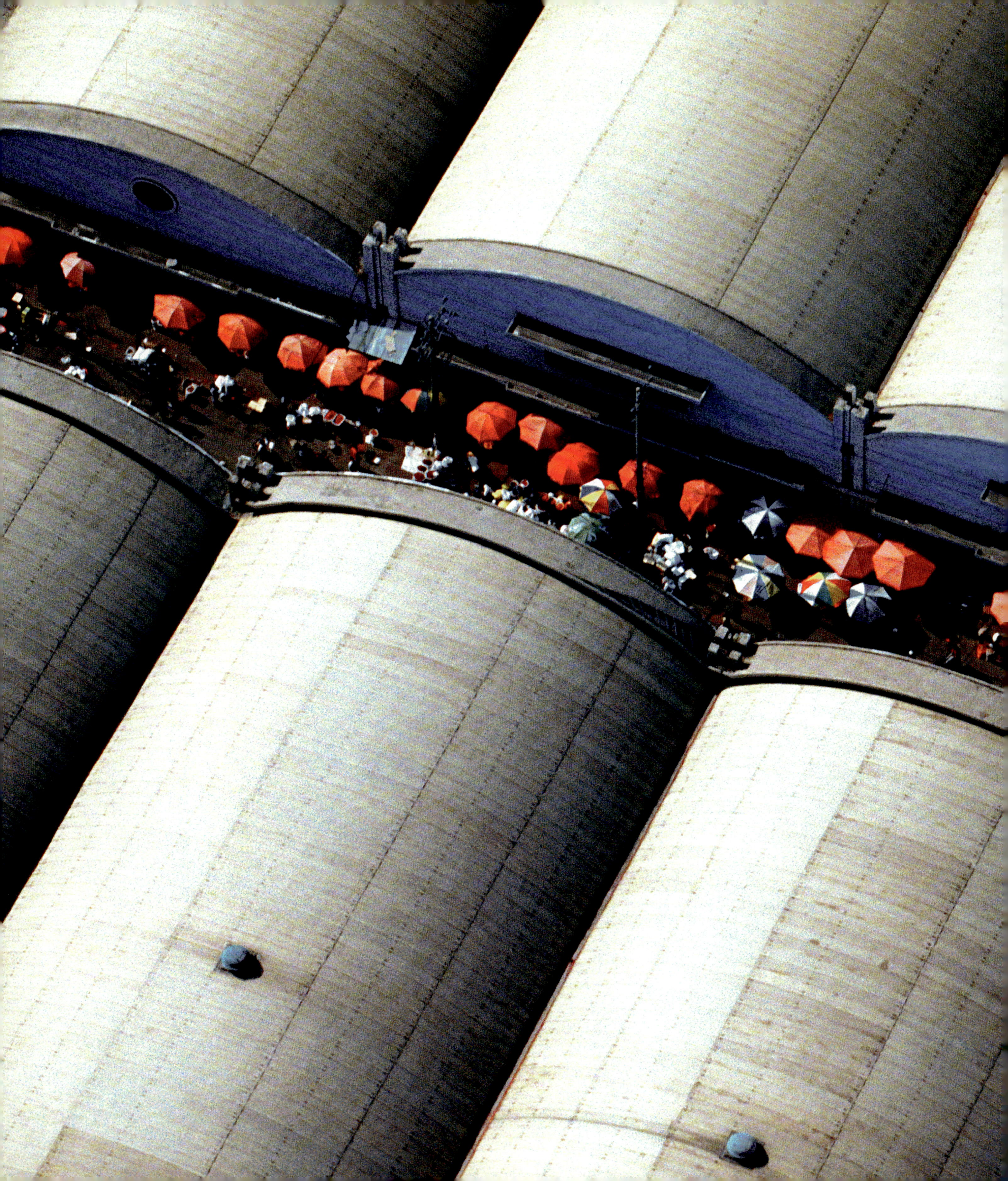

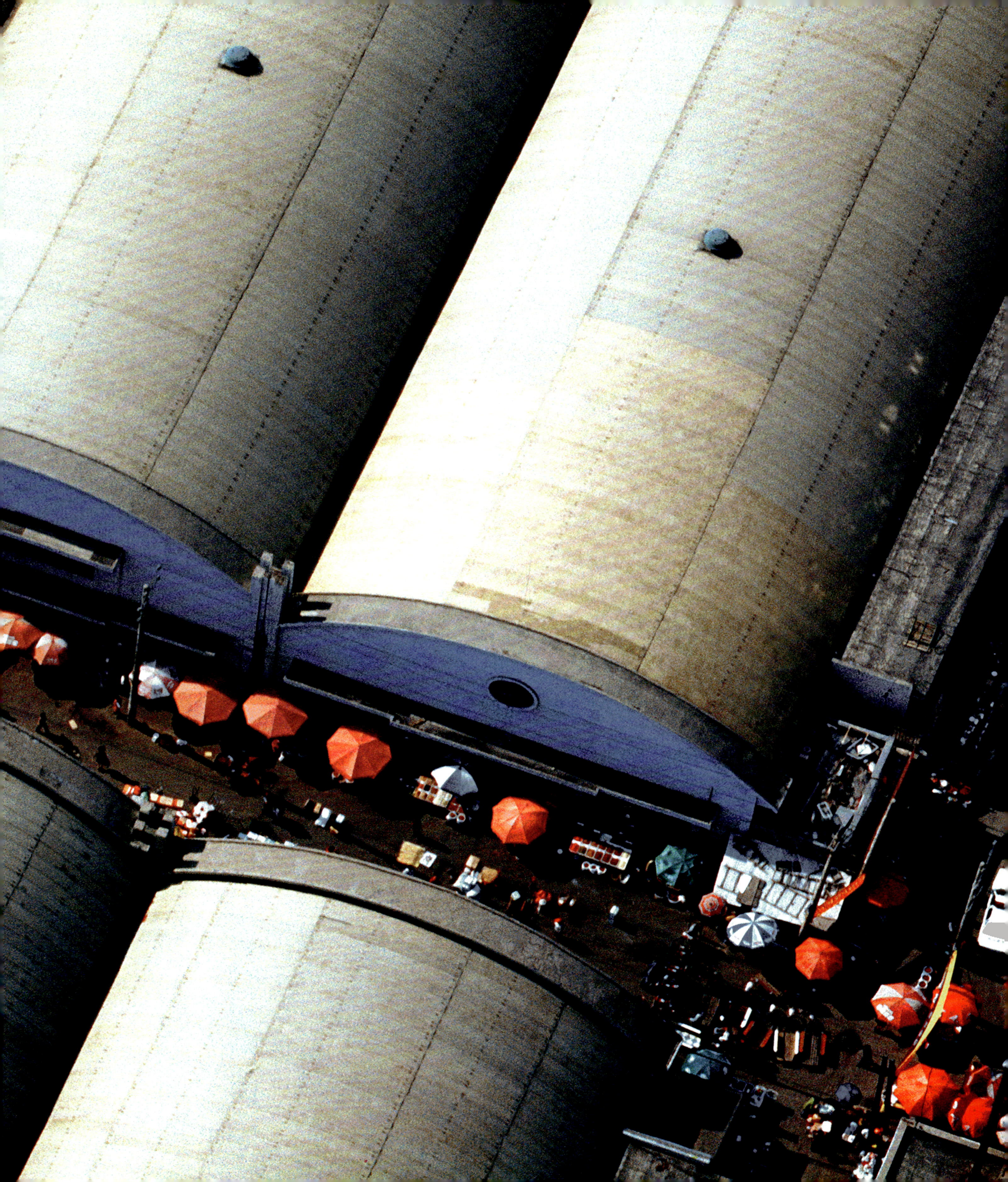

328-329
LIAONING – SHENYANG

In der Halle der Großen Regierung (Da Zheng Dian) des Kaiserpalasts in Shenyang wurden kaiserliche Zeremonien und Rituale vorgenommen, die heute im Laufe des historischen Wiederaufbaus mit Statisten nachgestellt werden. In diesem achteckigen Bau verschmelzen chinesische Baukunst und Reminiszenzen an die Zelte der Hirtennomaden.

328
LIAONING – SHENYANG

Die geschwungenen Dächer der Pavillons zeugen noch heute von der Pracht des Kaiserpalasts in Shenyang, der in etwas mehr als einem Jahrzehnt zwischen 1625 und 1636 erbaut wurde. Hier lebten und regierten die mandschurischen Regenten, bevor sie ganz China eroberten und die Qing-Dynastie begründeten (1644–1911), die letzte in der langen kaiserlichen Geschichte des Reichs der Mitte.

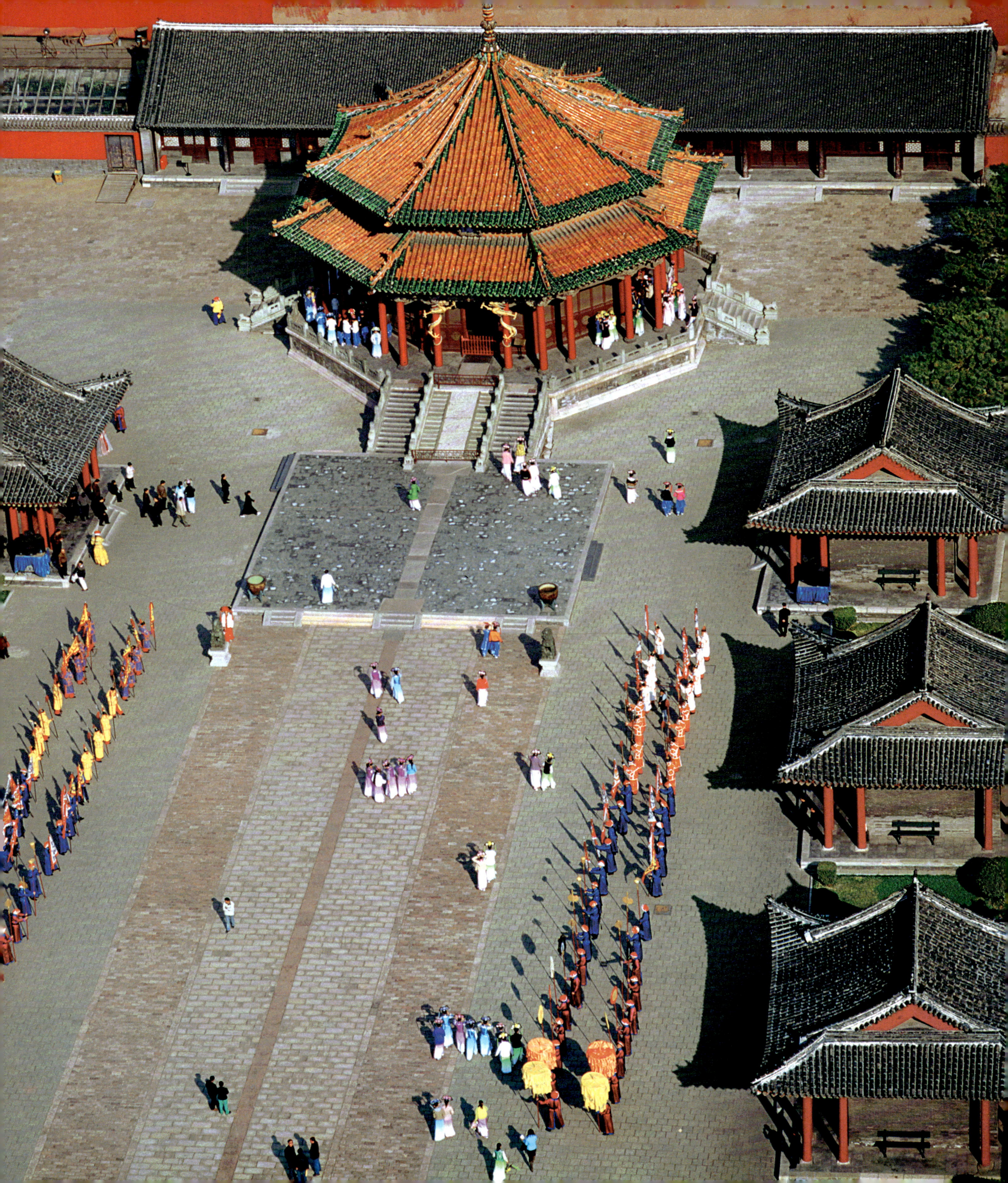

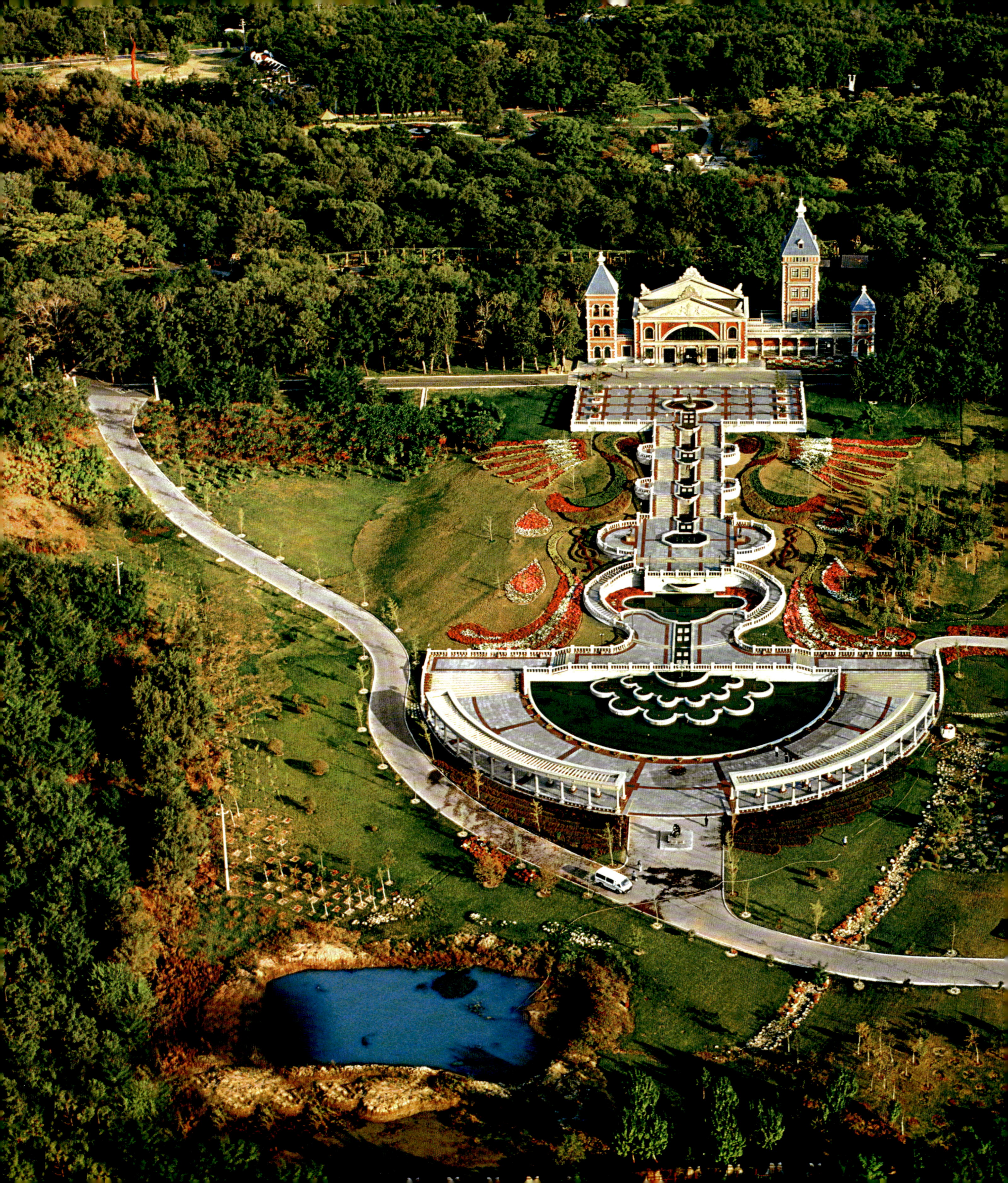

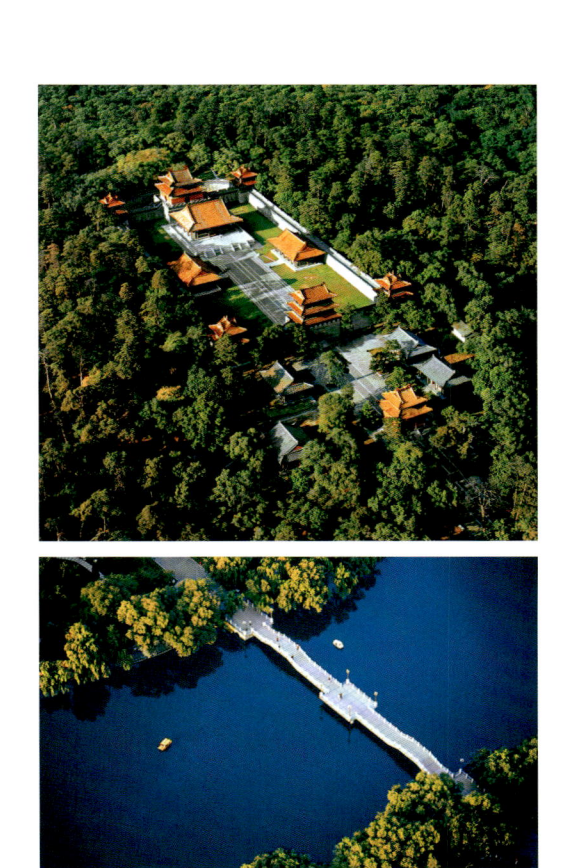

| 331 | Die Stadt Shenyang ist reich an bedeutenden
LIAONING – SHENYANG | historischen Stätten und erholsamen Grünzonen: Das Grabmal von Fuling (oben), erbaut 1651 von dem Kaiser Shunzhi, ist eines der drei bedeutendsten der Stadt und befindet sich im Dong-Ling-Park. Ebenfalls von Bedeutung ist der Nanhu-Park (Mitte) und bekannt sind auch die Botanischen Gärten (unten).

| 330-331 | Man kann sich einer überraschten Reaktion nicht
LIAONING – SHENYANG | erwehren, wenn unvermutet ein Park in europäischem Stil zwischen den Bäumen des üppigen Waldes auftaucht, der die Stadt Shenyang umgibt: In der Tat wurde er für die Internationale Blumen- und Gartenausstellung angelegt, die vom 30. April bis 31. Oktober 2006 hier stattfand.

332-333
LIAONING – SHENYANG | Von diesem 125 Meter hohen Turm, der eine voll erblühte Lilie darstellt, kann man das ganze Gelände der Internationalen Blumen- und Gartenausstellung überblicken. Das vor allem als Industriezentrum bekannte Shenyang ist heute eine der Städte mit dem größten Umweltbewusstsein.

333
LIAONING – SHENYANG

Die Stahlkonstruktion, die von einem 72 Meter hohen schwebenden Turm überragt wird, wurde anlässlich der Internationalen Blumen- und Gartenausstellung errichtet und ist als „Flügel des Phönix" bekannt.

| 334 | Beete und Skulpturen mit echten Blumen zeichnen beeindruckende Formen mit leuchtenden Farbkontrasten und bieten all denen einen wundervollen Anblick, die Gelegenheit hatten, die Internationale Blumen- und Gartenausstellung zu besuchen, bei der 980 verschiedene Baumarten und über 7000 Blumenspezies gezeigt wurden.
LIAONING – SHENYANG

| 335 | Eine vielköpfige Besuchergruppe auf dem Weg durch die Internationale Blumen- und Gartenausstellung: Dies ist nur ein Bruchteil der zehn Millionen Besucher, die nach Shenyang gekommen sind, um im Schutz ihrer Sonnenschirme an diesem wichtigen Ereignis teilzunehmen.
LIAONING – SHENYANG

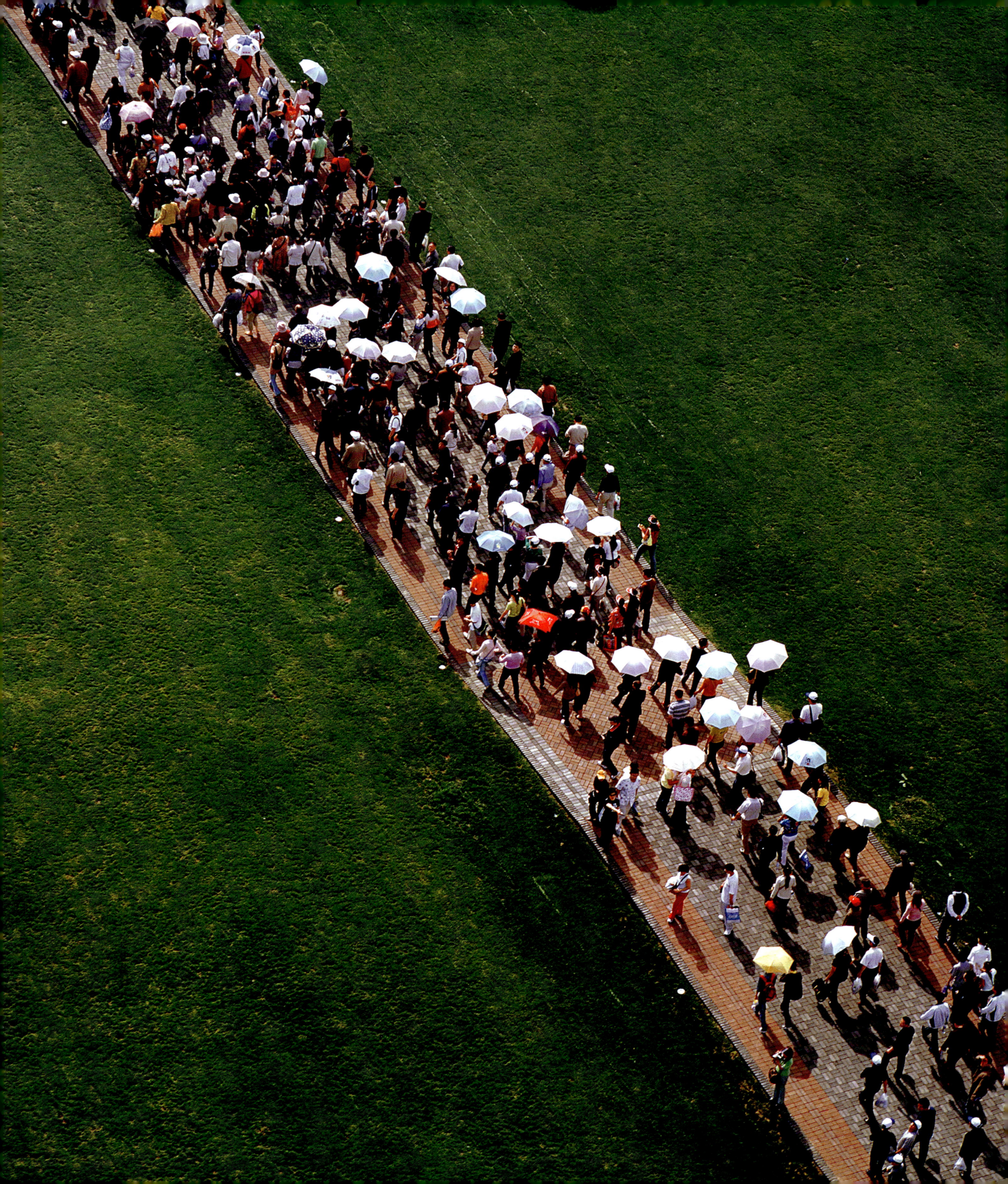

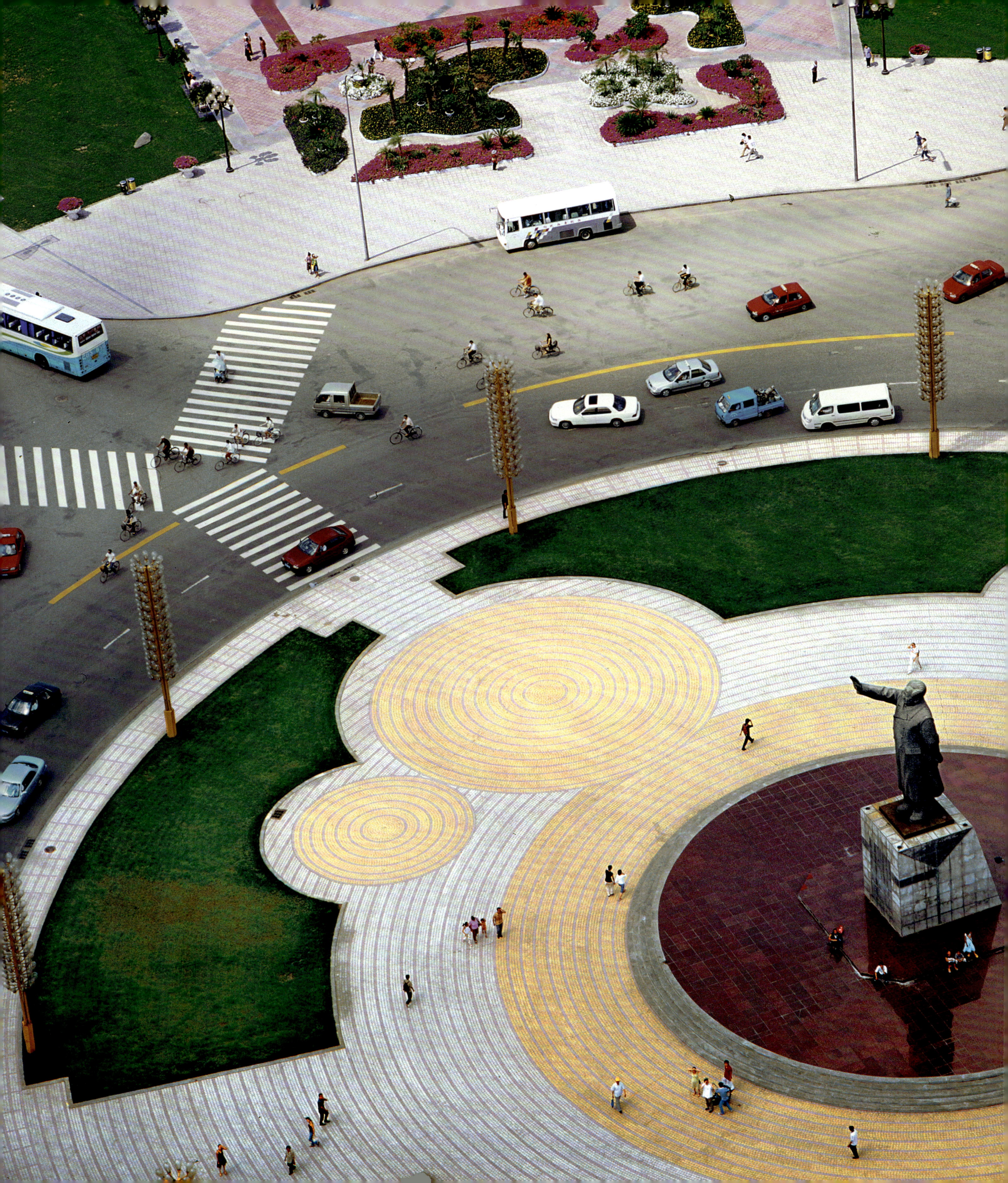

337
LIAONING – FUXIN
Dieser Park auf einem Platz in Fuxin (oben) erblüht wie eine Blume inmitten des Stadtverkehrs, während der Rauch aus den Hochöfen über dem Industriegebiet der Stadt schwebt (Mitte), einem blühenden Bergbauzentrum, das jedoch auch wichtige Zeugnisse der Vergangenheit birgt (unten).

336-337
LIAONING – FUXIN
Das Denkmal Mao Zedongs beherrscht den Fuxi-Platz im Herzen der Stadt Fuxin in der Nordostprovinz Liaoning.

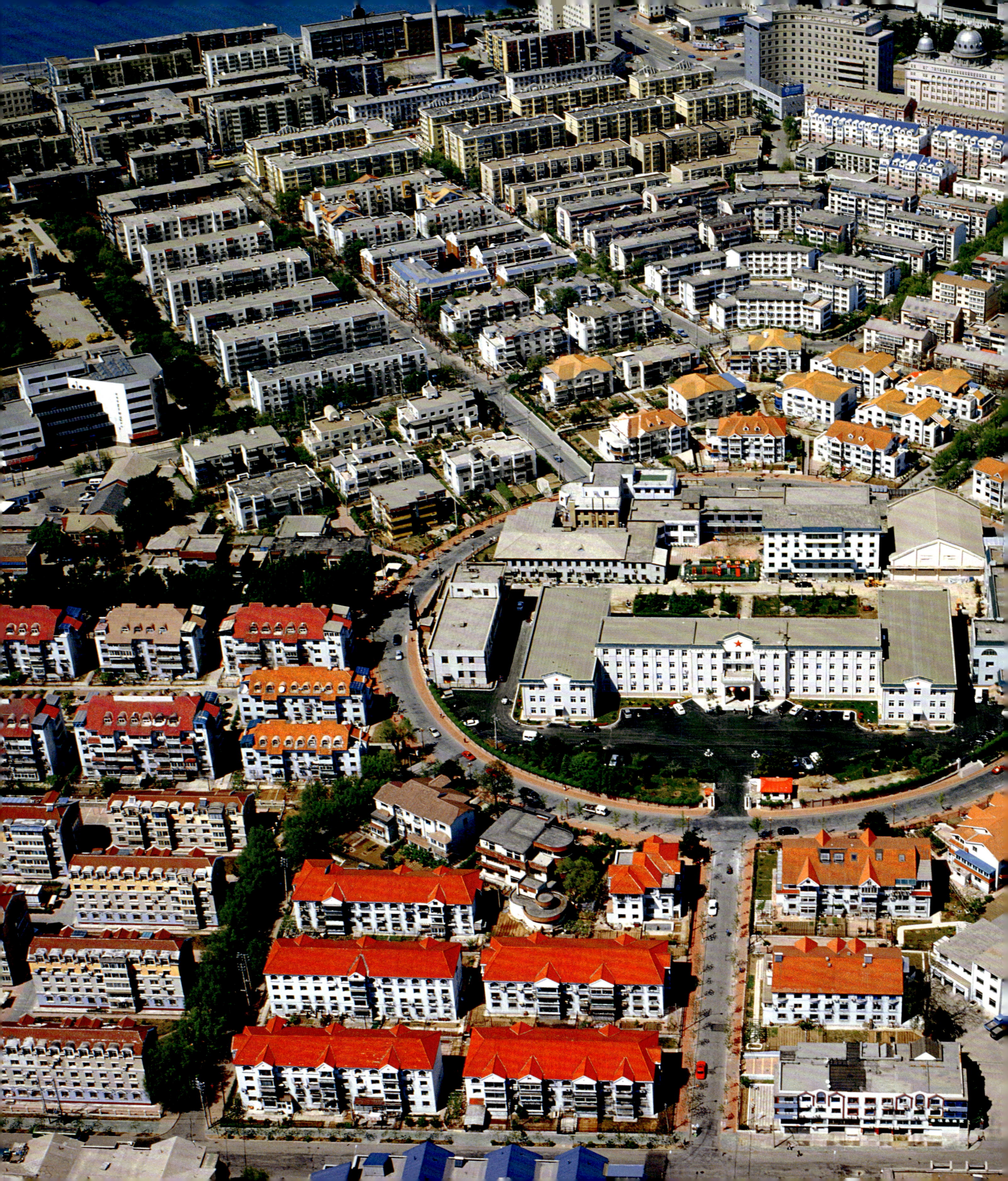

339	Weiße Boote liegen am Ufer eines
LIAONING – FUSHUN	Flusses im Gebiet von Fushun (oben), wo zwölf große Wasserläufe – wie jene auf dem Bild in der Mitte – fließen. Umgeben von grünen Wäldern, besitzt die Stadt beträchtliche Wasserreserven (unten).

338-339	Neue, regelmäßig angelegte Siedlungen kenn-
LIAONING – FUSHUN	zeichnen die in jüngster Zeit erschlossenen Gebiete in Fushun, dem Industriezentrum der Provinz Liaoning unweit von Shenyang. Die Stadt beherbergt eine alte, seit dem zwölften Jahrhundert betriebene Kohlemine, außerdem Erdölraffinerien und bedeutende Betriebe der Maschinenbau-, Auto-, Chemie-, Elektronik- und Metallindustrie.

340-341 | LIAONING – DANDONG | Die besondere Aufmerksamkeit, die dem Stadtbild gewidmet wird, tritt auf diesem Platz in Dandong zutage, dessen grüner Rasenteppich durch Farbspiele und Wasserbecken belebt wird.

340 | LIAONING – DANDONG | Wie in vielen anderen chinesischen Städten erlebte auch Dandong, im Südosten der Provinz Liaoning, in den letzten Jahren eine beachtliche städtebauliche Entwicklung (unten) in Verbindung mit der Schaffung von Grünzonen und gepflegten öffentlichen Räumen (oben). Dandong liegt an der Nordost-Grenze Chinas: Auf der anderen Seite des Flusses Jalu (Mitte) befindet sich die nordkoreanische Stadt Sinuiji.

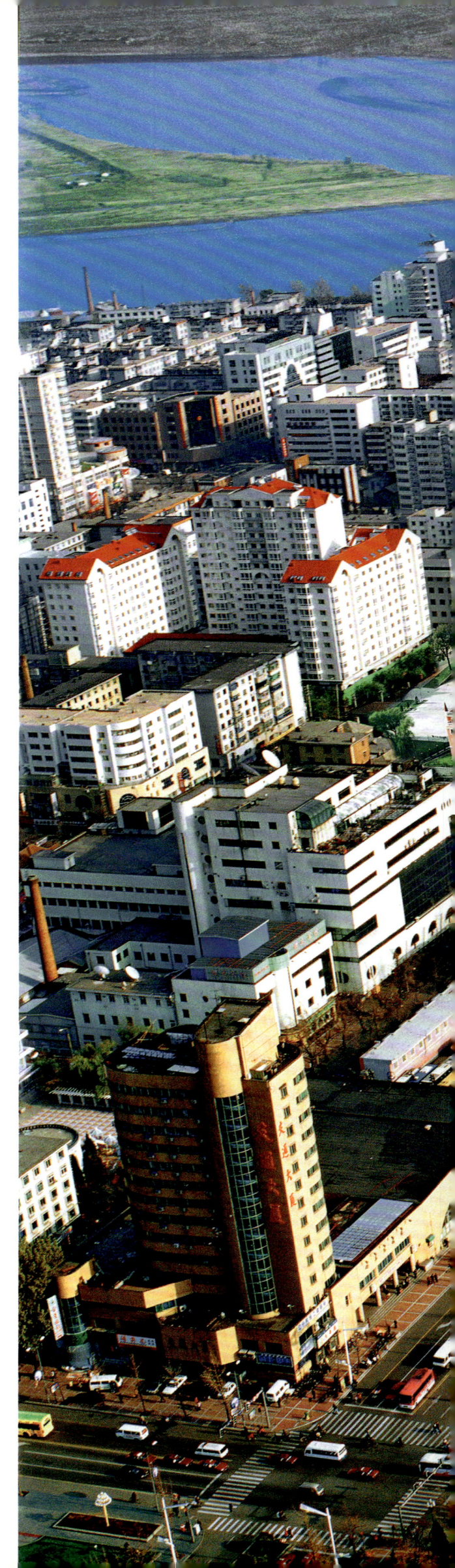

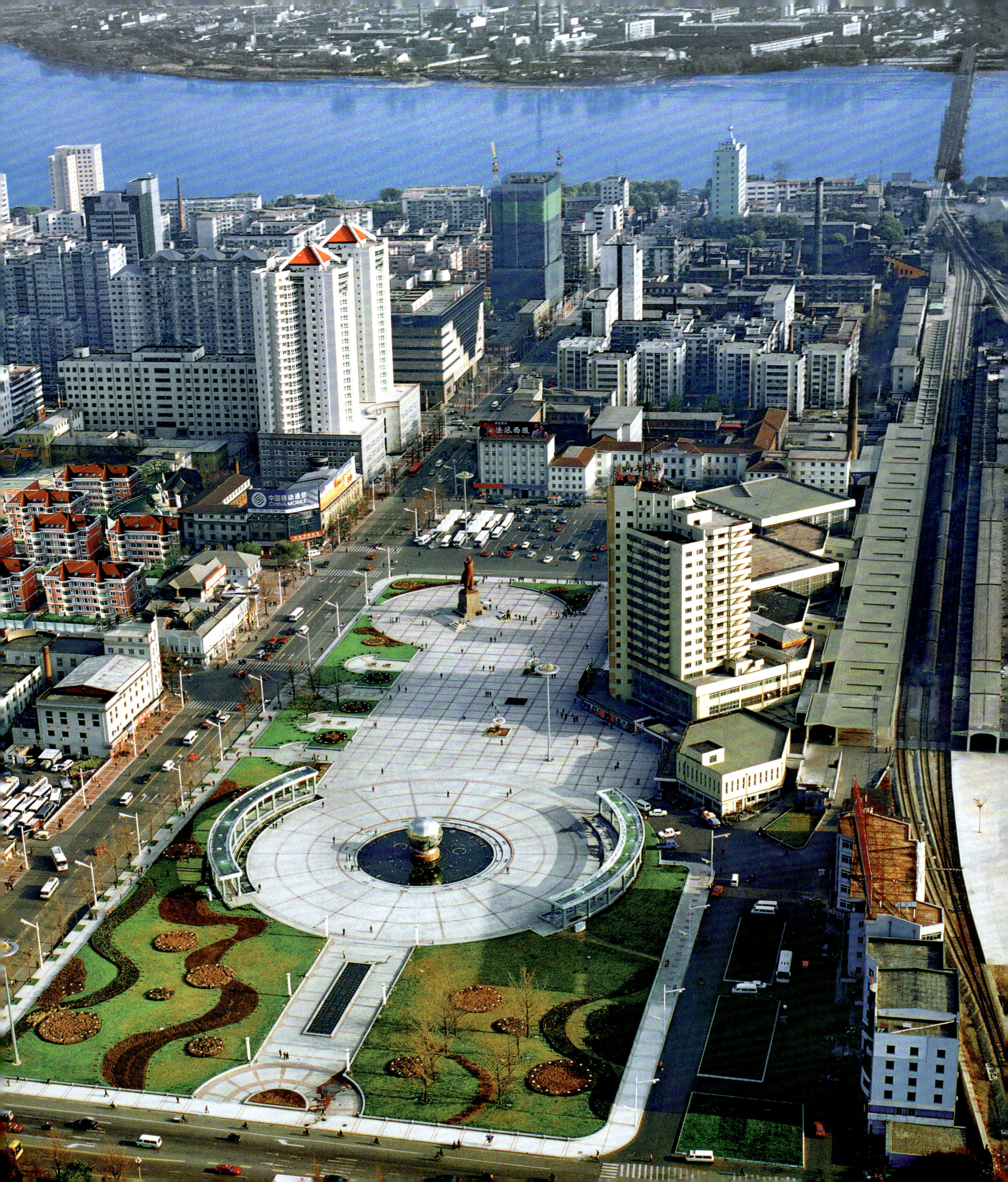

342 | Die Stadt Anshan wurde 1900 bei einem Brand vollständig zerstört und dann wieder aufgebaut. Zusammen mit
LIAONING – ANSHAN | Baoshan (Shanghai) ist sie das größte Stahlzentrum Chinas, aber auch ein bekannter Thermalkurort, dessen
Ursprünge auf das zwölfte Jahrhundert zurückgehen.

343 | Jeden Morgen bevölkern Kunden und Schaulustige die Märkte von Anshan, die eine unglaubliche Vielfalt
LIAONING – ANSHAN | an Nahrungsmitteln, Gewürzen und handwerklichen Erzeugnissen bieten.

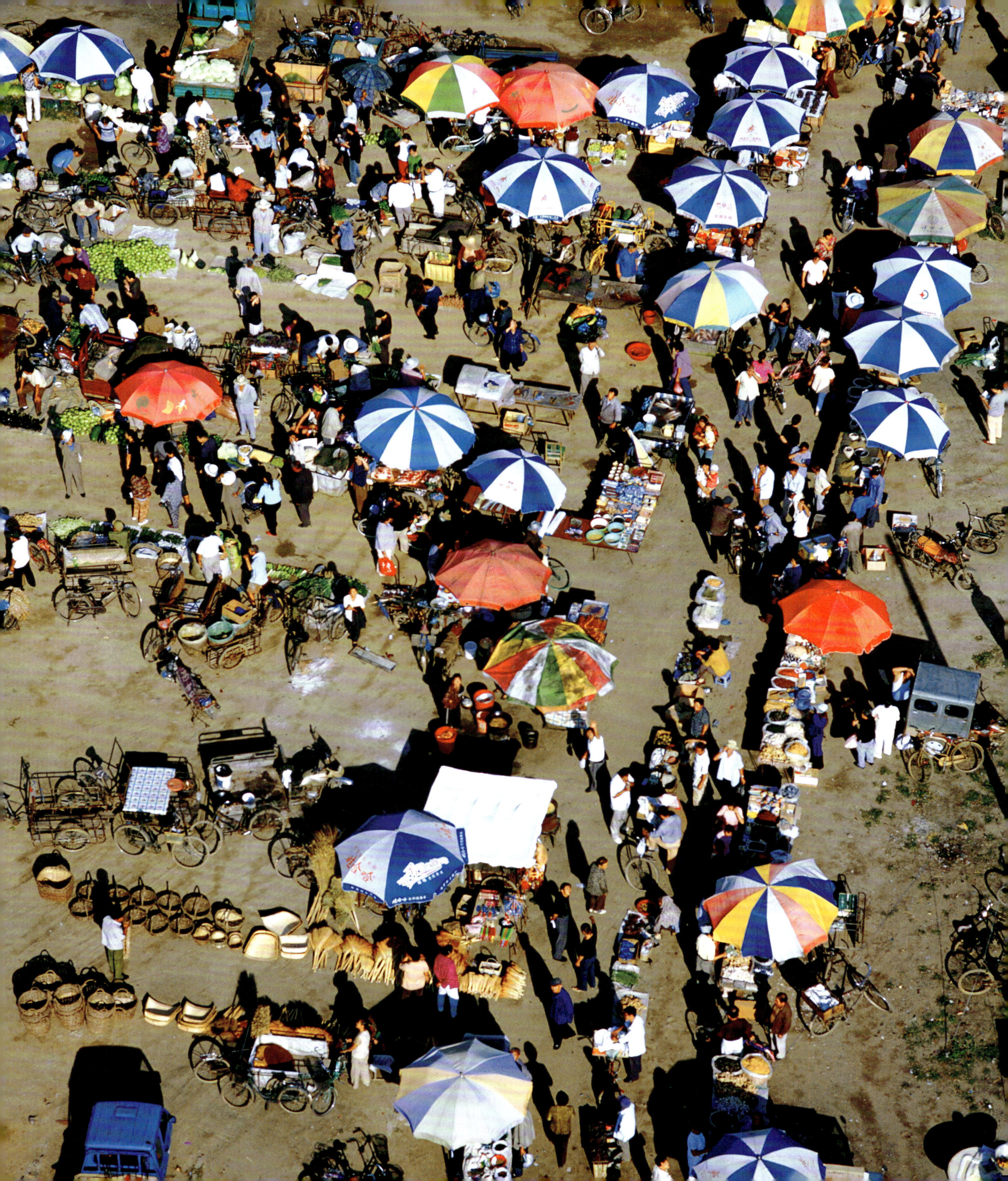

344-345
LIAONING – DALIAN

Die riesige Kristallkugel, die den Brennpunkt des Platzes der Freundschaft im Finanzzentrum der Stadt Dalian bildet, ist umgeben von hohen Wolkenkratzern und noch im Bau befindlichen Projekten. In ihr spiegelt sich beispielhaft das Tempo der Veränderungen wider, die in China im Gange sind.

345
LIAONING – DALIAN

Am Südende der Halbinsel Liaodong, zwischen dem Gelben Meer und dem westlichen Golf von Bo Hai, liegt Dalian. Der wichtigste Hafen der Provinz Liaoning ist eines der größten Handelszentren in Nordostchina. In dieser Stadt, die 1984 den Status einer Wirtschaftssonderzone erhielt, wechseln sich futuristische Bauten und gegliederte Straßennetze mit weiträumigen Grünflächen ab.

346 oben
LIAONING – DALIAN
Eine immer gleiche Aufeinanderfolge von Häusern – so stellt sich eines der Wohngebiete von Dalian aus der Luft dar, das über sechs Millionen Einwohner hat.

346 Mitte
LIAONING – DALIAN
Der Xinghai-Park erstreckt sich im Südwesten der Stadt Dalian an der Mündung des Flusses Malan. Mit seinem langen Strand und den großen Erholungsgebieten ist der Park ein beliebtes Ziel chinesischer Touristen, die alljährlich zu Tausenden hierherkommen.

| **346 unten** | In China ist Dalian als die Stadt des Fußballs bekannt. Das Interesse für diesen Sport ist heute durch
| LIAONING – DALIAN | die fieberhaften Arbeiten für die Olympischen Spiele 2008 noch gewachsen.

| **346-347** | Mit seinen 120 000 Quadratmetern ist der Platz des Volkes der größte in Dalian. Die vier riesigen quadratischen
| LIAONING – DALIAN | Beete in der Mitte bieten einen idealen Rahmen für Spaziergänge und Tai-Chi-Chuan-Übungen und machen
| | diesen Ort für die Einwohner der Stadt zu einem Anziehungspunkt.

348 oben
LIAONING – CHAOYANG | Pagoden und Tempel, erbaut seit der Tang-Dynastie (618–907), säumen die Hänge des Phönixberges (Fenghuangshan) in der Nähe von Chaoyang.

348 Mitte
LIAONING – CHAOYANG | Im Laufe der Jahrhunderte ist Chaoyang, dessen Ursprünge auf die Han-Epoche (206 v. Chr. – 220 n. Chr.) zurückgehen, zu einer der reichsten Städte der Mandschurei geworden.

348 unten
LIAONING – PANJIN | Die Stadt Panjin befindet sich im Südwesten der Provinz Liaoning. Aufgrund ihrer geografischen Lage auf halber Strecke zwischen den wichtigsten Zentren der Region ist sie ein strategisch wichtiger Ort für den Handel dieses Gebiets.

348-349
LIAONING – PANJIN | Die hohen Wolkenkratzer der 1992 begründeten Wirtschaftsentwicklungszone bilden heute das Zentrum der Stadt Panjin. Wie in vielen anderen chinesischen Städten will das Gebiet der Antriebsmotor der wirtschaftlichen Entwicklung von Panjin und zugleich ein Fenster zur Außenwelt sein.

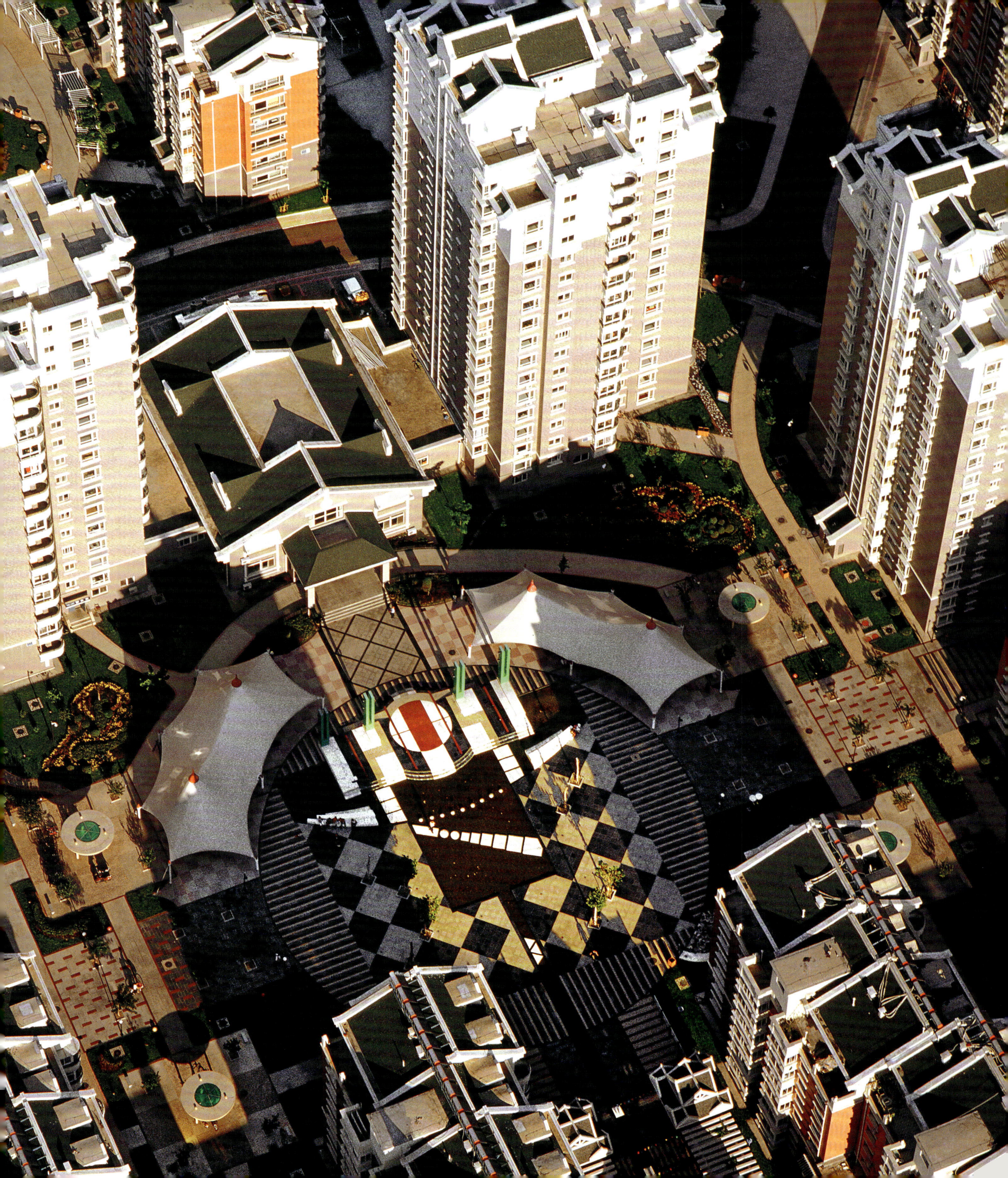

350 und 351 | Ein imposantes Schiff liegt im Hafen von Jinzhou, dem strategischen Knotenpunkt für den Güterverkehr nach Korea und Südchina.
LIAONING – JINZHOU | Die Skyline dieser modernen Stadt kontrastiert mit den sanften Hügeln der Mandschurei im Hintergrund, wo sich Höhlen und Klöster in der Umgebung entdecken lassen.

352-353 | In Jinzhou stationierte Soldaten der
LIAONING – JINZHOU | Befreiungsarme nehmen ihr Essen im Freien ein. Der Schriftzug im Vordergrund fordert sie auf, vollen Einsatz für ihr Land zu geben.

时代进口汽车修配厂

月　　　投　身　变　革　效

中 华

354 | Eine lange Brücke überspannt den Fluss Hai, an dessen
TIANJIN | Ufern sich die Stadt Tianjin erhebt. Wie Peking, Shanghai und Chongqing direkt der Zentralregierung unterstellt, ist Tianjin seit dem zwölften Jahrhundert ein bekanntes Wirtschaftszentrum.

355 | Der Haihe-Bund-Park von Tianjin liegt vor dem Hafen der neuen Entwicklungszone Binhai, dem größten Seehafen im Norden des
TIANJIN | Landes mit modernster Infrastruktur. Im Haihe-Park befindet sich der höchste und längste Brunnen von ganz China.

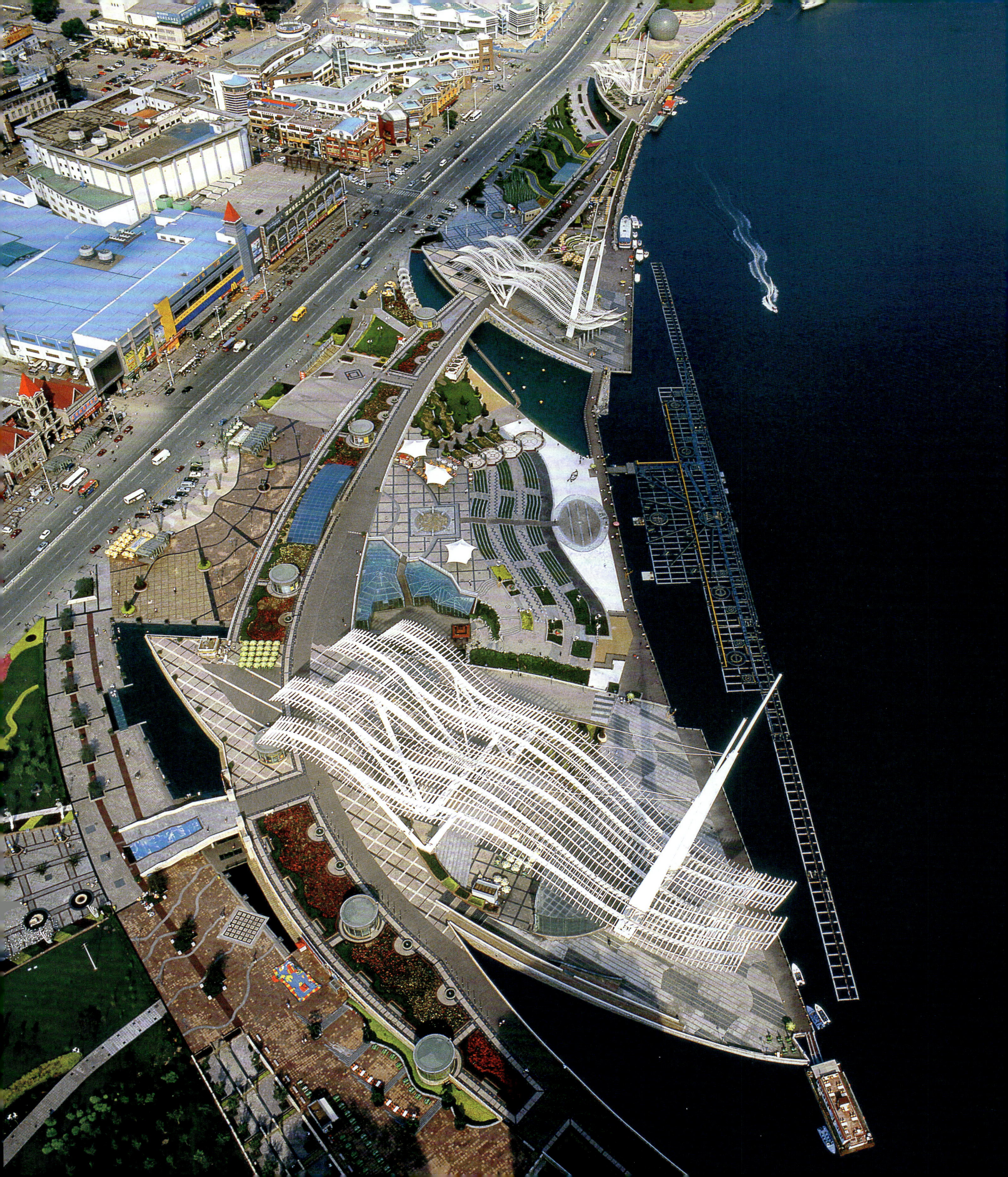

356 oben SHANDONG – LIAOCHENG	Das Panorama der Stadt Liaocheng erkennt man sofort am Großen Kanal, dem künstlichen Wasserlauf, der seit fast 1500 Jahren Südchina mit Nordchina verbindet, und am Guangyue-Turm aus der Ming-Epoche.
356 unten links SHANDONG – PENGLAI	Der Penglai-Pavillon über dem Meer beherrscht den Danya-Hügel im Norden der Stadt Penglai. Er wurde etwa Mitte des elften Jahrhunderts zum Gedenken an den Ersten Kaiser Qin Shi Huangdi und den Wu-Kaiser der Han-Dynastie erbaut.
356 unten Mitte SHANDONG – TAI'AN	Seit fast 3000 Jahren pilgern die Gläubigen zu den Klöstern an den Bergpfaden des Taishan, einem der Fünf Heiligen Berge des Taoismus in China, nördlich von Tai'an.
356 unten rechts SHANDONG – QUFU	Qufu gilt als die Heimat des Konfuzius (etwa 559–479 v.Chr.): Der Tempel, der seinen Namen trägt, ist eines der spektakulärsten Beispiele der antiken chinesischen Baukunst und wurde sofort nach seinem Tod errichtet.
357 SHANDONG – QUFU	Dank dieses bedeutenden Erbes ist die ehemalige Hauptstadt des Fürstentums Lu während der Zeit der Frühlings- und Herbstannalen (770–475 v.Chr.) ein sehr beliebtes Ziel sowohl chinesischer als auch ausländischer Touristen.

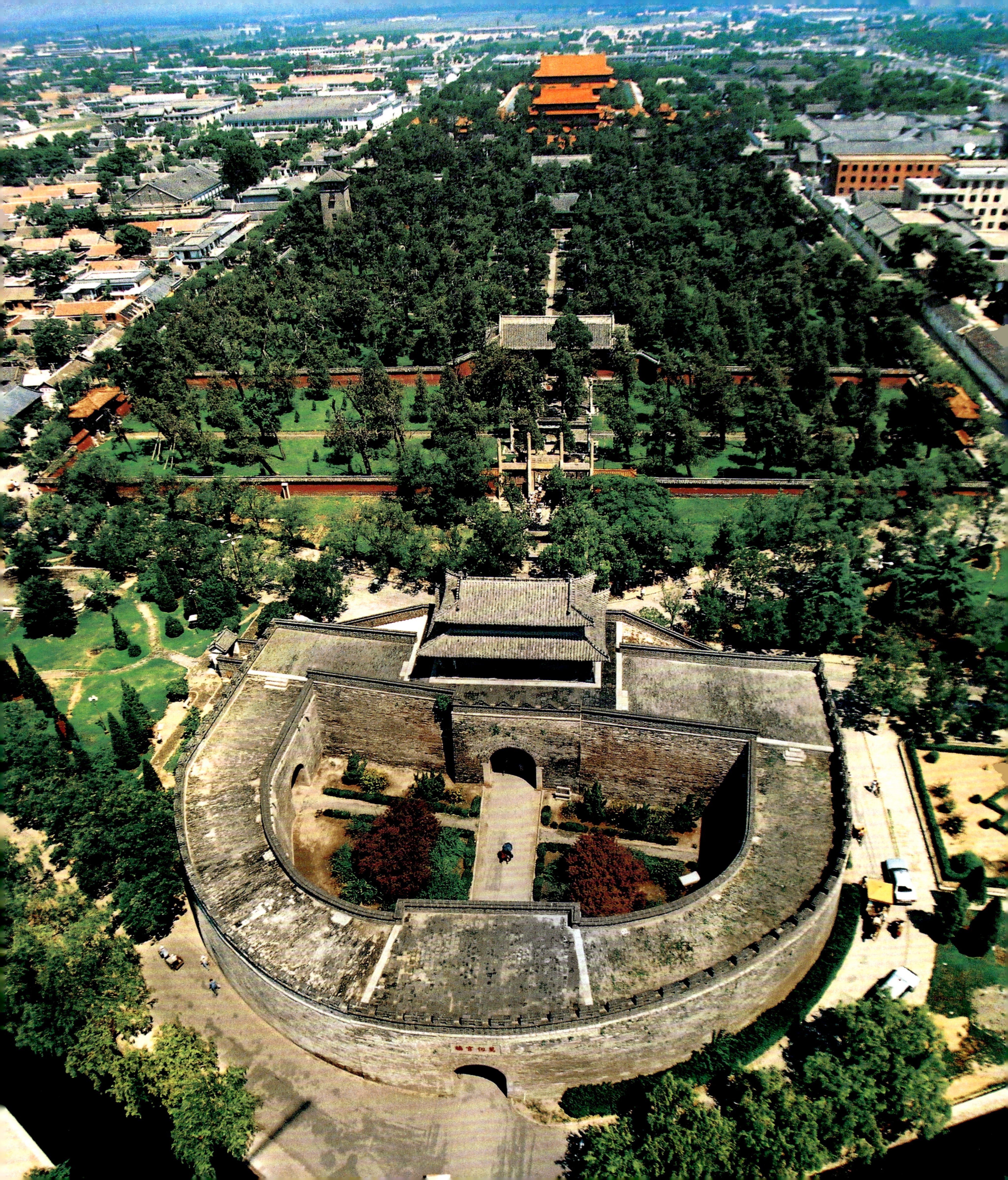

358 oben	Dieser Golfplatz in der Umgebung von Yantai in der Provinz Shandong wäre noch vor ein paar Jahrzehnten undenk-
SHANDONG – YANTAI	bar gewesen. Heute repräsentiert er aufs Beste den neuen Lebensstil, der das China von heute charakterisiert.
358 unten links	Der Bau neuer Wohnhäuser hat die Landschaft von Xixiakou bei
SHANDONG – RONGCHENG	Rongcheng radikal verändert.
358 unten Mitte	Geschick bei der Gartenplanung zeigt sich in den gepflegten
SHANDONG – QINGDAO	Beeten, die diesen modernen Platz in Qingdao schmücken.
358 unten rechts	Die betriebsame Küstenstadt liegt an der Bucht von Jiaozhou
SHANDONG – QINGDAO	am Gelben Meer.
359	Das Vorgebirge von Yantai erhebt sich auf einer kleinen Halbinsel im Norden der gleichnamigen Stadt. Der Name, der wörtlich
SHANDONG – YANTAI	übersetzt „Rauch-Terrasse" bedeutet, stammt von dem hier 1398 errichteten Wachturm, auf dem Signalfeuer entzündet wurden,
	um das Nahen feindlicher Schiffe zu melden. Am Ende der Qing-Dynastie entstand der Leuchtturm, der bis heute intakt ist.

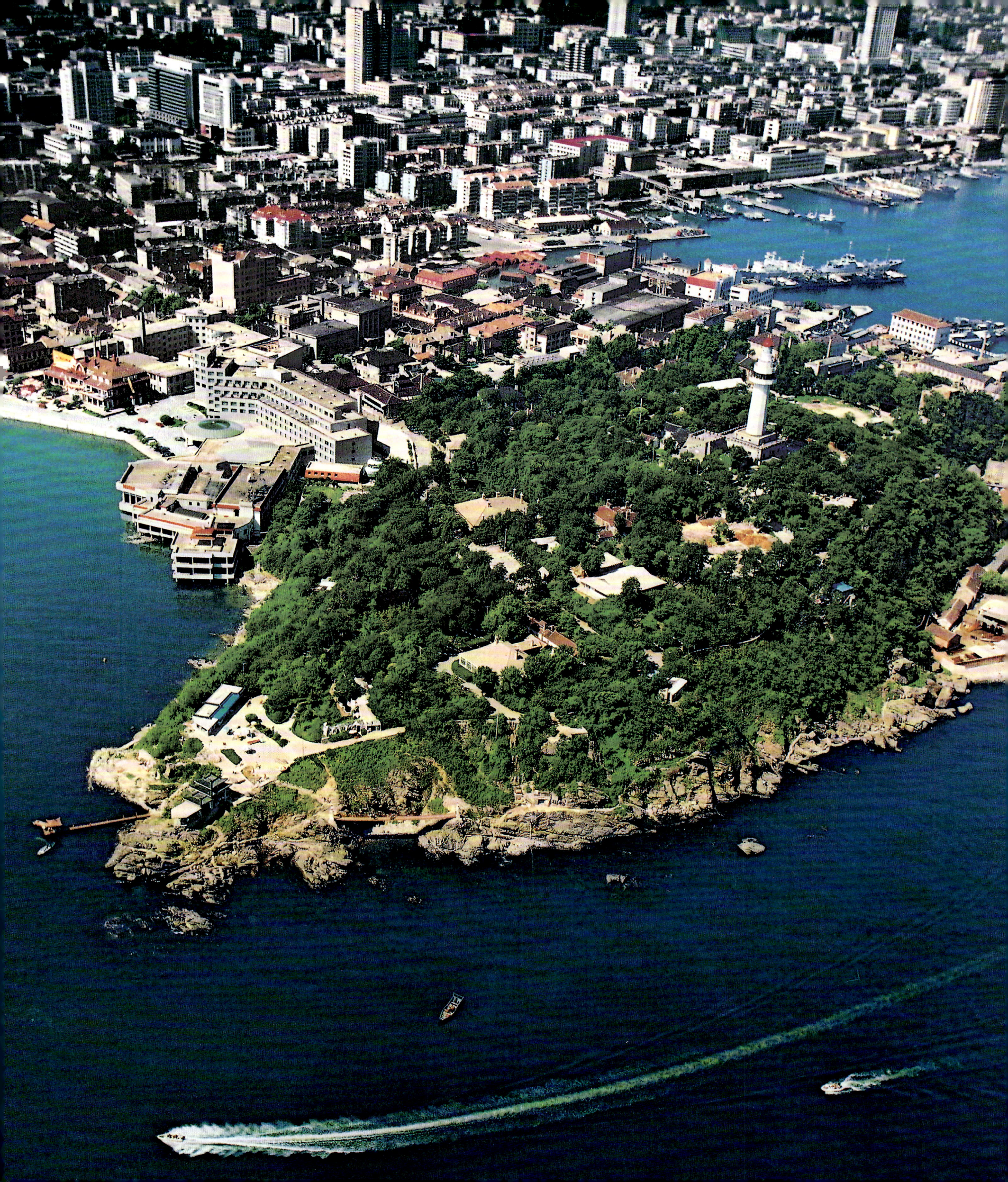

360 oben und 361
SHANDONG – JINAN

Eine hohe Wasserfontäne sprudelt auf dem Quancheng-Platz im Herzen von Jinan empor, der Hauptstadt der Provinz Shandong. In der Mitte erhebt sich ein himmelblaues Denkmal und auf der Westseite plätschern die Wasser der Emporspringenden Quelle (Bao Tu Quan), umgeben von Gebäuden, die teilweise aus der Song-Epoche (960–1279) stammen.

360 unten links
SHANDONG – WEIFANG

Die Wolkenkratzer von Weifang in der Provinz Shandong zeugen vom Wirtschaftswachstum dieser kleinen Stadt. Eine uralte Tradition macht Weifang zu einem renommierten Zentrum der Drachenherstellung.

360 unten Mitte
SHANDONG – DONGYING

Die Stadt Dongying am Delta des Gelben Flusses wurde 1983 an einem Erdölfeld gegründet, das man 1964 entdeckt hatte. Damals gab es dort nur ein kleines Dorf, das sich seither zu einer ausgedehnten, modernen Stadt entwickelt hat.

360 unten rechts
SHANDONG – ZIBO

Kleine Pavillons spiegeln sich in den Wassern eines Parks in Zibo, einer Stadt, die Wirtschaftswachstum und Umweltschutz in Einklang zu bringen vermochte.

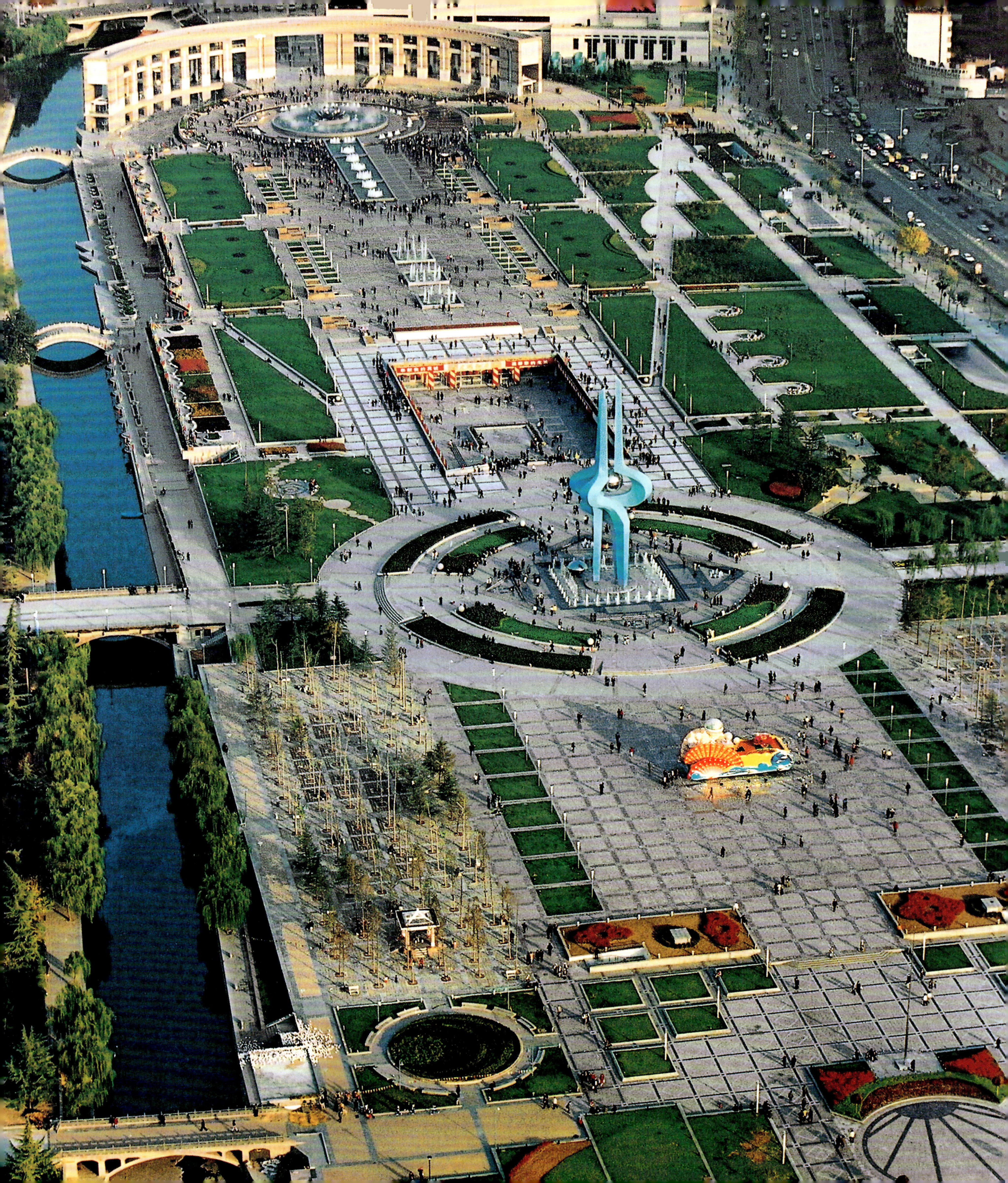

362-363
SHANDONG – QINGDAO

Die Mole, an deren Ende sich der achteckige Pavillon der zurückkehrenden Wogen (Hui Lan Ge) befindet, gilt als Symbol der Stadt. Die Seebrücke ist 440 Meter lang und zehn Meter breit und wurde 1891 gebaut.

362
SHANDONG – QINGDAO

Ein Schnellboot und leichte Segelboote fahren durch die Bucht von Qingdao im Gelben Meer, die dank des milden Klimas und der zahlreichen Strände alljährlich viele chinesische und ausländische Touristen anzieht.

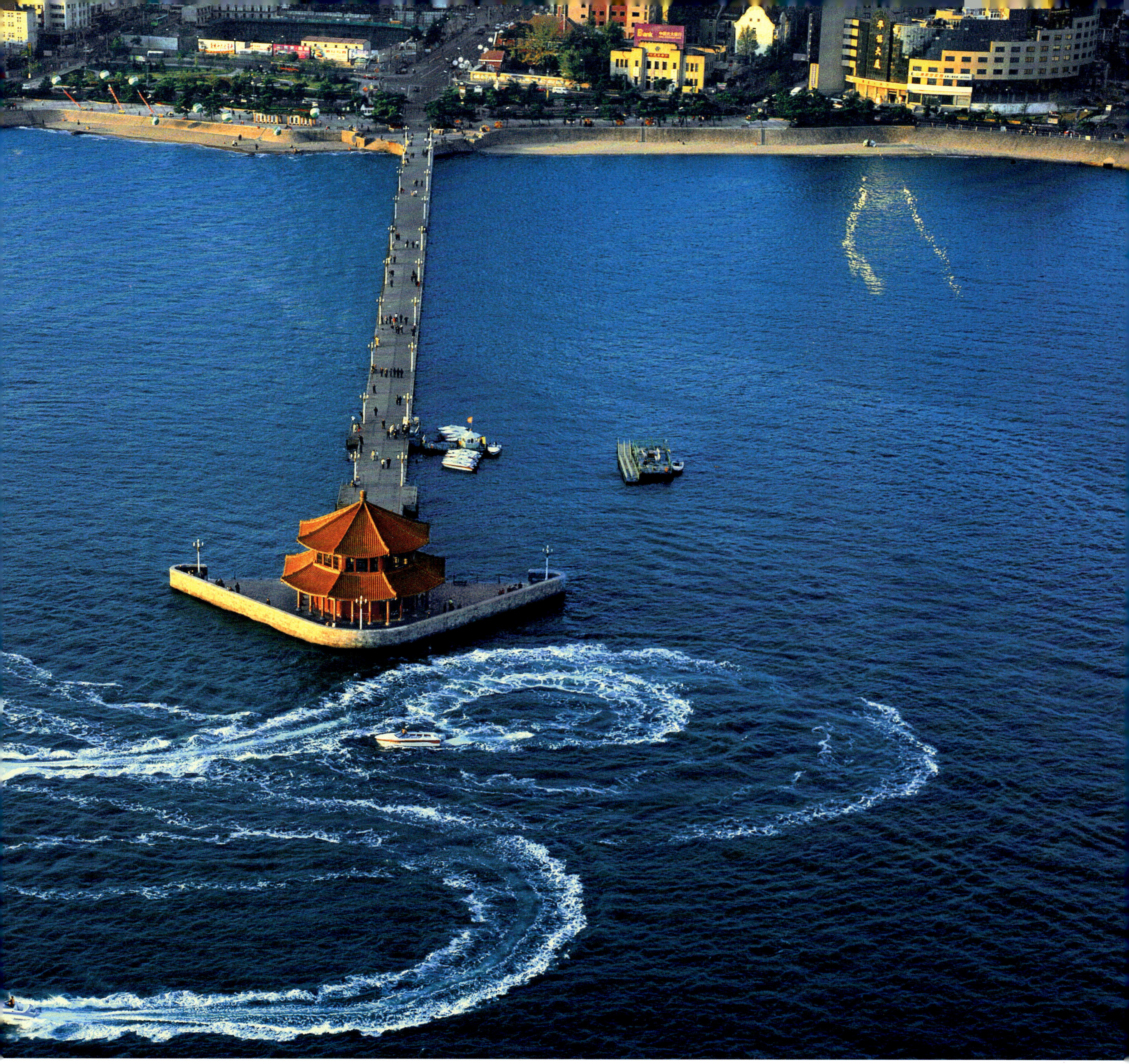

364 | Das Mausoleum des Ersten Kaisers der Ming-
JIANGSU – NANJING | Dynastie (1368–1644), Zhu Yuanzhang, wurde
zwischen 1381 und 1383 in Nanjing errichtet. Der
lange „Seelenweg" (Shen Dao), der zum eigentlichen
Grab führt, und die beeindruckenden Kultstätten
machen es zum imposantesten der Grabmale
der Herrscher der Dynastie, die nach der Ver-
legung der Hauptstadt bei Peking bestattet sind.

364-365 | Der Yuejiang-Turm, der Nanjing vom Ufer des
JIANGSU – NANJING | Jangtse aus beherrscht, wurde trotz des traditio-
nellen Stils erst 2001 fertiggestellt. Der Löwen-
hügel (Shizi Shan), auf dem der Turm steht, war
Schauplatz einer entscheidenden Schlacht, die
zur Gründung der Ming-Dynastie führte.

366-367 | Der Kanal im Süden Nanjings ist praktisch
JIANGSU – NANJING | übersät von den Pavillons des Fuzi-Tempels.
Dieses seit über 1500 Jahren berühmte Zen-
trum der konfuzianischen Lehre wurde vor
kurzem in traditionellem Stil wieder aufgebaut.

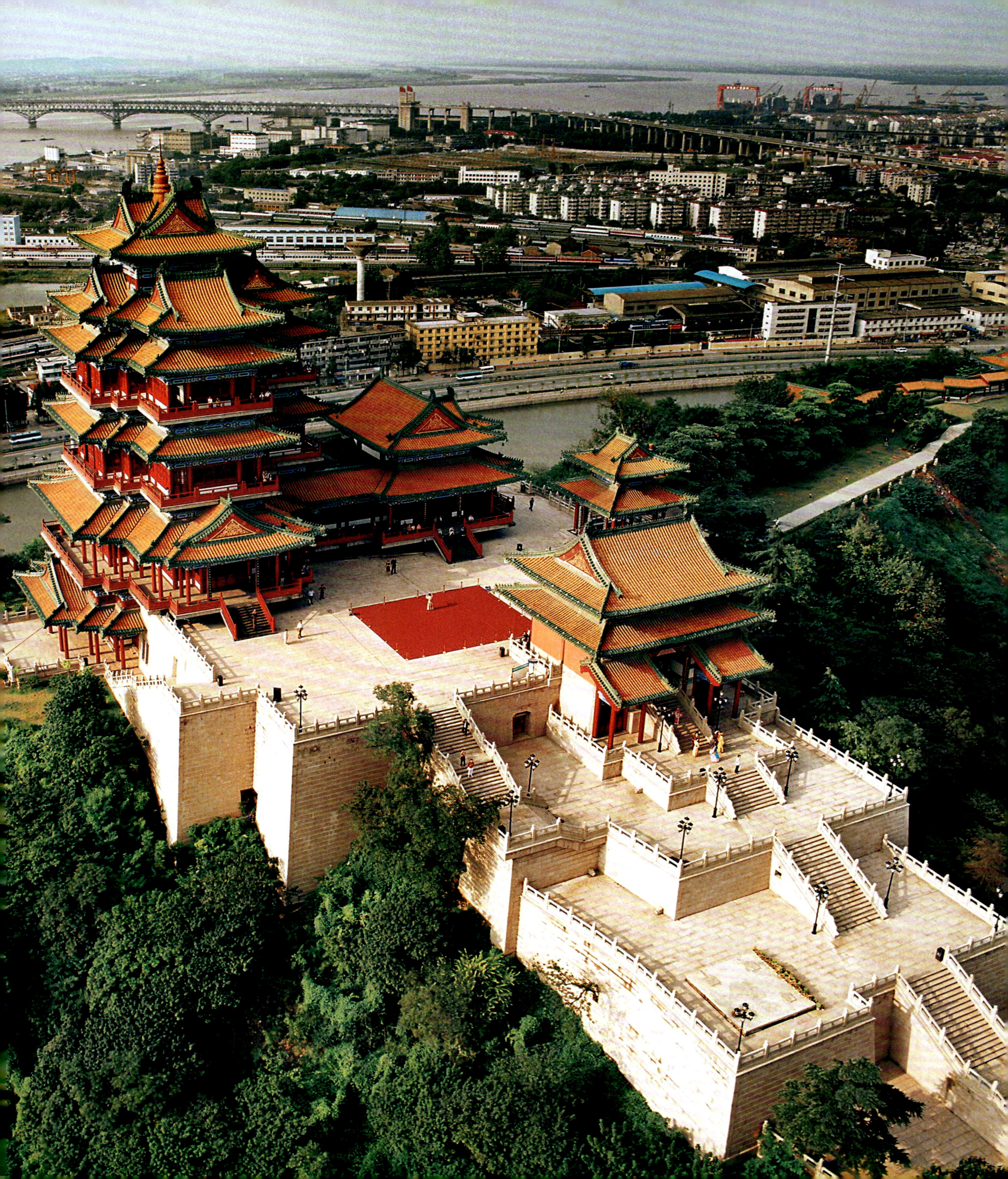

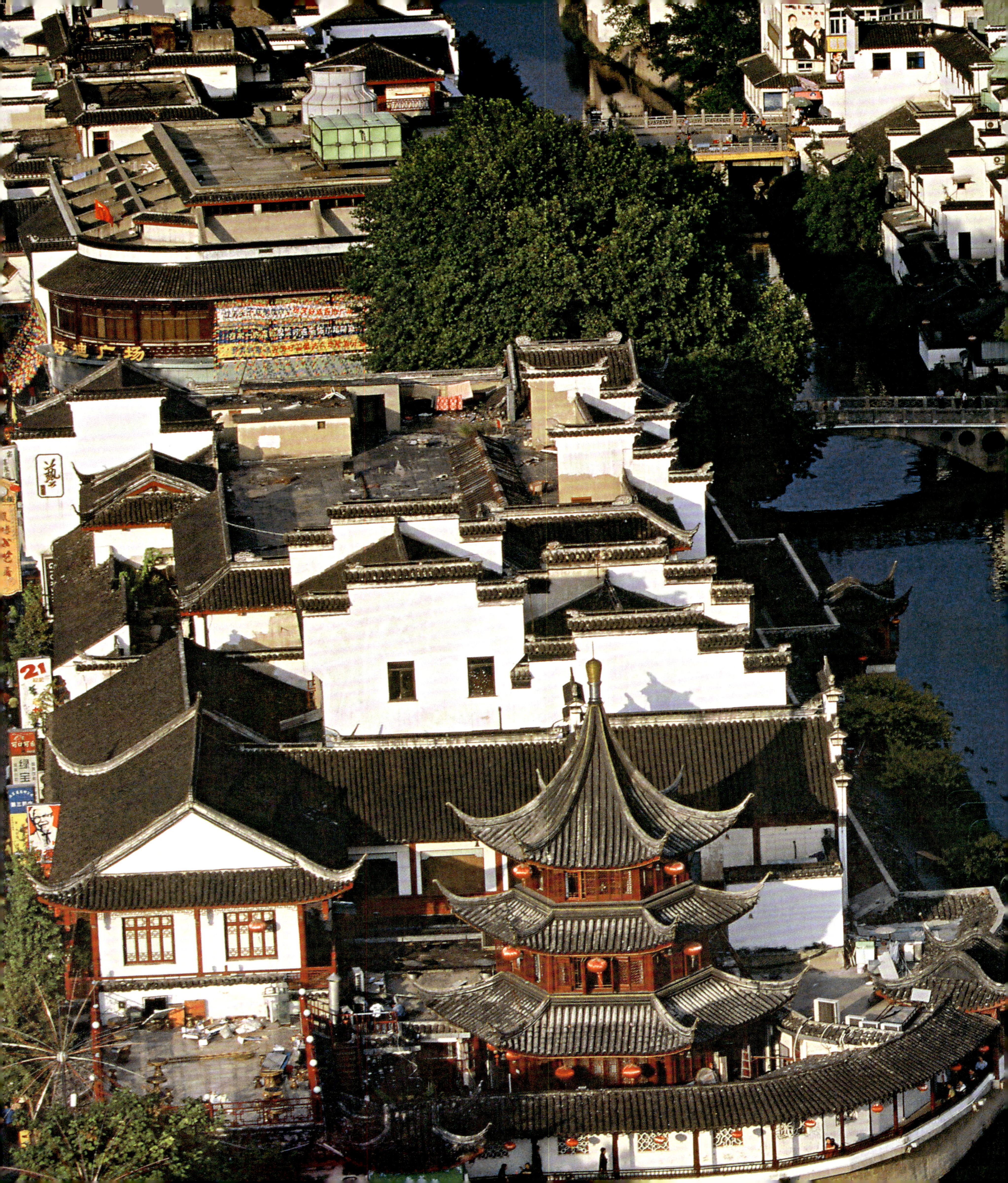

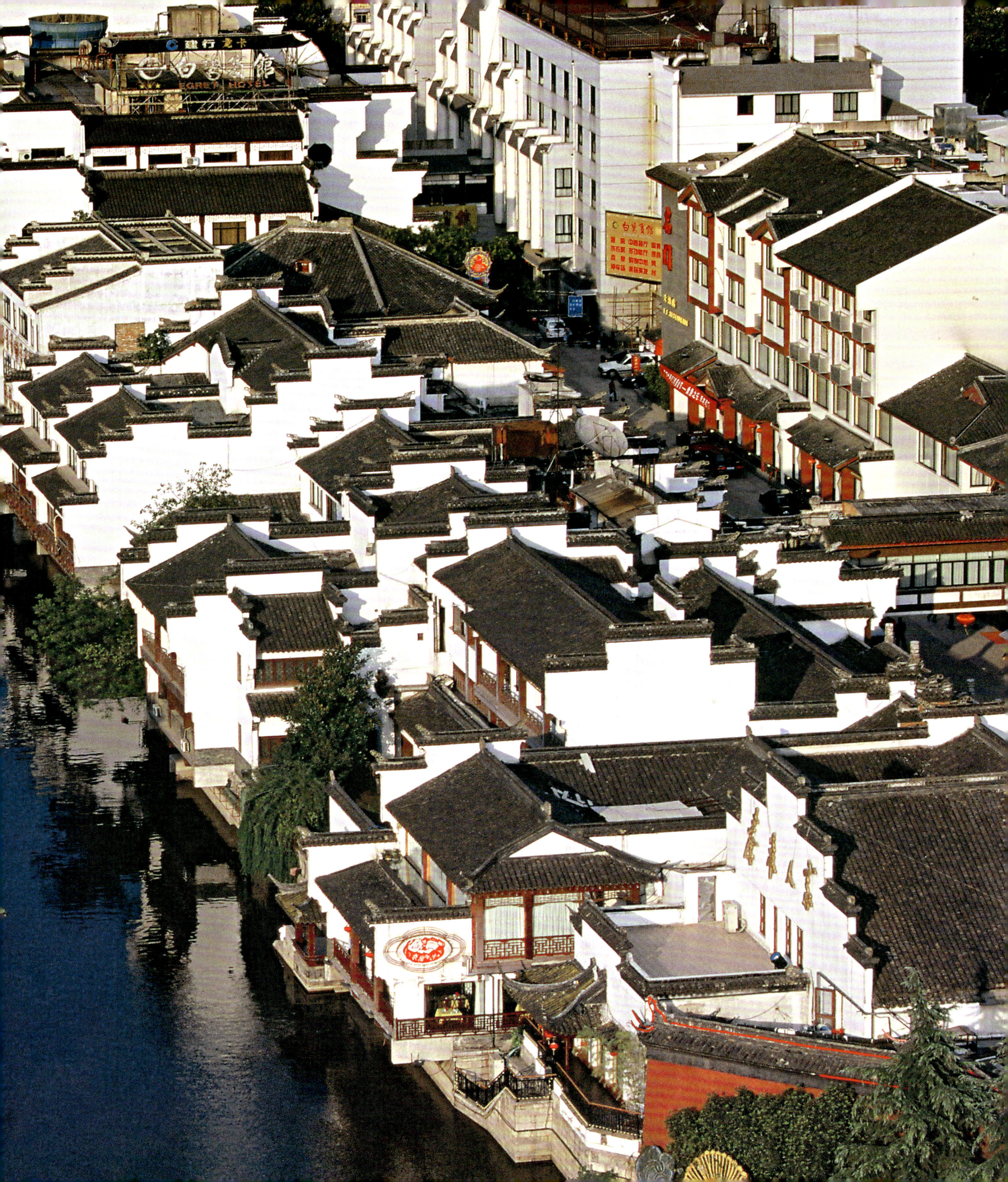
EGRET HOTEL

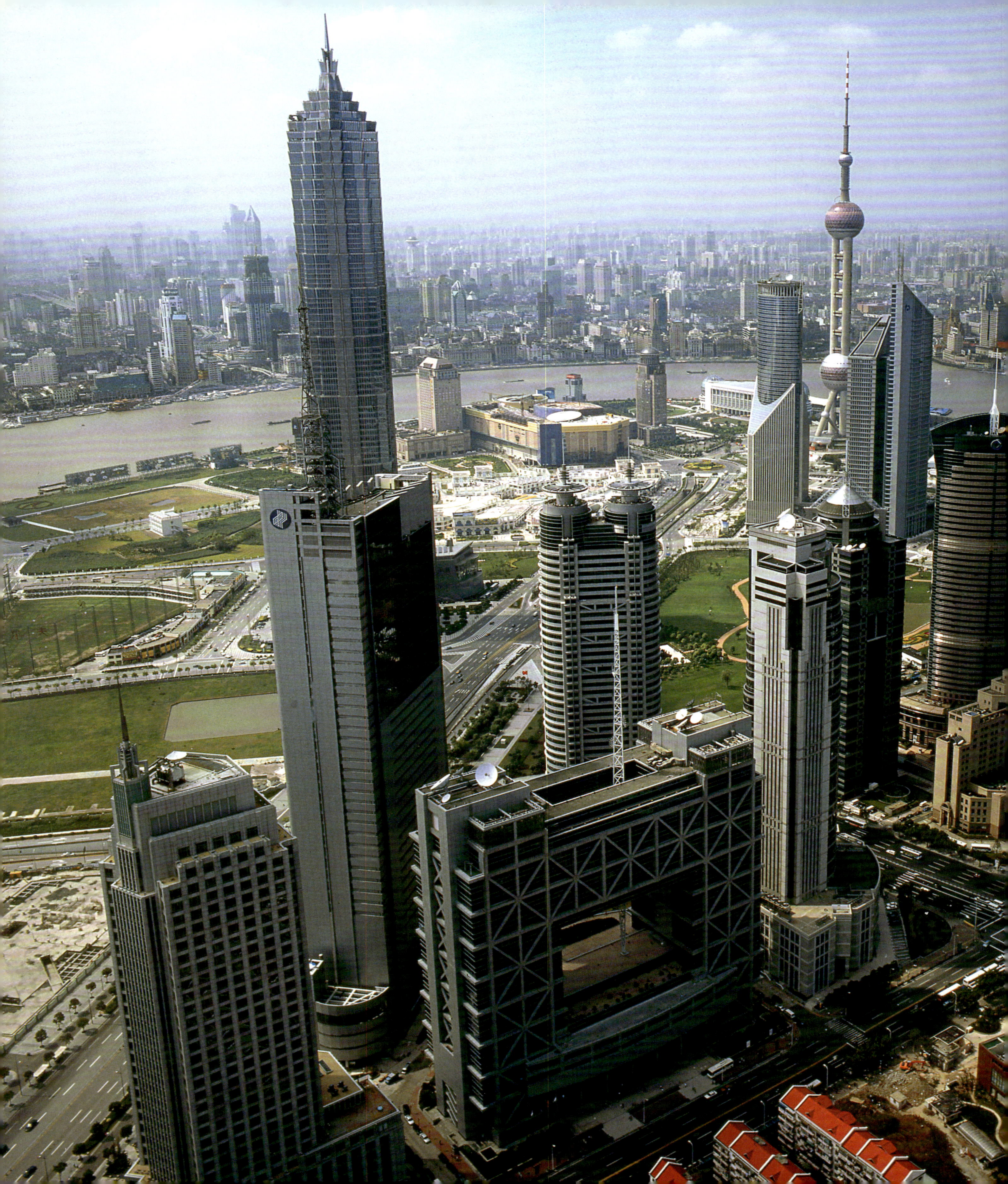

| 368-369 SHANGHAI | Der kühne Fernsehturm und die monumentalen, in den Himmel ragenden Gebäude machen die Skyline von Shanghai zu etwas Einzigartigem. Für viele ist es die Stadt, die mehr als alle anderen den Geist des modernen China verkörpert.

| 369 SHANGHAI | Die Ausstellungshalle (oben) ist nur eines der vielen Gebäude, die – in schwindelerregendem Tempo erbaut – das Stadtbild Shanghais zu einem in ständiger Entwicklung begriffenen Universum machen. Unten ist der erste Stadtautobahnring um diese rastlose Metropole zu sehen.

| 370-371 SHANGHAI | Betrachtet man die immense Zahl futuristischer Gebäude, die sich auf einer 350 Quadratkilometer großen Fläche östlich des Huangpu-Flusses erstrecken, fällt es schwer zu glauben, dass Pudong, das Finanzzentrum Shanghais und ganz Chinas, bis 1990 nichts anderes war als ein Sumpfgelände, auf dem das für die Märkte der Stadt bestimmte Gemüse angebaut wurde.

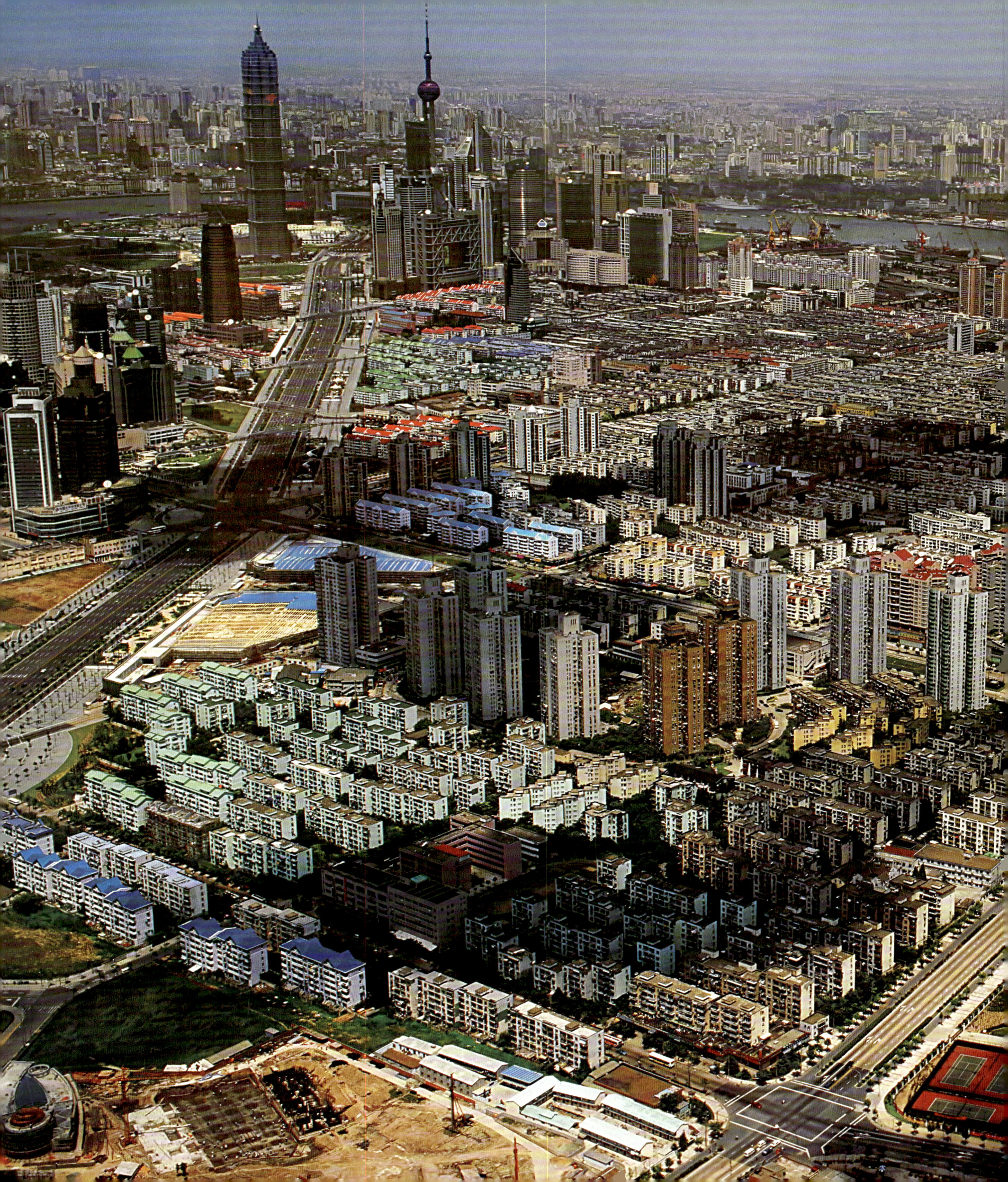

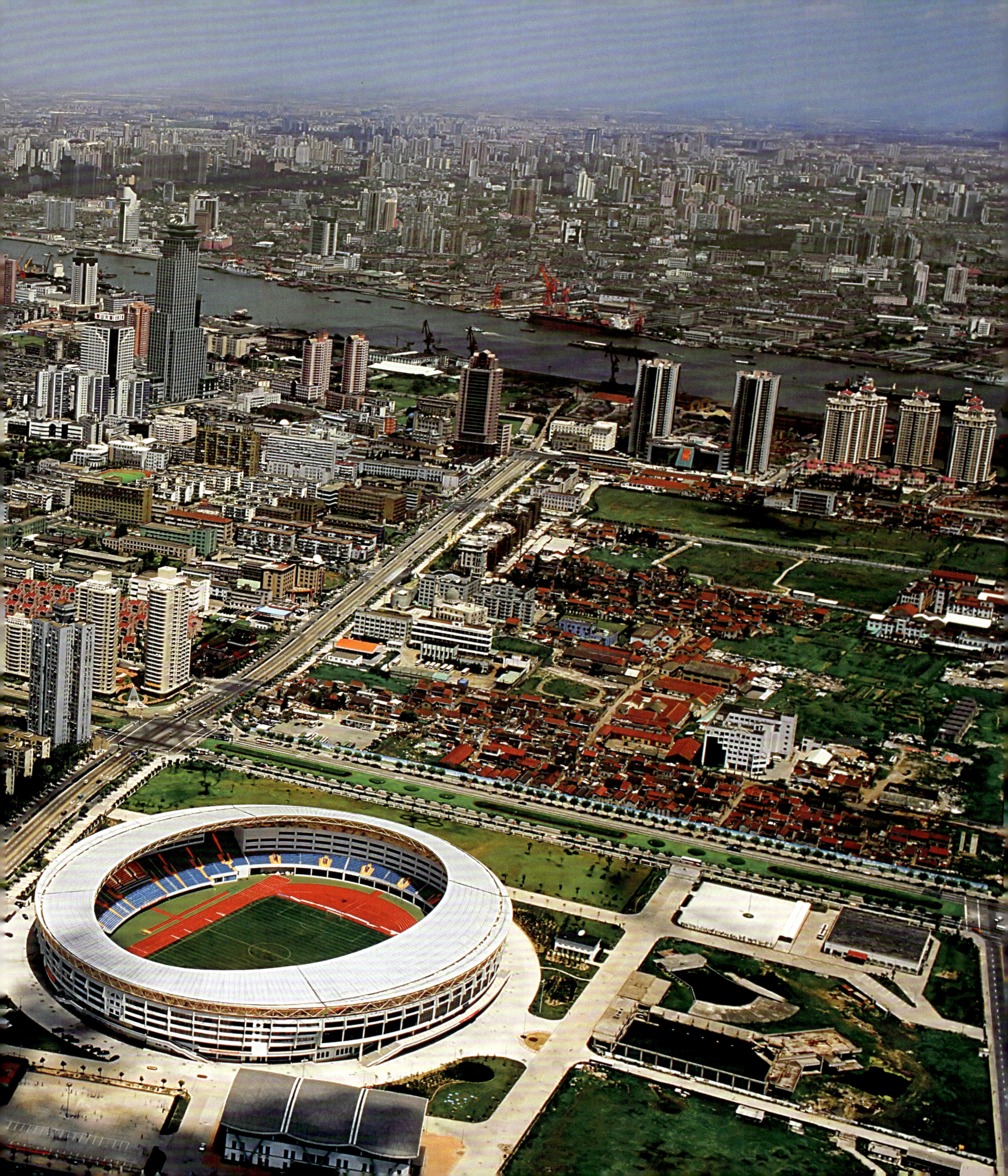

| 372 SHANGHAI | Die Faszination Shanghais, der Stadt der tausend Facetten und Widersprüche, wird noch gesteigert durch die Myriaden von Lichtern, die den Besucher bei der Entdeckung des pulsierenden Nachtlebens begleiten. |

| 373 SHANGHAI | Die Flusspromenade, bekannt als Bund, ist das Symbol von Shanghai. Hier, wo die von Engländern und Franzosen zur Zeit der Konzessionen errichteten Häuser neben Bauten aus den dreißiger Jahren und hypermodernen Wolkenkratzern stehen, kann man die Geschichte und kosmopolitische Atmosphäre der Stadt mit allen Sinnen verspüren. |

| 374-375 ZHEJIANG – WENZHOU | Herkömmliche flache Häuser und neue Wolkenkratzer wechseln sich ab in Wenzhou in der Küstenprovinz Zhejiang. Im Norden der Stadt erheben sich die Gipfel der Yangdang-Gebirgskette. |

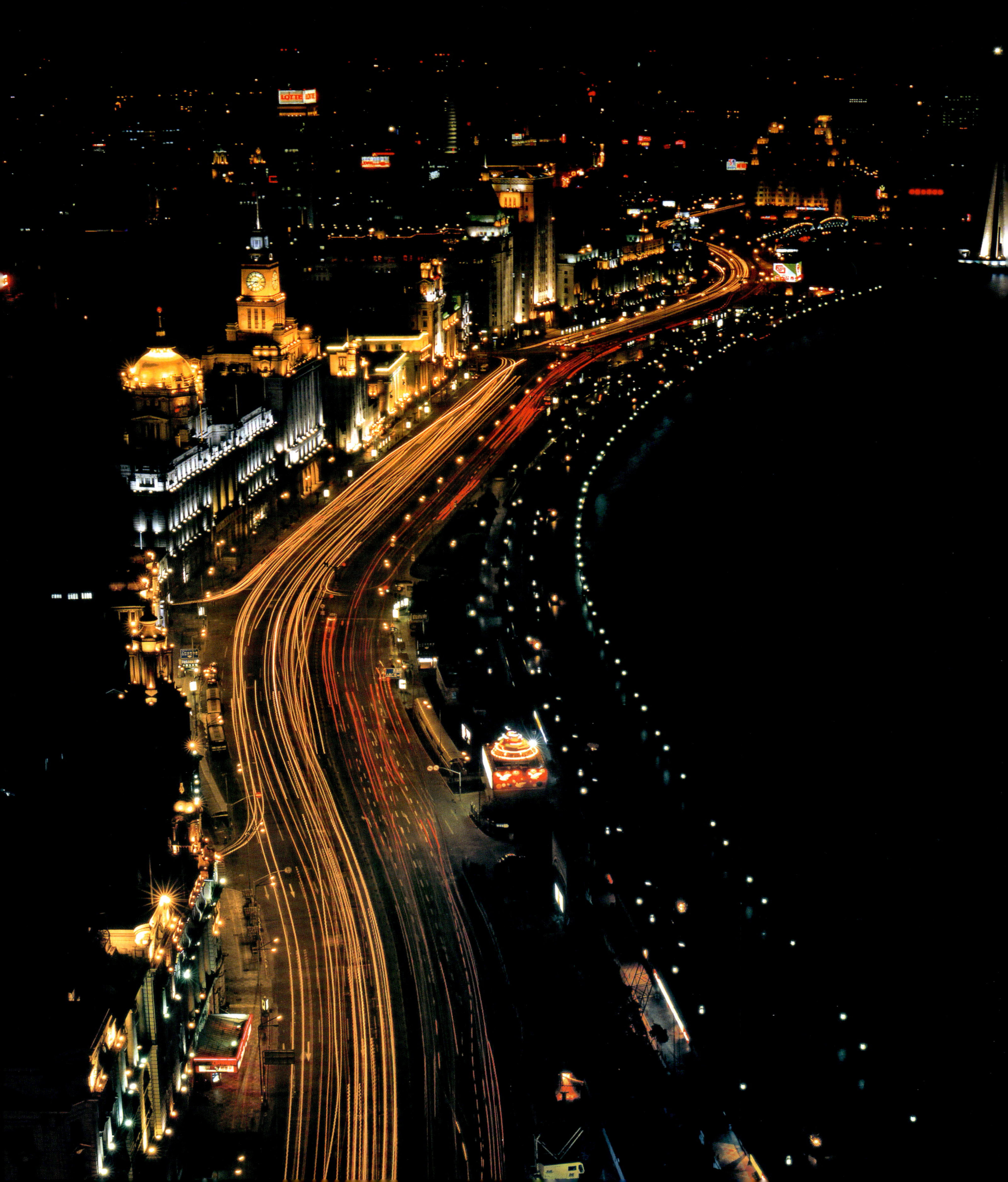
LOTTE

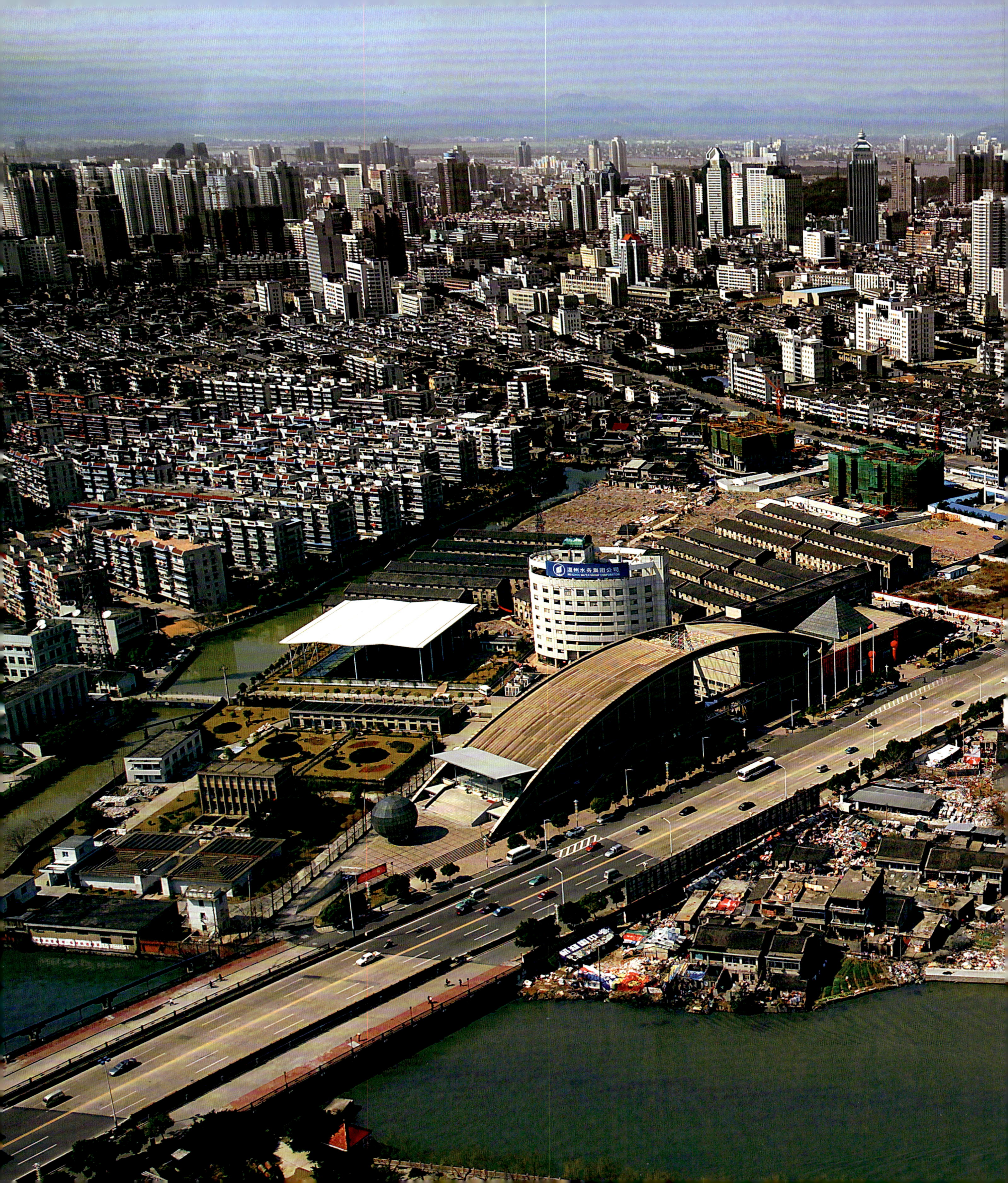
温州水务集团公司

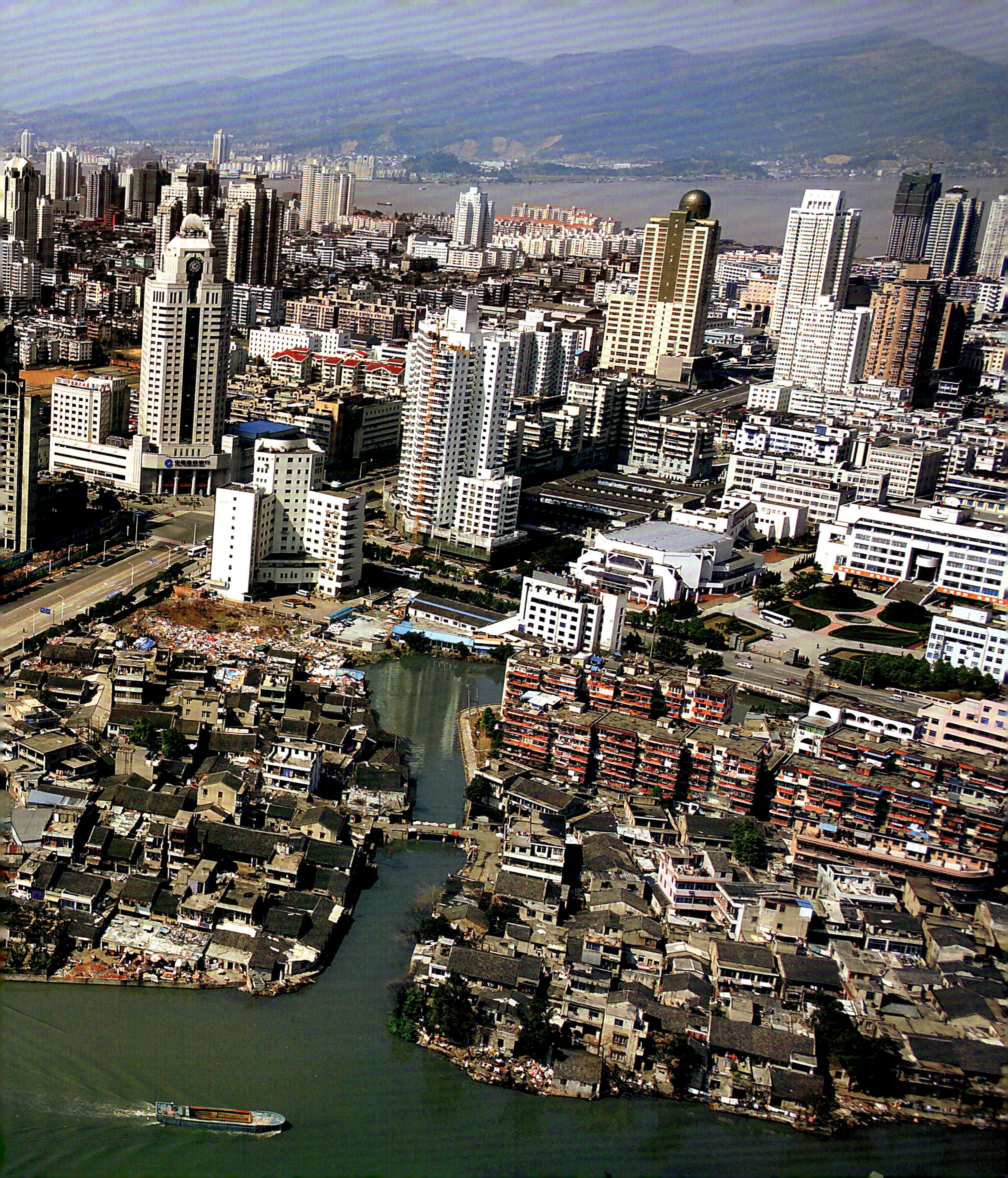

| 376 | Eine lange, aufgeständerte Autobahn umgibt das Stadtbild von Xiamen in der Provinz Fujian und stellt die Verbindung mit dem Festland her: Die Stadt liegt nämlich auf der gleichnamigen Insel und ihr Territorium umfasst auch die bezaubernde, kleine Insel Gulangyu und den Küstenzug an der Mündung des Neun-Drachen-Flusses (Jiulonghe).

FUJIAN – XIAMEN

| 377 | Häuser im Kolonialstil, baumbestandene Parks und Wege säumen die Küstenstraße von Xiamen, die von einem Denkmal des großen Admirals Zheng He überragt wird. Im Westen ist die Stadt unter dem Namen Amoy bekannt, den ihr die Engländer nach dem Ersten Opiumkrieg (1839–1842) gaben, als sie einer der fünf für Ausländer offenen Handelshäfen wurde.

FUJIAN – XIAMEN

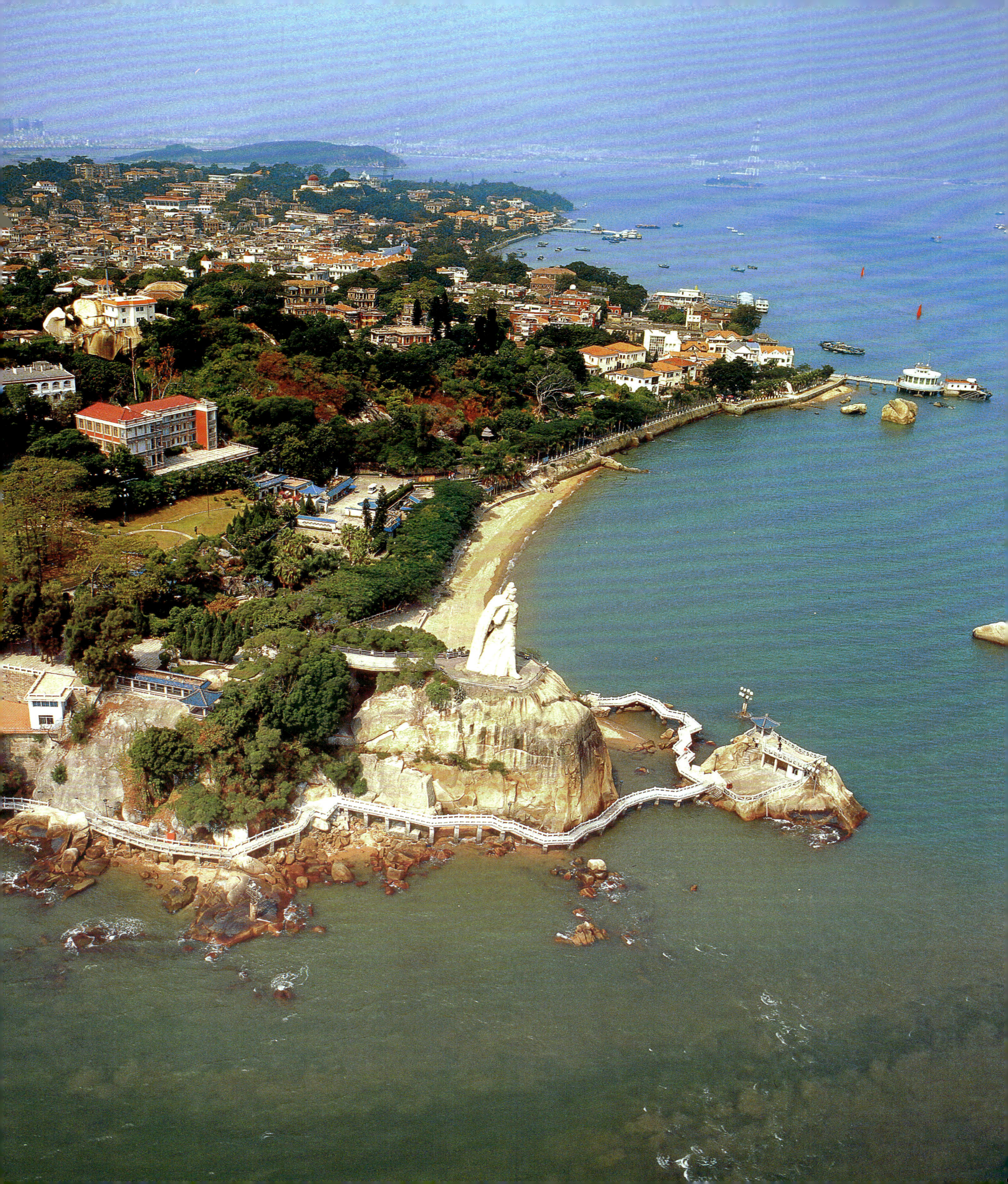

378 | GUANGDONG – SHENZHEN | In weniger als dreißig Jahren machte Shenzhen eine außerordentliche Verwandlung durch und wurde zu einer der reichsten und modernsten Städte Chinas. In unmittelbarer Nähe von Hongkong gelegen, wurde sie 1980 zur Wirtschaftssonderzone erklärt und zog Investoren aus der ganzen Welt an. Wie Hongkong ist es eine Stadt „mit Zugangsbeschränkung": Jeder, der sich dort aufhalten oder arbeiten will, ob Chinese oder Ausländer, benötigt ein Sondervisum.

379 | GUANGDONG – SHENZHEN | Die für Shenzhen charakteristischen hohen Wolkenkratzer sind die Früchte des unglaublichen wirtschaftlichen Erfolgs, den die Stadt nach der Ausrufung zur Sonderzone hatte.

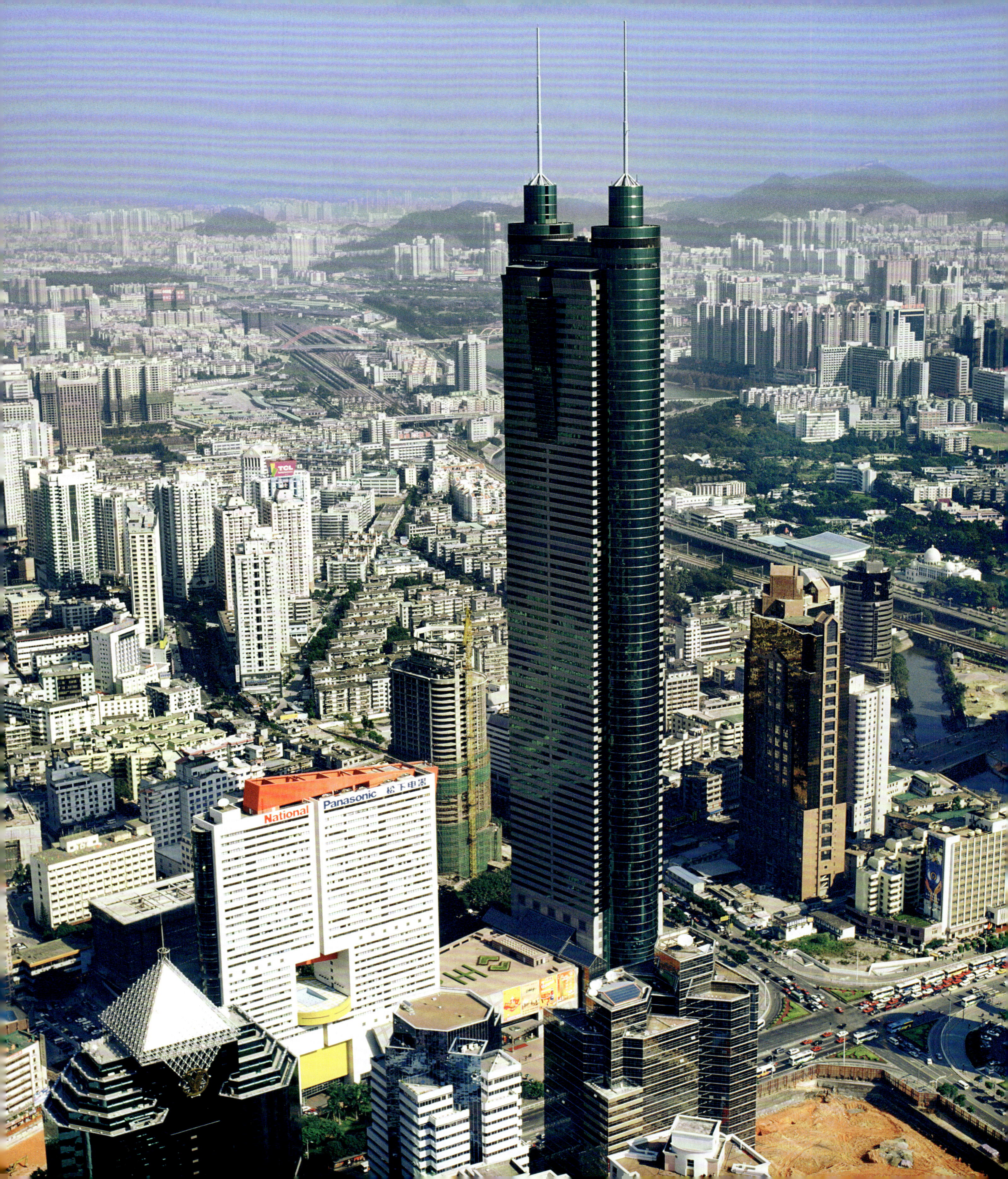
National
Panasonic

380
GUANGDONG – SHENZHEN | Einst ein kleines Fischerdorf, dann eine Kleinstadt mit etwa 30 000 Einwohnern zu Beginn der achtziger Jahre, ist Shenzhen heute eine brodelnde Metropole mit über vier Millionen Einwohnern und dem höchsten Pro-Kopf-Einkommen in ganz China.

381
GUANGDONG – SHENZHEN | Badegäste suchen an einem der Strände in der Umgebung von Shenzhen Abkühlung von der glühenden Sommerhitze in der südchinesischen Provinz Guangdong.

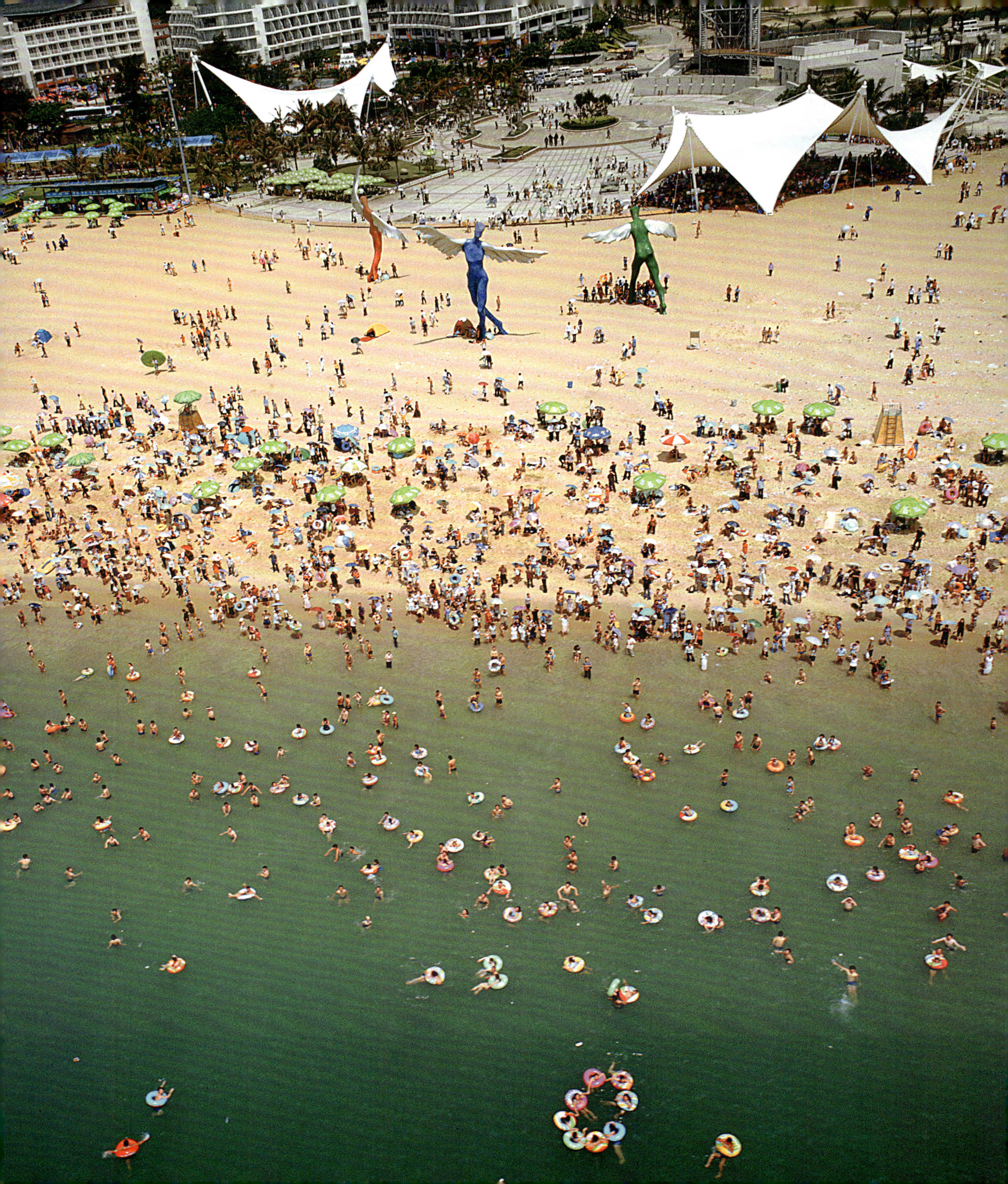

382	Seegelboote, Motorjachten und Fähren überqueren den Meeresstreifen zwischen der Halbinsel Kowloon, der Insel Hongkong und den Inseln der Neuen Territorien. 1997 fiel Hongkong, das 150 Jahre lang britische Kolonie gewesen war, an China zurück und ist nun Sonderverwaltungszone.
HONGKONG	

383	Die Stadt bietet ein weltweit einzigartiges Panorama mit einer unvergesslichen Skyline. In der Bildmitte erhebt sich das Two International Finance Centre, ein Gigant mit 88 Stockwerken und 415 Metern Höhe, an dessen Bau über 3500 Menschen aus allen Teilen der Welt mitgearbeitet haben.
HONGKONG	

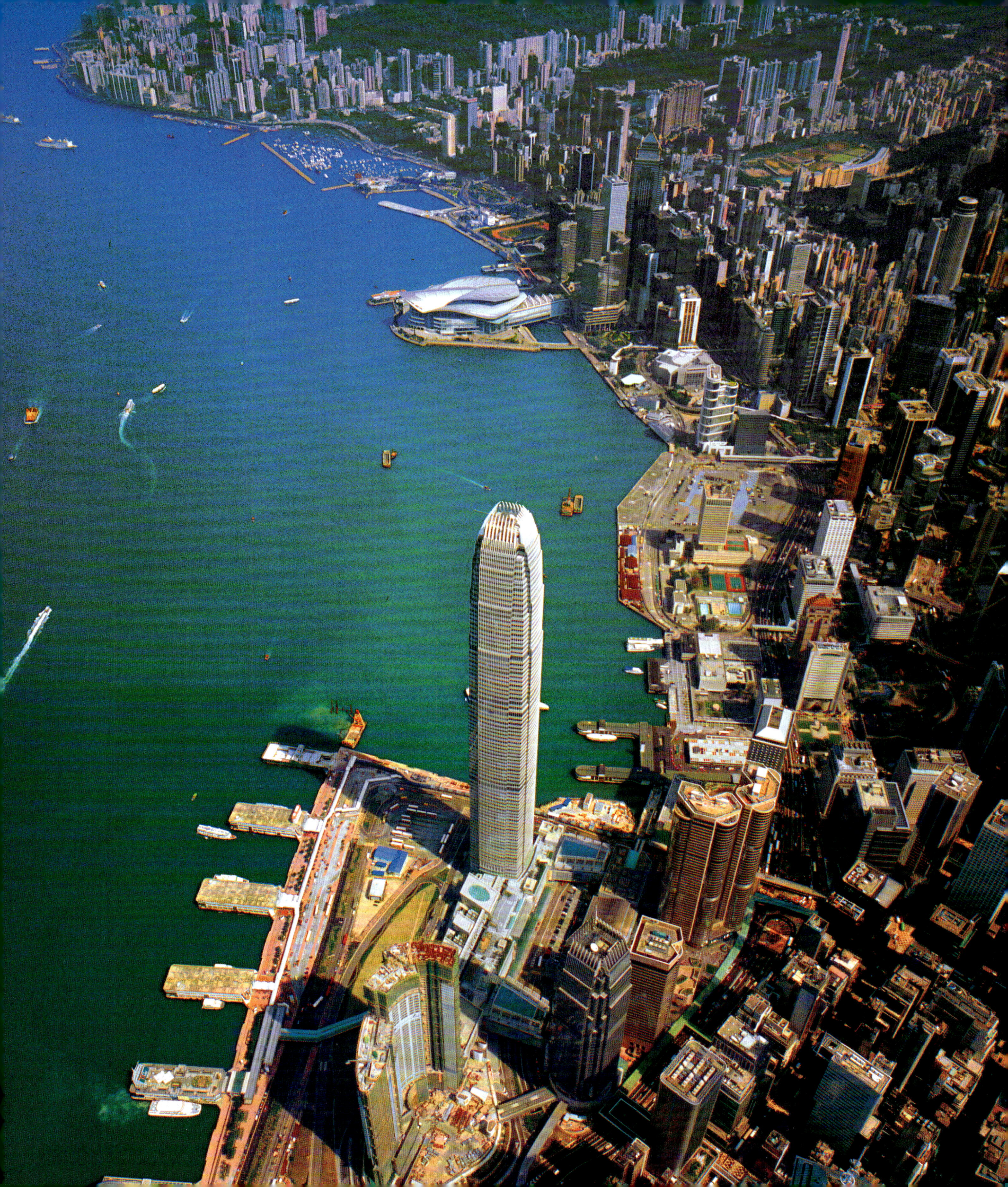

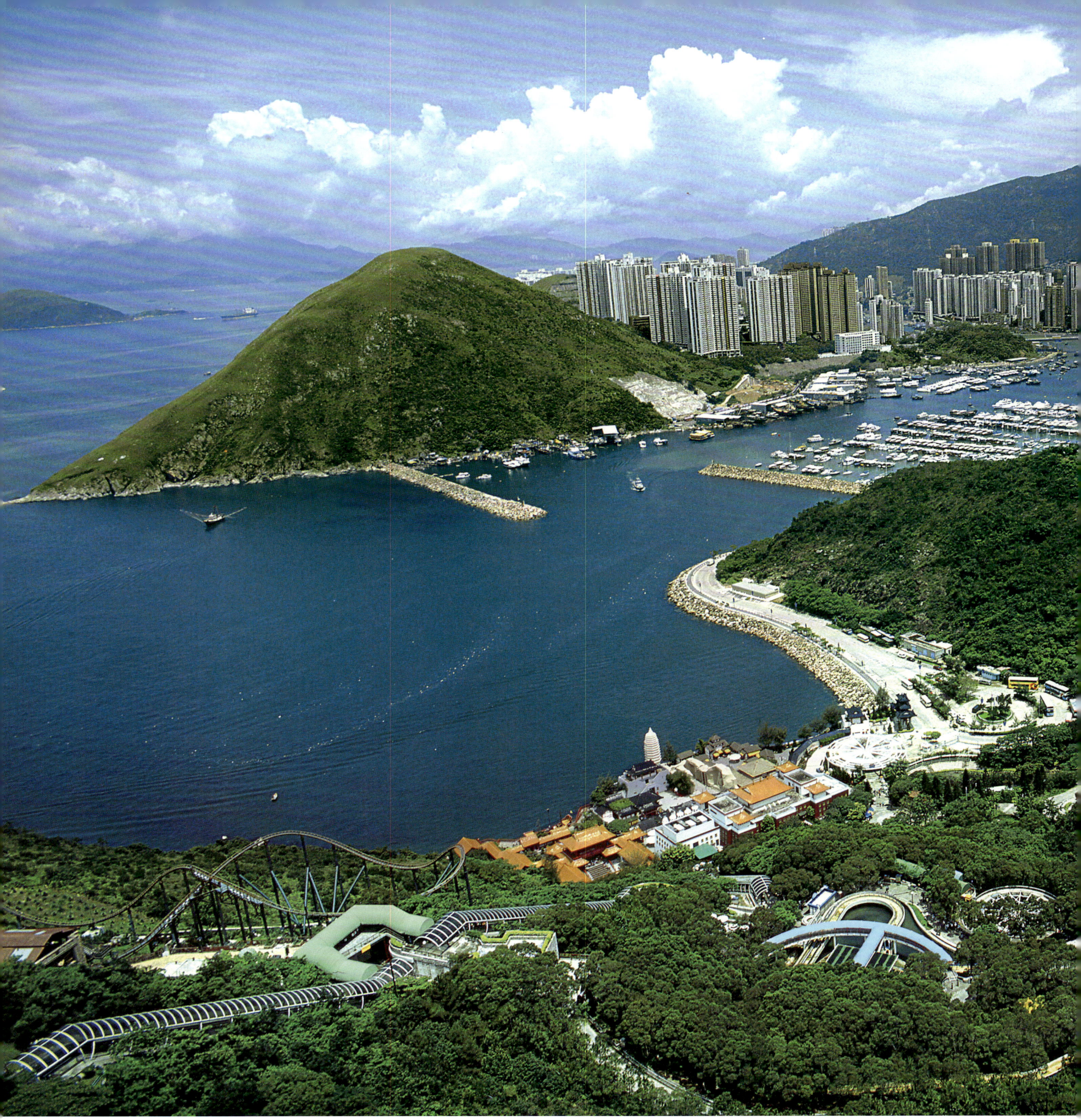

385	Die russischen Berge, die aufs Meer hinausblicken, sind nur eine der Attraktionen des Ocean Parks in Hongkong, eines riesigen Vergnügungsparks, der das größte Aquarium der Welt sein Eigen nennt.
HONGKONG	

386-387	Nachts spiegeln sich unzählige bunte Lichter im Victoria Harbour und lassen die hoch emporragenden Gebäude erstrahlen, die die Bucht von Hongkong säumen, eine der schönsten und beeindruckendsten der Welt.
HONGKONG	

384-385	Trotz der rapiden Entwicklung und enormen Bevölkerungsdichte bietet Hongkong immer noch ein außerordentliches Schauspiel unter landschaftlichen Gesichtspunkten: Die herrlichen Parks, beeindruckenden Berge und langen Strände sind ideale Ziele für Naturliebhaber.
HONGKONG	

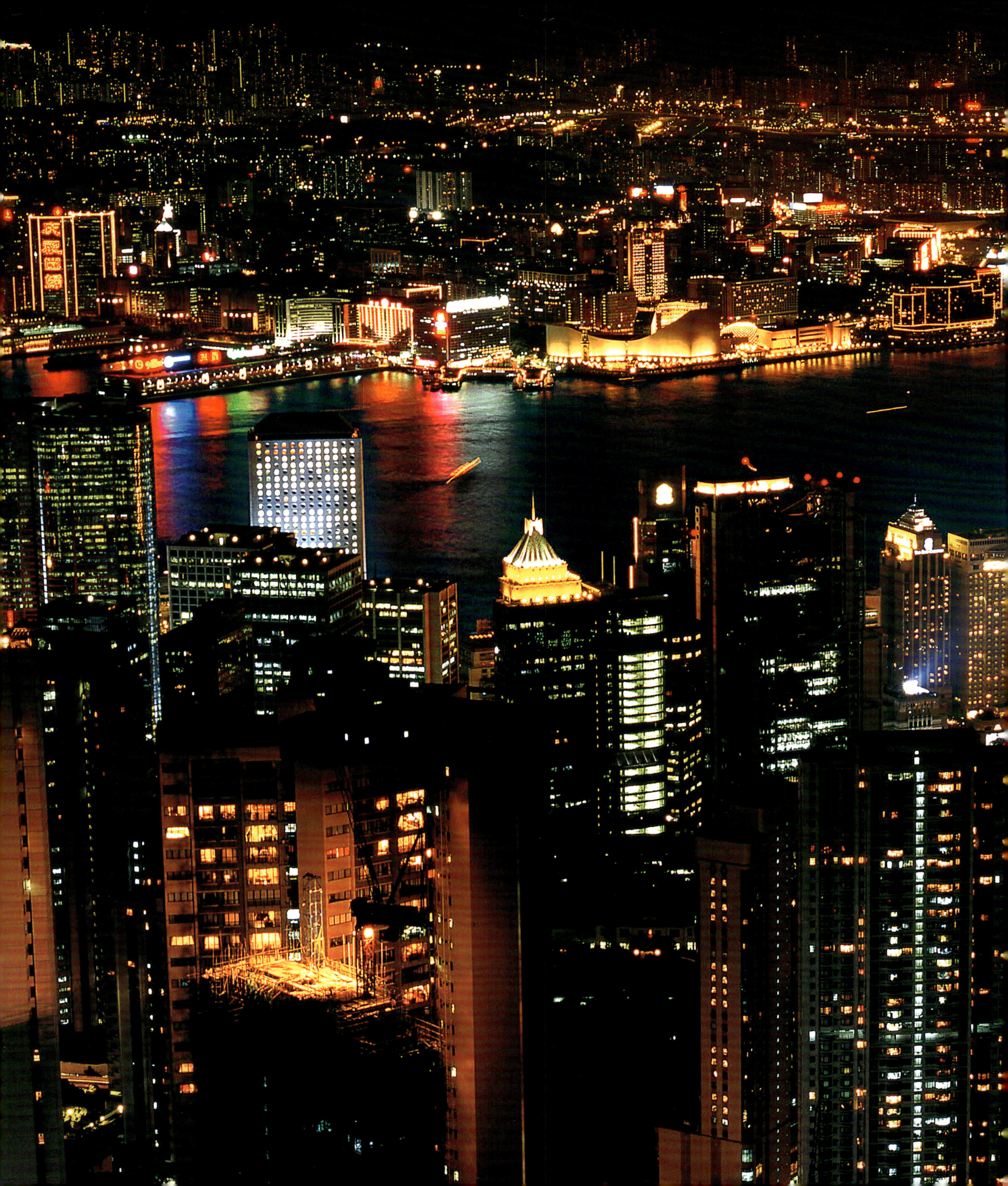

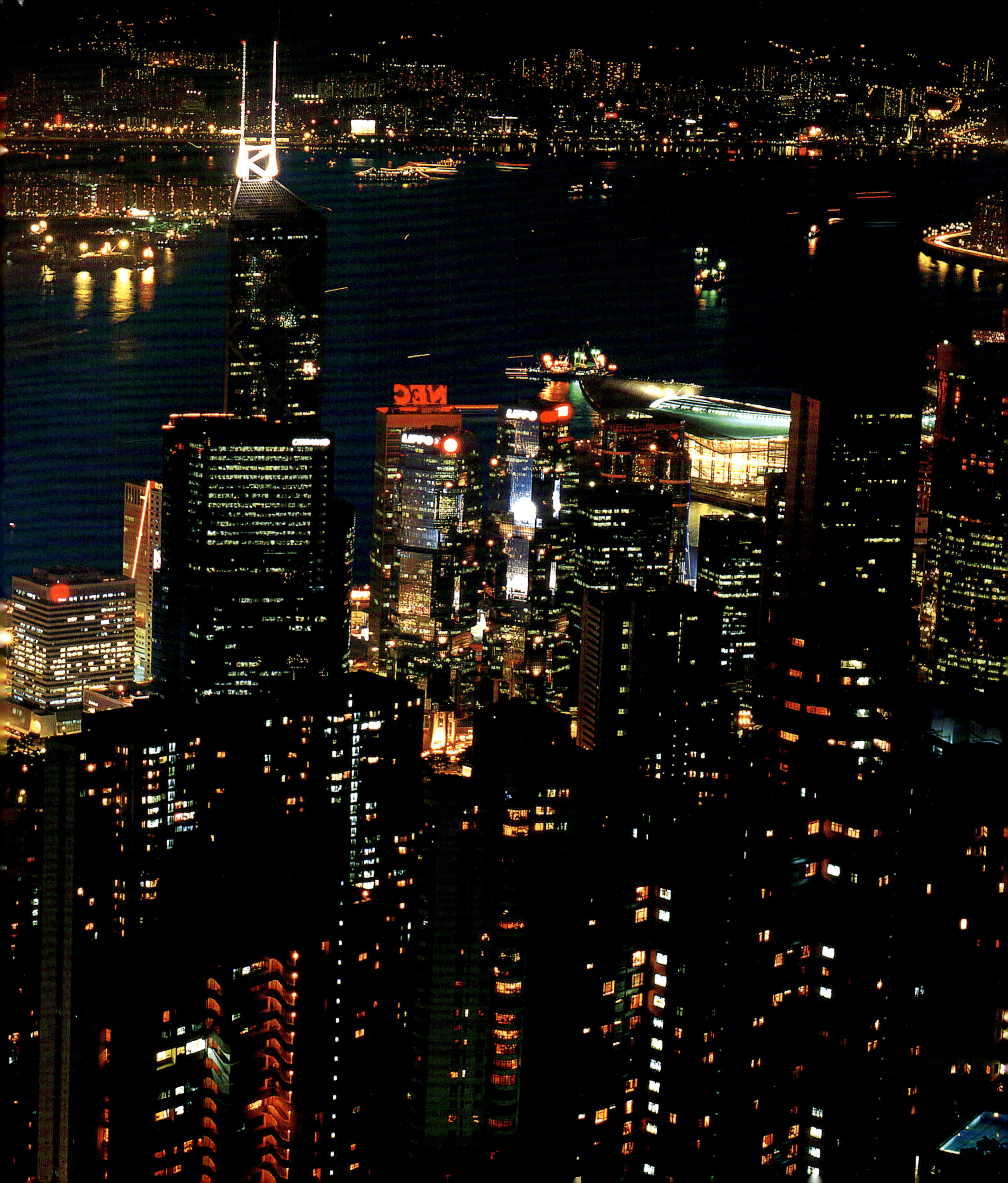
NEC

388-389 MACAU | Wie das benachbarte Hongkong ist auch Macau – von dem wir hier ein Wohngebiet sehen – eine Sonderverwaltungszone. Seit dem neunzehnten Jahrhundert portugiesische Kolonie, fiel es erst am 20. Dezember 1999 wieder an das Mutterland zurück.

388 MACAU | Neu gebaute, regelmäßig angelegte Viertel entstanden, um das historische Zentrum von Macau zu erweitern – Symbol der kulturellen Integration unterschiedlicher Realitäten und verschiedener Lebensgewohnheiten.

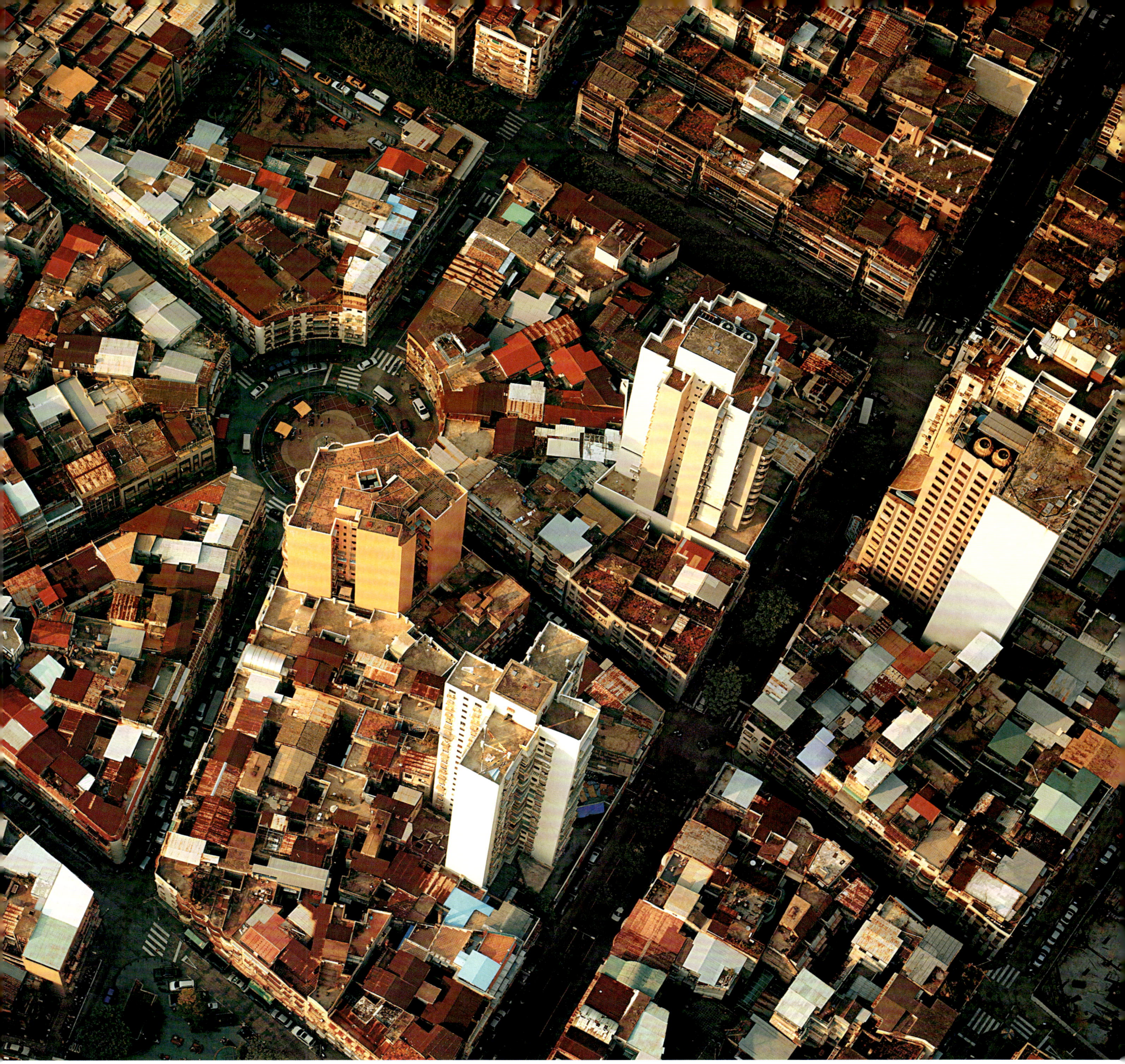

390
MACAU

Das kleine Macau an der Mündung des Perlflusses ist ein begehrtes Ziel für Glücksspieler. Am bekanntesten ist das Casino des Hotels Lisboa, dessen Dach rechts oben zu sehen ist. Am Platz vor dem Hotel, einer ovalen Grünfläche, deren innere Anlage mit der ständigen Wiederholung von Kreismotiven spielt, beginnt die lange Brücke nach Taipa.

391
MACAU

Das Hotel Lisboa mit seiner auffälligen goldenen Dachkuppel ist rechts deutlich zu sehen. Das Gebäude hat die eigenartige Form eines Vogelkäfigs, sein Eingang erinnert an den Rachen eines Tigers, fast als wolle es die Spieler verschlingen. Die ganze Anlage ist im Einklang mit der Feng-Shui-Lehre gestaltet.

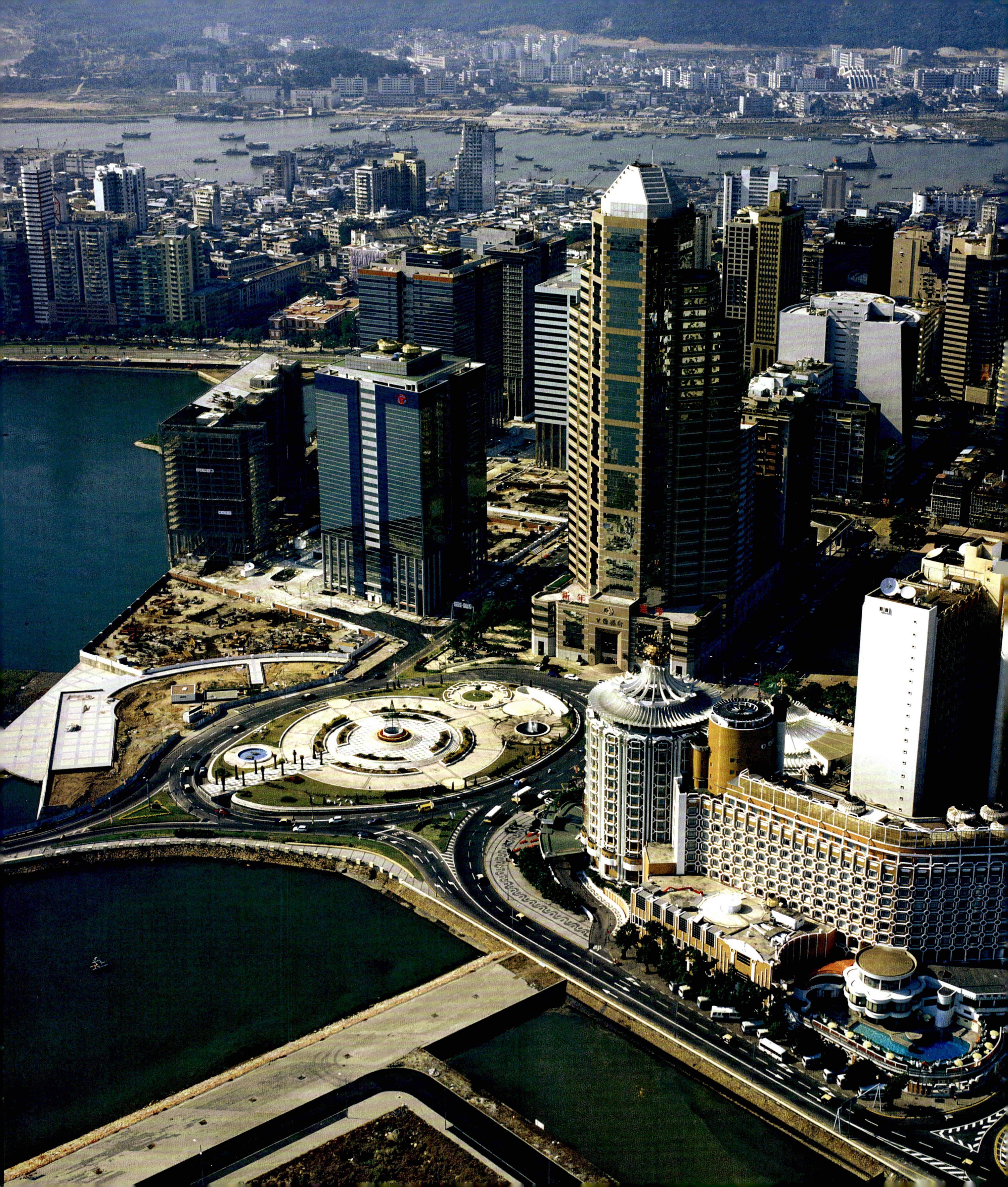

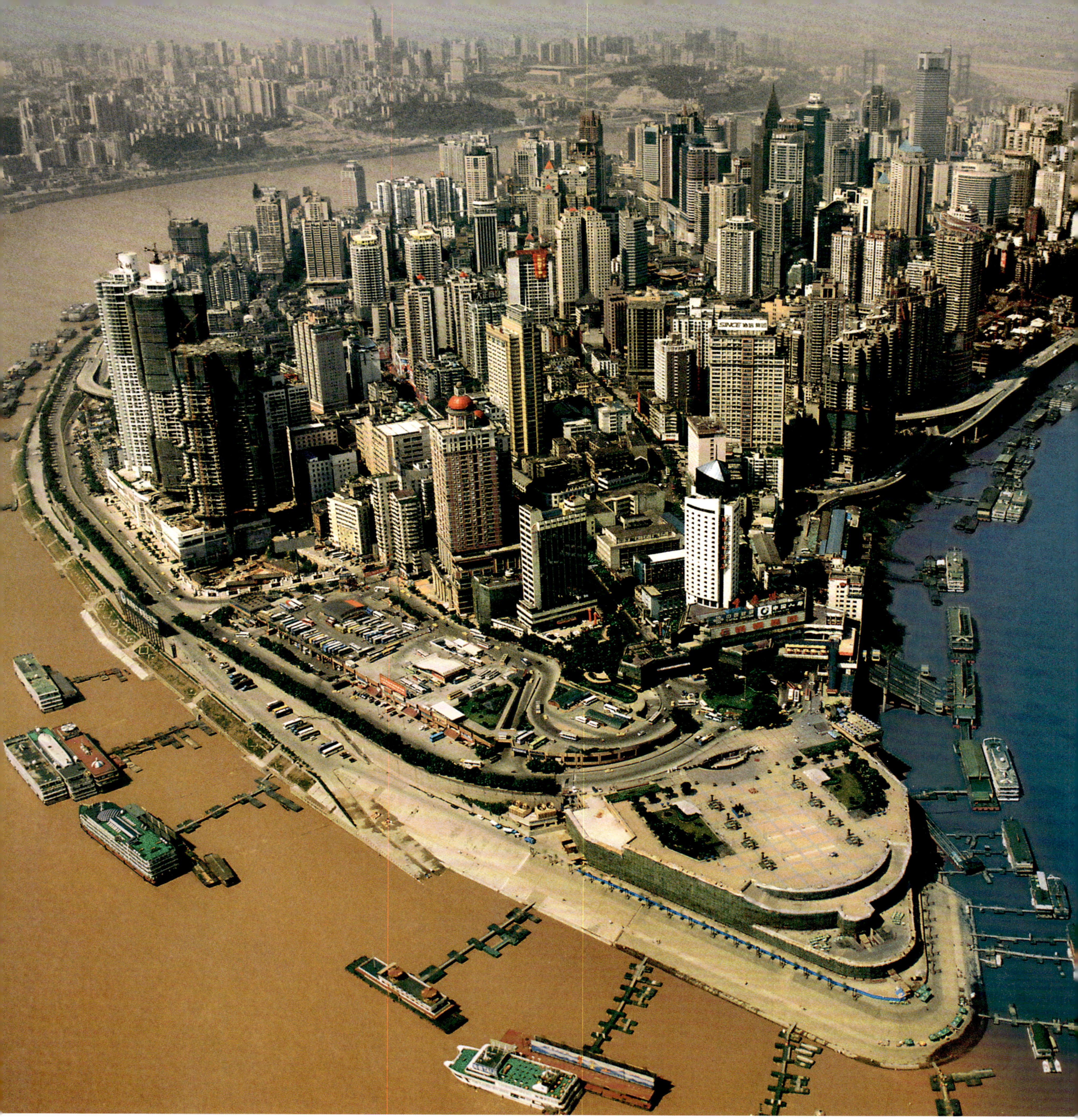

393
CHONGQING

Schiffe liegen vor den Wolkenkratzern der Stadt Chongqing. Die drei Distrikte von Chongqing wurden 1997 von der Provinz Sichuan abgetrennt, das Schicksal der Region ist heute mit dem Bau großer Industrie- und Infrastrukturprojekte verbunden, in erster Linie des Drei-Schluchten-Staudamms.

392-393
CHONGQING

Die Chaotiamen-Mole in der Stadt Chongqing, einer eigenständigen Verwaltungseinheit, liegt am Zusammenfluss von Jangtse und Jialiang, wie deutlich an den verschiedenen Farben des sich vermischenden Wassers zu sehen ist.

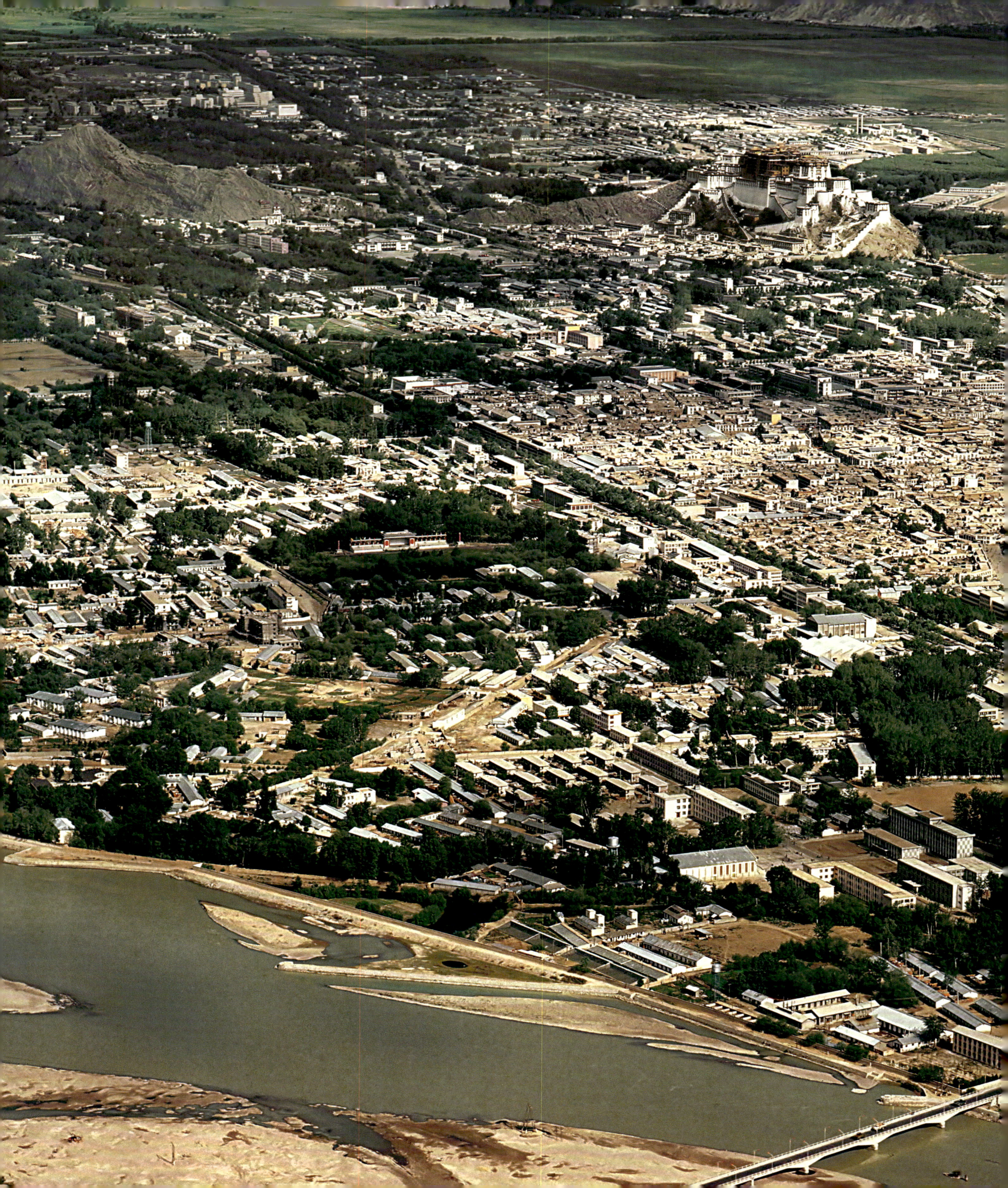

| 394-395 | Lhasa erstreckt sich am Fuß des
| XIZANG – LHASA | Potala-Palasts. Obwohl die Hauptstadt und das religiöse Zentrum der Autonomen Region Xizang heute – im Spannungsfeld von traditioneller Kultur und Modernisierungsschub – eine Stadt der vielen Widersprüche ist, bewahrt sie die suggestive, zuträgliche Atmosphäre einer jahrtausendealten Geschichte.

| 395 | Dreizehn Stockwerke und Tausende von Räumen
| XIZANG – LHASA | machen den Potala-Palast zu einem wahren Wunder der Baukunst. Ab 1645 auf einer bereits existierenden Anlage erbaut, ist der Palast heute Ziel eines nicht abreißenden Touristenstroms.

REGISTER

b= Bildunterschrift

A
Aershan (Innere Mongolei), 84b, 88b
Aershan-Nationalpark, 236b
Ailao, Gebirge, 170
Altai, Gebirge, 84b, 169
Alter Sommerpalast (Yuanming Yuan, Peking), 311b
Altun, Gebirge, 169, 170
Amoy, siehe Xiamen
Amur (Heilongjiang, Fluss des Schwarzen Drachen) 14b, 47, 170b, 245b, 246b
Anhui, Provinz, 171, 210b
Anshan (Liaoning), 132b, 202b, 304, 342b
Ausstellungshalle (Shanghai) 369b
Autonome Koreanische Präfektur, 150b

B
Badain Jaran, Wüste, 94b
Bai, Volksgruppe, 49, 232b
Bai Ta, siehe Weiße Dagoba
Baiyanfeng, Berg, 180b, 184b
Bangladesch, 232b
Baoshan (Shanghai), 342b
Baoshan (Yunnan), 75b
Bao Tu Quan, siehe Emporspringende Quelle
Bayan Har, Gebirge, 170
Beihai-Park (Peking), 311b
Bengalen, Golf von, 232b
Benxi (Liaoning), 121b
Berg der Göttin, 294b
Berg der Unsterblichen, 294b
Bhutan, 220b
Bingyugou (Liaoning), 14b, 140b, 144b
Binhai (Tianjin), 354b
Blauer Fluss (Jangtsekiang, Jangtse), 33, 35, 37, 70b, 103b, 169, 170, 171, 229, 230, 231, 292b, 293b, 294b, 297b, 299b, 303, 305, 364b, 393b
Bo Hai, Golf von, 171, 229, 280b, 304, 345b
Botanische Gärten, (Shenyang), 331b
Brahmaputra, siehe Yarlung
Bund (Shanghai), 372b

C
CCTV, Chinesisches Fernsehen, 304
Chang'an, Stadt, siehe Xi'an
Chang'an, Straße (Peking), 303
Changbaishan, Gebirge, 47, 80b, 154b, 171, 174b, 176b, 180b, 250b, 260b
Changchun (Jilin), 176b
Changshu (Jiangsu), 103b, 112b
Chaotiamen, Mole (Chongqing), 393b
Chaoyang (Liaoning), 348b
Chengdu (Sichuan), 25b, 34b
Chengdu (Sichuan), Ebene von, 48, 49, 60b
Chengshan, Kap von, 274b
Cho Oyu, Berg, 222b
Chongqing, eigenständige Verwaltungseinheit, 70b, 305, 354b, 393b

D
Da Hinggan, Gebirge, 33, 47, 170, 171
Da Xing'an, siehe Da Hinggan
Daba, Gebirge, 171
Dabie, Gebirge, 171
Daduhe, Fluss, 292b
Dagoba, Weiße (Bai Ta, Peking), 311b
Dai, Volksgruppe, 49
Dali (Yunnan), 76b
Dalian (Liaoning), 14b, 140b, 144b, 263b, 264b, 304, 344b, 345b, 346b, 347b
Dalou, Gebirge, 170
Dandong (Liaoning), 25b, 134b, 136b, 137b, 202b, 236b, 258b, 263b, 260b, 340b
Daning, Fluss, 293b
Danya, Hügel (Penglai), 356b
Denkmal der Volkshelden (Peking), 307b
Dianchi, See, 231
Dong-Ling-Park (Shenyang), 331b
Dongting, See, 231, 288b
Dongying (Shandong), 106b, 360b
Drei Kleine Schluchten (Xiao Sanxia), 293b
Drei Schluchten, 48, 70b, 293b, 294b, 297b
Drei Schluchten, Staudamm, 297b, 393b

E
Eismeer, Arktisches, 230
Emei, Berg, 48
Emporspringende Quelle (Bao Tu Quan), 360b
Erhai, See, 231
Ertix, Fluss, 230
Everest (Qomolangma, Sagarmatha), Berg, 170, 222b

F
Fangyuan (Shenyang), 322b
Fen, Fluss, 170
Fenghuangshan (Phönixberg, Chaoyang), 348b
Fengjie (Sichuan), 293b
Fernsehturm (Peking), 318b
Fernsehturm (Shanghai), 369b
Flügel des Phönix (Shenyang), 333b
Fluss des Schwarzen Drachen, siehe Amur
Formosa, Meerenge von, 230
Foxiang-Pavillon (Peking), 303
Fünf Heilige Berge, 356b
Fujian, Provinz, 49, 94b, 376b
Fuling, Grabmal (Shenyang), 331b
Fushun (Liaoning), 146b, 149b, 339b
Fuxian, See, 231
Fuxin (Liaoning), 146b, 304, 337b
Fuzi-Tempel (Nanjing), 364b

G
Gan, Fluss, 48, 171
Gangdish, Gebirge, 170
Gelber Fluss (Huang He), 48, 106b, 169, 171, 229, 230, 231, 284b, 286b, 288b, 303, 360b
Gelber Kaiser, 24
Gelbes Meer, 226, 229, 280b, 304, 345b, 358b, 362b
Gezhou, Staudamm, 297b
Glockenturm (Peking), 303, 307b
Gobi, Wüste, 34, 169, 170
Gonggashan, Berg, 215b
Große Mauer, 14b, 47, 94b, 136b, 202b
Großer Kanal, 231, 304, 356b
Großes Hinggan-Gebirge, siehe Da Hinggan, 84b
Großes Khingan-Gebirge, 84b
Guangdong, Provinz, 378b, 380b
Guanghan (Sichuan), 236b

H
Guangxi, Autonome Region, 49, 170
Guangyue-Turm (Liaocheng), 356b
Gudong, Erdölbecken, 288b
Guizhou, Provinz, 14b, 49, 70b
Gulangyu, Insel (Xiamen), 376b
Gyachung Kang, Berg, 222b
Gyantse (Xizang), 216b

Hai, Fluss, 171, 231, 354b
Haihe Bund, Park (Tianjin), 354b
Hainan, Insel und Provinz, 49, 94b
Halle der Ausstellungen (Peking), 317b
Halle der Ernteopfer (Qinian Dian), Himmelstempel (Peking), 304
Halle der Großen Regierung (Da Zheng Dian, Shenyang), 328b
Hakka, Volksgruppe, 49
Han, Dynastie, 194b, 348b, 356b
Han, Fluss, 48
Hangzhou (Zhejiang), 231
Hangzhou, Golf von, 229
Haupthalle, Himmelstempel (Peking), 304
Hebei, Provinz, 263b
Heilongjiang, siehe Amur
Heilongjiang, Provinz, 154b, 160b, 162b, 163b, 170b, 198b, 231, 236b, 245b, 246b, 249b
Helan, Gebirge, 170
Hengduanshan, Gebirge, 33, 35, 169, 215b, 231
Hengshan, Gebirge, 170
Hexi, Korridor von, 48
Himalaya, Gebirge, 33, 166, 169, 169b, 220b, 222b
Himmelsgebirge, siehe Tianshan
Himmelstempel (Tiantan, Peking), Peking, 304, 320b
Hoh Xil, Gebirge, 170
Hongkong, Sonderverwaltungszone, 229, 305, 378b, 382b, 385b, 388b
Hongze, See, 231
Hongwu, Kaiser, 305
Hotel Lisboa (Macau), 390b
Huai, Fluss, 171, 231
Huang He, siehe Gelber Fluss

Huanghelou (Turm des Gelben Kranichs, Wuhan), 305
Huangpu, Fluss, 369b
Huangshan, Gebirge, 171
Hubei, Provinz, 293b, 297b, 299b
Huoyanshan, Gebirge, 190b
Hushan, Berg, 14b

I
Indien, 220b, 232b
Indischer Ozean, 231
Innere Mongolei, Autonome Region, 84b, 86b, 88b, 90b, 92b, 94b, 184b, 231, 236b
Innere Mongolei, Plateau der, 33, 34, 170, 230
Insel des Südlichen Sees (Nan Hu Dao, Peking), 313b
Internationale Blumen- und Gartenausstellung (Shenyang), 123b, 331b, 332b, 333b, 334b

J
Jadeinsel (Qiong Hua Dao, Peking), 311b
Jalu, Fluss, 25b, 47, 136b, 137b, 236b, 258b, 260b, 267b, 340b
Jangtse, siehe Jangtsekiang
Jangtsekiang (Jangtse), 33, 35, 48, 70b, 103b, 169, 170, 171, 229, 230, 231, 292b, 293b, 294b, 297b, 299b, 303, 305, 364b, 393b
Japan, 230, 264b
Jialing, Fluss, 70b, 393b
Jianchuan (Yunnan), 76b
Jiangsu, Provinz, 14b, 102b, 103b, 106b, 112b, 277b, 288b, 364b
Jiaozhou, Bucht von, 358b
Jilin, Provinz, 14b, 150b, 154b, 174b, 176b, 178b, 180b, 184b, 198b, 250b
Jinan (Shandong), 305, 360b
Jingpo, Volksgruppe, 49
Jinsha, Fluss, 169
Jinshui He (Goldwasserfluss, Peking), Brücke über, 303
Jinzhou (Liaoning), 264b, 304, 350b
Jinzhou (Liaoning), Wirtschaftsentwicklungszone, 264b
Jiulonghe, siehe Neun-Drachen-Fluss
Jiuzhaigou, Naturschutzgebiet, 48

Junggar-Becken, 33, 34, 35, 49, 50b, 52b, 54b, 169

K
Kaiserkanal, siehe Großer Kanal
Kaiserpalast (Shenyang), 304, 328b
Karakorum, Gebirge, 170
Konfuziustempel (Kongzimiao, Qufu), 305, 356b
Konfuziustempel (Kongzimiao, Peking), 313b
Korea, 136b, 184b, 264b, 350b
Korea, Golf von, 260b
Korla, Gebirge, 194b
Kowloon, Halbinsel, 382b
Kumbum (Xizang), 216b
Kunlun, Gebirge, 33, 34, 169, 170
Kunshan (Jiangsu), 102b, 106b, 112b
Kuroshio, Strömung, 230

L
Lamatempel (Yong He Gong, Peking), 14b
Lancang, Fluss, 169
Lei Feng, Gebirge, 33
Lhasa (Xizang), 305, 395b
Liao, Fluss, 47, 117b
Liaocheng (Shandong), 304, 356b
Liaodong, Golf von, 254b, 268b
Liaodong, Halbinsel, 229, 345b
Liaohe, Fluss, 256b
Liaoning, Provinz, 14b, 25b, 114b, 116b, 117b, 118b, 119b, 121b, 122b, 123b, 126b, 127b, 132b, 134b, 136b, 137b, 140b, 144b, 146b, 149b, 198b, 202b, 236b, 252b, 254b, 256b, 258b, 260b, 263b, 264b, 267b, 268b, 273b, 304, 322b, 325b, 328b, 331b, 332b, 333b, 334b, 337b, 339b, 340b, 342b, 344b, 345b, 346b, 347b, 348b, 350b
Liaoyang (Liaoning), 132b
Liuliang, Gebirge, 170, 284b
Liupan, Gebirge, 170
Löss, Hochplateau, 33, 35, 48, 68b, 170
Löwenhügel (Shizi Shan, Nanjing), 364b
Lu, Fürstentum, 356b
Lugu, See, 14b
Lushan, Gebirge, 171

M
Macau, Sonderverwaltungszone, 305, 388b, 390b
Malan, Fluss, 346b
Mandschurei, 116b, 198b, 348b, 350b
Mao, Mausoleum (Peking), 307b
Mao Zedong, 307b
Mao Zedong, Denkmal (Fuxin), 337b
Meishan (Sichuan), 236b
Miao, Volksgruppe, 232b
Militärmuseum der Revolution des chinesischen Volkes (Peking), 317b
Ming, Dynastie, 70b, 202b, 303, 305, 356b, 364b
Mittelmeer, 194b
Mittlerer See, 313b
Mongolei, 84b, 94b
Mount Everest (Qomolangma, Sagarmatha), Berg, 170, 222b
Museum der Chinesischen Revolution (Peking), 307b

N
Nanguan, katholische Kirche von (Shenyang), 322b
Nan Hu Dao, Insel des Südlichen Sees
Nanhu-Park (Shenyang), 331b
Nanjing (Jiangsu), 305, 364b
Nanshan-Plateau, 184b
Nepal, 220b, 222b
Neue Territorien, Inseln der, 382b
Neun-Drachen-Fluss (Jiulonghe), 376b
Nordkorea, 134b, 137b, 174b, 202b, 258b, 260b
Nordmeer-Park, siehe Beihai-Park
Nu, Fluss, 169, 231

O
Ocean Park, Hongkong, 385b
Okinawa-Graben, 230
Opiumkrieg, Erster, 376b
Ostchinesisches Meer, 229, 230

P
Pamir, Hochebene, 33
Panjin (Liaoning), 114b, 118b, 119b, 263b, 268b, 304, 348b

Panjin (Liaoning), Wirtschaftsentwicklungszone, 348b
Panshan (Liaoning), 117b
Park der Gelben Blumen (Huang Hua Zhen, Peking), 311
Pavillon der zurückkehrenden Wogen (Hui Lan Ge, Qingdao), 362b
Pazifischer Ozean, 33, 229, 230, 264b, 288b
Peking, Autonome Verwaltungseinheit, 14b, 25b, 35, 231, 303, 303b, 304, 307b, 311b, 313b, 317b, 318b, 320b, 354b, 364b
Peking University Hall (Peking), 318b
Pelkor Chöde, Kloster (Gyantse), 216b
Penglai (Shandong), 304, 356b
Penglai-Pavillon (Penglai), 356b
Perlfluss, 390b
Phönixberg, siehe Fenghuangshan
Pianguan (Shaanxi), 68b
Pik Pobedy, Berg, 166
Platz der Freundschaft (Dalian), 344b
Platz des Volkes (Dalian), 347b
Potala-Palast (Lhasa), 305, 395b
Poyang, See, 231, 288b
Pudong, 305, 369b

Q
Quidam-Becken, 34, 170
Qianmen (Vordertor, Peking), 307b
Qianshan, Gebirge, 132b, 202b
Qiantang, Fluss, 231
Qilian, Gebirge, 33, 169
Qing, Dynastie, 176b, 202b, 303, 304, 328b, 358b
Qingcheng, Berg, 48, 210b
Qingdao (Shandong), 14b, 35b, 114b, 304, 358b, 362b
Qingdao, Bucht von, 362b
Qinghai, Gebirge, 288b
Qinghai, Provinz, 169
Qinghai, See, 231
Qinghai-Tibet-Plateau, 33, 34, 49, 169, 170, 171, 215b, 230, 231, 305
Qinling, Gebirge, 170, 171
Qiong Hua Dao, siehe Jadeinsel
Qiubei (Yunnan), 232b
Qomolangma, siehe Mount Everest

REGISTER

Quancheng-Platz (Jinan), 360b
Qufu (Shandong), 304, 305, 356b
Qutang, Schlucht, 294b

R
Region der Flüsse und Seen, 37
Rongcheng (Shandong), 358b
Roter Meeresstrand (Liaoning), 268b, 273b
Rundaltar (Huan Qiu Tan), Himmelstempel (Peking), 320b

S
Sagarmatha, siehe Mount Everest
Sanggan, Fluss, 170
Sanshilipu (Shaanxi), 68b
Seda (Sichuan), 216b
Seelenweg (Shen Dao), 364b
Seidenstraße, 52b, 194b
Serthar-Institut (Seda), 216b
Shaanxi, Provinz, 68b
Shandong, Halbinsel, 48, 210b, 229, 274b, 288b
Shandong, Provinz, 14b, 35b, 106b, 114b, 171, 263b, 276b, 277b, 280b, 282b, 288b, 305, 356b, 358b, 360b, 362b
Shanghai, Autonome Verwaltungseinheit, 102b, 112b, 305, 354b, 369b, 372b
Shanhai, Pass (Shanhaiguan), 47
Shanxi, Provinz, 284b, 286b
Shenyang (Liaoning), 14b, 122b, 123b, 146b, 149b, 304, 322b, 325b, 328b, 331b, 332b, 333b, 334b, 339b
Shenzhen (Guangdong), 305, 378b, 380b
Shiqi Kong Qiao, siehe Siebzehn-Bogen-Brücke
Shizishan, siehe Löwenhügel
Shuanghekou, Naturschutzgebiet, 118b
Shuangtaizi-Nationalpark (Liaoning), 273b
Sichuan-Becken, 33, 35, 48, 49, 171, 305
Sichuan, Provinz, 25b, 34b, 56b, 60b, 210b, 215b, 216b, 236b, 292b, 293b, 294b, 393b
Siebzehn-Bogen-Brücke (Shiqi Kong Qiao), Sommerpalast (Peking), 303, 313b

Sinuiji (Nordkorea), 258b, 340b
Sommerpalast (Yihe Yuan, Peking), 303, 313b
Song, Dynastie, 35b, 360b
Songhua, Fluss, 246b
Songpan (Sichuan), 60b
Südchinesisches Meer 229, 230, 305
Südlicher See, 313b
Südtibet, 216b
Sui, Dynastie, 297b
Suifen, Fluss, 246b

T
Tai, Berg, 304
Tai'an (Shandong), 356b
Taihang, Gebirge, 33, 170, 171
Taihu, See, 288b
Taipa, Insel, 390b
Taiping, Bucht von, 14b
Taishan, Berg, 304, 356b
Taiwan, Insel, 229, 230
Taklamakan, Wüste, 34, 169
Tang, Dynastie, 132b, 202b, 348b
Tanggula, Gebirge, 170
Tarim-Becken, 33, 34, 54b, 169
Tian'anmen (Tor des Himmlischen Friedens, Peking), 303, 307b
Tian'anmen-Platz (Peking), 303, 307b
Tianchi, See, 178b, 184b
Tianjin, Autonome Verwaltungseinheit, 264b, 304, 354b
Tian Shan, Fluss, 54b
Tian Shan (Himmelsgebirge), 14b, 54b, 166, 169
Tiantan, siehe Himmelstempel
Tianyin Dasha (Peking), 318b
Tibet, siehe Xizang
Tieling (Liaoning), 252b
Tonkin, Golf von, 226
Trommelturm (Peking), 303, 307b
Tujia, Volksgruppe, 49
Tung, Volksgruppe, 49
Turm des Gelben Kranichs, siehe Huanghelou
Turpan-Becken, 169
Two International Finance Centre, 382b

U
Universität Peking (Peking), 304

Universität Qinghua (Peking), 304
Urumchi (Xinjiang), 184b
Urumchi (Xinjiang), Ebene von, 54b

V
Verbotene Stadt (Peking), 25b, 303, 303b, 305, 307b, 311b, 320b
Victoria Harbour (Hongkong), 305, 385b
Vietnam, 86b
Volkskongresshalle (Peking), 317b

W
Wangfujing, Straße (Peking), 318b
Wanjiazhai (Shanxi), 284b
Wanjiazhai, Staudamm, 284b, 286b
Wasserhöhlen (Liaoning), 121b
Wei, Fluss, 170
Weifang (Shandong), 360b
Weishan, See, 276b, 277b
Weiße Dagoba (Bai Ta, Peking), 311b
Wenhuan (Sichuan), 60b
Wenzhou (Zhejiang), 372b
Westliche Berge, 303
Wolong, Naturschutzgebiet, 48
Wu-Schlucht, 293b, 294b
Wu, Gebirge, 33, 171
Wucai (Xinjiang), 34b
Wudalianchi, See, 231
Wuhan (Hubei), 305
Wusili, Fluss, 246b
Wutaishan, Gebirge, 170
Wuyang, Gebirge, 210b

X
Xiamen (Fujian), 376b
Xi'an (Shaanxi), 68b, 194b
Xiao Hinggan (Xiao Xing'an), Gebirge, 171
Xicang (Sichuan), 60b
Xiling-Schlucht, 297b
Xilingxueshan, Berg, 215b
Xinghai-Park (Dalian), 346b
Xinjiang, Autonome Region, 14b, 34b, 50b, 52b, 54b, 169, 188b, 189b, 190b, 194b, 200b, 230, 231
Xixiakou (Shandong), 358b
Xizang (Tibet), Autonome Region, 169, 169b, 215b, 216b, 220b, 222b, 229b, 232b 236b, 395b

Xueling, Gebirge, 170

Y
Yan, Gebirge, 48, 171
Yan'an (Shaanxi), 68b
Yangcheng, See, 112b
Yangdang, Gebirge, 372b
Yantai (Shandong), 282b, 304, 358b
Yantai, Vorgebirge, 358b
Yarlung (Zangbo), Fluss 229b, 230, 232b, 236b
Yi, Volksgruppe, 232b
Yichang (Hubei), 293b, 297b, 299b
Yihe Yuan, siehe Sommerpalast
Yili, Fluss, 52b
Yingkou (Liaoning), 254b, 256b, 263b
Yinshan, Gebirge, 170
Yong He Gong, siehe Lamatempel
Yuanjiang, Fluss, 170
Yuanming Yuan, siehe Alter Sommerpalast
Yuejiang-Turm (Nanjing), 364b
Yunnan, Provinz, 33, 47b, 49, 75b, 76b, 80b, 194b, 215b, 232b
Yunnan-Guizhou, Plateau, 33, 35, 170, 171, 231
Yunyang (Yunnan), 47b
Yuquan, Hügel (Peking), 303

Z
Zang, Volksgruppe, 49
Zeit der Frühlings- und Herbstannalen, 356b
Zhejiang, Provinz, 288b, 372b
Zheng He, Denkmal des Admirals (Xiamen), 376b
Zhong-Nan-Hai-Becken (Peking), 313b
Zhongtiao, Gebirge, 170
Zhou, Dynastie, 202b
Zhouzhuang (Jiangsu), 14b
Zhu Yuanzhang, Mausoleum (Nanjing), 364b
Zhuang, Volksgruppe, 49, 232b
Zhujiang, Fluss, 170
Zibo (Shandong), 210b, 360b
Zijin, Berg, 305
Zi Jin Cheng (Pupurne Verbotene Stadt, Peking), 25b

BILDNACHWEIS

Seiten 4-5 Che Fu/ChinaFotoPress
Seiten 6-7 Sun Weizhong/ChinaFotoPress
Seiten 8-9 Ma Wenxiao/ChinaFotoPress
Seiten 10-11 Sun Weizhong/ChinaFotoPress
Seite 13 Xian Yunqiang/ChinaFotoPress
Seite 15 Che Fu/ChinaFotoPress
Seite 17 Legacies Images
Seiten 18-19 Xian Yunqiang/ChinaFotoPress
Seiten 20-21 Xian Yunqiang/ChinaFotoPress
Seiten 22-23 Xian Yunqiang/ChinaFotoPress
Seiten 26-27 Xian Yunqiang/ChinaFotoPress
Seiten 28-29 ChinaFotoPress
Seiten 30-31 Zhou Mengqi/ChinaFotoPress
Seiten 36-37 Zhou Mengqi/ChinaFotoPress
Seiten 38-39 Che Fu/ChinaFotoPress
Seiten 40-41 Sun Weizhong/ChinaFotoPress
Seiten 42-43 WorldSat
Seite 45 Yuan Xuejun/ChinaFotoPress
Seiten 50 und 51 Che Fu/ChinaFotoPress
Seiten 52 und 53 Che Fu/ChinaFotoPress
Seiten 54 und 55 Che Fu/ChinaFotoPress
Seite 56 Yuan Xuejun/ChinaFotoPress
Seite 57 Che Fu/ChinaFotoPress
Seiten 58-59 Che Fu/ChinaFotoPress
Seiten 60 und 61 Che Fu/ChinaFotoPress
Seiten 62-63 Yuan Xuejun/ChinaFotoPress
Seiten 64-65 Zhou Mengqi/ChinaFotoPress
Seiten 66-67 Yuan Xuejun/ChinaFotoPress
Seiten 68 und 69 Che Fu/ChinaFotoPress
Seite 70 oben und unten Liu Yinghua/ChinaFotoPress
Seite 71 Che Fu/ChinaFotoPress
Seiten 72-73 Che Fu/ChinaFotoPress
Seiten 74-75 Che Fu/ChinaFotoPress
Seite 75 Che Fu/ChinaFotoPress
Seite 76 Che Fu/ChinaFotoPress
Seite 77 Zhao Zhenyu/ChinaFotoPress
Seiten 78-79 Che Fu/ChinaFotoPress
Seiten 80 und 81 Che Fu/ChinaFotoPress
Seiten 82-83 Zhao Zhenyu/ChinaFotoPress
Seiten 84 und 85 Xian Yunqiang/ChinaFotoPress
Seiten 86 und 86-87 Xian Yunqiang/ChinaFotoPress
Seiten 88 und 89 Xian Yunqiang/ChinaFotoPress
Seiten 90 und 91 Xian Yunqiang/ChinaFotoPress
Seiten 92 und 93 Xian Yunqiang/ChinaFotoPress
Seiten 94 und 95 Xian Yunqiang/ChinaFotoPress
Seiten 96-97 Yuan Xuejun/ChinaFotoPress

Seiten 98-99 Che Fu/ChinaFotoPress
Seiten 100-101 Frank Krahmer/Masterfile/Sie
Seite 102 oben, Mitte und unten Sun Weizhong/ChinaFotoPress
Seiten 102-103 Sun Weizhong/ChinaFotoPress
Seiten 104-105 Sun Weizhong/ChinaFotoPress
Seiten 106 und 107 Sun Weizhong/ChinaFotoPress
Seiten 108-109 Hou Heliang/ChinaFotoPress
Seiten 110-111 Sun Weizhong/ChinaFotoPress
Seiten 112 und 113 Sun Weizhong/ChinaFotoPress
Seite 114 Sun Weizhong/ChinaFotoPress
Seite 115 Xian Yunqiang/ChinaFotoPress
Seite 116 Xian Yunqiang/ChinaFotoPress
Seiten 116-117 Xian Yunqiang/ChinaFotoPress
Seite 118 oben, Mitte und unten Xian Yunqiang/ChinaFotoPress
Seiten 118-119 Xian Yunqiang/ChinaFotoPress
Seiten 120-121 Xian Yunqiang/ChinaFotoPress
Seite 121 oben und unten Xian Yunqiang/ChinaFotoPress
Seiten 122-123 Xian Yunqiang/ChinaFotoPress
Seite 123 Xian Yunqiang/ChinaFotoPress
Seiten 124-125 Xian Yunqiang/ChinaFotoPress
Seite 126 Xian Yunqiang/ChinaFotoPress
Seiten 126-127 Xian Yunqiang/ChinaFotoPress
Seiten 128-129 Xian Yunqiang/ChinaFotoPress
Seiten 130-131 Xian Yunqiang/ChinaFotoPress
Seiten 132 und 133 Xian Yunqiang/ChinaFotoPress
Seiten 134 und 135 Xian Yunqiang/ChinaFotoPress
Seite 136 oben, Mitte und unten Xian Yunqiang/ChinaFotoPress
Seiten 136-137 Xian Yunqiang/ChinaFotoPress
Seiten 138-139 Xian Yunqiang/ChinaFotoPress
Seiten 140 und 141 Xian Yunqiang/ChinaFotoPress
Seiten 142-143 Xian Yunqiang/ChinaFotoPress
Seiten 144 und 145 Xian Yunqiang/ChinaFotoPress
Seiten 146 und 146-147 Xian Yunqiang/ChinaFotoPress
Seiten 148-149 Xian Yunqiang/ChinaFotoPress

Seiten 149 oben und unten Xian Yunqiang/ChinaFotoPress
Seite 150 Che Fu/ChinaFotoPress
Seite 151 Xian Yunqiang/ChinaFotoPress
Seiten 152-153 Xian Yunqiang/ChinaFotoPress
Seiten 154 und 155 Xian Yunqiang/ChinaFotoPress
Seiten 156-157 Xian Yunqiang/ChinaFotoPress
Seiten 158-159 Xian Yunqiang/ChinaFotoPress
Seiten 160 und 161 Xian Yunqiang/ChinaFotoPress
Seiten 162 und 162-163 Xian Yunqiang/ChinaFotoPress
Seiten 164-165 Xian Yunqiang/ChinaFotoPress
Seite 167 Yuan Xuejun/ChinaFotoPress
Seiten 172-173 Xian Yunqiang/ChinaFotoPress
Seiten 174 und 175 Xian Yunqiang/ChinaFotoPress
Seite 176 oben Xian Yunqiang/ChinaFotoPress
Seite 176 unten links und rechts Xian Yunqiang/ChinaFotoPress
Seite 177 Xian Yunqiang/ChinaFotoPress
Seiten 178 und 179 Xian Yunqiang/ChinaFotoPress
Seiten 180-181 Xian Yunqiang/ChinaFotoPress
Seiten 182-183 Xian Yunqiang/ChinaFotoPress
Seite 184 oben Xian Yunqiang/ChinaFotoPress
Seite 184 unten links und Mitte Xian Yunqiang/ChinaFotoPress
Seite 184 unten rechts Yuan Xuejun/ChinaFotoPress
Seite 185 Xian Yunqiang/ChinaFotoPress
Seiten 186-187 Che Fu/ChinaFotoPress
Seiten 188-189 und 189 Che Fu/ChinaFotoPress
Seiten 190 und 191 Che Fu/ChinaFotoPress
Seiten 192-193 Che Fu/ChinaFotoPress
Seiten 194 und 195 Che Fu/ChinaFotoPress
Seiten 196-197 Zhao Zhenyu/ChinaFotoPress
Seite 198 Xian Yunqiang/ChinaFotoPress
Seite 199 Che Fu/ChinaFotoPress
Seite 200 Che Fu/ChinaFotoPress
Seite 201 Yuan Xuejun/ChinaFotoPress
Seiten 202 und 203 Xian Yunqiang/ChinaFotoPress
Seiten 204-205 Xian Yunqiang/ChinaFotoPress
Seiten 206-207 Xian Yunqiang/ChinaFotoPress
Seiten 208-209 Legacies Images
Seite 210 Zhou Mengqi/ChinaFotoPress

Seite 211 Hou Heliang/ChinaFotoPress
Seiten 212-213 Che Fu/ChinaFotoPress
Seiten 214-215 Yuan Xuejun/ChinaFotoPress
Seite 215 oben und unten Yuan Xuejun/ChinaFotoPress
Seiten 216 und 217 Yuan Xuejun/ChinaFotoPress
Seiten 218-219 Marcello Bertinetti/Archivio White Star
Seiten 220 und 221 Yuan Xuejun/ChinaFotoPress
Seiten 222 und 223 Dick & Pip Smith/HedgeHogHouse
Seiten 224-225 Yuan Xuejun/ChinaFotoPress
Seite 227 Yuan Xuejun/ChinaFotoPress
Seite 232 oben, Mitte und unten Che Fu/ChinaFotoPress
Seite 233 Che Fu/ChinaFotoPress
Seiten 234-235 Yuan Xuejun/ChinaFotoPress
Seite 236 Che Fu/ChinaFotoPress
Seite 237 Yuan Xuejun/ChinaFotoPress
Seiten 238-239 Yuan Xuejun/ChinaFotoPress
Seiten 240-241 Xian Yunqiang/ChinaFotoPress
Seiten 242-243 Xian Yunqiang/ChinaFotoPress
Seiten 244-245 Xian Yunqiang/ChinaFotoPress
Seiten 245 oben, Mitte und unten Xian Yunqiang/ChinaFotoPress
Seiten 246-247 Xian Yunqiang/ChinaFotoPress
Seite 247 Xian Yunqiang/ChinaFotoPress
Seiten 248-249 Xian Yunqiang/ChinaFotoPress
Seite 249 Xian Yunqiang/ChinaFotoPress
Seite 250 Xian Yunqiang/ChinaFotoPress
Seiten 250-251 Xian Yunqiang/ChinaFotoPress
Seite 252 Xian Yunqiang/ChinaFotoPress
Seiten 252-253 Xian Yunqiang/ChinaFotoPress
Seiten 254 und 255 Xian Yunqiang/ChinaFotoPress
Seiten 256 und 257 Xian Yunqiang/ChinaFotoPress
Seiten 258 und 259 Xian Yunqiang/ChinaFotoPress
Seiten 260 und 261 Xian Yunqiang/ChinaFotoPress
Seiten 262-263 Xian Yunqiang/ChinaFotoPress
Seite 264 Xian Yunqiang/ChinaFotoPress
Seite 265 Che Fu/ChinaFotoPress
Seiten 266-267 Xian Yunqiang/ChinaFotoPress
Seite 267 Xian Yunqiang/ChinaFotoPress

BILDNACHWEIS

Seiten 268 und 269 Xian Yunqiang/ChinaFotoPress
Seiten 270-271 Xian Yunqiang/ChinaFotoPress
Seite 272 Xian Yunqiang/ChinaFotoPress
Seite 273 oben, Mitte und unten Xian Yunqiang/ChinaFotoPress
Seite 274 oben und unten Hou Heliang/ChinaFotoPress
Seiten 274-275 Hou Heliang/ChinaFotoPress
Seite 276 Hou Heliang/ChinaFotoPress
Seiten 276-277 Hou Heliang/ChinaFotoPress
Seiten 278-279 Hou Heliang/ChinaFotoPress
Seite 280 oben und unten Hou Heliang/ChinaFotoPress
Seiten 280-281 Hou Heliang/ChinaFotoPress
Seite 282 Hou Heliang/ChinaFotoPress
Seiten 282-283 Hou Heliang/ChinaFotoPress
Seiten 284 und 285 Che Fu/ChinaFotoPress
Seiten 286 und 287 Che Fu/ChinaFotoPress
Seiten 288 und 289 Hou Heliang/ChinaFotoPress
Seiten 290-291 Sun Weizhong/ChinaFotoPress
Seiten 292-293 Che Fu/ChinaFotoPress
Seite 293 links, Mitte und rechts Liu Yinghua/ChinaFotoPress
Seiten 294 und 295 Liu Yinghua/ChinaFotoPress
Seiten 296-297 Yang Shaoquan/ChinaFotoPress
Seite 297 oben Liu Yinghua/ChinaFotoPress
Seiten 297 unten links und rechts Liu Yinghua/ChinaFotoPress
Seiten 298-299 Xian Yunqiang/ChinaFotoPress
Seite 299 oben und unten Xian Yunqiang/ChinaFotoPress
Seite 301 Ma Wenxiao/ChinaFotoPress
Seiten 306-307 Ma Wenxiao/ChinaFotoPress
Seite 307 Ma Wenxiao/ChinaFotoPress
Seiten 308-309 Ma Wenxiao/ChinaFotoPress
Seiten 310-311 Ma Wenxiao/ChinaFotoPress
Seite 311 oben und unten Ma Wenxiao/ChinaFotoPress
Seiten 312-313 Ma Wenxiao/ChinaFotoPress
Seite 313 oben Che Fu/ChinaFotoPress
Seite 313 Mitte und unten Ma Wenxiao/ChinaFotoPress
Seiten 314-315 Ma Wenxiao/ChinaFotoPress
Seite 316 Ma Wenxiao/ChinaFotoPress
Seite 317 oben, Mitte und unten Ma Wenxiao/ChinaFotoPress
Seite 318 oben Ma Wenxiao/ChinaFotoPress
Seite 318 unten links, Mitte und rechts Ma Wenxiao/ChinaFotoPress
Seite 319 Ma Wenxiao/ChinaFotoPress
Seite 320 Ma Wenxiao/ChinaFotoPress
Seiten 320-321 Ma Wenxiao/ChinaFotoPress
Seite 322 oben Xian Yunqiang/ChinaFotoPress
Seite 322 unten links, Mitte und rechts Xian Yunqiang/ChinaFotoPress
Seite 323 Xian Yunqiang/ChinaFotoPress
Seite 324 Xian Yunqiang/ChinaFotoPress
Seite 325 oben, Mitte und unten Xian Yunqiang/ChinaFotoPress
Seiten 326-327 Xian Yunqiang/ChinaFotoPress
Seite 328 oben, Mitte und unten Xian Yunqiang/ChinaFotoPress
Seite 329 Xian Yunqiang/ChinaFotoPress
Seite 330 Xian Yunqiang/ChinaFotoPress
Seite 331 oben, Mitte und unten Xian Yunqiang/ChinaFotoPress
Seiten 332-333 Xian Yunqiang/ChinaFotoPress
Seite 333 Xian Yunqiang/ChinaFotoPress
Seiten 334 und 335 Xian Yunqiang/ChinaFotoPress
Seite 336 Xian Yunqiang/ChinaFotoPress
Seite 337 oben, Mitte und unten Xian Yunqiang/ChinaFotoPress
Seite 338 Xian Yunqiang/ChinaFotoPress
Seite 339 oben, Mitte und unten Xian Yunqiang/ChinaFotoPress
Seite 340 oben, Mitte und unten Xian Yunqiang/ChinaFotoPress
Seite 341 Xian Yunqiang/ChinaFotoPress
Seiten 342 und 343 Xian Yunqiang/ChinaFotoPress
Seiten 344-345 Xian Yunqiang/ChinaFotoPress
Seite 345 links, Mitte und rechts Xian Yunqiang/ChinaFotoPress
Seite 346 links, Mitte und rechts Xian Yunqiang/ChinaFotoPress
Seite 347 Xian Yunqiang/ChinaFotoPress
Seite 348 oben, Mitte und unten Xian Yunqiang/ChinaFotoPress
Seite 349 Xian Yunqiang/ChinaFotoPress
Seiten 350 und 351 Xian Yunqiang/ChinaFotoPress
Seiten 352-353 Xian Yunqiang/ChinaFotoPress
Seiten 354 und 355 Che Fu/ChinaFotoPress
Seite 356 oben Hou Heliang/ChinaFotoPress
Seite 356 unten links, Mitte und rechts Hou Heliang/ChinaFotoPress
Seite 357 Hou Heliang/ChinaFotoPress
Seite 358 oben Hou Heliang/ChinaFotoPress
Seite 358 unten links, Mitte und rechts Hou Heliang/ChinaFotoPress
Seite 359 Hou Heliang/ChinaFotoPress
Seite 360 oben Hou Heliang/ChinaFotoPress
Seite 360 unten links, Mitte und rechts Hou Heliang/ChinaFotoPress
Seite 361 Hou Heliang/ChinaFotoPress
Seite 362 Hou Heliang/ChinaFotoPress
Seite 363 Sun Weizhong/ChinaFotoPress
Seite 364 Yu Xianyun/ChinaFotoPress
Seite 365 Yu Xianyun/ChinaFotoPress
Seiten 366-367 Yu Xianyun/ChinaFotoPress
Seiten 368-369 Che Fu/ChinaFotoPress
Seite 369 oben und unten Che Fu/ChinaFotoPress
Seiten 370-371 Che Fu/ChinaFotoPress
Seite 372 Che Fu/ChinaFotoPress
Seite 373 Yuan Xuejun/ChinaFotoPress
Seiten 374-375 Sun Weizhong/ChinaFotoPress
Seiten 376 und 377 Che Fu/ChinaFotoPress
Seite 378 Chen Zhonghe/ChinaFotoPress
Seite 379 Chen Zhonghe/ChinaFotoPress
Seiten 380 und 381 Chen Zhonghe/ChinaFotoPress
Seiten 382 und 383 Chen Zhonghe/ChinaFotoPress
Seiten 384-385 Yuan Xuejun/ChinaFotoPress
Seite 385 oben und unten Yuan Xuejun/ChinaFotoPress
Seiten 386-387 Yuan Xuejun/ChinaFotoPress
Seite 388 Sun Weizhong/ChinaFotoPress
Seiten 388-389 Sun Weizhong/ChinaFotoPress
Seiten 390 und 391 Sun Weizhong/ChinaFotoPress
Seiten 392-393 Yang Shaoquan/ChinaFotoPress
Seite 393 oben und unten Yang Shaoquan/ChinaFotoPress
Seiten 394-395 Che Fu/ChinaFotoPress
Seite 395 oben und unten Che Fu/ChinaFotoPress

© 2007 White Star S.P.A.
Via Candido Sassone, 22–24
13100 Vercelli – Italien
www.whitestar.it

Für die deutsche Ausgabe
© 2008 White Star Verlag GmbH, Wiesbaden
www.whitestar-verlag.de

Übersetzung: Sylvia Antz
Producing: K.Design, Wiesbaden

Alle Rechte vorbehalten. Kein Teil des Werkes darf in irgendeiner Form (durch Fotokopie, Mikrofilm oder ein ähnliches Verfahren) ohne die schriftliche Genehmigung des Verlages reproduziert oder unter Verwendung elektronischer Systeme verarbeitet, vervielfältigt oder verbreitet werden.

ISBN 978-3-86726-025-1

1 2 3 4 5 6   13 12 11 10 09 08

Gedruckt in Korea
Litho: Chiaroscuro, Mycrom, CTM, Turin (Italien)